Księga Rodzicielstwa Bliskości

*Przewodnik po opiece i pielęgnacji dziecka
od chwili narodzin*

William Sears, Martha Sears

Księga Rodzicielstwa Bliskości

*Przewodnik po opiece i pielęgnacji dziecka
od chwili narodzin*

Warszawa 2013

William i Martha Sears

The Attachment Parenting Book:
A Commonsense Guide to Understanding and Nurturing Your Baby

All Rights Reserved. Copyright © 2001 by William and Martha Sears

Tłumaczenie:
Matylda Szewczyk, Grażyna Chamielec

Redakcja i korekta:
Kamila Wrzesińska

Opracowanie okładki:
Jagoda Zdrojewska

Zdjęcie na okładce:
Kasia Marcinkiewicz
www.kimdomkreatywny.com

Na zdjęciu:
Joanna Nikodemska, Mikołaj Golachowski, Hania Golachowska

Ilustracje:
Deborah Maze

ISBN: 978-83-62829-19-4

Druk:
OZGraf Olsztyńskie Zakłady Graficzne S.A.

Grupa Wydawnicza Relacja
Słowicza 27a
02-170 Warszawa
www.mamania.pl

Spis treści

SŁOWO OD MARTHY I DOKTORA BILLA 7

ROZDZIAŁ 1 ◆ ZBLIŻYĆ SIĘ I POZOSTAĆ BLISKO 9
CZYM JEST RODZICIELSTWO BLISKOŚCI? 10/ SIEDEM NARZĘDZI BLISKOŚCI:
FILARY RB 11/ CO CZUJESZ, CZUJĄC WIĘŹ 16

ROZDZIAŁ 2 ◆ KORZYŚCI Z RODZICIELSTWA BLISKOŚCI 20
DZIECI RB SĄ MĄDRZEJSZE 20/ DZIECI WYCHOWANE WEDŁUG ZASAD RODZICIELSTWA
BLISKOŚCI SĄ ZDROWSZE 23/ DZIECI RB LEPIEJ ROSNĄ 26/ DZIECI RB ZACHOWUJĄ SIĘ
LEPIEJ 27/ RB WSPIERA UMIEJĘTNOŚĆ NAWIĄZYWANIA BLISKICH KONTAKTÓW 32/
DZIECI I RODZICE RB LEPIEJ ZE SOBĄ WSPÓŁPRACUJĄ 34/ RB STYMULUJE EMPATIĘ 35/
RODZICIELSTWO BLISKOŚCI PASUJE DO DZISIEJSZYCH CZASÓW 37/
NAGRODA DLA RODZICÓW 37

ROZDZIAŁ 3 ◆ CZYM NIE JEST RODZICIELSTWO BLISKOŚCI 38
WYJAŚNIANIE NIEPOROZUMIEŃ 38/ MITY NA TEMAT RODZICIELSTWA BLISKOŚCI 45

ROZDZIAŁ 4 ◆ BLISKOŚĆ OD PIERWSZEJ CHWILI 50
PORÓD I PRZYWIĄZANIE 50/ OSIEM WSKAZÓWEK DLA LEPSZEGO PRZYWIĄZANIA 52/
ROOMING-IN: WIĘŹ TRWA 56/ JAK SYSTEM ROOMIG-IN BUDUJE WIĘŹ 58/ BONDING
BLUES – KŁOPOTY Z PRZYWIĄZYWANIEM 60/ POWRÓT DO DOMU: 10 WSKAZÓWEK
JAK UTRZYMAĆ WIĘŹ W PIERWSZYM MIESIĄCU 62

ROZDZIAŁ 5 ◆ KARMIENIE PIERSIĄ 69
KARMIENIE PIERSIĄ UŁATWIA RODZICIELSTWO BLISKOŚCI 69/ WSKAZÓWKI
RODZICIELSTWA BLISKOŚCI – JAK ODNIEŚĆ SUKCES W KARMIENIU PIERSIĄ 73/
KORZYŚCI Z DŁUGIEGO KARMIENIA PIERSIĄ 80/ WYSTRZEGAJ SIĘ GRAFIKÓW KARMIENIA 81

ROZDZIAŁ 6 ◆ NOSZENIE DZIECKA PRZY SOBIE 83
TRADYCJA NOSZENIA DZIECI 83/ KORZYŚCI Z NOSZENIA DZIECKA 86/ RODZEŃSTWO
I NOSZENIE DZIECI 97/ NOSZENIE DZIECKA I JEGO USYPIANIE 97/ NOSZENIE I PRACA 98/
NOSZENIE DLA TYMCZASOWYCH OPIEKUNÓW 99

ROZDZIAŁ 7 ♦ PŁACZ JEST SYGNAŁEM 100

PŁACZ TO NARZĘDZIE TWORZENIA WIĘZI 100/ CZY DZIECKO POWINNO SIĘ WYPŁAKAĆ 103/ RADA DLA RODZICÓW, KTÓRYCH DZIECI DUŻO PŁACZĄ 106

ROZDZIAŁ 8 ♦ SPANIE PRZY DZIECKU 109

BLISKOŚĆ TAKŻE W NOCY 110/ NASZE DOŚWIADCZENIA WE WSPÓŁSPANIU 111/ JAK TO SIĘ DZIEJE, ŻE SPANIE PRZY DZIECKU DZIAŁA 112/ DZIELENIE SIĘ SNEM – CO ZROBIĆ ABY ZADZIAŁAŁO 116/ WYPROWADZKA: ODZWYCZAJANIE OD NOCNEJ WIĘZI 119/ NOCNE ODSTAWIANIE OD PIERSI: JEDENAŚCIE ALTERNATYW DLA CAŁONOCNEGO KARMIENIA 120/ AKTUALNE BADANIA DOTYCZĄCE SIDS I WSPÓLNEGO SNU 124/

ROZDZIAŁ 9 ♦ RÓWNOWAGA I WYZNACZANIE GRANIC 129

JAK OKREŚLIĆ, CZY JUŻ STRACILIŚMY RÓWNOWAGĘ 130/ UNIKANIE SYNDROMU WYPALONEJ MATKI 136/ PONOWNE ROZPALANIE PŁOMIENIA 141/ TRZYMAJ SIĘ RODZICIELSTWA BLISKOŚCI 142

ROZDZIAŁ 10 ♦ STRZEŻ SIĘ TRENERÓW DZIECI 144

CO JEST NIE TAK Z TRENOWANIEM DZIECI 144/ CZY TRENING DZIECKA NAPRAWDĘ DZIAŁA 147/ DLACZEGO TRENOWANIE DZIECI JEST TAK POPULARNE 149/ RADZENIE SOBIE Z KRYTYKĄ 151

ROZDZIAŁ11 ♦ PRACA ZAWODOWA A BLISKOŚĆ 157

HISTORIA DWÓCH MATEK 157/ DZIESIĘĆ WSKAZÓWEK, JAK ZACHOWAĆ BLISKOŚĆ PRACUJĄC ZAWODOWO 160/ JAK DZIECKO MOŻE ZMIENIĆ PLANY ZAWODOWE MATKI 169

ROZDZIAŁ 12 ♦ RODZICIELSTWO BLISKOŚCI DLA OJCÓW 171

MOJA HISTORIA: JAK STAŁEM SIĘ „BLISKIM OJCEM" 172/ DZIEWIĘĆ WSKAZÓWEK RODZICIELSTWA BLISKOŚCI DLA OJCÓW 174/ GDZIE JEST TATA 182/ OJCOWSKIE ODCZUCIA WOBEC BLISKOŚCI MIĘDZY MATKĄ A NIEMOWLĘCIEM 185

ROZDZIAŁ 13 ♦ RODZICIELSTWO BLISKOŚCI W SYTUACJACH SPECJALNYCH 189

SAMOTNY RODZIC MOŻE BYĆ BLISKO 190/ ADOPCJA 190/ RODZICIELSTWO BLISKOŚCI DLA DZIECI O DUŻYCH POTRZEBACH 194/ RODZICIELSTWO BLISKOŚCI DLA DZIECI SPECJALNEJ TROSKI 196/ RODZICIELSTWO BLISKOŚCI DLA BLIŹNIĄT I WIELORACZKÓW 197

ROZDZIAŁ 14 ♦ OPOWIEŚCI O RODZICIELSTWIE BLISKOŚCI 200

CZY MATKA MOGŁABY TEGO NIE CHCIEĆ? 200/ CO TO ZNACZY DOBRE DZIECKO 201/ PREZENT DLA TATY 202/ JAK PRACOWAĆ I POZOSTAĆ BLISKO 203/ POWOLNE REZYGNOWANIE Z NOCNEGO KARMIENIA 205/ ROZUMIENIE RÓŻNYCH RODZAJÓW PŁACZU 206/ WSPÓŁCZUCIE DLA INNYCH 208/ KIEDY DZIECI Z ZĘBAMI NADAL SĄ KARMIONE PIERSIĄ A SZESNASTOLATKI JEŻDŻĄ SAMOCHODEM 209/

Słowo od Marthy
i doktora Billa

Wszyscy rodzice pragną, aby ich dzieci wyrosły na ludzi życzliwych, pełnych empatii, zdyscyplinowanych, a także, rzecz jasna, bystrych i odnoszących sukcesy. Sposoby, na jakie rodzice pomagają dzieciom stać się takimi, są oczywiście różne, bo każde dziecko rodzi się z niepowtarzalną osobowością. Pierwszy krok na drodze do zrozumienia, jak pokierować swoim dzieckiem, to stać się ekspertem w odniesieniu właśnie do niego. Aby wam w tym pomóc, przedstawimy styl rodzicielstwa znany jako *rodzicielstwo bliskości* (RB) oraz listę wskazówek, które określamy mianem Filarów Rodzicielstwa Bliskości (Filarów RB).

Nasze poglądy dotyczące rodzicielstwa bliskości wynikają z ponad trzydziestu lat doświadczenia w byciu rodzicami naszych własnych ośmiorga dzieci oraz z obserwacji tych mam i ojców, których postępowanie wydawało nam się sensowne i których dzieci lubiliśmy. Wciąż jesteśmy świadkami wpływu, jakie to podejście do rodzicielstwa ma na dzieci. Jest w nich coś cudownie szczególnego: są współczujące, opiekuńcze i otwarte, mają zaufanie do siebie i do ludzi, którzy je otaczają. Wierzymy, że rodzicielstwo bliskości uodparnia dzieci na wiele społecznych i emocjonalnych schorzeń, które gnębią nasze społeczeństwo. Sposób, w jaki opiekujecie się waszymi dziećmi w pierwszych latach ich życia, naprawdę ma znaczenie dla tego, jakimi staną się dorosłymi. Ponadto, rodzicielstwo bliskości uczyni z was mądrzejszych rodziców i pozwoli wam bardziej cieszyć się własnymi dziećmi.

Prawdę mówiąc, rodzicielstwo bliskości to coś, co większość rodziców i tak by stosowała, gdyby tylko mieli śmiałość i należne wsparcie w podążaniu za własną intuicją. W pewnym sensie ta książka jest naszą próbą zwrócenia rodzicom możliwości instynktownego, zaangażowanego sposobu zajmowania się dziećmi, którego pozbawiły ich dekady porad zalecających rodzicielski dystans. Jesteśmy żarliwymi wyznawcami rodzicielstwa bliskości, bo przez więcej niż trzy dziesięciolecia widzieliśmy jego rezultaty. Ono jest cudowne! Działa! Sprawdźmy więc teraz, czy zadziała również u was.

1
Zbliżyć się
i pozostać blisko

„Tak dobrze odczytuję jej sygnały" — wykrzyknęła z dumą młoda matka, która przyszła na kontrolę ze swoim miesięcznym dzieckiem. „Uwielbia ssać pierś, a ja kocham na nią patrzeć."

♦♦♦

„Wszyscy mi powtarzają, że mam takie pogodne dziecko" — powiedziała matka radosnego, sześciomiesięcznego chłopca, który odwzajemnił moje spojrzenie i uśmiechnął się, podczas gdy ja słuchałem jego matki. „Andrew prawie nigdy nie płacze. Naprawdę nie musi."

♦♦♦

„Zobaczyłam błysk w jego oku i wiedziałam, że zmierza wprost na ulicę" — wspomina matka niespełna dwuletniego dziecka. „Krzyknęłam «Stój!» i Ben natychmiast się zatrzymał, odwrócił i spojrzał na mnie. Być może usłyszał przestrach w moim głosie. Sprawiłam, że stanął, zanim jeszcze dobiegłam do niego i podniosłam go."

♦♦♦

„Moja córka wyruszyła w zeszłym tygodniu do przedszkola, podekscytowana i dumna że oto idzie do «prawdziwej» szkoły" — stwierdziła z ulgą matka czterolatki. „Martwiłam się, bo gdy próbowaliśmy przedszkola w zeszłym roku, nie podobało jej się tam. Jednak teraz wydaje się bardziej pewna siebie i zadowolona, że część dnia spędza bez naszej opieki."*

♦♦♦

„Najlepszy przyjaciel Krisa miał pewne problemy w relacjach z innymi dziećmi" — powiedziała matka czwartoklasisty. „Ale Kris najwyraźniej wie, jak go udobruchać, pomaga mu się rozluźnić i dobrze się bawić."

♦♦♦

„Tak, powierzyliśmy naszej córce samodzielne prowadzenie samochodu (choć jeszcze bez pasażerów)" — przyznała matka szesnastolatki. „Wie, jakiego rodzaju zachowania od niej oczekujemy i zazwyczaj spełnia pokładane w niej nadzieje."

♦♦♦

To doświadczenia rodziców będących blisko swoich dzieci, rodziców, którzy swoje dzieci dobrze znają i którzy są przez te dzieci darzeni zaufaniem. Rodzicielstwo jest dla nich naturalne, ale jednocześnie poświęcają oni czas i energię na dostrzeganie i rozumienie potrzeb swoich dzieci. Ci rodzice pracowali nad tym, żeby być blisko. Ich nagrodą jest ciepła, otwarta i pełna zaufania relacja z dziećmi. Rodzicielstwo bliskości sprawia, że bycie rodzicem jest łatwiejsze i sprawia więcej radości.

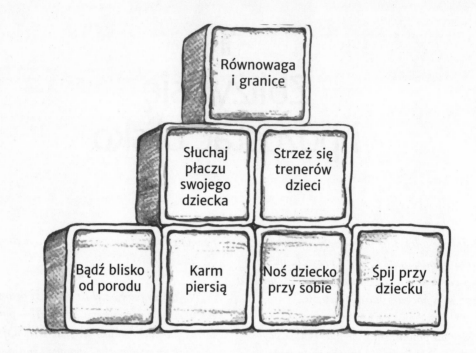

CZYM JEST RODZICIELSTWO BLISKOŚCI?

Rodzicielstwo bliskości jest nie tyle zbiorem ścisłych reguł, co pewnym podejściem do wychowania dzieci. Niektóre praktyki są dla rodziców RB typowe: ich dzieci są zazwyczaj karmione piersią, noszone przez rodziców, wychowywane w pozytywnej dyscyplinie; jednak to tylko narzędzia do tworzenia bliskości, nie zaś kryteria, które należy spełnić, aby zostać uznanym za „bliskiego rodzica". Zapomnij więc o sporach między zwolennikami piersi i butelki, kontrowersjach wokół pozostawiania płaczącego dziecka samemu sobie czy też pytaniach o to, które metody dyscyplinowania są akceptowalne, i wróćmy razem do podstaw. Rodzicielstwo bliskości oznacza przede wszystkim otwarcie serca i umysłu na indywidual-

ne potrzeby twojego dziecka. Twoja wiedza o dziecku będzie przewodnikiem, pomagającym każdorazowo podejmować decyzje o tym, co będzie najlepsze dla dziecka i dla ciebie. Podsumowując, rodzicielstwo bliskości to nauka odczytywania znaków, dawanych przez twoje dziecko i odpowiedniego na nie reagowania.

Jak się wkrótce zorientujesz, rodzicielstwo bliskości nie opiera się na zasadzie „wszystko albo nic". Patrząc realistycznie, możesz nie móc wypełnić wszystkich naszych zaleceń, bo, na przykład, pracujesz poza domem. Jednak to nie znaczy, że wychodząc do pracy nie możesz stworzyć więzi z dzieckiem lub nie możesz w sposób efektywny korzystać z narzędzi RB. Jako lekarz pediatra widuję różne matki, te, które zostają z dziećmi w domu i te, które pracują w pełnym wymiarze i wszystkie są w stanie z dużym powodzeniem realizować model rodzicielstwa bliskości. Jest on w istocie bardzo dobrym wyborem dla pracujących matek: budowanie silnego związku może tak naprawdę ułatwić pogodzenie pracy i macierzyństwa. W rozdziale XI dajemy rady dotyczące utrzymywania dużej bliskości zarówno przed, jak i po powrocie do pracy.

Niemowlę: początki bliskości. Wychowanie dziecka jest jak podróż do miejsca, w którym się nigdy wcześniej się nie było. Nim urodzi się dziecko, wyobrażasz sobie, jaka będzie ta podróż. Czytasz przewodniki. Planujesz drogę. Słuchasz przyjaciół, którzy już tam byli. Kiedy dziecko się urodzi i wyruszacie razem w podróż, rozpoznajesz niektóre z widoków i najważniejszych atrakcji. Jednak zarazem odkrywasz, że pod wieloma względami to miejsce nie ma nic wspólnego z przewodnikowymi opisami, a czasem w ogóle masz wrażenie, że uczestniczysz w innej wycieczce. Jednego dnia pogoda jest piękna, następnego nadchodzą rozstrajające nerwy burze. Czasem jest mnóstwo zabawy, a czasem masz ochotę złapać najbliższy samolot do domu.

Na szczęście po drodze są znaki, które mówią ci, czy jesteście na właściwej ścieżce. Spotykani ludzie dzielą się wiedzą o tym, co będzie dalej. Słuchając twojego dziecka, uczysz się języka. Im więcej wiesz o tej nowej, pełnej wyzwań okolicy, tym swobodniej się czujesz. Ostatecznie odkrywasz, że to cudowne miejsce i że nauczyłaś się tutaj się wiele nie tylko o waszym dziecku, ale i o was samych.

Rodzicielstwo, tak jak podróż, wymaga dostosowywania się do zmieniającej się sytuacji. Nie wszystko można zobaczyć, a w niektóre dni nie posuwasz się ani kroku naprzód. Ty i twoje dziecko odnajdziecie własną marszrutę. Jeśli jesteście elastyczni i uważni, u kresu drogi będzie was łączyć więź rodzica i dziecka.

Pomoc na drodze. Możesz teraz myśleć: „Ok, jasne, że chcę być blisko mojego dziecka. I chcę być w stanie ustalić, co jest dla niego najlepsze. Ale jak to osiągnąć?".

Twoja podróż do bliskości z dzieckiem będzie odmienna od podróży innych rodziców, bo wy też jesteście różni. Jednak w punkcie wyjścia korzystacie z tych samych środków, których używają także inni: narzędzi, które pomogą ci się zbliżyć do dziecka. Wszystkie te narzędzia są częścią stylu rodzicielstwa, który określamy mianem rodzicielstwa bliskości. Prawdziwym celem twojej podróży jest związek między tobą a twoim dzieckiem. Rodzicielstwo bliskości to po prostu jedna z dróg, aby tam dotrzeć.

Tak naprawdę jest ono stylem, który wielu rodziców wybiera instynktownie. Kiedy rodzice otwierają serca i umysły na potrzeby i emocje swojego dziecka, używają wielu z narzędzi opisywanych w tej książce, aby odpowiedzieć na te potrzeby i emocje i wpasować je w swoje życie. Ważne jest, aby połączyć się z małym dzieckiem i pozostać w tej relacji, podczas gdy ono rośnie.

Postępowaliśmy tak a nie inaczej, bo wydawało nam się to naturalne. Dopiero później odkryliśmy, że to ma odpowiednią nazwę i uzasadnienie.

SIEDEM NARZĘDZI BLISKOŚCI: FILARY RB

Bycie rodzicem, jak każda praca, wymaga zestawu narzędzi; im narzędzia są lepsze, tym łatwiej i sprawniej idzie praca. Zwróćcie uwagę,

REZULTATY RODZICIELSTWA BLISKOŚCI

Jeśli będziecie stosować Filary RB :

- Bądź blisko od porodu
- Karm piersią
- Noś dziecko przy sobie
- Śpij przy dziecku
- Słuchaj płaczu swojego dziecka
- Pamiętaj o równowadze i wyznaczaniu granic
- Strzeż się trenerów dzieci

Wasze dziecko będzie miało większą szansę, aby być:

- utalentowane
- pewne siebie
- zręczne
- godne podziwu
- uczuciowe
- zakorzenione
- komunikatywne
- współczujące

- delikatne
- opiekuńcze
- ciekawe świata
- przytulaśne
- godne zaufania
- tworzące więź z innymi
- przystosowujące się do nowych warunków

że używamy raczej słowa „narzędzia" niż „stopnie". Z narzędziami jest tak, że można wybrać, których z nich użyje się do pracy. Tymczasem termin „stopnie" zakłada konieczność przejścia ich wszystkich, aby dojść do celu. Pomyślcie o rodzicielstwie bliskości jako o *narzędziach łączących*, punktach kontaktowych, które pozwalają wam połączyć się z dzieckiem. W chwili, gdy to połączenie nastąpi, wszystko to, co oznacza relację rodzic-dziecko (wychowanie, dbanie o zdrowie, zwykłe, codzienne życie z dzieckiem) stanie się bardziej naturalne i przyjemniejsze.

Naszą skrótową nazwą dla narzędzi rodzicielstwa bliskości są „Filary RB". Pomagają one rodzicom i dzieciom we właściwym starcie. Wykorzystajcie te narzędzia jako punkt wyjścia do wypracowania własnego stylu rodzicielstwa, takiego, który będzie pasował do indywidualnych potrzeb – waszych i waszego dziecka.

Dzięki idei rodzicielstwa bliskości nauczyłam się, że dla mojego dziecka nie ma lepszego ode mnie eksperta.

Narzędzia rodzicielstwa bliskości, których używasz w stosunku do nowo narodzonego dziecka, opierają się na biologicznym przywiązaniu między matką a dzieckiem oraz na zachowaniach, które pozwalają dzieciom wspaniale się rozwijać, zaś rodzicom czuć się wynagrodzonym za ich starania. Wykorzystajcie te narzędzia, kiedy wasze dziecko jest niemowlęciem – będziecie mieć lepszy start do rozumienia go jako przedszkolaka, nastolatka i młodego człowieka.

Niektórzy rodzice silniej polegają na jednych narzędziach niż na innych. Inni w pełni wykorzystują je wszystkie. Jeszcze inni skorzystają z określonych narzędzi w określonym czasie, i potem nie potrzebują innych, co ma związek z charakterem ich i ich dziecka. Czasami, z powodów medycznych czy rodzinnych, niektóre z Filarów RB są niewykonalne. Zróbcie więc jak najlepiej to, co możecie, w waszej, konkretnej sytuacji. To jest wszystko, czego wasze dziecko będzie kiedykolwiek od was oczekiwać. I pamiętajcie o waszym celu: zbliżyć się do waszego dziecka – i pozostać blisko.

Bliskość od pierwszej chwili. Dobry początek relacji między rodzicami a dzieckiem pozwala na wczesny rozwój bliskości. Godziny i dni po narodzinach to czas, w którym matki są w szczególny sposób gotowe do zajmowania się swoimi dziećmi, dzieci zaś rozciągają nad uważnymi opiekunami niemal magiczną moc. Jak najdłuższe bycie razem w tym czasie pozwala na połączenie się naturalnych, wspierających więź zachowań noworodka, z intuicyjnymi, biologicznymi zdolnościami matki do sprawowania nad nim opieki. Niemowlę jest w potrzebie; matka jest gotowa do zaspokajania jego potrzeb. Z biologicznego punktu widzenia, właściwym początkiem dla obojga jest nieustanne przebywanie razem przez pierwsze sześć tygodni po porodzie.

Ojcowie też mogą cieszyć się wczesną bliskością, bo choć nie dzielą fizjologicznego doświadczenia porodu i karmienia piersią, to w dniach i tygodniach po narodzinach dziecka mogą emocjonalnie dostroić się do swojego fascynującego noworodka.

Karmienie piersią. Karmienie piersią to doskonałe ćwiczenie w poznawaniu twojego niemowlęcia – coś, co nazwaliśmy *czytaniem dziecka*. Udane karmienie wymaga, by matka odpowiadała na sygnały wysyłane przez dziecko, co jest pierwszym krokiem na drodze do poznania go i do budowania opartej na zaufaniu relacji. Hormony macierzyństwa, prolaktyna i oksytocyna, dają słuchającej intuicji matce pozytywne wzmocnienie, pomagają bowiem czuć się spokojniejszą i bardziej zrelaksowaną w kontaktach z dzieckiem.

Noszenie dziecka przy sobie. Noszone dzieci mniej grymaszą, spędzają za to więcej czasu

w stanie spokojnego czuwania, a więc w takim nastawieniu behawioralnym, w którym niemowlę najwięcej uczy się o swoim środowisku, a zarazem jest najmilsze dla otoczenia. Ponadto, kiedy dosłownie „nosisz dziecko na sobie" (na przykład w specjalnej chuście), stajesz się bardziej wrażliwym rodzicem. Ponieważ masz dziecko tak blisko siebie, lepiej je poznajesz, ono zaś uczy się zadowolenia i zaufania do opiekuna. A poza tym, przebywając w ramionach zajętego rozmaitymi sprawami rodzica, dziecko bardzo wiele uczy się o świecie.

Spanie przy dziecku. Nie ma czegoś takiego, jak „właściwe" miejsce snu dziecka. Najlepsze rozwiązanie jest takie, w którym wszyscy członkowie waszej rodziny możliwie dobrze się wysypiają. Większość dzieci (choć nie wszystkie) śpi najlepiej w bezpośredniej bliskości rodziców.

Spanie blisko dzieci może pomóc w nawiązaniu bliskości bardziej zajętym rodzicom, i pozwolić dbać o dziecięce potrzeby równie dobrze w nocy, co wieczorem czy w ciągu dnia. Sprawdza się to zwłaszcza w stosunku do kobiet powracających do pracy po urlopie macierzyńskim. Noc jest dla małych ludzi przerażająca, jednak spanie w zasięgu dotyku rodzica minimalizuje niepokój związany z nocnym rozstaniem i pomaga przekonać niemowlę, że sen jest stanem przyjemnym, a nie przynoszącym lęk. Dla matek bliskość dziecka może być z kolei ułatwieniem w nocnym karmieniu. W niektóre noce może to być dla was dobre rozwiązanie; w inne natomiast niekoniecznie.

Płacz jest sygnałem. Płacz jest dla dziecka językiem. Jest także cennym sygnałem, który zapewnia dziecku przetrwanie i rozwija zdolności opiekuńcze rodziców. Płaczące dzieci nie próbują manipulować, lecz komunikować. Im większą wrażliwość wykażecie, odpowiadając dziecku, tym bardziej nauczy się ono ufać wam i swoim własnym możliwościom komunikacyjnym.

Równowaga i wyznaczanie granic. W zapale obdarowywania dziecka tym, co najlepsze, łatwo zacząć ignorować własne potrzeby i dobro waszego związku. Z następnych rozdziałów dowiecie się, że kluczem do rodzicielskiej równowagi jest właściwa otwartość na sygnały dziecka – wiedza o tym, kiedy powiedzieć „tak", a kiedy „nie" oraz mądrość polegająca na przyznaniu, że samemu potrzebuje się pomocy.

Wystrzeganie się trenerów dzieci. Kiedy staniecie się rodzicami, możecie zostać również celem pełnych dobrych chęci doradców, którzy zasypią was gradem wychowawczych przykazań w rodzaju „daj mu się wypłakać", „uporządkujcie mu plan dnia", „nie noście jej tak często, bo się przyzwyczai". Ten powściągliwy system wychowania, nazwany przez nas „trenowaniem dzieci", opiera się na błędnych przekonaniach, według których dzieci płaczą nie po to, aby komunikować się z otoczeniem, lecz aby nim manipulować; że płacz niemowlęcia to nieprzyjemne przyzwyczajenie, które należy przełamać, aby pomóc dziecku lepiej dopasować się do środowiska dorosłych. W rozdziale X pokażemy, że taki „trening", zwłaszcza doprowadzony do skrajności, może być przegraną dla obu stron. Dziecko traci wiarę w swoje możliwości komunikacyjne, rodzice – zdolność do odczytywania i odpowiadania na sygnały wysyłane przez dziecko. Dystans, który może się wytworzyć

Strzeż się trenerów dzieci

między rodzicem a dzieckiem, jest odwrotnością więzi, która powstaje w rodzicielstwie bliskości. W tej książce chcielibyśmy pomóc wam w nauce oceniania usłyszanych rad. Praktykowanie rodzicielstwa bliskości obdarzy was swego rodzaju szóstym zmysłem, dzięki któremu tak bardzo zaufacie własnemu stylowi opieki nad dzieckiem, że staniecie się bardziej odporni na porady trenerów.

W kolejnych rozdziałach dowiecie się więcej o wymienionych przez nas siedmiu narzędziach rodzicielstwa bliskości.

Jak narzędzia RB kształtują wasze rodzicielstwo. Filary RB opisują, co można robić będąc rodzicem, jednak zarazem kształtują ciebie jako rodzica. Karmienie piersią, bliskość od chwili porodu, noszenie dziecka i pozostałe punkty sprawią, że będziecie bardziej wrażliwi na sygnały wysyłane przez dziecko. Kiedy potrzeby niemowlęcia są szybko zaspokajane, a jego język – wysłuchiwany, rozwija ono zaufanie do swoich zdolności komunikacyjnych. Kiedy dziecko staje się lepszym nadawcą, rodzice jeszcze

---

WSKAZÓWKA RODZICIELSTWA BLISKOŚCI
Wzajemne dawanie

Czytając listę Filarów RB, młoda matka może dojść do wniosku, że rodzicielstwo bliskości to jeden wielki maraton obdarowywania; że będzie nieustannie dawać, dawać i dawać siebie swojemu dziecku. Może też zastanawiać się, jak przetrwa tak wielki odpływ energii. Jednak wraz z doskonaleniem się komunikacji między tobą i dzieckiem, będziesz czuć z nim coraz większą łączność. W ten sposób zyskasz większą pewność siebie w roli rodzica. Im bardziej będziesz otwarta na dziecko, tym ono będzie bardziej otwarte na ciebie i tym łatwiej będzie wam się odprężyć, choć niektórym mamom i dzieciom może to zająć więcej czasu niż innym. Zobaczysz jednak jeszcze jeden pozytywny skutek, związany z przeniesieniem: staniesz się bardziej wrażliwa, spostrzegawcza i wnikliwa w innych związkach, w twojej rodzinie, w małżeństwie i w pracy.

łatwiej je rozumieją i cały system porozumienia działa lepiej. Rodzicielstwo bliskości to taki styl opieki, który wydobywa najlepsze zarówno z dziecka, jak i z jego rodziców.

Jednocześnie ten styl bardzo wiele wymaga od rodziców, zwłaszcza w ciągu pierwszych trzech do sześciu miesięcy życia dziecka. Dajecie z siebie dużo: czas, energię, poświęcenie. Ale w odpowiedzi otrzymujecie o wiele więcej. Rodzicielstwo jest jak indywidualne ubezpieczenie emerytalne: im więcej zainwestujecie w pierwszych latach, tym więcej dostaniecie później. Jeśli na

początku popracujecie ciężej, potem możecie się bardziej odprężyć i cieszyć owocami tej pracy.

Czuję się emocjonalnie zaangażowana w moje dzieci. Rozmawiałam z innymi rodzicami, którzy nie wydają się tak zaangażowani i wydaje mi się, że w ten sposób tracą jedno z najlepszych życiowych doświadczeń.

Rodzicielstwo bliskości to coś więcej niż karmienie dziecka piersią, noszenie go czy spanie z nim. Naprawdę oznacza ono nabycie umiejętności odpowiadania z wyczuciem na potrzeby dziecka. Siedem narzędzi bliskości może w tym pomóc.

CO CZUJESZ, CZUJĄC WIĘŹ

Więź to specjalny rodzaj bliskości między rodzicem i dzieckiem, uczucie magnetycznego przyciągania do niemowlęcia. Dla matki zaczyna się ono jeszcze w ciąży, wraz z poczuciem, że dziecko jest jej częścią. Po porodzie, gdy więź dalej się rozwija, matka czuje się kompletna tylko wówczas, gdy jest blisko swojego dziecka; gdy pozostają rozdzieleni, ma wrażenie, że brak jej części jej samej. Ten rodzaj więzi nie powstaje w przeciągu jednej nocy ani w godzinę po porodzie. Można by raczej użyć metafory tkaniny, stworzonej z wielu rozpiętych w czasie interakcji między matką a dzieckiem.

Wydaje się, że mój nastrój wpływa na mojego syna. Jestem jego częścią, tak jak on jest częścią mnie.

Więź to harmonia. Matki często opisują bycie blisko jako „dostrojenie się" do dziecka. Kiedy

RODZICIELSTWO BLISKOŚCI JEST WYZWALAJĄCE

Szczególnie jeśli po raz pierwszy zostałaś matką, w ciągu pierwszego miesiąca życia twojego dziecka więź, o której czytasz, może być odczuwana raczej jako „więzy". Poczucie bezradności i lęk, że nie jest się dobrą matką, są powszechne. Te uczucia mogą się jeszcze pogłębić pod wpływem okoliczności, takich jak poród odmienny od tego, który sobie zaplanowałaś, czy narodziny dziecka innego niż to widziane w marzeniach. Dają także o sobie znać inne pożeracze energii, takie jak problemy z karmieniem, bezsenne noce i te drastyczne zmiany w stylu życia, o których ostrzegano cię podczas szkoły rodzenia (czego niekoniecznie byłaś gotowa słuchać). Jednak po tym pierwszym miesiącu najbardziej intensywnego rozwiązywania problemów z obsługą, mechanizm przywiązania zaczyna działać. Kiedy i jak to następuje, zależy od indywidualności matki i dziecka, jednak to naprawdę się dzieje! Wtedy właśnie zaczynasz mniej myśleć o tym, co dajesz, a więcej – o tym, co zyskujesz. Stopniowo rodzicielstwo bliskości okazuje się wyzwalające. Teraz będziesz gotowa do słuchania głosu instynktu i znajdziesz odwagę do podążania za najbardziej podstawowymi uczuciami w dziedzinie dbania o dziecko. Mówiąc inaczej, teraz będziesz wolna do bycia matką.

muzycy dostroją swoje instrumenty, tworzą harmonijne tony; kiedy ty i twoje dziecko jesteście do siebie dostrojeni, masz wrażenie, że coś w tobie odpowiada na jego potrzeby. Znaki dawane przez dziecko: płacz, wiercenie się, szczególny wyraz twarzy, uruchamiają matczyną odpo-

wiedź o idealnej częstotliwości. Metodą prób i błędów, ćwicząc z dzieckiem sygnały i odpowiedzi na nie, wprowadzicie odpowiednie poprawki i w końcu oboje będziecie nadawać na tych samych falach, a to będzie cudowne uczucie.

Będąc blisko moich dzieci, uczę się ich rytmów.

Więź to poczucie połączenia. Tak jak miłość, więź jest cudownym uczuciem; trudnym do opisania, ale doznawanym przez cały czas. Chwilami będziesz szczęśliwa, trzymając na rękach swoje dziecko, chwilami wasza relacja będzie dostarczać ci ekstatycznych uczuć; nadejdą też momenty, kiedy będziesz potrzebowała być sama, ale również wtedy wasza więź będzie trwała.

Czuję się dobrze, gdy jesteśmy razem i źle, jeśli coś nas rozdziela. Czasem, gdy mamy jeden z tych dni, kiedy potrzeby mojego dziecka pochłaniają całą moją energię, czekam na powrót męża z pracy i robię sobie przerwę; jednak po krótkim czasie znowu tęsknię za byciem razem z córeczką.

Podczas naszych podróży, zegarek Marthy jest zawsze nastawiony na czas domowy, co trochę utrudnia nam punktualne docieranie w różne miejsca. Spytałem, czemu nie przestawia zegarka zgodnie z czasem miejscowym. „Jeśli wiem, która jest godzina w Kalifornii, czuję łączność z naszymi dziećmi; wiem, co najprawdopodobniej robią w danym momencie" – odpowiedziała.

Więź to znajomość drugiego człowieka. Kiedy jesteście blisko ze swoim dzieckiem, postrzegacie je jako osobę, małą, ale posiadającą określone cechy i preferencje. Dobrze je znając, wiecie, że tworzą one określoną indywidualność. „Tak dobrze ją rozumiem" – powiedziała mi młoda, ufająca sobie matka podczas rozmowy o poznawaniu świata przez jej małą córeczkę. Rodzice praktykujący RB stają się ekspertami w dziedzinie swoich dzieci. Ta wiedza o zachowaniu waszego syna czy córeczki pomoże wam w chwili, gdy nie czuje się ona dobrze, kiedy potrzebuje wsparcia, a także wtedy, kiedy musi sama sobie z czymś poradzić. Ponieważ tak dobrze znacie wasze dziecko, będziecie w stanie współpracować z pediatrą przy zapewnianiu maluchowi odpowiedniej opieki zdrowotnej, a w przyszłości pomożecie nauczycielowi waszego dziecka w organizacji jego nauki.

Moja więź z Jessiką pozwala mi być mądrzejszą matką.

BLISKOŚĆ OJCA

W pierwszych miesiącach życia niemowlęcia, w większości rodzin bliskość matki i dziecka jest głębsza i bardziej oczywista niż bliskość ojca i dziecka. Nie znaczy to, że ojcowie nie przywiązują się głęboko do swoich dzieci – jest to jednak inny typ więzi. Odmienny, lecz nie gorszy czy lepszy od relacji niemowlęcia z matką. Ojciec również może stosować Filary RB do budowania bliskości z dzieckiem: odpowiadając na język dziecka i pocieszając je, kiedy płacze, ojciec może tworzyć własną, silną relację z córką czy z synem. (Szczegółowe rozważania na temat relacji ojciec-niemowlę znajdziecie w rozdziale XII.)

W więzi chodzi o *pasowanie do siebie*. To wyrażenie doskonale podsumowuje proces dopasowywania się do siebie rodziców i niemowląt w pierwszych miesiącach ich życia. Dopasowanie wprowadza w związek między rodzicami i dziećmi element całościowości, poczucie słuszności, wydobywa z jednych i z drugich to, co w nich najlepsze.

Niektóre dzieci i niektórzy rodzice łatwo się dopasowują. Łatwe w nawiązywaniu relacji dziecko nawiąże dobry kontakt także z niespokojną czy zamartwiającą się matką – pogodna natura tego niemowlęcia da mamie wiele pozytywnego wzmocnienia, co sprawi, że nauczy się ona odprężać i cieszyć swoim dzieckiem. Dziecko o nieco trudniejszym charakterze może dobrze dopasować się do bardzo opiekuńczej kobiety. Jego duże potrzeby są przez nią odpowiednio zaspokajane i ostatecznie dziecko łagodnieje. Większym wyzwaniem jest dopasowanie wówczas, gdy dziecko jest kapryśne a matka niepewna siebie lub mniej elastyczna w podejściu do dziecięcych potrzeb. Ta kobieta będzie musiała wprowadzić pewne zmiany, aby dopasować się do dziecka, lub będzie potrzebowała więcej odpoczynku od niego, jednak jeśli zmieni swoje podejście, zobaczy, że dziecko odpowiada na jej starania – i że żyje się z nim łatwiej.

Z punktu widzenia dziecka. Dla noworodka życie to jedna wielka łamigłówka. Matka pokazuje mu, jak połączyć poszczególne elementy. Matka interpretuje dla niego świat, pokazując, na przykład, że głód jest zaspokajany, że po bólu i niewygodzie następuje ukojenie, po chłodzie ciepło, że lepiej jest się rozluźnić niż trwać w napięciu. Zwłaszcza w pierwszych miesiącach życia to matka zapewnia dziecku jedzenie, pociechę, ciepło, sen oraz sens; nie tylko wypełnia potrzebę bezpieczeństwa i opieki, ale także pomaga mu zrozumieć świat. Tymczasem dzieci, tak jak dorośli, w naturalny sposób lgną do ludzi, którzy najlepiej odpowiadają na ich potrzeby.

Dla matki przywiązanie oznacza pragnienie bycia blisko dziecka, dla dziecka zaś – potrzebę bycia przy matce. W żadnym razie matki nie czują tego silnego pragnienia od samego początku. Możesz dbać o dziecko z poczucia obowiązku lub z innych, złożonych przyczyn emocjonalnych, które niekoniecznie określiłabyś jako miłość. Ta faza może być niełatwa do przejścia, jednak narzędzia rodzicielstwa bliskości (w tym także przerwy od dziecka) pomogą ci chcieć robić dla dziecka to, co robić musisz. Jeśli mu pozwolisz, pragnienie bycia z dzieckiem będzie rosło, aż do chwili, gdy poczujesz, że potrzebujesz swojego dziecka równie mocno, jak ono potrzebuje ciebie.

Lubię przebywać w towarzystwie mojego dwulatka. Nie mogę wyobrazić sobie nic równie zabawnego i satysfakcjonującego.

Rozważcie wypróbowanie rodzicielstwa bliskości na samym początku. Rodzicielstwo bliskości oznacza w pierwszej kolejności otwarcie serca i umysłu na potrzeby waszego dziecka. Jeśli to zrobicie, w końcu rozwiniecie w sobie zdolność podejmowania tu i teraz decyzji o tym, co będzie najlepsze dla dziecka i dla was. Zróbcie to, co możecie najlepszego, wykorzystując dostępne wam narzędzia – to wszystko, czego kiedykolwiek wasze dziecko będzie od was oczekiwać.

2
Korzyści
z rodzicielstwa bliskości

Największe korzyści z rodzicielstwa bliskości odnosi się wówczas, gdy stosuje się wszystkie Filary RB – sprawia to tak zwana zasada synergii. Na przykład noszenie dziecka ułatwia karmienie piersią, bo będąc blisko, można to robić częściej; podobnie spanie przy niemowlęciu sprzyja karmieniu piersią, a także powstawaniu więzi oraz wrażliwości na płacz. Hormony wydzielane przy karmieniu piersią sprawiają, że karmiąca matka jest często wrażliwsza na płacz swojego dziecka. Wreszcie – im intensywniej stosujesz pierwsze sześć Filarów, tym dalej będziesz się trzymać od trenerów dzieci. Jeśli czujesz się niepewnie w stosunku do pierwszego z Filarów – doświadczania więzi z dzieckiem – wzmóż stosowanie pozostałych. Pomogą ci pogłębić relację z dzieckiem, wydobywając uczucia, które czynią macierzyństwo tak satysfakcjonującym. Choć twoje okoliczności życiowe mogą determinować stopień, w jakim stosujesz poszczególne narzędzia, spróbuj praktykować tak wiele z nich, jak tylko zdołasz, tak często, jak to możliwe. Znajdziesz sposób, by to robić, jeśli tylko przekonasz się do długo- i krótkoterminowych korzyści z rodzicielstwa bliskości. Ucząc się i praktykując RB, będziesz pod wrażeniem korzyści, jakie odnoszą dzięki niemu dziecko, rodzice i cała rodzina.

DZIECI RB SĄ MĄDRZEJSZE

Rodzicielstwo bliskości to nie tylko zdrowy rozsądek – jest ono także naukowo potwierdzone. Wszystko, co naukowcy wiedzą o procesie uczenia się dziecka, potwierdza tezę, że dzieci wychowane we wrażliwym, odpowiadającym na sygnały środowisku, okazują się bystrzejsze. Jak to się dzieje? Przyjrzyjmy się przez chwilę biologii mózgu, środowisku opiekuńczemu dziecka oraz punktowi widzenia tego ostatniego, aby zobaczyć, co takiego w rodzicielstwie bliskości poprawia rozwój intelektualny niemowlęcia.

Lepsze mózgi. W chwili urodzenia, dzieci mają w swoich mózgach kilometry poplątanych przewodów, zwanych neuronami. Neurony to komórki przewodzące impulsy przez mózg. Jednak w mózgu niemowlęcia wiele neuronów jest jeszcze niepołączonych lub ulega dezorganizacji podczas porodu. Kiedy dziecko rośnie, rośnie również jego mózg. Podwaja swój rozmiar,

WIĘCEJ DOTYKU, MNIEJ AKCESORIÓW

Przeglądając oferty sklepów z produktami dla dzieci, zastanawiamy się, jakim cudem wychowaliśmy ośmioro dzieci bez tych wszystkich gadżetów: plastikowych krzesełek, elektronicznych niań, mechanicznych ruchomych leżaczków, wibrujących łóżeczek i pozostałych technicznych urządzeń, które (za wysoką cenę) obiecują ułatwić opiekę nad dzieckiem – na odległość.

Od chwili, w której ogłosisz, że spodziewasz się dziecka, jesteś bombardowana radami na temat tego wszystkiego, czego będziesz potrzebować do wychowania szczęśliwego i bardzo mądrego dziecka. Książki, dodatkowe zajęcia, zabawki edukacyjne, wszystkie kryją w sobie obietnicę dodania kilku punktów do wyników przyszłych testów szkolnych twojego dziecka, co następnie zaowocuje przyjęciem go na renomowaną uczelnię. Rynek dziecięcych produktów jest bardzo duży, a rodzice, chcący jak najlepiej dla mającego się urodzić dziecka, są aż nadto gotowi do sięgnięcia po portfel czy kartę kredytową.

Oto nasza rada w dziedzinie sprzętu dla niemowląt, materiałów stymulujących rozwój dziecka, i wszystkich innych gadżetów zapełniających półki domów towarowych. Wybierzcie nie zaawansowaną technikę, lecz dotyk. Bezkonkurencyjną zabawką dla dziecka jest inna istota ludzka. Zainwestujcie w specjalną chustę do noszenia – albo nawet w dwie, jedną dla mamy, jedną dla taty, albo jedną do trzymania w domu, a drugą do samochodu (choć pamiętajcie, że podczas jazdy samochodem dziecko musi być przez cały czas przypięte w specjalnym foteliku). A potem pozwólcie, żeby bogatym środowiskiem dziecka był wciąż zmieniający się widok z wysokości waszych ramion. To relacje z innymi ludźmi, a nie rzeczy, sprawiają, że dzieci są inteligentniejsze.

a pod koniec pierwszego roku osiąga sześćdziesiąt procent swojej „dorosłej" objętości. Rosną również neurony, jednocześnie zaś wykształcają się między nimi połączenia. To dzięki tym połączeniom dziecko uczy się i organizuje swój świat, porządkując w neuronalnych obiegach wzorce i wspomnienia. Jak wiele dobrych połączeń zostanie wykształconych, zależy bezpośrednio od interakcji dziecka z jego środowiskiem.

Po przećwiczeniu setek interakcji z cyklu sygnał-odpowiedź (jestem głodna – dostaję jeść, jestem przestraszony – ktoś bierze mnie na ręce) niemowlę ma w głowie obrazy tych scen. W końcu gromadzi mózgowy katalog scen bliskości, które tworzą podstawy doznania własnego „ja" i rozumienia opiekuńczego świata dookoła. Ta biblioteka wzorców skojarzeniowych pomaga niemowlęciu przewidzieć odpowiedź na jego potrzebę – taką jak bycie wziętym na ręce w razie płaczu. Gdy dziecko jest w stanie zobaczyć w głowie oczekiwaną scenę bliskości i gdy to oczekiwanie zostanie odpowiednio spełnione przez wrażliwego opiekuna, u dziecka wzrasta poczucie dobrostanu, który na zawsze wpłynie na jego przyszłe relacje: *zdolność do zaufania innym*.

Dzieci wychowywane ze zmniejszoną liczbą interakcji, co zwykle oznacza ograniczony kon-

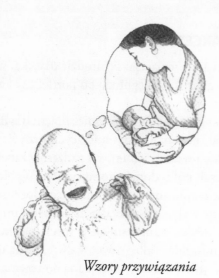

Wzory przywiązania

takt z kochającymi, dbającymi dorosłymi, nie mają takich samych warunków do rozwoju połączeń mózgowych, jak niemowlęta włączone w środowisko wrażliwych opiekunów. Badacze mózgu są zdania, że większa liczba lepszych połączeń ostatecznie sprawia, że dziecko jest bystrzejsze. Rodzicielstwo bliskości sprzyja rozwojowi mózgu, zapewniając mu odpowiedni rodzaj stymulacji w tym okresie życia dziecka, kiedy jest to dla niego najważniejsze.

Wzbogacone środowisko opiekuńcze. Badania nad rozwojem niemowląt pozwoliły na wyłonienie czterech czynników związanych ze środowiskiem dziecka, które najsilniej stymulują rozwój:

1. Wrażliwość i gotowość do reakcji na sygnały niemowlęcia.
2. Wzmacnianie sygnałów werbalnych dziecka i częstotliwość wymiany podczas wspólnej zabawy.

3. Akceptacja i podążanie za nastrojami dziecka.
4. Stymulujące środowisko z głównym opiekunem oraz zabawy wymagające podejmowania decyzji i rozwiązywania problemów.

Spokojne czuwanie. Jak wygląda świat z perspektywy dziecka? Aby spojrzeć nań dociekliwymi oczami niemowlęcia, pamiętaj, że dziecko najwięcej uczy się w stanie spokojnego czuwania. Narzędzia rodzicielstwa bliskości pomagają mu dłużej w tym stanie pozostawać. Kiedy następuje szybka reakcja na płacz dziecka, kiedy spędza ono dużo czasu z mamą i z tatą, niemowlę jest spokojne i otwarte na naukę. Nie tylko zresztą dziecko jest uważniejsze podczas spokojnego czuwania, może ono też wówczas na dłużej zatrzymać uwagę opiekunów i w ten sposób więcej się od nich nauczyć.

Kiedy dziecko jest noszone w chuście, dotykając matki i czując jej ruchy, jest w bardzo bliski sposób włączone do jej świata. W nocy, w łóżku z mamą i z tatą, odpływa w sen, słysząc także ich senne głosy. W sklepie czy na przyjęciu obserwuje nowe twarze i czeka, aż zobaczy uśmiech podobny do tego, który zna z twarzy mamy. Ponieważ jego własna mama czy tata są blisko, dziecko czuje się bezpiecznie – nawet w nowych miejscach wciąż pozostaje w stanie spokojnego czuwania.

RADA RODZICIELSTWA BLISKOŚCI

Rodzicielstwo bliskości pomaga rozwijającemu się mózgowi tworzyć właściwe połączenia między neuronami.

NAUKA DOWODZI: Dzieci wychowane w duchu rodzicielstwa bliskości prawdopodobnie będą mądrzejsze

Dawno, dawno temu, rodzice martwili się, że (zgodnie z naukami trenerów dzieci) im dziecko było częściej noszone (czy „psute"), tym mniej rozwijały się jego zdolności motoryczne. Jednak badania dr Sylvii Bell i dr Mary Ainsworth z Uniwersytetu Johna Hopkinsa „popsuły teorię psucia". Pokazały one, że niemowlęta, które były bezpiecznie umieszczone na ciele matek i których matki właściwie odpowiadały na ich potrzeby (na przykład poprawnie rozpoznając, kiedy podnieść dziecko i kiedy je odłożyć), okazały się bardziej zaawansowane w rozwoju intelektualnym i motorycznym. Te same badania pokazały również, że dzieci pozostawiane w kojcach rozwijały się wolniej pod względem motorycznym i intelektualnym. Czynniki po stronie matki, które miały, jak się wydaje, największy pozytywny wpływ na rozwój ruchowy i umysłowy dziecka to, zgodnie z wynikami badań, gotowość do właściwej reakcji na sygnały, częstotliwość interakcji fizycznych i werbalnych (to tutaj pełnym blaskiem lśnią koncepcje noszenia dziecka i karmienia go piersią) oraz dawka „podłogowej wolności" (okazji do samodzielnego odkrywania otoczenia przez dziecko, z matką w roli „wspomagającej"). Konkluzją badaczek było, że harmonijne relacje matka-niemowlę są skorelowane z IQ dziecka. Doszły one do wniosku, że rodzaj rodzicielskiej opieki miał większy wpływ na inteligencję dziecka niż wykształcenie rodziców. Ostateczna konkluzja, powtórzona następnie przez kolejnych badaczy, głosi, że wrażliwość matki na sygnały wysyłane przez dziecko ma pierwszorzędny wpływ na fizyczny i intelektualny rozwój niemowlęcia.

Rodzice jako pierwsi nauczyciele dziecka. Aby dać dziecku bogate środowisko, nie musisz być ani bogaty, ani wybitnie inteligentny. Musisz po prostu być i musi ci zależeć. Intelektualny rozwój dziecka nie zależy od wspaniałych zajęć dla niemowląt, zabawek edukacyjnych czy słuchania Mozarta. Bardziej niż czegokolwiek innego, niemowlęta do pełnego rozwoju swego potencjału potrzebują kochających i odpowiedzialnych istot ludzkich wokół siebie. W swoim przemówieniu programowym podczas dorocznego zjazdu Amerykańskiej Akademii Pediatrii w 1986 roku, dr Michael Lewis, specjalista od rozwoju dziecięcego, odniósł się do nadmiernego rozpowszechnienia modelu „superdziecka", w którym podkreśla się raczej stosowanie programów i zestawów narzędzi, nie zaś obecność opiekunów, którzy byliby wesołymi towarzyszami i wrażliwymi opiekunami. W odpowiedzi na te tendencje, dr Lewis dokonał przeglądu badań dotyczących czynników polepszających rozwój dziecka. Swoją prezentację podsumował następująco: „Pierwszym i najważniejszym czynnikiem mającym wpływ na intelektualny rozwój dziecka jest gotowość matki do odpowiadania na wysyłane przez dziecko sygnały".

DZIECI WYCHOWANE WEDŁUG ZASAD RODZICIELSTWA BLISKOŚCI SĄ ZDROWSZE

Przez trzydzieści lat swojej praktyki pediatrycznej zauważyłem, że dzieci rodziców stosujących zasady RB są zazwyczaj najzdrowsze. Badania na ten temat są zgodne z moimi obserwacjami. Te dzieci rzadziej odwiedzają lekarzy z powodu choroby, a kiedy zachorują, zazwyczaj szybciej wracają do zdrowia. Mają mniejsze szanse trafienia do szpitala z poważnym schorzeniem i mniej problemów z większością chorób wieku dziecięcego. Dzieci RB są zdrowsze z kilku powodów:

Częściej są karmione piersią. Mleko matki zapewnia znaczącą ochronę przed chorobami, dzięki przeciwciałom, które matka przekazuje w ten sposób dziecku.

Dzieci rodziców odpowiadających na ich sygnały mają niższy poziom hormonów stresu. Wysoki poziom stresu osłabia układ odpornościowy i wystawia go na chorobę (to dlatego zarówno dzieci, jak i dorośli często chorują w reakcji na stresującą sytuację).

Rodzicielstwo bliskości sprawia, że dzieci są lepiej zorganizowane psychicznie: mniej czasu spędzają płacząc, więcej – w stanie spokojnego czuwania, co sprawia, że są psychicznie stabilniejsze. To oznacza także, że są generalnie zdrowsze.

Mamy stosujące zasady rodzicielstwa bliskości są bardziej świadome w dziedzinie właściwego odżywiania. Nie pozwalają swoim małym dzieciom na jedzenie słodkiego, śmieciowego jedzenia o niewielkich wartościach odżywczych. Te matki zdają się podążać za słowami Hipokratesa: „Twoje pożywienie powinno być lekarstwem, a twoje lekarstwo powinno być pożywieniem".

Swego czasu dzieliłem się z kilkoma innymi pediatrami swoimi obserwacjami dotyczącymi lepszego zdrowia dzieci RB. Na koniec zażartowałem: „Gdyby wszystkie dzieci były chowane zgodnie z zasadami RB, połowa z nas mogłaby rzucić pracę i zająć się wędkowaniem".

NAUKA DOWODZI: Dzieci RB wykazują zwiększony rozwój motoryczny

Rodzice mogą się zastanawiać, czy tak częste noszenie dziecka nie opóźni jego potrzeby raczkowania. Nie martwcie się! Zarówno doświadczenie, jak i badania naukowe wykazują, że dzieci wychowane zgodnie z zasadami rodzicielstwa bliskości w istocie wykazują podwyższony rozwój motoryczny.

W 1958 roku w Ugandzie, dr Marcelle Geber przeprowadziła badania 308 niemowląt, chowanych zgodnie z zasadami rodzicielstwa bliskości, a więc charakterystycznie dla tamtejszego modelu kulturowego (dzieci przez większą część dnia były noszone w chustach, w nocy spały przy matkach, a przez całą dobę były często karmione piersią). Następnie zaś porównała ich rozwój psychomotoryczny z dziećmi europejskimi, wychowywanymi według rozpowszechnionych wówczas schematów rodzicielstwa bardziej „zdystansowanego" (dzieci karmiono butelką według grafika, spały osobno w kołyskach, nie noszono ich w chustach i pozwalano im się „wypłakać"). W porównaniu z europejskimi niemowlętami, dzieci ugandyjskie w pierwszym roku życia były nad wiek rozwinięte motorycznie i intelektualnie. Mit głoszący, że jeśli nosisz swoje dziecko, opóźniasz jego rozwój ruchowy, został więc obalony w sposób wiarygodny naukowo.

Mamy RB są partnerkami w opiece medycznej dla dziecka. Rodzicielstwo bliskości sprawia, że pierwsza dostarczycielka pomocy medycznej dla dziecka – mama – jest bardziej spostrzegawcza i zdolna do współpracy z zawodowymi lekarzami, którzy zajmują się jej dzieckiem. Pediatria wymaga kooperacji między rodzicami i lekarzami. Zadanie rodziców to bycie przenikliwymi obserwatorami i precyzyjnymi sprawozdawcami. Pediatrzy zaś mają użyć tych informacji do zdiagnozowania i leczenia dziecka.

Mamy RB wcześniej zauważają chorobę.
Mama, która jest blisko swojego dziecka, wie o nim więcej, niż powiedzą jakiekolwiek testy diagnostyczne. Chore dzieci zazwyczaj zmieniają się psychicznie, zanim jeszcze można dostrzec fizyczne objawy. Ponieważ matka zna dziecko tak dobrze, natychmiast obserwuje zmiany w zachowaniu, które świadczą o chorobie. Język ciała niemowlęcia sygnalizuje bóle brzuszka i kłopoty żołądkowo-jelitowe. Nastrój dziecka czy nawet jego spojrzenie mówi matce, że będzie chore, a częste noszenie na rękach sprawia, że gorączka jest szybko wykrywana. Mama może więc szybko zwrócić się do lekarza, zanim niegroźna choroba zmieni się w coś gorszego. Może ona nie wiedzieć, *co* jest nie tak z jej dzieckiem (diagnoza to zadanie lekarza), jednak z całą pewnością wie, *kiedy* to następuje.

Widzę, kiedy nadchodzi kolejna infekcja ucha, po szczególnym sposobie, w jaki córeczka zaczyna ssać pierś.

ODPOWIEDNIO OPIEKUŃCZE

Matki stosujące zasady rodzicielstwa bliskości są zazwyczaj bardzo ostrożne przy wyborze zastępczych opiekunów dla swoich dzieci oraz przy wystawianiu ich na kontakty z zakatarzonymi towarzyszami zabaw. Ich dzieci są także mniej zagrożone zranieniem, bo mamy i wybrani przez nie opiekunowie dobrze wiedzą, co dziecko robi w danym momencie. Ponieważ znają oni również możliwości danego dziecka, łatwiej im przewidzieć niebezpieczeństwa pojawiające się w jego otoczeniu – takie jak mebel, na który można się wspinać, ustawiony obok niezabezpieczonego okna.

Jestem samotną matką, więc kiedy wracałam do pracy, wiele energii poświęciłam na sprawdzanie okolicznych żłobków dla mojego dziecka. Wędrując od jednej instytucji do drugiej, uważnie monitorowałam wszystko: od stanowiska do zmieniania pieluszek po wygląd innych dzieci – czy wydawały się zdrowe i zadowolone. Dosłownie przemaglowałam dyrektorów placówek w dziedzinie ich polityki przyjmowania przeziębionych dzieci.

To kolka czy coś innego? Kiedy niemowlę dużo płacze, rodzicom czasem mówi się, że to „tylko kolka" i że dziecko z tego wyrośnie. Matki będące blisko, mocno zestrojone ze swoimi dziećmi, stają się ogromnie spostrzegawcze, jeśli chodzi o płacz i mogą nie dać się przekonać kolkowej diagnozie. Do mojego gabinetu często przychodzą rodzice, aby zasięgnąć drugiej diagnozy w sprawie dziecka z kolką. Matki często mówią: „Wiem, że coś jest nie tak. Widzę, że on cierpi; to nie jest jego normalny płacz". Bardzo

NAUKA DOWODZI:
Rodzice RB rozsądniej korzystają
z opieki medycznej

Badania opublikowane w 1989 roku w magazynie *Pediatria* pokazały, że rodzice praktykujący rodzicielstwo bliskości mieli tendencję do rozsądniejszego korzystania z opieki medycznej w czasie pierwszego roku życia dziecka w porównaniu do rodziców wybierających inne metody.

Naukowcy dowiedli, że dzieci mające bezpieczną więź z opiekunami o połowę rzadziej trafiają na ostry dyżur czy do gabinetu lekarza. Odkryli, że pary rodzic-dziecko o słabszej więzi były narażone na konieczność częstszych, niezaplanowanych, nagłych wizyt lekarskich. Wnioski wyciągnięte z tych badań głoszą, że rodzice, którzy mają słabszą więź z dziećmi, są w mniejszym stopniu zdolni do właściwego odczytywania symptomów ich zdrowia i choroby.

wysoko cenię intuicję matek praktykujących rodzicielstwo bliskości, toteż kiedy matka mówi, że coś może dolegać jej dziecku, przeprowadzam szczegółowe śledztwo. I często przy badaniu „kolkowego" dziecka (my wolimy raczej termin „cierpiące dzieci") odkrywamy, że istnieją medyczne przyczyny bólu, takie jak choroba refluksowa przełyku czy alergia na mleko. Mama miała rację!

Starsze dzieci partnerami w dbaniu o swoje zdrowie. Stwierdziłem, że wrażliwość rodzica na samopoczucie dziecka przekłada się następnie na świadomość samego dziecka w kwestii własnego ciała i własnego zdrowia. Dzieci wychowane w duchu rodzicielstwa bliskości nie tylko wydają się bardziej zestrojone ze swoim ciałem, szybciej też komunikują rodzicom o odczuwanych zmianach. Ponieważ dzieci i rodzice ufają sobie nawzajem, łatwiej jest mówić o bólach żołądka i bólach gardła, o tym, czy są poważne i co robić w związku z nimi.

Moje ośmioletnie dziecko RB, mające, jak się okazało, poważną chorobę jelit, powiedziało do mnie: „Mamusiu, powiem ci moją najstraszniejszą tajemnicę. Często boli mnie brzuszek".

A oto lekarska i ojcowska rada, jaką dałem moim synom, dr Jimowi i dr Bobowi, gdy dołączali do Rodzinnej Poradni Pediatrycznej Searsów: „Musicie poświęcić najwcześniejsze miesiące na uczeniu młodych rodziców narzędzi rodzicielstwa bliskości. A potem spokojnie słuchajcie tego, czego oni was nauczą".

DZIECI RB LEPIEJ ROSNĄ

Dzieci RB nie tylko są bystrzejsze i zdrowsze; one się dobrze rozwijają, a to znaczy coś więcej niż stawać się wyższym i cięższym. To znaczy osiągać maksymalny potencjał intelektualny, emocjonalny i fizyczny. Dzieci wychowywane zgodnie z ideą rodzicielstwa bliskości mogą to osiągnąć, ponieważ nie muszą tracić energii na mozolne i hałaśliwe zdobywanie tego, czego potrzebują. Niemowlę zużywa znacznie mniej kalorii, jeśli może przyciągnąć uwagę mamy spojrzeniem czy przytuleniem się niż pięciominutowym płaczem na cały regulator. Te kalorie mogą być potem zużyte na wzrost i na rozwój.

Poza tym, na bezpieczną bliskość dzieci odpowiadają również fizjologicznie. Jeden z przykładów

CHEMIA BLISKOŚCI

Hormony wpływają na fizjologię i zachowanie tak dziecka, jak i matki, zwłaszcza w okresie karmienia piersią. Kiedy mamy i niemowlęta pozostają w bliskim kontakcie, są nagradzane nie tylko dobrymi uczuciami, ale także dobrym samopoczuciem fizycznym. Częste dawki rodzicielstwa bliskości to „szczepienia przypominające", które pomagają pozostać w harmonii z dzieckiem. Uwierz więc we własną biologię – ona zadziała.

dotyczy hormonu o nazwie kortyzol. Produkowany w nadnerczach kortyzol spełnia rozmaite funkcje, w tym również pomaga właściwie zareagować w stresujących, a nawet zagrażających życiu sytuacjach. Aby organizm funkcjonował optymalnie, musi zostać zachowany właściwy poziom kortyzolu – zbyt mała ilość sprawia, że organizm się blokuje, zbyt duża wywołuje cierpienie. Badania wykazały, że nawiązanie bezpiecznej więzi między matką a niemowlęciem powoduje, że u tego ostatniego zostaje zachowana równowaga hormonalna. Brak takiej więzi może albo wywołać przyzwyczajenie do niskiego poziomu kortyzolu (którego skutkiem jest apatia) lub nieustannie wysokiego stężenia hormonów stresu, co z kolei powoduje chroniczny niepokój.

Pozbawione wystarczającej bliskości ludzkie dzieci po prostu nie rosną dobrze. Wydają się smutne, a nawet obojętne. Wygląda to tak, jakby straciły radość życia. Przez lata obserwacji zauważyłem, że dzieci RB wyglądają inaczej i wydają się inne. Trudno to opisać, ale w istocie chodzi o to, że sprawiają one wrażenie „po-

łączonych": szukają kontaktu wzrokowego, ufają innym i lubią, żeby trzymać je na rękach. Ich ciała wydają się stabilne, oczy jasne i wyczekujące. Mówiąc wprost: dziecko, które dobrze się czuje, dobrze rośnie. Rozważcie więc rodzicielstwo bliskości jako odżywczy eliksir dla waszego dziecka.

DZIECI RB ZACHOWUJĄ SIĘ LEPIEJ

Ciężko jest być malutkim dzieckiem. Przejście od cichej, zamkniętej atmosfery łona, do jasnego, kipiącego aktywnością, ekscytującego świata na zewnątrz to prawdziwe wyzwanie, zwłaszcza jeśli mózg nie ma jeszcze narzędzi do zrozumienia takich koncepcji jak czas czy nawet bycie odrębną osobą. W pierwszych tygodniach niemowlęta zużywają mnóstwo energii na rozwiązywaniu podstawowych problemów związanych z przyzwyczajaniem się do życia poza łonem. W tym okresie matki i ojcowie muszą pomóc im uporządkować zachowania. Kiedy dziecko pokazuje, że jest głodne, matka musi wkroczyć i powiedzieć „Teraz cię nakarmię". Brzuszek dziecka napełnia się, ono zaś myśli „Aha, to przerażające uczucie zniknęło. I to dzięki karmieniu". Dziecko budzi się samo w swoim łóżeczku, wyciąga rączki i nóżki w pustce i czuje strach. Tata przychodzi, bierze dziecko w ramiona, otula jego małe ciałko silnymi rękami. Dziecko myśli: „Tak, tata się mną zajmie. Jestem bezpieczny".

Kiedy rodzice noszą dziecko po domu, czy głaszczą je po pleckach, żeby uspokoić płacz, może ono poczuć się bezpiecznie i nie tracić energii na martwienie się. Koncept „wyczuwania rytmu" może dać nam obraz tego, co mamy na myśli, mówiąc o „porządkowaniu" życia. Im

RODZICIELSTWO BLISKOŚCI KSZTAŁTUJE SUMIENIE

Nie jest tak, że dzieci RB są zawsze miłe i nigdy nie bywają niegrzeczne, jednak z większym prawdopodobieństwem będą starały się postąpić dobrze, a nie źle. Nie czują ciągłej złości i nie są uwikłane w próby sił ze swoimi rodzicami, nie muszą więc być niegrzeczne w celu zwrócenia na siebie uwagi. Ponieważ dzieci wychowane w duchu rodzicielstwa bliskości są traktowane sprawiedliwie, zwykle mają wewnętrzne poczucie sprawiedliwości. Kiedy zrobią coś złego, chcą to naprawić i chętnie korzystają z rad dorosłych, którym ufają – najczęściej swoich rodziców.

Zajmowałam się kiedyś synem przyjaciół, który zwykł używać bicia jako metody rozwiązywania problemów. Moja córeczka Madison, wychowana według zasad RB, przyszła do mnie i powiedziała, że on ją uderzył. Madison odpowiedziała temu chłopcu, że w naszym domu nie bijemy ludzi, tylko rozmawiamy o tym, co nas złości. Madison ma trzy lata.

więcej czasu dziecko spędza „w rytmie", tym łatwiej nauczy się samo wprowadzać w ten stan. Będzie mogło dłużej znajdować się w „rytmie dobrego samopoczucia", a następnie, kiedy odczuje głód, łatwiej wejść w „rytm karmienia". Kiedy mama śpi obok niego, przez większą część nocy może pozostawać w „rytmie mocnego snu", wślizgując się w niego płynnie zaraz po obudzeniu na karmienie. Dzięki podpowiedziom ze strony mamy i taty, dzieci wychowy-

wane zgodnie z ideą rodzicielstwa bliskości wydajniej porządkują swój świat. To sprawia, że zachowują się one lepiej i o wiele przyjemniej jest przebywać w ich towarzystwie.

Lepiej wychowane niemowlęta zamieniają się w lepiej wychowane dzieci. Prawdopodobnie nigdy nie myśleliście o Filarach RB jako o narzędziach dyscypliny, ale tak naprawdę one nimi są. Noszenie niemowlęcia, karmienie go na żądanie, spanie z dzieckiem, branie serio płaczu córeczki czy synka, to potężne narzędzia kształtowania zachowań dziecka – teraz i w przyszłości.

Ponieważ wychowywałam moje dziecko w duchu rodzicielstwa bliskości przez pierwsze kilka lat, teraz czuję, że mam większy margines błędu. Dałam jej tak solidne fundamenty, że nie martwię się tak bardzo, jeśli teraz zrobię coś źle, bo wiem, że raczej nie zepsuję tego, co już zostało osiągnięte.

DZIECI RB SĄ ODPOWIEDZIALNE

Oczywiście wszyscy rodzice chcą, żeby ich dzieci dorastały, biorąc odpowiedzialność za swoje działania, a kiedy będą już dorosłe, żeby wniosły odpowiedzialny wkład w swoje rodziny i w społeczeństwo. Jednak bycie „odpowiedzialnym" ma korzenie w „odpowiadaniu". Kiedy rodzice we właściwy sposób odpowiadają na sygnały wysyłane przez dzieci, dzieci rosną ze zdolnością odpowiadania na potrzeby innych ludzi. Stają się odpowiedzialnymi dorosłymi.

NAUKA DOWODZI: Niemowlęta RB wspaniale się rozwijają

Eksperymenty z udziałem ludzkich niemowląt oraz eksperymenty wykorzystujące zwierzęta dały następujące, bardzo ciekawe wyniki:

1. Ludzkie niemowlęta o najbardziej bezpiecznej więzi z matką miały najbardziej zrównoważony poziom kortyzolu.

2. Im dłużej młode zwierzęta były odseparowane od matki, tym ich poziom kortyzolu był wyższy, co sugeruje, że znajdowały się one w stanie chronicznego stresu. Również ich matki, oddzielone od dzieci, wykazywały podwyższony poziom tego hormonu.

3. Przedłużony okres podwyższonego poziomu kortyzolu może hamować wzrost i upośledzać działanie układu odpornościowego.

4. U odizolowanych od matki młodych zwierząt zaobserwowano zaburzenia równowagi w autonomicznym systemie nerwowym, kontrolującym fizjologię całego ciała. Ponadto wykazywały one niestabilny puls i temperaturę ciała, nieprawidłowy rytm serca (arytmię) i zaburzenia rytmu snu, takie jak skrócenie fazy REM. Podobne zmiany fizjologiczne obserwowano u odseparowanych od rodziców dzieci w wieku przedszkolnym.

5. Poza niepokojem spowodowanym przez przedłużone działanie hormonów nadnercza, oddzielenie od matki miało czasem przeciwny efekt psychologiczny: kształtowało wycofane, pogrążone w depresji młode, o niskim poziomie kortyzolu.

6. Zwierzęta, które pozostawały blisko matek, miały wyższy poziom hormonów wzrostu i enzymów niezbędnych do rozwoju mózgu i serca. Separacja od matek lub brak interakcji z nimi w sytuacji bliskości powodowały, że poziom tych wspierających wzrost substancji spadał.

Wszyscy badacze doszli do tych samych wniosków: matka spełnia rolę stabilizującą dla nieuporządkowanej fizjologii niemowlęcia.

Sześć sposobów, na jakie RB ułatwia dyscyplinę

Dyscyplina jest być może ostatnią rzeczą, jaka przychodzi ci do głowy, gdy przynosisz noworodka ze szpitala do domu. Może też być tematem, o którym myślisz z przerażeniem, zastanawiając się, jak sprawdzisz się w roli osoby dyscyplinującej; a być może masz już pewne koncepcje, na przykład takie, które zaczynają się od twierdzeń w rodzaju: „*Nigdy* nie pozwolę *mojemu* dziecku na pyskowanie".

Oto dobra wiadomość dotycząca dyscypliny: to nie jest coś, co *ty* narzucasz swojemu dziecku; to coś, co robicie *razem* z dzieckiem, zaś cały proces zaczyna się już w niemowlęctwie. Rodzicielstwo bliskości to solidne podstawy do pokierowania twoim dzieckiem w kolejnych latach, dające ci najlepsze narzędzia do wejścia w dyscyplinę. Oto, jak one działają:

1. RB pomaga ci poznać wasze dziecko.
Żeby mądrze wychowywać, musisz dobrze znać dziecko. To uniwersalna prawda, bez względu na to, co sądzisz o dobrej dyscyplinie. Często mówimy rodzicom: „Nie musisz być specjalistą od rodzicielstwa ani od metod dyscypli-

nowania, ale musisz zostać ekspertem w sprawie swojego dziecka. Nikt inny nim nie zostanie". Kiedy dobrze znasz swoje dziecko, wiesz, jak wygląda świat widziany jego oczami i dzięki temu możesz właściwie kształtować jego zachowanie. Na przykład nasze szóste z kolei dziecko, syn Matthew, był bardzo skupionym chłopczykiem, który całkowicie pogrążał się w zabawie. Martha znała go od tej strony i wiedziała, że nie może go po prostu podnieść i zabrać w chwili, gdy nadchodził czas zakończenia zabawy – było mu trudno przerwać to, co robił i dostosować się do maminego planu dnia. Jako wrażliwy rodzic, Martha wypracowała zwyczaj spokojnego kończenia zabawy. Parę minut przed jej nieodwołalnym końcem przychodziła do bawiącego się chłopca i pomagała mu się wyłączyć: „Powiedz pa, pa ciężarówkom, pa, pa samochodom, pa, pa chłopczykom, pa, pa dziewczynkom" – i tak dalej. To pomagało Matthew zamknąć jedną aktywność (nawet ulubioną) i przygotować się do wkroczenia bez protestów w następną.

Znajomość mojego dziecka daje mi siłę. Ta „dziecięca wiedza" jest jak szósty zmysł, który pozwala mi przewidywać i kontrolować sytuację oraz nie dawać mojemu dziecku okazji do popadnięcia w kłopoty. Znałam Leę tak dobrze na każdym etapie jej rozwoju. Rodzicielstwo bliskości pozwala mi wczuć się w jej położenie. Pozwala wyobrazić sobie, jakiego mojego zachowania ona potrzebuje.

2. RB pomaga ci spojrzeć na świat oczami twojego dziecka. Rozumienie, jak wyglądają sprawy z perspektywy dziecka, pomoże ci właściwie reagować i kierować jego zachowaniem.

RADA RODZICIELSTWA BLISKOŚCI
Dyscyplina – wspólna odpowiedzialność

Dla rodziców stosujących metody rodzicielstwa bliskości i dla ich dzieci, dyscyplina jest zbudowana raczej na ich wzajemnej relacji, a nie na zbiorze zasad.

Pewnego razu nasza dwuletnia wówczas córeczka Lauren pod wpływem impulsu złapała karton z mlekiem stojący w lodówce i rzuciła go na podłogę. Natychmiast wybuchnęła płaczem, co sprawiło, że Martha biegiem nadciągnęła. Oceniła sytuację i zamiast skarcić Lauren czy zezłościć się z powodu bałaganu, spokojnie i delikatnie rozmawiała z nią o tym, co się stało. Kiedy później spytałem ją, jak udało jej się tak bezproblemowo opanować zajście, Martha odpowiedziała: „Zadałam sobie pytanie: gdybym to ja była Lauren, jakiej reakcji chciałabym ze strony mojej matki?".

3. RB pomaga zbudować zaufanie. Jeśli chcesz, żeby ktoś podążał za twoimi wskazówkami, musisz zdobyć zaufanie tej osoby. Zaufanie zaś rozwija się wówczas, gdy zaspokajasz potrzeby swojego dziecka. Dziecko, które wie, że rodzice zapewnią mu jedzenie i pocieszenie w chwili, gdy ono tego potrzebuje, zaufa im także, kiedy powiedzą: „Nie dotykaj tego!", a nawet: „Czas już posprzątać zabawki i zbierać się do łóżka". Autorytet jest niezbędny do wprowadzenia dyscypliny, ale autorytet musi być oparty na zaufaniu. Jeśli niemowlę może być pewne, że matka nakarmi je wtedy, gdy jest głodne, z większym prawdopodobieństwem jako małe dziecko posłucha jej rady dotyczącej, na przykład, postępowania z tłukącymi się przedmiotami na stoliku kawowym babci.

4. RB kształtuje lepiej uporządkowane mózgi. Jesteśmy zdania, że dzieci, które nie doświadczają rodzicielstwa odpowiadającego na ich potrzeby, są bardziej zagrożone późniejszym pojawieniem się problemów behawioralnych, takich jak nadpobudliwość, trudności w koncentracji czy nadmierna impulsywność. Są to cechy charakterystyczne w opisie tzw. zespołu nadpobudliwości ruchowej z deficytem uwagi (ADHD), przypadłości coraz częściej diagnozowanej u dzieci, a teraz także u dorosłych. Jak się wydaje, dzieciom RB skupianie uwagi przychodzi łatwiej niż innym. Czy jest możliwe, że odpowiedni poziom troskliwej opieki w pierwszych, kształtujących osobowość latach wpływa na uporządkowanie w mózgu szlaków behawioralnych? Czy niektóre z pojawiających się w późniejszym dzieciństwie problemów z zachowaniem są tak naprawdę możliwymi do uniknięcia rezultatami wcześniejszej dezorganizacji? Choć z całą pewnością autyzm i ADD (deficyt uwagi) nie są wywołane zdystansowanym rodzicielstwem (w tym wypadku chodzi o biologiczne różnice w organizmach tych dzieci), zauważyliśmy, że u dzieci mających takie tendencje rodzicielstwo bliskości może zmniejszyć ich natężenie i zwiększyć zdolność rodziców do radzenia sobie z nimi i do pomagania dziecku.

5. RB stymuluje posłuszeństwo. Być *posłusznym* znaczy *uważnie słuchać*. Rodzicielstwo bliskości, poza tym, że otwiera rodziców na potrzeby ich dziecka, otwiera także dziecko na życzenia rodziców. Dzieci będące blisko chcą sprawiać swoim rodzicom przyjemność, chcą brać pod uwagę opinię swoich matek. Co to właściwie znaczy: *brać pod uwagę czyjąś opinię?* Kiedy rodzic i dziecko są ze sobą bardzo blisko, często zwracają uwagę na to samo. To sprawia, że dziecku łatwiej jest być posłusznym. Ponieważ wie ono, że potrafisz spojrzeć na świat z jego perspektywy, jest też bardziej otwarte na twój punkt widzenia. Ufa ci, więc łatwiej zaakceptuje stawiane przez ciebie granice. Jeśli więc jest dostatecznie mocna, nawet dzieci o bardzo silnej woli dają się wciągnąć w podążanie za wskazówkami mamy czy taty.

Wystarczy, że spojrzę na niego z dezaprobatą i przestaje się źle zachowywać.

6. RB pomaga zdyscyplinować trudne dziecko. Rodzicielstwo bliskości przynosi największą satysfakcję wtedy, kiedy masz dziecko stanowiące nieustanne wyzwanie dla twoich rodzicielskich umiejętności. My mówimy o takich dzieciach, że mają duże potrzeby. Wydaje się, że potrzebują więcej wszystkiego: więcej interakcji z rodzicami, częstszego karmienia piersią, więcej czasu w chuście, więcej wskazówek podczas zabawy – więcej wszystkiego, poza snem. Czasem rodzice nie zdają sobie sprawy, że ich dziecko potrzebuje szczególnego rodzaju dyscypliny (bo jest na przykład nadpobudliwe, opóźnione w rozwoju czy ma trudny charakter) aż do chwili, gdy skończy ono trzy czy cztery lata. Rodzice, którzy od samego początku ciężko pracowali, by stworzyć więź z dzieckiem, z większą łatwością pokonają wyzwania wiążące się z opieką nad nim.

Im silniejsza jest wola mojego dziecka, tym mocniejsza musi być nasza więź.

Rodzice RB dobrze znają swoje dziecko i wyczuwają jego osobowość. Dzieci czujące bliskość ufają, że rodzice pomogą im w samokontroli. Badania zajmujące się długofalowymi efektami stylów rodzicielskich stosowanych w pierwszym okresie życia dziecka, ustaliły korelację między praktykowaniem rodzicielstwa bliskości w niemowlęctwie i zdolnością dziecka do adaptacji w późniejszych latach. Dziecko, które łatwiej się adaptuje, można łatwiej skierować w inną stronę. Rodzice będą być może musieli uważnie obserwować swoje dziecko, jednak ono zaakceptuje płynące od nich sugestie i poprawki. To sprawia, że można zapobiec przemianie problemów wychowawczych w wychowawcze batalie.

Kiedy do jej świata wkroczyło słowo nie, *zazwyczaj wystarczy zmienić ton głosu albo spojrzeć na nią w określony sposób, żeby zrozumiała, co mówimy. Ona nam ufa i chce nas zadowolić.*

❖❖❖

Nancy, matka niemowlęcia o dużych potrzebach, które teraz jest już czterolatkiem o silnym charakterze, powiedziała: „Początkowo rodzicielstwo bliskości kosztowało mnie więcej energii i było mniej wygodne. Teraz jednak dbanie o Jonathana jest łatwiejsze, bo dyscyplina przychodzi nam naturalnie. W końcu zaczynam zbierać owoce tej inwestycji".

RADA RODZICIELSTWA BLISKOŚCI

Dyscyplina polega raczej na prawidłowych relacjach z dzieckiem niż na prawidłowej technice.

DZIECI RB SĄ „PEŁNE"

Wertując swoją bibliotekę świadectw rodzicielstwa bliskości, zauważyłem powracający temat: dzieci RB są *pełne* duchowych narzędzi, które pomogą im odnieść sukcesy w życiu. Pytani o rezultaty ich praktyk, rodzice stosujący zasady rodzicielstwa bliskości stwierdzali, że ich dzieci wydają się uważne, przedsiębiorcze, *pełne* szacunku i troski o innych.

RB WSPIERA UMIEJĘTNOŚĆ NAWIĄZYWANIA BLISKICH KONTAKTÓW

Dzieci chowane w duchu rodzicielstwa bliskości czują się dobrze w towarzystwie innych ludzi, bo czują się dobrze same ze sobą. Inni ludzie są dla nich interesujący, a ponadto takie dzieci wiedzą, jak nawiązać odpowiedni kontakt z członkami rodziny, starymi przyjaciółmi i nowymi znajomymi. Ta zdolność do wejścia w relacje z innymi może obejmować rzeczy tak proste, jak umiejętność utrzymania kontaktu wzrokowego. Ich spojrzenie jest uważne, ale nie natarczywe. Mają głębokie zrozumienie relacji, wywodzące się z ich własnej, bliskiej więzi z rodzicami. Ta umiejętność bycia blisko czy też pozytywne emocje w relacjach z innymi, będą im służyć przez całe życie.

On jest jak słonecznik, który obraca się w stronę dających światło ludzi.

Psychologowie i terapeuci, z którymi mieliśmy kontakty na przestrzeni lat, mówią nam,

WYCHOWANIE DZIECKA WSPÓŁ-ZALEŻNEGO

Jeśli jesteście tacy, jak większość rodziców, to chcielibyście, aby wasze dziecko stało się niezależne. Historycy i krytycy społeczni twierdzą, że pionierska przeszłość Ameryki stworzyła naród, który nade wszystko ceni niezależność i indywidualność. Jednak zbyt wczesna i zbyt duża niezależność nie jest dobra dla waszego dziecka. Nie zgadzamy się z koncepcją, że należy stawiać sobie niezależność za cel, czy to w przypadku dziecka, czy dorosłego. Pomyślcie o tym: zdrowi emocjonalnie ludzie nigdy nie są całkiem niezależni. Wszyscy potrzebujemy dopełniających nas osób i relacji.

Rozważcie następujące etapy:

1. Zależność: *„Ty* zrób to *dla mnie"*. Od narodzin do końca pierwszego roku życia niemowlęta ufają, że rodzice odpowiedzą na ich potrzeby.
2. Niezależność: *„Ja* zrobię to *sama"*. W drugim roku, dzięki wspomaganiu ze strony rodziców, odkrywający świat mały człowiek uczy się robić wiele rzeczy samodzielnie.

3. Współ-zależność: *„My* zrobimy to *razem"*. To stadium najbardziej dojrzałe. Termin *współ-zależność* może być dla was nowy, jednak cecha ta jest naprawdę zdrowsza niż zależność czy niezależność. Ludzie współzależni wiedzą, jak współpracować z innymi i czerpać to, co najlepsze z relacji z nimi, dając jednocześnie jak najwięcej z siebie.

Będąc rodzicami, pomagacie waszemu dziecku stopniowo przejść przez wszystkie etapy na drodze do dojrzałości emocjonalnej. Chcecie, aby dziecko czuło się dobrze samo i w towarzystwie innych. Współ-zależność uczy zarówno bycia liderem, jak i podążania za innymi. Niezależny indywidualista może być tak zapętlony w sobie, że nie zauważy, co ludzie mają mu do zaoferowania. Dziecko zależne jest tak zajęte podążaniem za tłumem, że nigdy nie ma okazji zastanowić się, jakie jest jego własne zdanie.

że wielu z ich klientów ma kłopoty z bliskością i że spora część terapii nastawiona jest na przywracanie im doświadczenia rodzicielskiej więzi. Dzieci, które doświadczają tej więzi w dzieciństwie, już wtedy dostają wszystko to, czego potrzebują. Nauka, którą wyciągną z tej pierwszej relacji, ostatecznie sprawi, że w przyszłości będą lepszymi przyjaciółmi i lepszymi współmałżonkami. Dzieci wychowane w bliskości uczą się przywiązywać raczej do ludzi niż do rzeczy, a następnie zabierają ze sobą tę umiejętność w dorosłe życie. Wielokrotnie obserwowa-

łam, jak nasza dwuletnia córka Lauren wpełza w nocy do naszego łóżka i przytula się do Marthy. Młodziutka Lauren gromadziła w ten sposób kapitał na przyszłość: zdobywała umiejętność bycia blisko.

W procesie przechodzenia od jedności ze światem do poczucia własnej odrębności (określanym jako indywiduacja albo wylęganie – *hatching*) dziecko mające bezpieczną więź z rodzicami zachowuje równowagę pomiędzy pragnieniem odkrywania i napotykania nowych sytuacji, a ciągłą potrzebą bezpieczeństwa i zadowolenia dostarczanych przez matkę. Gdy podczas zabawy pojawia się nieznana dotąd okoliczność, matka wysyła sygnał mówiący coś w rodzaju „ruszaj naprzód!", dając dziecku pewność siebie w odkrywaniu i w radzeniu sobie z nowością. Jeśli następnym razem dziecko napotka podobną sytuację, będzie miało więcej odwagi, by poradzić sobie z nią samodzielnie lub z mniejszą niż dotąd pomocą opiekunów. Stała dostępność emocjonalna matki zapewnia poczucie bezpieczeństwa, pomagające dziecku rozwinąć bardzo ważną cechę: zdolność do cieszenia się samotnością od czasu do czasu.

EFEKTY DŁUGOTERMINOWE

Rodzice (zwłaszcza matki), z którymi przeprowadzaliśmy wywiady, byli zgodni w odczuciach związanych z ich własnym zaangażowaniem w rodzicielstwo bliskości: „Czuję się emocjonalnie zaangażowana w moje dziecko". Tu i teraz mają dzieci empatyczne i dbające o innych, z którymi przyjemnie jest przebywać. Jednak długofalowo zaszczepiają oni w swoich dzieciach zdolność formowania zdrowych relacji bliskości, w dzieciństwie i w dorosłym życiu.

Kiedy wcześnie zaczniecie stosować zasady rodzicielstwa bliskości, wasze dzieci nie spędzą całego życia, próbując nadgonić braki, i wy także nie będziecie musieli niczego nadrabiać. Teraz i w przyszłości wasze dzieci będą znajdować oparcie w bliskości z innymi. Będą formować dobre więzi i dysponować narzędziami, które pozwolą tym relacjom przetrwać. Ten rodzaj inwestycji opłaca się nie tylko wam i waszym dzieciom, lecz także ich przyjaciołom, przyszłym małżonkom, ich dzieciom i następnym pokoleniom.

DZIECI I RODZICE RB LEPIEJ ZE SOBĄ WSPÓŁPRACUJĄ

Rodzicielstwo bliskości uczy rodziców i innych opiekunów, jak wspomagać rozwój ich dzieci. Osoba wspomagająca nie mówi dziecku, co ma zrobić, lecz pomaga mu się tego nauczyć. Kiedy rodzice ułatwiają rozwój, nie wydają rozkazów i nie próbują realizować własnego planu. Zamiast tego odbierają sygnały od swojego dziecka.

Najlepszy rodzaj nauki to ten zachodzący spontanicznie, kiedy świat wokół dziecka wzbudza jego zainteresowanie. W ciągu dnia pojawiają się kolejne momenty dobre do nauki, a wspomagający rodzic je wykorzystuje. Dziecko zauważa coś nowego, a rodzic delikatnie pomaga mu się z tym zmierzyć. Kiedy małe dziecko wyciąga rączki do szczeniaka sąsiadów, mama bierze je za rączkę i pokazuje, jak delikatnie pogłaskać pieska. Wieża z klocków zbudowana przez czterolatkę przewraca się – tata daje inżynieryjną wskazówkę i pozwala córce na kolejne eksperymenty. Rodzice mocno związani z dziećmi wiedzą, jaka jest właściwa reakcja. Wiedzą, kiedy powiedzieć: „Tak, dasz radę zrobić to sama!", a kiedy zaoferować jakąś pomoc. Dziecko ufa swoim rodzicom, więc ich słucha.

Właściwe wspomaganie łagodzi frustrację. Wspomagający rodzic oferuje emocjonalne wsparcie w chwili, gdy nauka okazuje się frustrująca; zarazem zdaje on sobie sprawę, że to ważne, aby dziecko doświadczyło nieco frustracji i nauczyło się sobie z nią radzić.

Właściwe wspomaganie wspiera dyscyplinę. Wspomaganie to także istotny element we wprowadzanej przez rodziców RB dyscyplinie. Rodzice ci tworzą w domu atmosferę, w której łatwiej jest być posłusznym. Zabawki przechowywane są w takich miejscach, że sprzątanie ich jest łatwe i przyjemne. Pomaganie mamie i tacie w obowiązkach to nauka prac domowych przez zabawę. Kiedy rodzice potrzebują współpracy ze strony dziecka przy wychodzeniu z nim z domu czy kładzeniu go do łóżka, delikatnie kierują jego uwagą, przechodząc od zabawy do nowej aktywności. Udaje im się to, bo bardzo dobrze znają swoje dziecko. W końcu takie dzieci uczą się samodyscypliny, bo reguły wyznaczane przez rodziców, którym ufają, stają się częścią ich samych.

Właściwe wspomaganie wspiera niezależność. Jeśli jesteś gotowa do pomocy dziecku, ułatwia mu to znalezienie właściwego dla niego poziomu niezależności. Proces dochodzenia do niezależności przypomina stawianie dwóch kroków do przodu i jednego do tyłu. Dobrze znając swoje dziecko, będziesz mogła przewidzieć, w którym kierunku się poruszać, żeby dotrzymać mu kroku. A jeśli teraz poznasz reguły gry, przydadzą ci się one, kiedy kwestia niezależności pojawi się znowu, gdy twoje dziecko będzie nastolatkiem.

W większości domów pierwszą osobą wspomagającą jest matka, choć może ona działać w duecie z opiekunką czy z mężem. Kiedy dzieci rosną, zaczynają wspierać się także na innych znaczących osobach, na przykład dziadkach, nauczycielach, trenerach czy drużynowych. Dzieciom wychowanym w duchu rodzicielstwa bliskości przychodzi to z łatwością, bo rodzice wpoili im zdolność do nawiązywania więzi.

Nauka współ-zależności przygotowuje dziecko do życia, zwłaszcza do nawiązywania relacji zawodowych. Specjaliści od zarządzania uczą idei współ-zależności, aby zwiększyć wydajność. Stephen Covey, autor bestsellera *Siedem zwyczajów najbardziej wydajnych ludzi*, podkreśla, że współ-zależność jest cechą charakterystyczną największych ludzi sukcesu. Nawet dwulatek może się jej nauczyć: „Mogę zrobić to sam, ale zrobię to lepiej z pomocą innych". To w ten sposób dziecko uczy się być przedsiębiorcze. Więc jeśli syn lub córka poprosi cię o pomoc przy szkolnym projekcie, nie mów natychmiast, że więcej nauczy się, wykonując pracę samodzielnie. Pomyśl, że być może wychowujesz przyszłego dyrektora – takiego, który wie, jak dobrze współpracować z ludźmi.

RB STYMULUJE EMPATIĘ

Rodzicielstwo bliskości kształtuje dzieci, którym zależy. Ponieważ otrzymują tak wiele od swoich wrażliwych rodziców, same stają się wrażliwe. Dbanie, dawanie, słuchanie i odpowiadanie na potrzeby są w rodzinie normalne, więc dziecko traktuje je jako część siebie. Pewna matka przyniosła kiedyś do mojego gabinetu na kontrolę swojego nowo narodzonego synka; oboje przyszli w towarzystwie jej prawie trzyletniej córki, Tiffany, wychowanej według zasad rodzicielstwa bliskości. Jak tylko niemowlak zaczął płakać, Tiffany pociągnęła za koszulkę matki ze słowami: „Mamusiu, dzidziuś płacze. Przytul, pokołysz, daj piersi!".

Często przyglądam się dzieciom RB bawiącym się w grupach. Zwracają uwagę na potrzeby i prawa towarzyszy zabaw, bo taki był ich własny model wychowania. Kiedy innym dzieciom dzieje się coś złego, ruszają na ratunek jak dobrzy Samarytanie.

Moja pięciolatka bawiła się w parku z grupą dzieci RB, kiedy zdarzył się jej wypadek: przewró-

ciła się i zraniła w głowę. Była bardzo roztrzęsiona i zapłakana. Posadziłam ją sobie na kolanach i starałam się ją uspokoić. W tym czasie jej przyjaciele (w wieku od trzech do jedenastu lat), wychowani w modelu RB, przerwali zabawę i zgromadzili się wokół nas. Podeszli blisko i głaskali Jasmine, brali ją za rękę, patrzyli z ogromnym współczuciem. Grupka dzieci wyruszyła na poszukiwanie maści i plastrów. Dotkliwym kontrastem dla tej poruszającej scenki było zachowanie dziewczynki z sąsiedztwa, która nie była wychowana w duchu rodzicielstwa bliskości. Stała koło mojej córki, krzywiąc się. Inaczej niż w przypadku pozostałych dzieci, interesowało ją nie samopoczucie Jasmine, ale jej zachowanie. Różnica między jej reakcją a płynącymi z serca zachowaniami innych dzieci, była uderzająca. Myślę, że Jasmine ma szczęście, że jest otoczona przyjaciółmi zdolnymi do takiego współczucia.

❖❖❖

Jest bardzo współczująca, całuje każdego, kto w jej opinii zrobił sobie „ał".

❖❖❖

Mojego dziewiętnastomiesięcznego syna odwiedziła jego mała przyjaciółka i, jak to zwykle dzieci w tym wieku, współzawodniczyli o zabawki. W pewnym momencie, kiedy mój syn wziął jej zabawkę, dziewczynka wybuchnęła płaczem. On wtedy oddał jej tę rzecz i dał buzi. W takiej chwili serce mamy po prostu się rozpływa! Mój syn jest taki delikatny w towarzystwie innych dzieci.

Dzieci wychowywane w duchu rodzicielstwa bliskości uczą się empatii, toteż są w stanie spojrzeć na świat oczami innego dziecka. Mogą też sobie wyobrazić, jak ich zachowanie wpłynie na inne dziecko – i to zanim przejdą do czynów. W skrócie: one myślą, zanim coś zrobią. Mają

też prawidłowo działające sumienie: poczucie winy, kiedy zrobią coś złego i dumy z dobrych rzeczy. Porównajmy ich postawę z zachowaniem zaburzonych nastolatków, nie czujących wyrzutów sumienia z powodu swoich czynów. Badania wskazały, że ci młodzi ludzie dzielą ze sobą jedną, wspólną, nienormalną cechę: brak empatii. Działają bez zastanowienia się, jaki wpływ na innych będą miały ich postępki.

Znalazłam kiedyś mojego trzylatka na podwórku, doglądającego chorego konika polnego. Biedny owad najwyraźniej zdychał. Lloyd usiadł obok niego, zniżył głowę do poziomu oczu konika i powtarzał mu: „Wszystko będzie dobrze, wszystko będzie dobrze", a jednocześnie delikatnie głaskał maleńkie ciało. Poczułam dumę, że mam dziecko (i to chłopca!), które zajęło się biednym, chorym stworzeniem, zamiast zacząć je gonić czy znęcać się nad nim.

❖❖❖

Nasz dwulatek już teraz wykazuje bardzo zaawansowaną empatię i współczucie w stosunku do innych. Stali kiedyś wraz z kolegą na jednym krześle, po czym obaj z niego spadli, a Connor wylądował na tym drugim chłopcu. Tamten się rozryczał, a Connor natychmiast zaczął go przytulać i powtarzać: „Przepraszam, przepraszam". Nigdy nie widziałam dwulatka okazującego takie zatroskanie. Myślę, że zachowuje się w ten sposób, bo kiedy sam płakał, zawsze okazywano mu empatię i uczucie. Jego skaleczenia, ból, jego lęki są traktowane serio. Ponieważ wszyscy zawsze wykazują taką pełną miłości troskę w stosunku do niego i jego emocji, on jest teraz w stanie zaoferować to samo innym.

RODZICIELSTWO BLISKOŚCI PASUJE DO DZISIEJSZYCH CZASÓW

Dzisiaj komputery stoją w szkolnych klasach, w domach, trzymamy je w rękach, a więcej i więcej małych dzieci „wyklikuje" sobie drogę do technicznie zaawansowanego świata natychmiastowo dostępnej rozrywki i informacji. Takie jest życie w XXI wieku, stuleciu szybkiej technologii, i nie zanosi się, żeby tempo miało zwolnić. Rodzicielstwo bliskości dodaje rytmowi zaawansowanej techniki nieco równowagi w postaci zaawansowanej bliskości. Dla niemowląt i małych dzieci jest bardzo ważne, by wcześniej nauczyły się nawiązywać relacje z ludźmi niż z maszynami. Dziecko RB uczy się znaczenia relacji międzyludzkich, zanim zastąpią je technologiczne zabawki.

NAGRODA DLA RODZICÓW

Rodzicielstwo bliskości nie tylko zwiększa szanse na wychowanie wrażliwego, dbającego o innych i zdyscyplinowanego dziecka; ten styl wychowania wynagradza również rodziców. Posłuchajcie, co mają do powiedzenia rodzice RB:

Rodzicielstwo bliskości całkowicie zmieniło moje życie. Jestem teraz zupełnie inną matką — bardziej opiekuńczą, cierpliwszą, bardziej skupioną na tym, co w życiu naprawdę się liczy, mniej zabieganą i z większym poczuciem humoru — i chciałabym, żeby inni odkryli ten wspaniały sposób rodzicielstwa. Dzięki niemu zbliżyliśmy się

do siebie z mężem, z którym dzielimy teraz możliwość podarowania naszym dzieciom czegoś specjalnego. RB doprowadziło nas także do wdrożenia zdrowszych nawyków życiowych, do życia bardziej duchowego, a nawet do lepszej diety i pomogło naprawić niektóre z pomyłek, które zdarzyły nam się z pierwszą dwójką naszych dzieci.

♦♦♦

Rodzicielstwo bliskości sprawiło, że stałam się znacznie bardziej wnikliwą osobą. Z większym prawdopodobieństwem przemyślę każdą decyzję dotyczącą rodzicielstwa czy na przykład leczenia mnie albo moich dzieci, bo wiem, że mogą one mieć długofalowe skutki. Rodzicielstwo bliskości sprawiło, że jestem w stanie o wiele więcej dać — moim dzieciom, mężowi, mojej rodzinie i przyjaciołom. O wiele staranniej oceniam każdą z decyzji i staram się przewidzieć, jak moje działania wpłyną na osoby dookoła mnie. Zrozumiałam, jak ważne jest dostrojenie się do tych ludzi i współpraca z rodziną.

♦♦♦

RB uczy mnie więcej o życiu i o mnie samej, niż mogłabym kiedykolwiek nauczyć się bez niego.

♦♦♦

Jeśli sprawiamy, że życie staje się lepsze dla naszego dziecka, czynimy je także lepszym dla nas samych.

Rodzicielstwo bliskości sprawia, że wszyscy w rodzinie miękną. Odkryjecie, że dzięki niemu coraz bardziej dbacie o innych i szanujecie ich uczucia.

3
Czym nie jest rodzicielstwo bliskości

Popularne koncepcje rodzicielstwa zawsze miały swoich krytyków, a rodzicielstwo bliskości nie jest w tej dziedzinie wyjątkiem. Jakkolwiek krytyka wydaje się zasłużona, jeśli ten sposób opieki nad dzieckiem doprowadzić do ekstremum, w większości wypadków wynika ona z nieporozumień dotyczących tego, czym jest rodzicielstwo bliskości i co powoduje, że się ono sprawdza.

Rodzicielstwo bliskości jest tym, co rodzice robiliby w sposób naturalny, gdyby pozbawić ich wpływu „ekspertów". Jest postrzegane jako kontrowersyjne tylko dlatego, że sprzeciwia się pewnym społecznym trendom, na przykład założeniu, że dla młodych rodziców ważniejsze jest takie wytrenowanie dziecka, żeby dopasowało się ono do ich życia niż wejście z tym dzieckiem w bliski kontakt.

Tymczasem, kiedy oboje nawiążecie bezpieczną więź z waszym dzieckiem, staniecie się ekspertami najbardziej uprawnionymi do zrównoważenia jego potrzeb z odmiennymi zapotrzebowaniami reszty rodziny. Decyzje dotyczące zostania w domu albo powrotu do pracy (częściowo lub w pełnym wymiarze), odstawienia od piersi, opieki nad dzieckiem bądź zatrudnie-

nia niani są *waszymi* decyzjami i wiem, że mogą okazać się trudne. Jednak jedną ze wspaniałych cech narzędzi rodzicielstwa bliskości jest to, że mogą one być przekazane dalej. Instynktowna, biologiczna łączność między matką a dzieckiem jest ważna w pierwszych miesiącach, szczęśliwie jednak instynkt macierzyński nie jest wyłączną właściwością młodych matek. W dalszej części tej książki szerzej zajmiemy się tym tematem.

Spojrzenie na rodzicielstwo bliskości z punktu widzenia jego krytyków może być użyteczną metodą pokazania, o co chodzi w tym stylu bycia rodzicem. Dlatego niniejszy rozdział poświęcony został wyjaśnianiu, czym nie jest rodzicielstwo bliskości. Konstruktywna krytyka może przywrócić działaniom jednostki równowagę; mamy nadzieję, że ten rozdział pomoże wam w dokonaniu mądrych wyborów i wprowadzi tę równowagę do waszego rodzicielstwa bliskości.

WYJAŚNIANIE NIEPOROZUMIEŃ

RB nie jest nowym stylem rodzicielstwa. Rodzicielstwo bliskości nie jest nową modą czy przelotnym kaprysem. Tak naprawdę to stary

PLAN DLA DZIECKA RB

Planowanie niekoniecznie jest złym słowem, nawet w kręgach ceniących rodzicielstwo bliskości. Jednak to, co mamy na myśli, mówiąc o „planie", to po prostu wypracowanie jakiegoś powtarzalnego porządku. Poczucie uporządkowania może być ważną częścią RB, jeśli porządek ten wprowadzany jest w sposób wrażliwy i elastyczny. Pamiętaj, że chcesz dać swojemu dziecku narzędzia pozwalające na odniesienie sukcesu w życiu – nie tylko wiedzę i umiejętności, ale także nastawienie pozwalające zarządzać czasem i emocjami.

Nadejdą dni, kiedy będziesz chciała mieć możliwość nakarmienia swojego dziecka w możliwych do przewidzenia godzinach. Jeśli musisz wyjść z domu o 9, aby złapać samolot wylatujący o 10, nie możesz zrobić przerwy na karmienie synka o 8:55. Właśnie w takim momencie zaczynasz zbierać owoce swojej koncentracji na potrzebach dziecka: możesz użyć tego, co o nim wiesz, aby skłonić go do zjedzenia wcześniej. Po prostu włącz to w porządek, który dziecko zna i któremu ufa. Jeśli zazwyczaj karmisz go, siedząc na określonym krześle, usiądź na nim teraz i daj mu pierś, nawet jeśli nie sygnalizował jeszcze głodu. Twój syn wpasuje się w znany sobie porządek i napełni brzuszek, ty zaś będziesz mogła wziąć jego, chustę i bagaż i dotrzeć na czas na lotnisko. Mogą też pojawić się noce, gdy będziesz wiedzieć, że twoje dziecko potrzebuje snu, nawet jeśli ono sądzi inaczej; czy noce w które ty desperacko będziesz chciała się wyspać. Jeśli dziecko jest przyzwyczajone do zasypiania w chuście podczas marszu, możesz umieścić je tam wtedy, kiedy ty będziesz chciała pójść spać, a następnie chwilę pospacerować i położyć się wraz z dzieckiem. Ono prawdopodobnie zaśnie – nawet jeśli zazwyczaj chodzi spać godzinę później.

Znaki sygnalizujące porządek dnia nazywamy „wydarzeniami nastawiającymi". Powtarzaj je regularnie i w sposób przewidywalny, a będziesz mogła na nich polegać w chwili, gdy okażą się potrzebne. Możesz użyć karmienia piersią do uspokojenia dziecka w chwili, gdy masz coś ważnego do zrobienia. Kolejnym narzędziem pomagającym ukoić dziecko, tobie zaś zająć się innymi ważnymi zadaniami, jest noszenie go w chuście. Jeśli się nad tym zastanowisz, odkryjesz być może, że już opierasz się na tego typu rutynie, nawet nie zdając sobie z tego sprawy.

Krytycy rodzicielstwa bliskości często ostrzegają, że wychowywane w ten sposób dziecko będzie rządziło rodziną i wszyscy będą musieli się do niego dostosować. Jest jednak przeciwnie: ponieważ dziecko RB nie jest przywiązane do czasu zegarowego i podąża za swoimi rodzicami, ci ostatni mają dużo swobody. Dziecko łatwiej wpisuje się w nieprzewidywalny rytm nocy i dni współczesnego życia rodzinnego.

sposób zajmowania się niemowlętami. Opiera się na sposobach dbania o dzieci i matki obecnych w wielu kulturach tradycyjnych. W tym kraju, dopiero wraz z pojawieniem się doradców od wychowania, rodzice zaczęli podążać raczej za książkami niż za dziećmi. Bardziej powściągliwy styl rodzicielstwa – ten, w ramach którego zaleca się zostawianie dzieci by się „wypłakały" w obawie przed ich możliwym „zepsuciem" – stał się naprawdę popularny dopiero w XX wieku.

Wyobraź sobie waszą rodzinę na bezludnej wyspie. Właśnie urodziłaś dziecko. Nie ma książek, doradców czy krewnych, którzy zasypywaliby cię zaleceniami. Filary rodzicielstwa bliskości wydają ci się czymś naturalnym. Są tym, co musisz zrobić, żeby być pewną, że twoje dziecko przetrwa. Filary RB opierają się na biologicznych potrzebach dziecka. Kiedy w tej książce cytujemy nowe badania, powołujemy się na ustalenia potwierdzające to, co matki wiedziały od zawsze: dobre rzeczy zdarzają się wtedy, gdy matka i dziecko mogą się do siebie nawzajem dostroić.

Bardzo się cieszę, że stosowałam rodzicielstwo bliskości na długo przedtem, nim dowiedziałam się, że to ma jakąś nazwę.

Rodzicielstwo bliskości nie polega na dogadzaniu. Tylko niewielu rodziców przebrnęło przez niemowlęctwo swojego przychówku ani razu nie słysząc, że wszystkie ich wysiłki, by opiekować się dzieckiem i odpowiadać na jego potrzeby, na pewno je zepsują. Jeśli zaś nie ostrzega się rodziców przed psuciem dziecka, mówi się im, aby nie dali dziecku sobą manipulować. Jednak rodzicielstwo bliskości nie oznacza dawania dziecku wszystkiego, o co poprosi. Cały czas podkreślamy, że rodzice powinni *właściwie* odpowiadać na potrzeby dziecka, co oznacza wiedzę o tym, kiedy powiedzieć „tak", a kiedy „nie". Czasem w zapale dawania dzieciom wszystkiego, czego potrzebują, rodzice dają im wszystko, czego one chcą, a to rzeczywiście przynosi szkody. Rodzice muszą nauczyć się odróżniać potrzeby dziecka od jego zachcianek.

Przez pierwsze sześć miesięcy życia dziecka ojciec i matka nie potrzebują zawracać sobie gło-

wy tym rozróżnieniem. W tym czasie *wszystko*, czego dziecko chce, jest tym, czego potrzebuje. Konsekwentnie pozytywne odpowiadanie na potrzeby dzieci uczy je zaufania, które sprawia, że łatwiej im w przyszłości zaakceptować sprzeciw, gdy będą chciały czegoś, czego nie powinny mieć. Jeśli poznacie swoje dziecko, będąc gotowi do odpowiadania na jego potrzeby w pierwszych miesiącach, będziecie mieć później dobre wyczucie, kiedy powiedzieć „nie". (Omówienie tematu, jak rodzicielstwo bliskości ułatwia dyscyplinę, znajdziesz na stronie 29.)

Rodzicielstwo bliskości nie oznacza skupienia wyłącznie na dziecku. Zdrowe style rodzicielstwa szanują potrzeby wszystkich członków rodziny, nie tylko dziecka. To oczywiście prawda, że w pierwszych, najbardziej wymagających miesiącach pielęgnacji niemowlęcia, jego potrzeby są na pierwszym miejscu. Ostatecznie malutkie dziecko nie ma jeszcze narzędzi poznawczych, umożliwiających radzenie sobie z koniecznością oczekiwania. Jednak matka nie może dobrze spełniać potrzeb dziecka, jeśli ignoruje swoje własne. Wymagane przez rodzicielstwo bliskości skupienie uwagi na dziecku w pierwszych miesiącach jego życia sprawia, że kobieta zyskuje więcej pewności siebie w roli matki. W tym modelu podkreśla się również, że zajmowanie się matką jest jednym ze sposobów, w jaki inni członkowie rodziny mogą pośrednio zajmować się dzieckiem. Tworząc zdrową więź z dzieckiem, rodzice uczą się rozróżniać i równoważyć potrzeby dziecka, potrzeby matki i reszty rodziny.

Często opisujemy rodzicielstwo bliskości jako skupione na rodzinie. Nauka zrównoważenia potrzeb wszystkich członków rodziny pomaga mamie i tacie dojrzeć jako rodzicom, a całej rodzinie działać na wyższych obrotach. Jeśli dziecko wzrasta, ale mama jest wypalona, bo nie otrzymuje potrzebnej jej pomocy, coś trzeba zmienić.

Rodzice RB są troskliwi dla swoich dzieci, jednak nie doprowadzają tego do punktu, w którym zaniedbują swoje własne potrzeby. Kompletnie wyeksploatowane matki (i ojcowie) nie stosują dobrze zrównoważonych zasad rodzicielstwa bliskości.

Jeśli wyręczacie wasze dziecko we wszystkim, dajecie mu tym samym znać, że nie wierzycie, że samo sobie poradzi. Bycie zaborczą matką (lub ojcem), „zagłaskanie" dziecka uczuciem, jest nie w porządku w stosunku do niego, sprzyja bowiem niewłaściwej zależności od rodziców. Pamiętajcie, że wyrażeniem kluczowym rodzicielstwa bliskości jest *gotowość do reakcji*. Jeśli zagłaskujecie swoje dziecko, nie ma ono możliwości wysłania wam sygnałów inicjujących interakcję, w której wy opowiedzielibyście na jego znaki. Kiedy dorastacie wraz z waszym dzieckiem, wypracowujecie równowagę między pomaganiem mu, a pozwalaniem, aby samo sobie radziło. Na przykład zazwyczaj nie trzeba odpowiadać na płacz siedmiomiesięcznego niemowlęcia tak szybko, jak odpowiedzielibyście na płacz siedmiodniowego noworodka. Zaś do czasu, gdy wasze dziecko skończy siedem miesięcy, prawdopodobnie będziecie wiedzieć, który płacz wymaga szybkiej reakcji, a który wynika z problemów, jakie dziecko prawdopodobnie jest w stanie rozwiązać samodzielnie.

Łatwiej mi jest powiedzieć „nie" mojej córce (wychowanej w duchu RB), kiedy ona chce dostać mnóstwo rzeczy, bo wiem, że dałam jej tak dużo z siebie.

Rodzicielstwo bliskości nie jest permisywne. Permisywni rodzice mówią, że wszystko jest dozwolone. Cokolwiek dziecko chce robić, jest właściwe. RB takie nie jest. Zaangażowani w nie rodzice nie wzruszają ramionami i nie pozwalają dzieciom robić „czegokolwiek". Kształtują sposób bycia swoich dzieci. Zachęcają do dobrego zachowania i ułatwiają je. Szybko interweniują i delikatnie rozwiązują problemy. Na przykład kiedy zauważysz, że twój ciekawski maluch zaczyna otwierać wszystkie kuchenne szuflady, aby zbadać ich zawartość, wydziel mu w kuchni jego własną szufladę z zabawkami; a kiedy zbliża się w stronę zabronionych rejonów, kieruj go raczej do tego, czego wolno mu dotykać, a nie dawaj po łapach, jak zalecałyby nastawione na kontrolę style rodzicielstwa.

Kształtowanie to coś innego niż kontrolowanie. Krytycy oskarżający rodzicielstwo bliskości o permisywność dowodzą, że to rodzice powinni kontrolować dziecko, a nie na odwrót. Brzmi to sensownie i jest jednym ze sloganów promocyjnych w książkach i na zajęciach poświęconych „trenowaniu" dzieci. Jedyny problem z takim podejściem polega na tym, że lęk przed dzieckiem przejmującym kontrolę wytwarza konfliktowe relacje między nim a rodzicami: niemowlę zamierza tobą manipulować, więc lepiej kontroluj je, zanim do tego dojdzie. Takie podejście do rodzicielstwa utrzymuje dystans między rodzicami a dziećmi i powoduje ryzyko, że nigdy tak naprawdę nie nawiążą kontaktu i nie zaufają sobie nawzajem.

Macierzyństwo bliskości nie oznacza męczeństwa. Nie wyobrażaj sobie, że RB oznacza, że matka jest marionetką w rękach dziecka. Dzięki zaufaniu, które rozwija się między dziećmi i rodzicami RB, czas reakcji rodziców może być stopniowo wydłużany, wraz z zyskiwaniem przez dziecko umiejętności samokontroli. Matka wkracza dopiero w sytuacji awaryjnej.

Trzeba przyznać, że matka, która nie ma żadnej pomocy, może czuć się przytłoczona nieustanną obsługą dziecka. Mama potrzebuje przerw. W rodzinach stosujących RB jest szczególnie ważne, żeby ojcowie i inni zaufani opiekunowie dzielili między siebie opiekę nad niemowlęciem. Jednak przy stosowaniu rodzicielstwa bliskości poczucie przytłoczenia jest mniejszym problemem niż może wam się wydawać. Zamiast czuć się przytłoczone, matki czują się połączone ze swoimi dziećmi.

Nawet jeśli jednak sprawia ci radość bycie z dzieckiem, niekoniecznie musisz chcieć siedzieć w domu przez cały czas. Pamiętaj więc, że rodzicielstwo bliskości, łagodząc charakter twojego dziecka, sprawia, że łatwiej wyjść z nim w rozmaite miejsca. Pomoże ci ono także w sposób bardziej przemyślany zdecydować, kiedy i z kim zostawić swoje dziecko. Nie musisz czuć się skazana na swoje mieszkanie czy dom i na styl życia, w którym jest miejsce jedynie na dzieci.

Wzajemna wrażliwość matki i dziecka umożliwia kobiecie robienie wielu różnych rzeczy w czasie opieki nad dzieckiem. Matki RB są w naturalny sposób dostrojone do swojego dziecka, mogą więc także skupić się na pracy, projektach, czy na innych dzieciach, wiedząc, że mogą zaufać własnej wrażliwości, która skieruje ich uwagę na dziecko wtedy, kiedy będzie tego potrzebowało, nawet jeśli potrzeby matki i dziecka kolidują ze sobą. To naprawdę niesamowite, jak taka matka, radząc sobie z wieloma zadaniami jednocześnie, może nadal dokładnie wiedzieć, kiedy z uspokajającym uśmiechem spojrzeć na niesione w chuście dziecko.

OBJAŚNIENIE PROBLEMU KONTROLI

Kiedy głodne lub zaniepokojone dziecko płacze, nie chce kontrolować, lecz być pocieszone. Mylenie komunikacji z kontrolą to pozostałość z czasów, kiedy eksperci doradzali rodzicom wychowywanie dzieci według behawioralnej zasady modyfikacji zachowań, w której nagradza się bycie „dobrym", a wycofuje nagrodę za bycie „złym". To nastawienie szło w parze ze sztywnymi grafikami karmienia, spania, a nawet zabawy. Problem w tym, że ci eksperci nie rozumieli, jakie naprawdę są dzieci. Ich interpretacja „naukowego" rodzicielstwa nie była oparta na żadnej nauce.

To, co zachodzi między rodzicami a dziećmi, nie jest batalią o kontrolę. Rzeczywistą kwestią jest zaufanie i komunikacja. Dziecko w potrzebie komunikuje się, wysyłając sygnał do osoby, której ufa, że wypełni ona jego potrzebę. Ta osoba odpowiada, co jest kolejnym etapem komunikacji. Odpowiadając, rodzice uczą dzieci zaufania, co w ostatecznym efekcie ułatwia im kierowanie dzieckiem. Zaufanie jest o wiele lepszym fundamentem dyscypliny niż behawioralna modyfikacja zachowań. Kiedy twoje dziecko ci ufa, możesz kształtować jego zachowanie w delikatny, subtelny sposób. Na przykład, ponieważ rodzice RB znają swoje dziecko tak blisko i ponieważ zawsze są dostrojeni do jego zachowań, w trudnej sytuacji mogą od razu udzielić wskazówek, które skierują ich już-prawie-psotne dziecko w stronę bardziej akceptowalnych zajęć.

Rodzicielstwo bliskości nie jest trudne. Rodzicielstwo bliskości może wyglądać jak wielki maraton dawania i rzeczywiście na początku trzeba wiele z siebie dać. Taka jest prawda o życiu młodych rodziców: oni dają, a ich dzieci biorą. Jednak im więcej dasz swojemu dziecku, tym więcej ono da tobie. Z czasem dojrzejesz do tego, by cieszyć się swoim dzieckiem i będziesz się czuć bardziej kompetentna jako rodzic. Pamiętaj, że w rodzicielskiej grze twoje dziecko nie jest wyłącznie pasywnym graczem. Bierze aktywny udział w kształtowaniu twojego nastawienia, nagradzając cię za dobrą, czułą opiekę i pomagając ci stać się wnikliwym odbiorcą jego sygnałów.

W rodzicielstwie bliskości dzieci i rodzice kształtują siebie nawzajem. Przykładem może być sposób, w jaki ty i twoje dziecko uczycie się ze sobą rozmawiać. Pierwszy język dziecka składa się z płaczu, mimiki twarzy i ruchów ciała. Aby komunikować się z takim dzieckiem, musisz nauczyć się używać czegoś więcej niż tylko słów. Zaczynasz posługiwać się intuicją. Uczysz się myśleć tak, jak myśli dziecko. Jednak wtedy, kiedy ty stajesz się mistrzem dziecięcego języka, twoje dziecko uczy się używać języka rodziny. Nawzajem pomagacie sobie rozwinąć narzędzia komunikacyjne, których nie mieliście wcześniej. Każde z was daje i każde z was otrzymuje coś w zamian.

Tak naprawdę na dłuższą metę rodzicielstwo bliskości jest najłatwiejszym sposobem opieki nad dzieckiem. Najtrudniejsze w rodzicielstwie jest poczucie, że nie wiesz, czego chce twoje dziecko, czy że nie dajesz mu tego, czego, jak się wydaje, ono potrzebuje. Poczucie, że naprawdę znasz swoją córkę czy syna i że radzisz sobie w tej relacji, sprawia, że rodzicielstwo jest znacznie mniej frustrujące. To prawda, że uczenie się dziecka i tego, jak reagować na jego sygnały, wymaga niezwykłej dozy cierpliwości i wy-

trwałości, zwłaszcza w pierwszych trzech miesiącach, ale jest to wysiłek, który warto podjąć. Zdolność do rozumienia i odpowiadania niemowlęciu przeniesie się na okres, gdy będzie ono dzieckiem, a potem nastolatkiem, gdy będziesz w stanie spojrzeć na sprawy jego oczami. Ułatwi ci to zrozumienie i kształtowanie jego czy jej zachowań. Jeśli naprawdę znasz swoje dziecko, rodzicielstwo jest łatwiejsze w każdej fazie rozwoju dziecka.

Rodzicielstwo bliskości nie jest sztywne.
Wręcz przeciwnie, RB daje różne opcje i jest elastyczne. Nie chodzi w nim o reguły w rodzaju „nigdy nie rób tego" i „zawsze postępuj tak". Mamy RB mówią o „przepływie" między nimi a dzieckiem – przepływie myśli i uczuć, które pomagają im w konfrontacji z codziennymi decyzjami dotyczącymi zajmowania się dzieckiem dokonywać właściwych wyborów we właściwym czasie. Nie musisz przestrzegać reguł, musisz po prostu właściwie odczytać sytuację i odpowiedzieć na nią.

Rodzicielstwo bliskości nie polega na psuciu dziecka. Młodzi rodzice pytają: „Czy jeśli będziemy dużo przytulać dziecko, odpowiadać na jego płacz, karmić na żądanie, a nawet spać z nim, nie sprawimy, że stanie się rozpuszczone?". Lub zastanawiają się, czy ten typ rodzicielstwa nie stworzy dziecka zbyt skłonnego do manipulacji. Możemy tylko z emfazą powiedzieć: Nie! W rzeczywistości zarówno nauka, jak i doświadczenia życiowe pokazały coś całkiem przeciwnego. Dziecko, którego potrzeby są zaspokajane w sposób przewidywalny i godny zaufania, nie musi jęczeć i płakać, zamartwiając się tym, czy jego rodzice dadzą mu to, czego potrzebuje.

RADA RODZICIELSTWA BLISKOŚCI

W rodzicielstwie bliskości chodzi o odpowiednie reagowanie na potrzeby dziecka. Rozpuszczanie go jest efektem nieodpowiedniego reagowania.

Rozpuszczanie staje się problemem dopiero kilka lat później, kiedy brak umiaru czy nadmierna pobłażliwość sprawiają, że rodzice nie są w stanie postawić właściwych granic.

Teoria „psucia dziecka" może sprawiać wrażenie „naukowej". Wydawała się logiczna dla „ekspertów" od wychowania dzieci, którzy spopularyzowali ją w początkach dwudziestego wieku. Uważali oni, że jeśli odpowiesz na płacz dziecka, biorąc je na ręce, dziecko będzie płakało więcej, aby być częściej noszone. Okazuje się jednak, że natura ludzka jest nieco bardziej skomplikowana. To prawda, że jeśli będziesz przez większość czasu nosić swoje nowo narodzone dziecko na rękach, ono zaprotestuje, gdy spróbujesz je odłożyć do jego łóżeczka. Takie dziecko nauczyło się, co to znaczy czuć się dobrze i da ci znać, kiedy będzie potrzebowało pomocy w odzyskaniu tego poczucia. Jednak w dalszej perspektywie ów dobrostan pozostanie w nim, sprawiając, że z mniejszym prawdopodobieństwem będzie ono płakać, by zwrócić na siebie uwagę.

Rodzicielstwo bliskości nie tworzy dzieci zależnych od innych ludzi. Zaborczy rodzice czy nadopiekuńcze matki tworzą wokół dziecka nieustanne zamieszanie, wyręczając je we wszystkim, aby w ten sposób ukoić własne lęki czy poczucie niepewności. Ich dziecko może stać się nadmiernie zależne, bo nie pozwalano mu robić tego, czego potrzebowało. Matka RB rozpoznaje, kiedy należy pozwolić dziecku zmagać się z czymś i doznać nieco frustracji, a tym samym dorastać. Dlatego nieustannie podkreślamy, że wybrany przez was styl rodzicielstwa musi być odpowiednio zrównoważony. Więź przyspiesza rozwój; przedłużona zależność przeszkadza w nim. (Zobacz także: Więź vs Wplątanie, s. 133)

Rodzicielstwo bliskości to nie to samo, co niedostrzeganie świata poza dzieckiem. W niektórych sytuacjach, takich jak pojawienie się dziecka długo oczekiwanego, pierwszego dziecka starszych rodziców, pierwszego dziecka osób walczących z niepłodnością lub dziecka o specjalnych potrzebach, rodzice mogą stać się nadopiekuńczy czy zbyt skoncentrowani na potomku. Włożyli w nie tak wiele z samych siebie, że mają trudności w odróżnieniu jego potrzeb i jego szczęścia od swojego własnego. Może to zakłócać emocjonalny rozwój dziecka. O wiele zdrowiej jest utrzymywać rodzicielstwo bliskości w równowadze. Jednocześnie jednak nie powinniście martwić się byciem zbyt blisko waszego dziecka. Jak można dać niemowlęciu zbyt wiele miłości?

Rodzicielstwo bliskości nie jest dziwaczne. Niech ci się nie wydaje, że rodzicielstwo bliskości jest jakimś dziwacznym kultem powrotu do korzeni i naturalnego macierzyństwa. W swojej praktyce medycznej zetknąłem się z każdego rodzaju matkami, od samotnych nastolatek po kobiety zajmujące kierownicze stanowiska, które całkiem pomyślnie stosowały metody RB. Jest natomiast prawdą, że rodzicielstwo bliskości przenosi się na inne dziedziny życia, sprawiając, że będziesz chciała bardziej świadomie i wnikliwie myśleć o kwestiach społecznych i o dotyczących stylu życia wyborach twojej rodziny.

Rodzicielstwo bliskości nie znaczy „wszystko albo nic". Możesz nie móc zawsze praktykować wszystkich Filarów RB – czy to z powodów medycznych, czy ze względu na wymagania twojego życia zawodowego. To nie znaczy, że nie jesteś matką tworzącą z dzieckiem bliską więź. Staraj się wykorzystywać jak najwięcej narzędzi bliskości tak często, jak tylko zdołasz. To wszystko, czego twoje dziecko będzie kiedykolwiek od ciebie oczekiwać.

Rodzicielstwo bliskości nie jest tylko dla matek. Rodzicielstwo bliskości działa znacznie lepiej, kiedy tata jest aktywny i włącza się w opiekę nad dzieckiem. Tata wprowadza do rodzicielstwa inną perspektywę. Wiele matek RB daje tak wiele z siebie swoim dzieciom, że zapomina zadbać o siebie. Pewnego dnia Martha poskarżyła się: „Moje dziecko tak mnie potrzebuje, że nie mam czasu wziąć prysznica". To był oczywiście moment, w którym musiałem wkroczyć i zadbać o to, żeby moja żona znalazła czas dla siebie. Tego dnia nakleiłem na łazienkowym lustrze karteczkę z przypomnieniem: „Każdego dnia powiedz sobie, że to, czego twoje dziecko potrzebuje najbardziej, to szczęśliwa i wypoczęta matka".

MITY NA TEMAT RODZICIELSTWA BLISKOŚCI

Mit: Rodzicielstwo bliskości wymaga, aby matka została w domu.

Fakt: Wcale nie. Rodzicielstwo bliskości jest nawet ważniejsze dla matek, które pracują poza domem.

Piszemy o tym więcej w rozdziale XI; praktykowanie rodzicielstwa bliskości jest ważniejsze dla kobiet pracujących z dala od domu. Filary RB pozwolą im utrzymywać więź z dzieckiem, nawet jeśli przez znaczną część dnia są z nim rozdzielone. Kiedy nie przebywasz tak dużo z dzieckiem, musisz budować to połączenie w sposób bardziej świadomy. Narzędzia RB: karmienie piersią, poważne traktowanie płaczu dziecka, noszenie go i spanie przy nim pomogą ci to osiągnąć.

Mit: Rodzicielstwo bliskości może sprawić, że dziecko będzie niesamodzielne i trzymające się maminej spódnicy.

Fakt: Dzieci wychowane w rodzicielstwie bliskości są bardziej niezależne i nie trzymają się kurczowo rodziców. Choć krytycy twierdzą, że dzieci noszone przy rodzicach, karmione na żądanie i śpiące z rodzicami nigdy nie będą chciały opuścić swoich matek, nasze doświadczenia, a także przeprowadzone badania potwierdzają nasze wnioski: dzieci RB są mniej zależne.

Niezależność to amerykański sen i wszyscy rodzice chcieliby, żeby ich dzieci dorastając, stały się niezależne i samowystarczalne. Jednak nie możesz wpychać dziecka w niezależność. Dzieci staną się niezależne w sposób naturalny, we własnym tempie. Żeby zrozumieć, jak to się dzieje, musisz wiedzieć coś o emocjonalnym rozwoju dziecka i o tym, jak dzieci zyskują poczucie własnej tożsamości jako niezależnych osób.

Noworodek nie wie, że jest odrębną istotą. Niemowlę nie ma rzeczywistego poczucia tego, kim jest, ani czym jest bycie na świecie. Wie tylko, że kiedy jest z mamą, czuje się dobrze. Inni wrażliwi i znani opiekunowie, tacy jak tata, babcia czy stała niania mogą także wywołać to dobre samopoczucie. Ale dziecko odczuwające więź wie, że nie może doznać tego samego dobrostanu z dowolną osobą. Niektóre bardzo wrażliwe dzieci dość jasno dają do zrozumienia, że tylko matka się nadaje, w każdym razie w pewnych sytuacjach.

Do tego należy dodać fakt, że dzieci nie rozumieją idei *stałości istnienia* danej osoby, mniej więcej do wieku dziewięciu czy dwunastu miesięcy. Nie rozumieją, że przedmioty i ludzie istnieją nadal, nawet jeśli traci się je z oczu. Toteż kiedy matka odchodzi, dziecko czuje, że jedyna osoba, która może spowodować, że poczuje się ono dobrze, zniknęła – być może na zawsze. Tak małe dziecko nie może oprzeć się na mentalnym obrazie matki i nie rozumie pojęcia czasu, więc zdanie: „Mama wróci za godzinę" nic dla niego nie znaczy. Kiedy mama wraca do pracy i pojawia się nowy opiekun, dziecko musi nauczyć się przenosić swoje przywiązanie. Dla niektórych dzieci jest to trudniejsze niż dla innych. Dla dziecka między dwunastym a osiemnastym miesiącem życia stracić kogoś z oczu nie znaczy już wymazać z pamięci. Dziecko może odtworzyć mentalny obraz matki, choćby znajdowała się na drugim końcu miasta.

Z powodu tych ograniczeń rozwojowych, kiedy matka wychodzi, dziecko może odczuwać lęk separacyjny. Prawie wszystkie dzieci, bez względu na to, czy mają bezpieczną więź czy nie, odczuwają różne stopnie lęku separacyjnego. Dzieci kobiet praktykujących rodzicielstwo bliskości mogą protestować bardziej, ale mogą też radośnie zaakceptować inną osobę pojawiającą się w jej zastępstwie. Aktywny protest jest tak naprawdę świadectwem ich przyzwyczajenia do dobrego samopoczucia. Ponieważ wierzą, że ich sygnały są rozumiane, dzieci dają matkom znać, jeśli coś jest nie w porządku. Potrzebują zastępczych opiekunów, którzy będą wrażliwi na ich mowę, pocieszą je i pomogą im odzyskać spokój.

Ten pierwszy rok zależności jest w życiu dziecka ważny ze względu na późniejszą umiejętność bycia niezależnym. Przeciwnicy rodzicielstwa bliskości wydają się mieć trudności ze zrozumieniem tego procesu, ale specjaliści od rozwoju dziecka pojmują go dobrze. W ciągu pierwszego roku życia, kiedy dziecko potrzebuje znanych mu opiekunów, aby pomogli mu się dostosować, dziecko uczy się, co to znaczy czuć się dobrze przez większość czasu. Kiedy w drugim roku życia wzrastają jego zdolności umysłowe, jest w stanie przywołać w myślach obraz matki czy opiekuna, który daje mu poczucie, że wszystko jest w porządku, nawet wówczas, gdy są rozdzieleni. Im mocniejsza jest wczesna bliskość między matką a dzieckiem, tym bezpieczniej będzie się ono czuło, kiedy będzie gotowe do oddzielenia od niej. Ten bezpieczny fundament, wraz ze wzrastającym rozumieniem tego, że „mama wróci" sprawiają, że dziecko jest zdolne do lepszego zniesienia separacji z matką.

Możesz obserwować proces rozwoju niezależności „na żywo", patrząc na małe dziecko odkrywające nowe otoczenie. Mała dziewczynka odważnie rusza do przodu, ale regularnie sprawdza obecność mamy. To może być tylko spojrzenie przez ramię, albo wyrażona głosem prośba o informację czy słowa otuchy. Mama uśmiecha się i mówi: „Wszystko w porządku", a dziecko odkrywa dalej. Jeśli zamierza zrobić coś niebezpiecznego, mama mówi „nie" albo „stop", albo tylko marszczy brwi i dziecko się wycofuje. Przestrzeń między matką a dzieckiem jest jak gumowa taśma, która rozciąga się i skraca. Nieco starsze dziecko zaryzykuje dalszą wyprawę, może nawet poza zasięg matczynego spojrzenia. Ale wciąż możesz usłyszeć, jak samo do siebie mówi „nie, nie", powtarzając słowa matki, które słyszy teraz we własnej głowie.

W nieznanej sytuacji matka przekazuje coś w rodzaju wiadomości „ruszaj naprzód", dając dziecku pewność siebie, a także, być może, informacje. Kiedy dziecko ponownie napotka podobną sytuację, może przypomnieć sobie, w jaki sposób mama kiedyś mu pomogła i tym razem poradzić sobie samodzielnie, bez zasięgania jej pomocy. Konsekwentna emocjonalna dostępność matki czy innego, odpowiedzialnego opiekuna, pomaga dziecku uczyć się zaufania, najpierw do opiekunów, potem zaś do samego siebie. Wiara w siebie prowadzi zaś do rozwoju cechy bardzo ważnej dla niezależności: umiejętności bycia samemu.

Niemowlęta, małe dzieci i przedszkolaki bardzo różnią się w prędkości przechodzenia od całkowitej zależności do większej niezależności. Na ten proces wpływ ma nie tylko rodzaj więzi z rodzicami, ale także ich własna osobowość – na przykład dzieci towarzyskie mają mniej obaw przed wyruszeniem w drogę. Na swoje odkrywcze wyprawy zabierają świadomość więzi i poczucie, że wszystko jest w jak najlepszym porządku.

Dziecko, którego więź nie jest tak bezpieczna, może przyjąć strategię kurczowego trzymania się rodziców, po to, aby być pewnym, że są dostępni, gdy będzie ich potrzebowało. Może też tracić mnóstwo energii na radzenie sobie z własnym niepokojem. Zaabsorbowanie próbami zatrzymania przy sobie matki przeszkadza w rozwijaniu niezależności i w nauce innych ważnych umiejętności. Badania wykazały, że niemowlęta, które na początku zbudowały bezpieczną bliskość z matkami, lepiej znoszą rozstanie z nimi w starszym wieku. Raz jeszcze powtórzmy: dziecko musi przejść przez fazę zdrowej zależności, po to, aby potem stać się bezpiecznie niezależne.

Mit: Rodzicielstwo bliskości jest tylko dla określonego rodzaju matek.

Fakt: Tak naprawdę nie ma szablonu matki praktykującej rodzicielstwo bliskości. Różni rodzice wybierają ten styl rodzicielstwa z różnych względów. Oto kilka „typów", które zaobserwowaliśmy.

Niektóre kobiety należą do kategorii określanej przez nas jako *matki słuchające wewnętrznego poczucia*. Praktykują rodzicielstwo bliskości, ponieważ czują, że jest ono dobre.

Rozpadłabym się na kawałki, gdybym pozwoliła mojemu dziecku płakać.

Następne w kolejności są *matki logiczne*.

To mi się po prostu wydaje sensowne. Słuchaj ich, kiedy są małe, a one będą słuchały ciebie, kiedy dorosną.

Potem mamy *matki badawcze*, należące do rosnącej grupy późnych rodziców.

Panie doktorze, na temat tego dziecka zrobiliśmy już całe badania. Bardzo długo czekaliśmy.

Poznaliśmy wiele teorii dotyczących wychowywania dzieci i wybraliśmy rodzicielstwo bliskości.

Rodzice w szczególnej sytuacji prawie zawsze praktykują rodzicielstwo bliskości. To mogą być rodzice, którzy musieli włożyć wiele wysiłku w to, żeby mieć dziecko, w tym pary walczące z niepłodnością czy takie, których dziecko urodziło się ze specjalnymi potrzebami: takimi jak opóźnienia w rozwoju czy niepełnosprawność fizyczna.

Ciężko pracowaliśmy, żeby mieć to dziecko i z całą pewnością pójdziemy jeszcze kawałek, aby pomóc jej osiągnąć wszystko, czego tylko jest w stanie dokonać.

Rodzicielstwo bliskości jest atrakcyjne dla *rodziców adopcyjnych*, ponieważ fizyczna bliskość z dzieckiem pozwala im uruchomić intuicję do nawiązania więzi, której nie mogli zadzierzgnąć wcześniej, nie doświadczając ciąży.

Wierzę, że rodzicielstwo bliskości pomoże mi lepiej poznać moje adoptowane dziecko i, mam nadzieję, nadrobić brak tych hormonów, które mnie ominęły, skoro nie jestem jej biologiczną matką.

Rodzice, którzy z mniejszym prawdopodobieństwem będą praktykować rodzicielstwo bliskości, to ci, których nazwaliśmy *rodzicami planującymi*; pary lubiące porządek i przewidywalność w życiu, które chcą wytrenować dziecko tak, by wygodnie wpasowało się w ich zorganizowane życie. Te dzieci będą prawdopodobnie karmione według grafika, wcześnie uczone przesypiania całych nocy i regularnie odkładane do kojców czy łóżeczek. Jeśli są karmione

---

NAUKA DOWODZI: Wczesna bliskość sprzyja późniejszej niezależności

Badaczki z Uniwersytetu Johna Hopkinsa, dr Sylvia Bell i dr Mary Ainsworth, badały dzieci o różnych stopniach więzi z rodzicami. Te, które miały najbezpieczniejszą, okazały się w kolejnych, przeprowadzonych później badaniach najbardziej niezależne. Naukowcy studiujący wpływ stylów rodzicielstwa na późniejsze wyniki dzieci stwierdzili, mówiąc wprost, że teoria dotycząca „psucia" niemowląt jest całkowicie niedorzeczna.

---

piersią, to rzadko na żądanie i najczęściej wcześnie się je odstawia. Niektóre dzieci o spokojnej osobowości wydają się akceptować ten bardziej zdystansowany styl rodzicielstwa, w każdym razie powierzchownie. Dzieci o bardziej nieustępliwych osobowościach protestują przeciwko niskim standardom opieki tak długo, dopóki nie ulegną one zmianie; lub dopóki się nie poddadzą, a wówczas rzadko udaje im się w pełni rozwinąć własną osobowość.

Mit: RB nie przygotowuje dziecka do rzeczywistego świata.

Fakt: Krytyka mówiąca, że RB nie przygotowuje dziecka do radzenia sobie z dzisiejszym światem, mówi coś nie o stylu rodzicielstwa, lecz o świecie. RB, oparte na „zaawansowanej bliskości", dopełnia się raczej, niż rywalizuje z rzeczywistością zaawansowanej techniki. Dla dziecka ważny jest rozwój podstaw opartych na bliskości i więzi, zanim wkroczy ono w stechnicyzowany świat. Wychowujecie dzieci, żeby uczyniły lepszym świat, w którym żyją, a nie po to, aby pozostały pod ciasnym kloszem. „Rzeczywisty świat" może być jedynie tak dobry, jak suma jego części, tymi częściami są zaś tworzący go rodzice i dzieci.

Mit: Jeśli nie stosujesz rodzicielstwa bliskości, jesteś złą matką.

Fakt: Bzdura. W rodzicielstwie bliskości chodzi o nawiązanie kontaktu z dzieckiem, a nie o spełnienie listy zadań, by zasłużyć na odznakę „dobrej matki". W twoim życiu mogą istnieć okoliczności, które uniemożliwią ci stosowanie wszystkich Filarów RB, możesz też po prostu nie chcieć używać niektórych narzędzi rodzicielstwa bliskości. Na przykład z pewnością nie jesteś złą matką, jeśli nie śpisz ze swoim dzieckiem. Jest wiele wspaniale się rozwijających niemowląt i rodziców, którzy śpią w osobnych pokojach i mają wspaniałe relacje. Rozważ Filary RB jako punkty wyjściowe do twojego rodzicielstwa. Weź z nich to, co działa w przypadku twoim i twojej rodziny, i pozbądź się reszty. A kiedy ty i twoje dziecko poznacie się, stworzysz własną listę narzędzi bliskości – rzeczy, które robisz, aby zbudować swój kontakt z dzieckiem. Chodzi o to, żeby dowolnym sposobem nawiązać więź. Twoje dziecko nie porównuje cię z innymi matkami. Dla niego ty jesteś najlepsza.

4
Bliskość od pierwszej chwili

Uważamy za oczywiste, że rodzice kochają swoje dzieci, skąd jednak bierze się ta miłość? Co sprawia, że jest tak mocna? Kiedy się rozwija? Mogłoby się wydawać, że na te pytania nie ma łatwych odpowiedzi, może poza „tak już jesteśmy zaprojektowani". Jednak jeśli chodzi o matki i niemowlęta (a także ojców i niemowlęta), nic związanego z miłością nie jest kwestią przypadku. Jak już widzieliśmy, w procesie, w którym matka uczy się miłości do dziecka, wiele wsparcia zapewnia biologia. Matki i dzieci są tak biologicznie zaprogramowane, aby wywoływać w sobie nawzajem dobre uczucia. To pomaga rozwinąć się miłości.

Do opisania procesu wzrastania uczucia między niemowlęciem a rodzicami będziemy używać dwóch terminów: *przywiązywanie* (*bonding*) i *tworzenie więzi* (*attachment*). *Przywiązywanie* opisuje sposób, w jaki rodzice i dziecko poznają się na samym początku, zwłaszcza jeśli są razem w godzinach następujących bezpośrednio po porodzie. *Więź* nazywa natomiast całą, opiekuńczą relację między matką czy ojcem i dzieckiem. Więź zaczyna się w okresie ciąży, wzrasta po narodzinach i trwa w czasie, kiedy dziecko rośnie.

PORÓD I PRZYWIĄZANIE

Dr Marshall H. Klaus i dr John H. Kennell badali ideę przywiązania w klasycznej już książce *Przywiązywanie: początki więzi dziecko-rodzic*, opublikowanej w roku 1976. Badacze sugerowali, że ludzie, tak jak inne zwierzęta, bezpośrednio po porodzie wkraczają w „delikatny okres", w którym matki i noworodki zaprogramowane są w szczególny sposób – tak, aby odnosić korzyści z wzajemnego kontaktu. Badania Klausa, Kennela i innych pokazały, że wczesny kontakt matki z dzieckiem ma znaczenie dla sposobu, w jaki dba ona o niemowlę. Matki, które w godzinach i dniach następujących po porodzie dużo czasu spędzają z dzieckiem, dłużej karmią piersią, szybciej reagują na płacz dziecka i czują się z nim bardziej związane. Oczywiście takie zachowania rodzicielskie w przypadku ludzi nie są wyłącznie rezultatem porodowej bliskości. Wpływ na nie mają różne czynniki, w tym wybory i przekonania matki. Jednak ten typ rodzicielstwa, w którym matka i ojciec czują się bardzo bliscy swojemu dziecku, jest dodatkowo stymulowany biologicznie, jeśli rodzice i dziecko są ze sobą natychmiast po porodzie. Oto, jak dzieje się ten cud:

Fizyczne i chemiczne zmiany zachodzące w ciele matki w czasie ciąży, sygnalizują obecność nowego życia i początek więzi. Uwaga matki kieruje się do wnętrza, skupia się ona na opiece nad tym nowym życiem i na zmianach, które ją czekają. Również ojcowie myślą o mającym się pojawić niemowlęciu, jednak w inny sposób. Mogą koncentrować się na zabezpieczeniu finansowym dla dziecka, na byciu dla niego wzorcem, na wspieraniu matki. Choć nie doświadczają jeszcze rzeczywistości posiadania dziecka, matka i ojciec powoli przywiązują się do tej myśli.

Potem zaczyna się akcja porodowa. Po wielkich wysiłkach, tak fizycznych jak i emocjonalnych, rodzice biorą nowo narodzone dziecko w ramiona. To jest chwila, na którą czekali: marzenie o dziecku nagle staje się rzeczywistością. Ruchy, odczuwane w macicy, rytm serca wyłapywany wcześniej przez instrumenty medyczne, należą do prawdziwej istoty ludzkiej.

Doświadczenie widzenia i dotykania twojego właśnie urodzonego dziecka jest bezcenne. To czas, w którym dająca życie miłość do istoty w twoim łonie, zmienia się w miłość opiekuńczą do dziecka, które trzymasz w ramionach. Wewnątrz, dawałaś swoje ciało i swoją krew; na zewnątrz dajesz swoje mleko, swoje spojrzenie, ręce, głos – całą siebie. Dziecko uważnie spogląda na twoją twarz, jakby mówiło: „Już wiem, że jesteś najważniejszą osobą w moim świecie". Więź, zadzierzgnięta jeszcze w czasie ciąży, przemienia się w taki rodzaj miłości, który gwarantuje, że dziecko otrzyma opiekę i ochronę, która pozwoli mu przetrwać i wzrastać.

Podczas gdy rodzice na to pierwsze spotkanie przyniosą swoją miłość i swoje oczekiwania, dzieci również dają coś od siebie. Wszystkie niemowlęta rodzą się ze zbiorem specjalnych właściwości, nazywanych „zachowaniami wspierającymi bliskość" (ZWB) – z cechami i zachowaniami pomyślanymi tak, żeby wyczulić opiekuna na obecność dziecka i przyciągnąć go z magnetyczną siłą. Są to na przykład duże, okrągłe oczy, penetrujące spojrzenie, miękkość skóry, niesamowity zapach noworodka oraz, co być może najważniejsze, wczesny język dziecka: płacz i odgłosy go poprzedzające. Kiedy pozwoli się działać temu niesamowitemu urokowi, noworodki są w stanie prawie każdego skłonić do zakochania się w nich. ZWB to niemowlęce narzędzia, które pozwalają mu utrzymać matkę blisko siebie.

Kiedy z wyprzedzeniem planujesz swój poród, lub gdy wracasz myślami do chwili narodzin swojego dziecka, jest ważne, żebyś rozumiała, że przywiązywanie się nie jest jednorazowym wydarzeniem, które zachodzi wyłącznie w pierwszej godzinie po urodzeniu. Nie możesz powiedzieć: „tak, przywiązaliśmy się do siebie" albo „nie, to się nie stało", bazując na tym, czy zaraz po porodzie pozwolono ci trzymać dziecko w ramionach. Przywiązywanie się nie wygląda jak używanie szybko wysychającego kleju, kiedy dwie posmarowane powierzchnie, jeśli w ogóle mają zostać sklejone, muszą się zetknąć w określonym momencie. Więź między rodzicami i niemowlętami rozwija się przez wiele dni i miesięcy, i dla każdego proces ten przebiega inaczej. Czasem komplikacje medyczne okazują się ważniejsze niż bycie razem matki i dziecka, a czasami matka jest po prostu zbyt zmęczona, by cieszyć się długim tuleniem dziecka. Kiedy pewnego razu przyszedłem jako pediatra do przedłużonego i bardzo wyczerpującego porodu, matka powiedziała do mnie: „Proszę mi pozwolić wziąć prysznic i chwilę się przespać, potem będę się przywiązywać".

OSIEM WSKAZÓWEK DLA LEPSZEGO PRZYWIĄZANIA

Choć zdarzają się sytuacje, w których matka i dziecko muszą (z powodów medycznych) być po porodzie oddzieleni, istnieje także wiele dobrych powodów, dla których powinno się zachęcać matki i ojców do wspólnego spędzenia pierwszych godzin z noworodkami, jako rodzina. W tym czasie matka i dziecko są na siebie niezwykle otwarci. Natura tak ich zaprogramowała, aby robili wówczas dla siebie nawzajem dobre rzeczy. Niepotrzebne czynności medyczne czy po prostu wygoda lekarzy i położnych nie powinny im w tym czasie przeszkadzać.

Po porodzie – przywiązywanie

Sposób, w jaki matka i dziecko zaczynają wspólną drogę, nadaje ton procesowi ich wzajemnego poznawania się. Spędzenie tego czasu razem przez całą rodzinę to nie ozdobnik – to ważny element w początkach budowania ich wspólnej drogi.

Choć z całą pewnością nie potrzebujesz detalicznych instrukcji, jak krok po kroku nawiązywać więź ze swoim dzieckiem (będziesz wiedzieć, co trzeba robić), mamy kilka wskazówek, aby pomóc ci zrozumieć, co dzieje się w czasie pierwszego spotkania i cieszyć się nim. Niektóre kwestie będziesz musiała wcześniej przedyskutować ze swoim lekarzem czy personelem szpitalnym.

1. Bezpośrednio po porodzie przytul dziecko „skóra do skóry". Potrzeby twojego dziecka natychmiast po porodzie są takie same, jak twoje w czasie jego trwania: cisza, spokój, ciepło i ramiona kogoś, komu zależy. Poproś, żeby noworodek został umieszczony na twoim brzuchu, z główką wtuloną w twoje piersi i z plecami okrytymi ciepłym kocykiem. To nie tylko kwestia psychologii, to także zasada medyczna. Noworodki łatwo się wyziębiają. Ułożenie dziecka na matczynym ciele, brzuch do brzucha i policzek do piersi, pozwalają na naturalny transfer ciepła od matki do niemowlęcia, co jest przynajmniej tak samo efektywne, jak inkubator. Poza tym kontakt skóra do skóry uspokaja dziecko. Delikatne unoszenie się i opadanie matczynej piersi i rytm jej serca, znane dziecku jeszcze z łona, łagodzą jego niepokój.

2. Zwróć uwagę na stan „spokojnego czuwania" u twojego dziecka. Nie bądź zaskoczona, jeśli podczas waszego pierwszego spotkania

> ## RADA RODZICIELSTWA BLISKOŚCI
>
> Nie pozwól, żeby technika oddzieliła cię od twojego dziecka.

twoje nowo narodzone dziecko wydaje się stosunkowo ciche.

W ciągu minut następujących po porodzie noworodek wchodzi w stan spokojnego czuwania, w którym, jak stwierdzili naukowcy, jest w stanie najlepiej kontaktować się z otoczeniem. Zupełnie jakby był tak oczarowany tym, co widzi, słyszy i czuje, że nie chce marnować energii na poruszanie się. W tym pełnym uwagi stanie dziecko patrzy matce bezpośrednio w oczy i przytula się do jej piersi. Twoje dziecko zanurza się w dźwięk twego głosu, zapach i dotyk twojej ciepłej skóry, smak piersi. W ciągu pierwszych minut od porodu noworodek zaczyna czuć, do kogo należy.

Faza spokojnego czuwania trwa tylko około godziny, potem zaś dziecko z ukontentowaniem odpływa w głęboki sen. Zobaczysz jeszcze ten stan w nadchodzących dniach, choć zajmie krótsze okresy. To jeden z powodów, żeby jak najlepiej wykorzystać tę pierwszą godzinę po porodzie. Dzieci powinny spędzić ten czas z rodzicami, a nie w plastikowym pudełku ustawionym w pokoju noworodków, nawiązując bliskość ze ścianą.

3. Dotykaj swojego dziecka. Głaszcz delikatnie swoje dziecko, dotykając całego jego ciała. Zaobserwowaliśmy, że matki i ojcowie inaczej dotykają dziecka: matka raczej gładzi całe ciałko końcami palców, podczas gdy ojciec często kładzie całą rękę na główce noworodka, jakby chcąc symbolicznie pokazać swoją gotowość do obrony życia, które powołał. Dotyk rodziców jest na początku często nieśmiały, jednak z każdą minutą zyskuje na pewności.

Poza tym, że jest miłe, głaskanie ma także korzyści medyczne. Skóra to największy narząd ludzkiego ciała, bardzo bogaty w zakończenia nerwowe. W kluczowym czasie przejścia, kiedy noworodek wchodzi w świat, oddech jest często bardzo nieregularny; głaskanie stymuluje dziecko do bardziej rytmicznego oddechu. Twój dotyk ma wartość terapeutyczną.

4. Patrz na swoje dziecko. Twoje nowo narodzone dziecko najlepiej widzi z odległości około dwudziestu pięciu centymetrów, która, tak się składa, stanowi przybliżoną odległość między piersiami a oczami matki. Kiedy matki patrzą na swoje dzieci, zazwyczaj pochylają głowy, tak żeby móc spotkać wzrok dziecka na tej samej płaszczyźnie geometrycznej.

W ciągu pierwszej godziny po porodzie, oczy dziecka są szeroko otwarte (jeśli tylko światło nie jest zbyt jasne!), tak jakby chciało ono nawiązać kontakt ze światem. Dorośli czują, że nie mogą się oprzeć temu spokojnemu spojrzeniu – nawet ci dorośli, którzy nie są rodzicami noworodka! Patrzenie w oczy twojego dziecka sprawia, że czujesz, jakbyś nigdy nie chciała rozstać się z tym maleńkim człowiekiem, którego wydanie na świat kosztowało cię tyle wysiłku i czasu.

Klaus i Kennel w książce *Przywiązywanie* opowiadają wspaniałą historię o studentkach medycyny, które asystowały przy projekcie badawczym dotyczącym spojrzenia noworodków. Początkowo żadna z nich nie planowała mieć dzieci w najbliższym czasie; jednak pod koniec badań wszystkie chciały je mieć, a ponadto każdego popołudnia wracały, aby odwiedzić obiekty swoich badań.

5. Mów do swojego nowo narodzonego dziecka.

Badania wskazały, że bardzo wcześnie noworodek jest w stanie rozróżnić głos matki od każdego innego. Dziecko rozpoznaje również głos ojca i rodzeństwa. Podczas pierwszych godzin i dni po porodzie między matką a niemowlęciem rozwinie się naturalna komunikacja. Głos matki dodaje dziecku otuchy i pomaga mu poczuć się na świecie jak w domu. Kiedy matki mówią do niemowląt, dostosowują rytm i tonację swoich głosów, używając wysokiego, melodyjnego języka, czasami określanego jako mowa matczyna (*motherese*). Niemowlęta – nawet noworodki – poruszają się do rytmu języka matek, który to fenomen sugeruje, że ludzie są wyjątkowo zaprogramowani do używania języka.

6. Opóźnij rutynowe procedury.

Często położna asystująca przy porodzie najpierw zajmuje się takimi rutynowymi działaniami, jak mierzenie dziecka, mycie, podawanie witaminy K czy wpuszczanie kropli do oczu, a dopiero potem oddaje dziecko matce, by rozpoczął się proces przywiązywania. To postawienie procedury na głowie. Poproś wcześniej położną, by odłożyła te działania o godzinę, dopóki ty i twoje dziecko nie nacieszycie się wyjściowym okresem bliskości. Poproś także, by wszystkie zabiegi odbyły się w twoim pokoju, tak żebyś mogła uniknąć rozdzielenia z dzieckiem. Pomyśl o bardzo ważnej lekcji, jaką twoje dziecko odbierze w czasie tego pierwszego spotkania: po niedoli następuje pocieszenie. Uczy się w ten sposób najważniejszej wiedzy w rozwoju niemowlęcia: że może zaufać swemu otoczeniu.

7. Nakarm swoje dziecko piersią w ciągu pierwszej godziny po porodzie.

Kontakt dziecka z matczynym sutkiem to część procesu stymulowania macierzyńskich zachowań, który ma zapewnić noworodkowi opiekę i ochronę. Ssanie i lizanie brodawki przez dziecko uwalnia do krwi kobiety oksytocynę, hormon powodujący obkurczanie się macicy i zmniejszenie krwawienia poporodowego. Oksytocyna wywołuje również uczucie przywiązania. Większość noworodków potrzebuje czasu, aby samodzielnie znaleźć sutek, ocierać się o niego i lizać, zanim naprawdę uchwycą pierś. Badacze sfilmowali nowo narodzone dzieci, których nie oddzielono od matek i których matki nie były poddawane procedurom medycznym; noworodki te naprawdę samodzielnie pełzły po brzuchach matek, aby zbadać otoczenie i przyssać się do piersi w ciągu pierwszych czterdziestu minut po porodzie.

Pierwsze doświadczenie ssania twojego dziecka powinno być związane z matczyną piersią. Ssanie smoczków – czy chodzi o smoczek uspokajający, czy o butelkę z wodą albo mlekiem modyfikowanym – wymaga innej techniki niż ta, która wydobywa mleko z piersi. Aby nauczyć się prawidłowego ssania, opartego na wrodzonym instynkcie, dziecko musi być karmione piersią wcześnie i często. Pierwsze karmienia twojego dziecka są bardzo ważne.

8. Poproś o uszanowanie waszej prywatności.

Ta pierwsza godzina po porodzie, w której matka i ojciec koncentrują się na nowo narodzonym dziecku, powinna być cicha. Poproście

PRZYWIĄZYWANIE Z DZIECKIEM CHORYM LUB URODZONYM PRZEDWCZEŚNIE

Choć noworodki przebywające na oddziale intensywnej terapii – i ich rodzice – bardzo potrzebują rodzicielstwa bliskości, sprzęt medyczny i lęki samych rodziców mogą stanąć im na przeszkodzie. W ostatnich kilku dekadach postęp medycyny umożliwił przeżycie i dobry rozwój coraz mniejszych wcześniaków i dzieci z problemami zdrowotnymi, jednak wobec całej tej technologii rodzice łatwo mogą poczuć się nie na miejscu i odłączeni od swojego dziecka. Jednocześnie jednak matka i ojciec są wartościowymi członkami zespołu zajmującego się chorym niemowlęciem. Na długo przed tym, zanim dziecko jest gotowe na powrót ze szpitala do domu, miłość i praktyczna opieka rodziców mają bardzo duże znaczenie dla zdrowia i rozwoju ich dziecka. Dla tych szczególnie wymagających noworodków specjalne znaczenie mają dwa ważne narzędzia rodzicielstwa bliskości: karmienie piersią i noszenie dziecka przy sobie.

Korzyści zdrowotne płynące z karmienia piersią są dla malutkiego wcześniaka niezwykle cenne. Odsetek infekcji jest znacznie niższy w przypadku dzieci karmionych piersią, a wzmocnienia odporności, którą dzieci otrzymują z mlekiem matki, nie da się zastąpić specjalnymi mieszankami dla wcześniaków. Ludzkie mleko jest też łagodniejsze dla niedojrzałego układu pokarmowego. Ponieważ zawiera ono lipazę, enzym pomagający w trawieniu tłuszczów, karmione nim dzieci mogą spożytkować więcej zawartych w mleku kalorii. Badania wykazały, że mleko matek rodzących przedwcześnie jest bogatsze w białka, tłuszcz i inne składniki odżywcze, konieczne dla nadgonienia wzrostu. Odciąganie mleka dla wcześniaka wymaga od matki dużego zaangażowania, jednak w ten sposób daje ona dziecku coś, co może ono otrzymać tylko od niej. Dawanie mleka dziecku w tej sytuacji pomoże matce czuć się bliską i ważną, nawet zanim dziecko jest gotowe do ssania piersi.

Noszenie dziecka na sobie ma w opiece neonatologicznej swoją własną nazwę: kangurowanie. Ten czuły termin odnosi się do sposobu, w jaki matka kangurzyca nosi swoje młode, które rodzą się we względnie wczesnej fazie rozwoju. Przy kangurowaniu ubrane jedynie w pieluszkę dziecko umieszczane jest skóra do skóry na klatce piersiowej matki, między piersiami, a jego plecy okrywa się kocykiem. Ciało matki ogrzewa dziecko, co jest o tyle istotne, że te maleńkie noworodki nie mają jeszcze izolującej podściółki tłuszczowej. Badania nad tą metodą wykazały, że jeśli u dziecka spada temperatura ciała, u matki automatycznie wzrasta – tak gotowe jest jej ciało do odpowiadania na potrzeby maluszka. Kangurowane dzieci reagują na tę bliskość cudownym ukojeniem. Wyrównuje się ich oddech i tętno, a wtulone w matkę śpią spokojniej niż w swoich zaopatrzonych w najnowszą technologię łóżeczkach. Ponadto w czasie kangurowania noworodki odkrywają matczyne piersi: zdarza się, że liżą sutek albo próbują prawidłowo się przyssać. Matki zauważają, że ta metoda pozwala im odciągnąć więcej mleka. Ich ciała odpowiadają na dotyk dziecka wzmożoną produkcją. Kangurowane noworodki mniej płaczą, mogą więc oszczędzać tlen i energię. Kangurowanie nie jest wyłącznie dla matek – ojcowie tych maleńkich dzieci także mogą się nim cieszyć. Większość rodziców odbiera tę metodę jako wyjątkowo satysfakcjonującą, ponieważ pozwala im nawiązać kontakt z ich przebywającymi w szpitalu dziećmi.

Badania dr. Gene'a Cranstona Andersona z Uniwersytetu Case Western Reserve w Cleveland wykazały, że wcześniaki poddawane kangurowaniu szybciej przybierały na wadze, miały mniej epizodów zatrzymania oddechu i krócej przebywały w szpitalu. Noszenie zaś jest dla wcześniaków istotne nawet po opuszczeniu oddziału intensywnej terapii noworodków. Po powrocie do domu, chusta pomaga matce i dziecku pielęgnować ich więź, ułatwia częste karmienie, wspomaga wzrost i pełny rozwój dziecka.

Kiedy dowiedziałam się, że moje dziecko urodzi się jedenaście tygodni za wcześnie, pogrążyłam się w depresji i izolacji. Nie chciałam nawiązać więzi z dzieckiem, bo bałam się, że potem nie będę mieć dziecka, które mogłabym zabrać ze sobą do domu. Kiedy synek był na OIOM-ie, bałam się go dotknąć, biorąc oddech, bałam się, że on zachoruje. Mój mąż był cudowny. To on trzymał nasze dziecko, opiekował się nim i płakał nad naszym małym chłopcem.

Kiedy przywieźliśmy dziecko do domu, mąż przez dwa tygodnie był z nami, opiekując się obojgiem nas. Wtedy usłyszałam o rodzicielstwie bliskości. Natychmiast kupiłam chustę i zaczęłam nosić moje dziecko, przez cały dzień, wszędzie. Powoli, poprzez to noszenie, zaczęłam leczyć rany i nawiązywać więź z moim chłopczykiem.

o pozostawienie was w spokoju na tak długo, jak to w tym czasie możliwe, tak aby wasza uwaga nie była rozpraszana przez szpitalną bieganinę. Czas na telefony, rodzinę i przyjaciół przyjdzie później.

ROOMING-IN: WIĘŹ TRWA

Studia nad więzią między rodzicem a noworodkiem nadały rozpęd zmianom, prowadzącym do bardziej rodzinnie zorientowanej organizacji współczesnych oddziałów położniczych. Sprowadziły dzieci z sal noworodkowych do pokojów matek. Taka zmiana jest słuszna. Matkę i dziecko otacza się wspólną opieką, tak jak to się działo w czasie ciąży. Co prawda zostali oni rozdzieleni podczas porodu, jednak tylko fizycznie. Dziecko rodzi się z poczuciem jedności z matką, a ponadto oczywiście jest od niej zależne, jeśli chodzi o pokarm i wsparcie. Ponie-

waż matka nadal odczuwa dziecko jako część siebie, potrzebuje mieć je blisko, aby być pewną, że jest bezpieczne i zadowolone.

Tam, gdzie to możliwe, to matka, a nie personel szpitalny, powinna być pierwszą opiekunką dziecka. Kiedy matki poznają swoje dziecko, zajmując się nim od samego początku, bardziej ufają swoim możliwościom w tej dziedzinie. Większość szpitali pozwala noworodkom urodzonym przez cesarskie cięcie na *rooming-in*, jeśli tylko są stabilne, pod warunkiem, że w pokoju będzie ktoś jeszcze, aby pomóc matce. Piękno *rooming-in* w warunkach szpitalnych polega na tym, że pozwala ono lekarzom i pielęgniarkom dbać o matkę, a jednocześnie być stale gotowym na wypadek, gdyby potrzebowała pomocy przy dziecku.

Jeśli tylko nie przeszkodzą temu komplikacje medyczne, zachęcamy matki do przebywania ze swoimi dziećmi przez cały czas, od porodu do wypisania ze szpitala. Pełnowymiarowy *rooming-in* pozwala ci ćwiczyć instynkt macierzyński w czasie, kiedy hormony sprawiają, że jesteś wyjątkowo wrażliwa na potrzeby i sygnały wysyłane przez dziecko. Matki i noworodki stosujące *rooming-in* odnoszą następujące korzyści:

- Dzieci funkcjonujące w tym systemie są bardziej zadowolone, bo mogą liczyć na natychmiastową i przewidywalną reakcję na ich marudzenie czy początki płaczu.
- Noworodki te płaczą krócej, bo ich płacz z większym prawdopodobieństwem spotka się z szybką i pocieszającą odpowiedzią. Matka (albo ojciec) pomoże im się uspokoić, zanim ich płacz wymknie się spod kontroli. W dużych salach dziecięcych noworodki są czasem uspokajane puszczanymi z taśmy nagraniami bicia ludzkiego serca albo muzyką. Zamiast być wyciszane elektronicznie, dziecko pozostające z matką uspokaja się dzięki rzeczywistym i znajomym dźwiękom.
- Dzieci w systemie *rooming-in* szybciej uczą się rozróżniać dzień i noc. Szybciej niż dzieci z oddziałów noworodkowych porządkują swój cykl spania i budzenia, bo są blisko swoich matek, które (zazwyczaj) starają się w nocy spać, w pokoju z wyłączonym światłem.
- Matki takich dzieci mają zazwyczaj mniej problemów z karmieniem piersią. Ponieważ noworodek jest na miejscu, może ssać pierś często, zarówno w dzień, jak i w nocy. Tym samym ma dużą praktykę w ssaniu. Mleko pojawia się wcześniej i dziecko wydaje się przy piersi bardziej zadowolone. To zachęca matki do kontynuacji karmienia.

- Dzieci przebywające w systemie *rooming-in* rzadziej mają żółtaczkę, prawdopodobnie dlatego, że są częściej karmione i dostają więcej mleka.
- Choć pielęgniarki i zatroskani krewni mogą radzić, żeby matka odesłała dziecko na noc pod opiekę położnych („żebyś się mogła wyspać"), matka będąca z dzieckiem przez cały czas wypoczywa zwykle lepiej niż ta, która jest z nim rozdzielona. Matka mająca dziecko przy sobie doświadcza mniejszego niepokoju. Nie musi się zastanawiać, co właśnie teraz dzieje się z jej noworodkiem, a jeśli dziecko obudzi się w środku nocy, ona także łagodnie się budzi i może skorzystać z uspokajającego efektu karmienia piersią, żeby znowu zasnąć. W pierwszych dniach noworodek i tak przesypia większość czasu, więc matka może po prostu cieszyć się jego widokiem.
- Pełnowymiarowy *rooming-in* zachęca personel szpitalny do skupienia uwagi i troski nie tylko na dziecku, ale także na kobiecie. Matka korzysta z tego, że jej potrzeby są zauważane oraz ze wsparcia psychologicznego. Czuje się ważna i jest w stanie lepiej skupić się na swoim dziecku.
- Według naszych obserwacji, wśród matek korzystających z *rooming-in* rzadziej występuje depresja poporodowa. Opuszczają szpital, czując się bardziej pewnie w sprawach opieki nad dzieckiem i w nawigacji wśród wzlotów i upadków pierwszych tygodni po porodzie.

Rooming-in coraz częściej staje się standardem w opiece nad noworodkami. Jednak wciąż zbyt wiele dzieci zostawianych jest w plastikowych

RADA RODZICIELSTWA BLISKOŚCI: Bezpieczeństwo

W przypadku matek skrajnie zmęczonych lub pozostających pod wpływem środków uspokajających czy przeciwbólowych, trzymanie dziecka na rękach czy spanie z nim bez asysty innej osoby nie jest bezpieczne. W takich przypadkach matka nie jest tak świadoma swojego dziecka, jak byłaby w innej sytuacji. Kobieta, która otrzymała lekarstwa wpływające na cykle snu czy na stan świadomości, powinna otrzymać nadzór i pomoc od położnej lub innej osoby. Podczas gdy matka śpi, ojciec (lub inny opiekun) może trzymać dziecko i dbać o jego potrzeby.

łóżeczkach stojących w pokojach ich matek. Żeby doświadczyć prawdziwego *rooming-in*, wyjmuj noworodka z łóżeczka tak często, jak to możliwe – dom twojego nowo narodzonego dziecka jest w twoich ramionach, a nie tylko obok twojego łóżka.

JAK SYSTEM ROOMING-IN BUDUJE WIĘŹ

Możesz być zdania, że podczas pobytu w szpitalu powinnaś raczej odpocząć. „Niech pielęgniarki się nim zajmą. Poczekam, aż dojdę do siebie po porodzie i podejmę opiekę nad dzieckiem pełnowymiarowo". Przemyśl to jeszcze raz. *Rooming-in* jest potrzebny zwłaszcza kobietom, które mają opory przed skokiem na głębokie wody macierzyństwa.

Pewnego dnia podczas obchodu, odwiedziwszy młodą mamę imieniem Jan, stwierdziłem,

że jest smutna. „Co jest nie tak?" – zapytałem. „Wszystkie te wylewne uczucia, jakie powinnam mieć w związku z moim dzieckiem – no cóż, nie mam ich. Jestem nerwowa, spięta i nie wiem, co robić" – wyznała Jan.

Dodałem jej odwagi. „Miłość od pierwszego wejrzenia nie przytrafia się każdej parze, ani w zalotach, ani w rodzicielstwie. Dla niektórych matek i niemowląt nauka miłości jest powolnym i stopniowym procesem. Nie martw się, twoje dziecko ci pomoże. Musisz jednak zapewnić warunki, które pozwolą zadziałać systemowi opieki matki nad dzieckiem. Najważniejszym z tych warunków jest, abyś miała dziecko blisko przy sobie".

Więź między mamą a dzieckiem zależy od komunikacji, ona zaś jest systemem wzajemności. Inicjalny dźwięk dziecięcego płaczu aktywuje matczyne emocje. Efekt jest zarówno fizyczny, jak i psychologiczny. Kiedy matka zastanawia się, co się stało, jej ciało przygotowuje się do pocieszenia niemowlęcia. Zwiększa się napływ krwi do piersi, kobieta może też doświadczyć odruchu wypływu mleka. Odczuwa ona biologiczną i emocjonalną potrzebę przytulenia i pocieszenia dziecka – głosem, dotykiem, mlekiem. Delikatnie podnosi noworodka i próbuje na różne sposoby go ukoić. Przemawia do niego, śpiewa, klepie po pleckach, daje pierś, chodzi z dzieckiem po pokoju. Pierwsza z czynności może nie zadziałać, ale matka próbuje dalej, dopóki dziecko się nie uspokoi. Kobieta myśli: „Aha, więc o to chodziło. Chciał, żebym go przytuliła (albo chciał jeść, albo potrzebował usłyszeć mój głos)". W międzyczasie dziecko myśli: „Byłem smutny i płakałem. Podniesiono mnie. Teraz czuję się lepiej". Oboje nauczyli się czegoś, co zastosują w następnych

próbach komunikacji. Nie ma na świecie sygna-
łu, który wywołałby tak silną reakcję matki, jak
płacz dziecka.

Kiedy matki i dzieci dzielą ze sobą pokój,
mają wiele okazji, aby ćwiczyć porozumienie.
Ponieważ matka jest na miejscu, uczy się zauważać zachowanie dziecka, zanim zacznie ono
płakać. Podnosi je, kiedy się przebudzi, wierci
czy krzywi i uspokaja je, nim się rozpłacze, a na
pewno zanim płacz wymknie się spod kontroli i stanie trudny do powstrzymania. Nauczyła
się odczytywać takie wczesne, subtelne sygnały
i właściwie na nie reagować, a zachęcone dziecko zaczyna częściej je stosować. Po wielu po-
wtórkach tego dialogu w czasie pobytu w szpitalu, matka i dziecko współpracują jako zespół.
Dziecko uczy się lepiej dawać znaki, matka
– poprawniej reagować. Nawet matczyne hormony lepiej teraz działają. Ponieważ może teraz
odpowiadać dziecku spokojnie i z pewnością
siebie, odruch wypływu pokarmu lepiej funk-
cjonuje i dziecko otrzymuje mleko wtedy, kiedy
go potrzebuje.

**Co jest nie tak, kiedy matka i dziecko są roz-
dzieleni?** Porównaj teraz opisane sceny z systemu *rooming-in* z tym, co się dzieje, gdy matka
przebywa w swojej sali, a dziecko – na oddziale noworodkowym. Dziecko budzi się w plasti-
kowej skrzynce. Jest głodne i zaczyna płakać,
wraz z innymi noworodkami w plastikowych
skrzynkach, którym udało się wzajemnie obudzić. Miła, troskliwa pielęgniarka słyszy płacz
i odpowiada na niego tak szybko, jak tylko czas
pozwoli. Ale jeśli ma wiele dzieci do zawiezienia
do ich matek, niektóre z nich będą musiały czekać. Pielęgniarka nie odczuwa biologicznej więzi z żadnym z dzieci, toteż nie czuje szczególnej

potrzeby uspokojenia ich płaczu. Jej hormony
nie odpowiadają, mleko nie napływa do piersi.
Toteż płaczące, głodne dziecko musi być zabra-
ne do matki tak szybko, jak to będzie możliwe.

Problem z takim scenariuszem polega na tym,
że płacz dziecka ma dwie fazy. Wczesne dźwięki mają właściwości wspierające tworzenie się
więzi: wzbudzają współczucie i chęć odpowiedzi. Jednak płacz, na który nie ma reakcji, nasi-
la się. Staje się coraz bardziej niepokojący, drażniący nerwy. W tym momencie może już nie
wywoływać pragnienia współczującej odpowiedzi, lecz potrzebę uniknięcia kontaktu (obejrzyj
„krzywą płaczu" na stronie 105).

Mimo to od matki, która opuściła początko-
wą scenę tego dramatu, oczekuje się opiekuńczej odpowiedzi na potrzeby dziecka. Dziecko
jednak znacznie trudniej teraz ukoić, kiedy za-
pamiętało się w płaczu. Matka jest wzburzo-
na i niespokojna. Wydaje się, że nic, co robi,
nie pomaga jej dziecku. Jest spięta, więc odruch
wypływu mleka nie działa jak powinien,
a zresztą dziecko jest i tak zbyt rozgorączkowa-
ne, żeby poprawnie chwycić pierś i ssać. Niektóre noworodki po dłuższym okresie płaczu
po prostu się poddają i, zanim jeszcze zostaną przywiezione do matki, uciekają w sen przed
bólem czy niewygodą wynikającą z głodu.
Matkę czeka teraz frustrujące doświadczenie
budzenia i prób nakarmienia dziecka, które
chce tylko spać.

Jeśli coś takiego zdarza się często, matka może zwątpić w swoje zdolności do ukojenia dziecka, ono zaś będzie spędzać coraz więcej czasu w sali dla noworodków, gdzie – myśli matka – położne lepiej się nim zajmą. Matka
i dziecko wracają do domu, będąc sobie w pewnym sensie obcy, nie znając się nawzajem.

Lekarstwem na poczucie, że nie rozumiesz swojego dziecka, czy że nie wiesz, czego ono chce, jest spędzanie z nim więcej czasu. To oznacza *rooming-in*. Jeśli dziecko obudzi się w twoim pokoju, będziesz mogła odpowiedzieć na wydawane przez nie dźwięki, zanim kwilenie zmieni się w potężny płacz, który sprawi, że staniesz się niezdarnym kłębkiem nerwów. Tak naprawdę oboje rodzice mogą nauczyć dziecko płakać „lepiej", a nie mocniej. Jeśli większość czasu trzymasz je w ramionach, dziecko może prawie w ogóle nie potrzebować płaczu, a ty będziesz mieć poczucie, że naprawdę znasz się na rzeczy. Wasza dwójka (lub trójka) rzeczywiście do siebie pasuje. Lepszym terminem na *rooming-in* może być *fitting-in* – dopasowywanie. Spędzając ze sobą czas i ćwicząc dialogi oparte na sygnale i odpowiedzi, dziecko i matka uczą się do siebie dostrajać. W ten sposób od razu mogą się cieszyć jedną z korzyści rodzicielstwa bliskości: znajomością siebie nawzajem i radością z bycia razem. Mogą wydobywać z siebie nawzajem to, co najlepsze.

BONDING BLUES – KŁOPOTY Z PRZYWIĄZYWANIEM

„Przywiązywanie" jest terminem zarówno skutecznym, jak i bardzo nacechowanym, który może wzbudzić zawiedzione nadzieje. *Bonding blues* może pojawić się u matek, które miały cesarskie cięcie, matek, których dzieci wprost z porodówki zabrano na oddział intensywnej terapii, czy u kobiet, które z innych przyczyn rozdzielono z dzieckiem. Matka, która nie mogła wziąć dziecka w ramiona czy zatrzymać przy sobie, może w sposób naturalny czuć się smutna czy zatroskana. Po porodowym wysiłku jej ciało

i umysł są przygotowane na przyjęcie dziecka. To zrozumiałe, że jeśli tak się nie dzieje, niektóre matki są wytrącone z równowagi. Mogą na przykład opisywać doznanie pustki lub braku części siebie. Tęsknią za swoimi dziećmi, martwią się o nie i to jest bardzo rzeczywiste. Nie powinny jednak martwić się, że stracą możliwość przywiązania.

U niektórych gatunków zwierząt zakłócenie delikatnego okresu poporodowego grozi stałym upośledzeniem relacji matki i potomstwa. Matka może odrzucić młode, ono zaś może nie poznać matki. Inaczej niż w przypadku tych zwierząt, istoty ludzkie są w stanie myśleć o ludziach i przedmiotach nawet podczas ich nieobecności, mają więc inne sposoby przywiązywania się do dziecka, jeśli w pierwszych godzinach po porodzie zostaną rozdzieleni.

Kiedy *przywiązywanie* stało się modnym terminem w okołoporodowym słownictwie lat osiemdziesiątych, pojawiły się pewne nieszczęśliwe skutki uboczne, które trwają do dzisiaj. Przywiązywanie jest czasem rozumiane jako zjawisko zachodzące „teraz albo nigdy" – jeśli stracisz swoją szansę w pierwszej godzinie po porodzie, twoje relacje z dzieckiem nigdy już nie będą tak dobre, jak mogłyby być. Nadmierne zachwyty, a zarazem zniekształcenie koncepcji przywiązywania dołożyły niepotrzebnych zmartwień matkom, które, z tej czy z innej przyczyny, były po porodzie czasowo rozdzielone z dzieckiem – dotyczy to zwłaszcza kobiet, które oczekują perfekcji we wszystkich swoich działaniach. Choć bycie razem w biologicznie delikatnym okresie po porodzie daje relacji matka-dziecko wzmocnienie, istnieją sposoby rekompensowania utraconej możliwości trzymania w tym czasie swego dziecka w ramionach. Oto kilka sugestii:

Przywiązywanie w wykonaniu ojca. Jeśli matka nie może być z dzieckiem, to ojciec powinien. Jeśli kobieta jest oszołomiona narkozą lub zbyt zmęczona po porodzie, aby skupić się na dziecku, ojciec może trzymać je na rękach i mówić do niego, czy to w sali noworodków, czy w jakimś cichym pomieszczeniu. W ten sposób dziecko odnosi korzyści z intensywnego kontaktu z drugim człowiekiem w okresie bezpośrednio po narodzinach, ojciec zaś ma możliwość poznania syna czy córki i wczucia się w swoją nową rolę. Jeśli dziecko musi zostać umieszczone na specjalnym oddziale czy nawet przeniesione do innego szpitala, tata może mu towarzyszyć, rozmawiać z personelem medycznym o stanie noworodka, a następnie przekazywać wieści matce. Może być w stanie nawet głaskać dziecko leżące w inkubatorze.

Nadrabianie zaległości. Straciłaś więc pierwszą godzinę z życia twojego dziecka, z powodu komplikacji czy procedur medycznych. Staraj się więc jak najlepiej wykorzystać godziny, które nadejdą. Jak tylko poczujesz się dość dobrze, poproś, żeby przyniesiono ci dziecko (być może będziesz musiała wykazać się uporem i asertywnością). Nawet jeśli śpi, weź je na ręce. Obejrzyj jego buzię i małe paluszki, popatrz jak oddycha, jak przez sen ssie i robi miny. Trzymaj dziecko blisko siebie. Jeśli czujesz, że nie możesz unieść całkowitej odpowiedzialności wynikającej z zajmowania się noworodkiem w swoim szpitalnym pokoju, wezwij na pomoc męża, babcię dziecka czy bliską przyjaciółkę. Kiedy twoja córeczka czy syn obudzą się, potrzymaj maluszka skóra do skóry na klatce piersiowej, pozwól przytulić się do sutka i zacząć ssać.

Jeśli twoje dziecko nie może przyjść do ciebie, ty idź do niego. Poproś, żebyś mogła je zobaczyć, dotknąć, potrzymać – co tylko jest możliwe. Jeśli twoje maleństwo jest pod specjalną opieką, może być ci ciężko widzieć je podłączone do rurek czy monitorów, ale jeszcze ciężej jest nie widzieć go wcale. Dzwoń do położnych oddziału noworodkowego kilka razy dziennie, aby uzyskać sprawozdanie na temat stanu zdrowia twojego dziecka i planuj tak, abyś mogła być z nim, kiedy to tylko możliwe. Zostaw małemu coś specjalnego, na przykład kocyk z zapachem twojego mleka. Zrób zdjęcie niemowlęciu i trzymaj je obok telefonu albo przy laktatorze, tak żebyś mogła na nie patrzeć, kiedy myślisz albo mówisz o swoim dziecku.

Przywiązywanie w domu. Widzieliśmy rodziców adopcyjnych, którzy przy pierwszym kontakcie z tygodniowym noworodkiem przeżywali uczucia równie głębokie i czułe, jak rodzice biologiczni po porodzie. Jeśli możesz skupić się na swoim dziecku, kiedy oboje jesteście już w domu, poczucie więzi nadejdzie. Trzymaj dziecko blisko siebie. Daj mu dużo kontaktu skóra do skóry podczas karmienia czy przytulania. Nie pozwól, żeby domowe obowiązki, goście czy nawet twoje własne niepokoje przeszkadzały ci w dostrojeniu się do twojego dziecka.

Odpręż się. Wiele matek nie czuje miłości przy pierwszym kontakcie ze swoimi nowo narodzonymi dziećmi, wszystko jedno, czy odbywa się on na porodówce, czy kilka dni później. To, co czujesz, ma w tym przypadku o wiele mniejsze znaczenie niż to, co robisz. Jeśli będziesz ćwiczyć opisane w tej książce zachowania rodzicielskie, miłość przyjdzie. Najlepszym lekarstwem

PRZYWIĄZYWANIE PO CESARSKIM CIĘCIU

Cesarskie cięcie jest oczywiście zabiegiem chirurgicznym, przede wszystkim jednak jest to poród – chwila, w której matka i ojciec po raz pierwszy spotykają swoje dziecko. Kiedy cesarskie cięcie jest konieczne, rodzice wciąż mogą skorzystać z okazji doświadczenia bliskości i przywiązania do dziecka w delikatnym okresie poporodowym i w nadchodzących dniach. Oto kilka sposobów wspierania przywiązywania po cesarskim cięciu:

Dla matki: Większość cesarskich cięć dokonywana jest w znieczuleniu miejscowym, co znaczy, że nie czujesz nic od pępka po palce u nóg, jednak wciąż możesz powitać swoje nowo narodzone dziecko na świecie. Jeśli nie jest to nagła sytuacja, wymagająca szybkiej akcji i znieczulenia ogólnego, poproś o lekarstwa, które pozwolą ci być przytomną i świadomą podczas operacji. Kiedy dziecko się urodzi, zgłoś chęć obejrzenia i dotknięcia noworodka, jak tylko lekarz skończy go badać. Z powodu kroplówki możesz mieć swobodną tylko jedną rękę, jednak z niewielką pomocą wciąż możesz cieszyć się miękką skórą swojego dziecka i patrzeniem mu w oczy. Być może czas, jaki spędzisz z dzieckiem, będzie nieco ograniczony, możesz też czuć się fizycznie oszołomiona, jednak staraj się go jak najlepiej wykorzystać. Ważne, żebyś nawiązała ze swoim dzieckiem kontakt zaraz po narodzinach i nie tylko na odległość szpitalnego pokoju.

Dla ojca: Zorganizuj wszystko tak, żeby być z żoną podczas operacji (nie musisz widzieć samej procedury chirurgicznej). Możesz siedzieć koło żony i trzymać ją za rękę. Kiedy dziecko zostanie wyjęte z macicy, a jego stan określony jako stabilny, ty albo pielęgniarka możecie przynieść noworodka do matki i pomóc jej zobaczyć go i dotknąć. Następnie, kiedy chirurdzy kończą zabieg, po którym twoja żona trafia na salę pooperacyjną, zostań z dzieckiem. Nawet jeśli wymaga ono specjalnej terapii, ty możesz być przy inkubatorze. Poproś personel o pomoc, tak żebyś mógł dotknąć dziecka i sprawić, by usłyszało twój głos; może go rozpoznać, bo słyszało go przez wiele miesięcy w łonie matki. Zauważyłem, że ojcom, którzy spędzają z dziećmi ten szczególny czas po cesarskim cięciu, łatwiej przychodzi późniejsze nawiązanie z nimi więzi.

na niepokoje dotyczące tego, czy kochasz swoją córeczkę (albo synka), jest spędzanie z nią czasu. Przyglądaj się jej twarzy, trzymaj ją na rękach nawet wtedy, kiedy śpi, pocieszaj, kiedy płacze, karm piersią, bierz pod uwagę, co lubi, a czego nie. Reagowanie na jej sygnały, przytulanie i kojenie pomogą jej czuć się kochaną, nawet jeśli twoje emocje nie są dokładnie tym, czego oczekiwałaś. Nie martw się. Zakochasz się w swoim dziecku. To nieuniknione.

POWRÓT DO DOMU: DZIESIĘĆ WSKAZÓWEK, JAK UTRZYMAĆ WIĘŹ W PIERWSZYM MIESIĄCU

Pierwsze cztery tygodnie w domu, czas, kiedy rodzice i dziecko (i starsze rodzeństwo) dopasowują się do siebie jako rodzina, nazywamy okresem wicia gniazda. Dla rodziców jest to czas służący skupieniu się na dziecku i na sobie. W trakcie tych tygodni waszym głównym zadaniem jest tworzenie silnej, wzajemnej więzi między wami a niemowlęciem. Znaczy to, że zaczynacie się czuć tak, jakbyście wy i dziecko pasowali do siebie. Tak samo jak w pierwszej godzinie po porodzie, kiedy prosiliście o ochronę waszej prywatności, teraz też stańcie na jej straży. Nie pozwólcie, żeby zewnętrzne wymagania czy zmartwienia przeszkodziły w tym specjalnym czasie, przeznaczonym na budowanie więzi między dzieckiem a rodzicami.

1. Urlop macierzyński. Urlop macierzyński jest właśnie tym, na co wskazuje jego nazwa: oddaleniem się od wszystkiego innego i możliwością koncentracji na byciu matką. Bez względu na to, czy bierzesz wolne od pełnowymiarowej pracy, czy od dyżurów w przedszkolu starszego dziecka, podaruj sobie ten prezent, jakim jest czas dla twojej nowo narodzonej córki czy syna.

Bycie matką noworodka zabiera więcej czasu i energii, niż wydaje się to możliwe większości rodziców. Budowanie więzi z małym niemowlęciem wymaga, żebyś była dla niego, skupiała się na jego potrzebach i odpowiadała na wysyłane przez niego sygnały. Nie da się tego zrobić, próbując jednocześnie prowadzić tętniące życiem gospodarstwo domowe, przyjmując wizyty lub nadążając za zmianami w pracy zawodowej. Nie chodzi o to, że kiedy poznajesz swoje nowo narodzone dziecko, przez cały czas jesteś szaleńczo zajęta. Dużo czasu spędzisz „nie robiąc nic", po prostu trzymając swoje dziecko na rękach i karmiąc je. Jednak czas spędzony na odpoczynku wraz z twoim niemowlęciem nie jest tak naprawdę robieniem „niczego". Obserwujecie i uczycie się, odpoczywacie i zadomawiacie się wspólnie. Urlop od innych zobowiązań daje ci możliwość relaksu i cieszenia się tym leniwym czasem z twoim dzieckiem, bez zamartwiania się rzeczami, które leżą odłogiem. To, co teraz robisz – bycie matką dla twojego dziecka – jest tak naprawdę ważniejsze niż cokolwiek innego, czym mogłabyś się zająć.

Rodzice często opisują pierwsze kilka tygodni z dzieckiem jako cudowne, ale wyczerpujące. Matki potrzebują dużo odpoczynku, ponieważ ich ciała zdrowieją po porodowym wysiłku i dostosowują się do procesu wytwarzania mleka. Twoje życie podlega zmianom na najbardziej podstawowym poziomie: zmieniają się rytmy snu, pory jedzenia, godziny, w których wstajesz, codzienne aktywności, godziny kładzenia się spać. Kobiety, które najlepiej radzą sobie z tymi zmianami, to te, które są w stanie się odprężyć i płynąć z prądem. Cztery tygodnie, pierwszy miesiąc życia twojego dziecka, to bardzo niewiele. Praktycznie nie ma takiej rzeczy, która nie mogłaby tyle poczekać.

2. Weź urlop ojcowski. Tato, jeśli to możliwe – weź tydzień lub dwa urlopu, aby pomóc zapewnić twojej nowej rodzinie jak najlepszy start. W okresie wicia gniazda, w które zaangażowani są także twoja żona, nowo narodzone dziecko i jego rodzeństwo, masz do wypełnienia ważne obowiązki.

Po pierwsze, zrób wszystko, co możesz, aby uczynić wasz dom miejscem, w którym matka i dziecko mogą skupić się na sobie nawzajem. Przejmij obowiązki domowe (i ogranicz je do minimum – to nie jest dobry czas na czyszczenie dywanów czy kładzenie nowych kafelków w łazience). Dopilnuj, żeby twoja żona miała zapewnione dobre jedzenie, czy będzie ono przygotowane przez ciebie, przyniesione przez przyjaciół i krewnych, czy dostarczone z jej ulu-

NAUKOWE KULISY „URLOPU MACIERZYŃSKIEGO"

Od czasów starożytnych kultury tradycyjne całego świata traktowały „te pierwsze czterdzieści dni" po porodzie jako szczególny czas w życiu matek i dzieci. Matka otrzymuje w tym czasie pomoc w gospodarstwie domowym, a jej aktywności bywają ograniczane, tak aby mogła skupić uwagę na dziecku. Ten tradycyjny urlop macierzyński ma silne zakorzenienie w biologii.

W ciągu sześciu tygodni połogu, we krwi matki utrzymuje się wysoki poziom prolaktyny. Częste karmienie w tym okresie pomaga matce w wypracowaniu dobrego napływu mleka. Sześć tygodni to właśnie czas, w którym kobieta fizycznie zdrowieje po porodzie i przyzwyczaja się do karmienia zgodnego z potrzebami dziecka. Naukowcy badający laktację ustalili niedawno, że częste karmienie w tym pierwszym okresie jest ważne dla zapewnienia wystarczającej ilości matczynego mleka w kolejnych miesiącach. Częste karmienia prowadzą do uformowania się większej liczby receptorów prolaktyny w wytwarzających mleko komórkach piersi. Prolaktyna to hormon, który odpowiada za produkcję mleka. Jej poziom we krwi jest wysoki w pierwszych tygodniach, z czasem jednak spada. Więcej receptorów prolaktyny w piersiach sprawi, że nawet niższy poziom hormonu we krwi zapewni ciągłość procesowi produkcji mleka. Zorganizowanie czasu na częste karmienia w ciągu pierwszych sześciu tygodni pomoże ci mieć dużo mleka, gdy twoje dziecko będzie mieć trzy czy cztery miesiące.

Sześć tygodni to minimalny czas urlopu macierzyńskiego, jaki powinnaś brać pod uwagę. Lepiej byłoby postarać się o trzy miesiące, czyli maksymalny okres, na który zezwala obecne prawo [w Polsce nawet do roku, sprawdź aktualne przepisy - *przyp. red.*]. Jak już napisaliśmy, potrzeba sześciu tygodni, aby wydobrzeć po porodzie, uregulować laktację i wypracować stałe zwyczaje oraz styl rodzicielstwa, które są najlepsze dla ciebie i dla dziecka. Podczas następnych sześciu tygodni zaczniesz zbierać owoce wcześniejszych działań i bardziej cieszyć się swoim dzieckiem.

Wypalenie często przytrafia się matkom w naszej kulturze, rzadziej z powodu nieustannych potrzeb maleńkiego dziecka niż dlatego, że kobiety próbują robić zbyt wiele zbyt wcześnie. Zapewnij sobie te cenne tygodnie urlopu macierzyńskiego i jasno daj znać reszcie rodziny, jakie są twoje plany.

---

bionej restauracji. Jeśli możesz sobie na to pozwolić, zatrudnij pomoc domową lub wezwij posiłki w postaci rodziny czy oddanych przyjaciół. Uporządkowane otoczenie pomaga matce skierować uwagę na karmienie i opiekę nad dzieckiem. Rozglądaj się – codziennie przejdź się przez mieszkanie i zajmij każdym z problemów, które potencjalnie mogą zakłócić wasz spokój i zdenerwować twoją wrażliwą partnerkę.

Po drugie, poświęć trochę czasu na poznanie twojego nowo narodzonego dziecka. Niemowlęta nie muszą spędzać całego czasu na rękach mamy. Otwarte ramiona taty mogą zapewnić matce potrzebne jej wytchnienie. Kiedy ona bierze prysznic albo drzemie, ty możesz się zajmować dzieckiem. Pomagaj, kiedy mama szykuje się do karmienia; trzymaj niemowlę i mów do niego, podczas gdy ona siada na fotelu.

PRZYWIĄZYWANIE OJCIEC–DZIECKO

Badania skupiają się zazwyczaj na relacji matki z noworodkiem, ojcu pozostawiając jedynie honorową wzmiankę. Kiedy już jednak ojcowie stają się przedmiotem badań nad przywiązywaniem, okazuje się, że są oni tak samo jak matki gotowi do reagowania na sygnały swojego dziecka. Reakcja ojca na niemowlę doczekała się specjalnej nazwy – *pochłonięcie* (*engrossment*). Termin ten opisuje głębokie zaangażowanie się ojca, poczucie zaabsorbowania, a nawet zaaferowania niemowlęciem. Młody ojciec gotów będzie natychmiast mówić o tym, że jego nowo narodzone dziecko jest idealne, on sam zaś czuje się niewiarygodnie szczęśliwy i bardzo dumny z potomka. Przebywanie z dzieckiem zaraz po porodzie i w pierwszych dniach pomaga wydobyć te uczucia. Ojcowie, którzy mają szansę zajmowania się noworodkiem, mówienia do niego i cieszenia bliskim kontaktem, szybko mogą stać się równie wrażliwi na wysyłane przez dziecko sygnały, jak jego matka.

Niestety tatusiowie przedstawiani są często jako pełni dobrych chęci, lecz niezgrabni opiekunowie noworodków. Czasem odsyła się ich na pozycje pomocnicze – opiekują się matką, która z kolei opiekuje się dzieckiem. To jednak tylko część historii. Ojcowie mają własny, wyjątkowy sposób odnoszenia się do dziecka, dzieci zaś rozpoznają tę różnicę i reagują na nią. Mężczyźni mogą być tak samo opiekuńczy, jak kobiety, zwłaszcza jeśli dostaną możliwość cieszenia się dzieckiem w godzinach i dniach po porodzie.

Podaj jej dziecko, daj wodę do picia, a potem usiądź, obserwuj i zachwycaj się cudem nowego życia, które wspólnie, we dwoje, stworzyliście. Jeśli nakarmione dziecko jeszcze nie śpi, zafunduj sobie jeszcze jedną rundę chodzenia i cieszenia się nim, zanim nie ukołyszesz go do snu.

Po trzecie, przejmij opiekę nad rodzeństwem twego nowo narodzonego dziecka. Powiedz im, co mogą zrobić, aby pomóc mamie w tym czasie, na przykład sprzątając po sobie, zachowując ciszę, kiedy mama śpi, czy przynosząc przekąski i pieluchy. Wytłumacz im, że teraz jest okres, w którym muszą dawać, a nie brać. To czas, w którym cała rodzina daje mamie coś z siebie (to dobry trening dla dzieci jako przyszłych matek i ojców). Jeśli brat czy siostra niemowlaka jest małym dzieckiem albo przedszkolakiem, mającym napady zazdrości z powodu ilości uwagi poświęcanej młodszemu dziecku, wkrocz do akcji i zapewnij starszakowi porządną dawkę zabawy z tatą. Nie wynagrodzi to całkiem konieczności dzielenia się mamą, ale będzie blisko tej granicy.

3. Wprowadź zakaz słuchania trenerów dzieci. Pierwsze miesiące po porodzie to czas, aby się rozluźnić i podążać za głosem swojego serca i za sygnałami wysyłanymi przez dziecko. To nie jest dobry moment na wprowadzanie niemowlęciu sztywnego planu dnia, ograniczanie liczby karmień, uczenie dziecka przesypiania nocy albo udowadnianie mu, kto tu rządzi. W przypadku malutkiego dziecka to, czego ono chce, jest tym samym, czego potrzebuje. Twoim zadaniem jest poznać swoje dziecko, a nie skłonić je, aby podążało za czyimiś wskazówkami.

Jeśli jesteś młodą mamą, miłość do twojego dziecka i pragnienie okazania się perfekcyjną matką mogą sprawić, że będziesz szczególnie podatna na krytykę i porady z zewnątrz. Kiedy ktoś powie ci, że twój styl macierzyństwa nie jest najlepszy, możesz stać się niespokojna – i zdezorientowana. Nawet najbardziej pewna siebie matka ma trudności ze słuchaniem głosu swojego serca i instynktu macierzyńskiego, jeśli książki, krewni i doradcy w mediach mówią jej, by postępowała inaczej. Tutaj może zabłysnąć ojciec. Wejdź między twoją żonę i niepokojących ją doradców. Daj jej znać, że twoim zdaniem wykonuje wspaniałą pracę, dając waszemu dziecku dokładnie to, czego ono potrzebuje.

4. Poproś o pomoc. Po powrocie z dzieckiem ze szpitala do domu, warto jest ograniczyć wizyty i telefony. Rozrywka i życie towarzyskie zabierają energię, która powinna być przede wszystkim skierowana na dbanie o siebie i o nowo narodzone dziecko. O ile jednak powinnaś pilnować, żeby wizyty i telefony były przyjemne, lecz krótkie, o tyle warto jednocześnie poprosić rodzinę i przyjaciół o pomoc. Kiedy ludzie pytają, czy mogą coś dla ciebie zrobić, powiedz *tak*! Poproś, żeby przywieźli ugotowane przez siebie jedzenie albo żeby zatrzymali się po drodze przy sklepie spożywczym. Większość ludzi chciałaby pomóc; potrzebują tylko kilku wskazówek. Będziesz się mogła odwdzięczyć w przyszłości, pomagając innej rodzinie w okresie poporodowym.

Kiedy pomocnice (takie jak twoja matka, teściowa czy najlepsza przyjaciółka) nadejdą, upewnij się, że naprawdę ci pomagają. Niech nie będzie tak, że ty czekasz, aż one skończą trzymać twoje dziecko na rękach i bawić się z nim. To one powinny matkować tobie, pomagając w bezkolizyjnym prowadzeniu domu. Ty zaś powinnaś być jedyną osobą występującą w roli matki dziecka. Dobrze jest postawić sprawę jasno, zanim babcia przyjedzie do was na tydzień czy dwa. Daj więc wyraźnie znać, jakie są two-

je potrzeby: „Chciałabym, żebyś ogarnęła kuchnię i wstawiła kolację do piekarnika, tak żebym ja mogła usiąść i nakarmić dziecko". Jeśli z trudem przychodzi ci bezpośrednia prośba o pomoc, zrób listę rzeczy, które należy zrobić i przyklej ją na drzwiach lodówki. Potem zaś pozwól, żeby pomocnicy działali we własnym zakresie.

Odpręż się i pozwól sobie na zajęcie pozycji osoby, która bierze. Wylewnie podziękuj za uwolnienie cię od prac innych niż ta, którą powinnaś wykonywać: bycie matką dla twojego dziecka. I owszem, możesz pozwolić im potrzymać niemowlę – pod warunkiem, że ty w tym czasie weźmiesz prysznic albo zrobisz coś miłego dla siebie.

Kiedy nasze dzieci żądały więcej, niż Martha była w stanie im dać, z powodzeniem wykorzystywała te dwie odzywki: „Idź, poproś tatusia", a podczas sprzeczki rodzeństwa: „To zakłóca mój spokój". Ponadto Martha pilnowała stroju odpowiedniego do okazji. Stosowała się do rady, którą sama dawała, prowadząc zajęcia w szkole rodzenia: „Przez dwa tygodnie nie ściągaj koszuli nocnej. Usiądź w fotelu na biegunach i pozwól się rozpieszczać". Martha zdała sobie sprawę, że jeśli się nie ubierze, dzieci zrozumieją, że nie należy się do niej zwracać z żadnymi potrzebami, które mogą być zaspokojone przez kogoś innego.

5. Zatrudnij pomoc. Jeśli tylko jest to możliwe ze względów finansowych, rozważ zatrudnienie pomocy domowej w czasie, kiedy twoje niemowlę jest małe. Ta inwestycja naprawdę się opłaca. Zapłać komuś, kto posprząta lub zrobi pranie. Zatrudnij nastolatkę, żeby przez godzinę czy dwie bawiła się z twoim starszym dzieckiem. Możesz nawet zapłacić komuś za przychodzenie do waszego domu i przygotowywanie posiłków.

Wiele społeczności korzysta z usług douli.

Doula po grecku oznacza „służącą". Zajmuje się ona „matkowaniu matce" (nie dziecku, jak to się dzieje w przypadku niani), pozwalając jej tym samym na skupieniu się na niemowlęciu i nauce opieki nad nim. Doulę można wynająć, aby wspomagała kobietę podczas porodu, jednak kobiety te udzielają również wsparcia w okresie poporodowym, co obejmuje także pomoc w nauce karmienia piersią i w prowadzeniu gospodarstwa. Jeśli nie możesz zatrudnić douli, poproś męża, krewnych i przyjaciół, aby byli twoimi doulami; przedstaw im to słowo i stojącą za nim ideę, ułatwi ci to wytłumaczenie, czego od nich potrzebujesz. Aby dowiedzieć się więcej o doulach, wejdź na stronę Doulas of North America (DONA), pod adresem: www.dona.com [zobacz: Stowarzyszenie „Doula w Polsce", www.doula.org.pl - *przyp. red.*].

Jeśli zaplanujesz to odpowiednio wcześnie podczas ciąży, możesz nawet być swoją własną pomocą domową. Na miesiąc przed rozwiązaniem gotuj podwójne porcje jedzenia i połowę zamrażaj. Zgromadź zapasy zakupów spożywczych. Kiedy zbliża się termin porodu, dbaj o czysty i uporządkowany dom, żebyś po powrocie ze szpitala nie musiała patrzeć na bałagan. I zacznij zbierać ulotki z menu restauracji sprzedających jedzenie na wynos, tak żebyś oprócz pizzy miała duży wybór innych dań, kiedy, zamiast gotować obiad, postanowisz w tych pierwszych tygodniach zamówić coś na wynos.

6. Unikaj izolacji. Zbyt wielu gości może być problemem, jednak całkiem samotne radzenie sobie z noworodkiem to także kiepski pomysł. Bądź w kontakcie z przyjaciółmi i z członkami rodziny, którzy wspierają cię w twoich macierzyńskich wyborach i sprawiają, że czujesz się dobrze. Jeśli znajdujesz się z dala od rodziny i przyjaciół, postaraj się znaleźć jakiś rodzaj wsparcia w swojej społeczności. Dobrym źródłem takiej pomocy mogą być doświadczeni rodzice, zwłaszcza tacy, którzy rozumieją mądrość stawania z boku i przyzwalania na odkrywanie przez was tego, co jest najlepsze dla waszej rodziny. Spotkaj się z innymi parami z twojej szkoły rodzenia czy z twojego kościoła. Sprawdź, jaka jest w twojej okolicy oferta aktywności dla matek i dzieci. Przejście od zatrudnienia na pełen etat, z mnóstwem ludzi dookoła, do bycia samej w domu z dzieckiem przez cały dzień, to duża zmiana. Potrzebujesz towarzyskich wyjść, z których mogłabyś korzystać razem z dzieckiem, takich, które sprawią, że poczujesz się dobrze ze sobą (na stronie 137 znajdziesz listę pomysłów).

7. Jedz dobrze i często. Gdy doświadczasz stresu, dobre odżywianie jest ważniejsze niż kiedykolwiek. To oznacza jedzenie wielu świeżych owoców i warzyw oraz produktów pełnoziarnistych, niskotłuszczowego nabiału (jeśli ty czy twoje dziecko nie jesteście nadwrażliwi lub uczuleni), ryb, chudego mięsa i drobiu. Zadbaj o duży zapas zdrowej żywności na przygotowanie przekąsek i szybkich posiłków, żebyś nie czuła pokusy objadania się słodyczami i śmieciowym jedzeniem.

Dzieci są znane ze zgłaszania potrzeby karmienia akurat w momencie, w którym mama i tata siadają do kolacji. Będą takie chwile, kiedy będziesz musiała po prostu szybko chwycić coś do jedzenia, jednak upewnij się, że to, co chwytasz, jest dla ciebie dobre. Mniejsze, częstsze posiłki sprawią, że poziom cukru w twojej krwi będzie stały, energia nie będzie się wyczerpywać, a ty będziesz bardziej gotowa do reagowania na twoje dziecko. To niesamowite, ale prawdziwe: dobre jedzenie pomoże ci nie ulegać spadkom nastrojów.

Pierwsze sześć tygodni po porodzie to nie jest czas na martwienie się o utratę ciążowej nadwagi. Dodatkowych kilogramów pozbędziesz się we właściwym czasie, zwłaszcza jeśli karmisz piersią. Jeśli zostaniesz przy zdrowym jedzeniu, ćwiczenia i upływ czasu spowodują utratę wagi. Jesteś teraz młodą matką – tak to już jest zaprojektowane, że nosisz nieco więcej tłuszczu w zapasie na pierwsze kilka miesięcy.

8. Zafunduj sobie nieco ćwiczeń fizycznych.

Dbanie o siebie nie znaczy, że masz siedzieć i nic nie robić. Ćwiczenia fizyczne są wspaniałym sposobem zwalczania stresu i poprawiania sobie nastroju. Ruch wyzwala endorfiny, substancje chemiczne w mózgu, które sprawiają, że czujemy się szczęśliwsi i bardziej zrelaksowani. Wykorzystaj ten naturalny środek antydepresyjny.

Doskonałym ćwiczeniem dla kobiet w okresie poporodowym jest spacerowanie. Nie musisz martwić się tym, kto będzie zajmował się twoim dzieckiem – po prostu weź je ze sobą. Noś córeczkę czy synka w chuście. Będzie przytulona do ciebie, a twój ruch najprawdopodobniej ukołysze ją do snu. Idź na energiczny, czterdziestopięciominutowy spacer każdego dnia albo przynajmniej kilka razy w tygodniu. Będziesz na powietrzu, będziesz się lepiej czuć, lepiej spać, a w dodatku zniknie te kilka kilogramów poporodowej nadwagi.

9. Odpoczywaj, odpoczywaj, odpoczywaj.

Nie możesz być specjalnie otwarta na swoje nowo narodzone dziecko, jeśli jesteś zmęczona i drażliwa. Rytmy snu noworodka są nieprzewidywalne i często będzie się okazywało, że nie śpisz w środku nocy albo jesteś wykończo-

na po południu. Drzemki to świetny pomysł dla mamy po porodzie (dla taty też). Wyłącz telefon, a na drzwiach wywieś kartkę: „Nie przeszkadzać. Mama i dziecko odpoczywają". Jeśli twoje dziecko idzie spać wcześnie, kładź się razem z nim albo śpij do późna. Naucz twoje maleństwo ssać na leżąco, w ten sposób będziecie mogli razem odpłynąć w sen.

Wystarczająco dużo odpoczynku poprawi twój nastrój, pomoże lepiej zajmować się dzieckiem, a twojemu ciału pozwoli dojść do siebie po porodzie.

10. Przekaż zadania tacie.

Mężowie i żony nie umieją czytać sobie w myślach. Narodziny nowego dziecka wprowadzają znaczącą zmianę w wasze życie, jednak matki i ojcowie inaczej reagują na wyzwania. Jest ważne, żeby ze sobą rozmawiać i żeby słuchać.

Żony: powiedzcie mężom dokładnie, jakiego rodzaju pomocy potrzebujecie, zarówno praktycznej, jak i emocjonalnej. Może wam się wydawać oczywiste, że oczekujecie pomocy z pracami domowymi i raczej przytulenia niż udzielania rad. Jednak wielu mężczyzn nie jest w stanie odgadnąć, co myślą i czują ich żony. Bądźcie miłe, ale konkretne. Wasi mężowie będą wam zapewne wdzięczni za informację.

Mężowie: powiedzcie swoim żonom, co myślicie i co czujecie. Jeśli z powodu całkowitej koncentracji żony na nowym dziecku czujecie się obco, jak gdyby nie było już dla was miejsca w rodzinie, porozmawiajcie o tym z partnerką. Potem przejmijcie na trochę opiekę nad dzieckiem, tak żeby żona miała szansę zdrzemnąć się, iść na krótki spacer czy zrobić coś innego tylko dla siebie. Jeśli będziecie w stanie dać jej okazje do zadbania o własne potrzeby, z większym prawdopodobieństwem będzie miała trochę energii także dla was, a nie tylko dla dziecka.

5
Karmienie piersią

Filarem RB, który w wielkim stopniu wpływa na fizjologię więzi między matką a niemowlęciem, jest karmienie piersią. Nie powinno to dziwić, bowiem karmienie piersią jest „wewnętrznym" narzędziem rodzicielstwa bliskości, czy też częścią biologii matki i dziecka. Jest także pierwszorzędnym przykładem wzajemnego dawania, stanowiącego rdzeń rodzicielstwa bliskości, ponieważ z karmienia piersią korzystają zarówno dzieci, jak i matki.

KARMIENIE PIERSIĄ UŁATWIA RODZICIELSTWO BLISKOŚCI

Choć matki karmiące butelką mogą czuć się tak bliskie swoim dzieciom, jak te, które karmią piersią, to ostatnie sprawia, że rodzicielstwo bliskości jest łatwiejsze.

Oto, w jaki sposób:

Daje ci na starcie hormonalne wsparcie. Za każdym razem, kiedy matka daje dziecku swoje mleko, dziecko odwzajemnia jej się poprzez stymulację produkcji hormonów laktacyjnych. Hormony kojarzone z karmieniem piersią, mianowicie prolaktyna i oksytocyna, nie tylko sty-

mulują produkcję i wypływ mleka – robią ponadto coś więcej. Pomagają matce nawiązać bliskość z dzieckiem. Pomyśl o tych hormonalnych pomocnikach, jak o hormonach więzi.

Ich poziom jest najwyższy w pierwszych dziesięciu dniach karmienia, właśnie wtedy, kiedy kobieta potrzebuje całej, możliwej do zdobycia pomocy hormonalnej w uczeniu się opieki nad swoim dzieckiem. Poza sygnalizowaniem ciału konieczności wytwarzania mleka, prolaktyna działa jako hormon uspokajający, pomagając matkom zachować spokój, gdy muszą sobie radzić z wyzwaniami związanymi z noworodkiem. Oksytocyna prowokuje uwalnianie mleka przez produkujące je komórki, a ponadto sprawia, że kobieta czuje się spokojna i zadowolona. Oba hormony uwalniane są w odpowiedzi na niemowlęce ssanie, co sprawia, że karmienie piersią jest naturalnym środkiem uspokajającym.

Te dodatkowe korzyści hormonalne są nagrodą matki za karmienie piersią, a poczucie odprężenia, które kobieta zaczyna wiązać z karmieniem, sprawia, że chce ona jeszcze więcej czasu spędzać ze swoim dzieckiem. Z powodu tego biochemicznego wzmocnienia, karmienie

KORZYŚCI ZDROWOTNE Z KARMIENIA PIERSIĄ

Tysiące badań na przestrzeni lat wykazało, że karmienie piersią jest najlepsze. Oto kilka korzyści zdrowotnych, którymi cieszą się karmiące matki i ich dzieci:

1. Dzieci karmione piersią lepiej widzą. Badania pokazują, że dzieci te mają lepszą ostrość widzenia, a to z powodu „inteligentnych tłuszczów", jakie zawiera mleko matki. Ten typ tłuszczów wykorzystywany jest do budowy lepszej tkanki nerwowej oczu i mózgu.

2. Dzieci karmione piersią lepiej słyszą. Wśród dzieci karmionych mlekiem modyfikowanym zdarza się więcej infekcji ucha środkowego, które mogą przełożyć się na problemy ze słuchem. Nawet tymczasowe uszkodzenie słuchu może wpłynąć na rozwój językowy dziecka.

3. Dzieci karmione piersią piękniej się uśmiechają. Ponieważ ssanie piersi poprawia ustawienie szczęki i rozwój mięśni twarzy, dzieci karmione w ten sposób doświadczają mniej problemów ortodontycznych.

4. Dzieci karmione piersią lepiej oddychają. Mają bowiem mniej i nie tak poważne infekcje górnych dróg oddechowych, rzadziej zapadają na astmę czy alergie wziewne.

5. Mleko matki jest dla niemowlęcia bardziej lekkostrawne. Ponieważ ludzkie mleko jest przeznaczone specjalnie dla ludzkich dzieci, jest dla nich łatwiejsze do przyswojenia niż mieszanka mleczna. Szybciej zostaje usunięte z żo-

łądka, co sprawia, że dzieci karmione piersią są w mniejszym stopniu narażone na refluks przełyku, polegający na cofaniu się kwasów żołądkowych do dolnej części przełyku. Refluks jest częstą, choć ukrytą, przyczyną kolki lub bolesnych przebudzeń w nocy.

6. Mleko z piersi chroni niedojrzałe jelita. Zawiera ono substancje immunologiczne, działające jak farba zabezpieczająca, pokrywająca przewód pokarmowy i broniąca bakteriom dostępu do krwiobiegu. Takie bardziej przyjazne środowisko sprawia, że dzieci karmione piersią mają mniej kłopotów z infekcjami jelitowymi i biegunkami. Z mniejszym prawdopodobieństwem rozwiną także alergie pokarmowe, jelita są bowiem chronione przed ekspozycją na obce białka, które drażnią wyściółkę jelitową.

7. Dzieci karmione piersią mają zdrowszą skórę. Z mniejszym prawdopodobieństwem doświadczą one alergicznych, szorstkich, suchych, przypominających papier ścierny wysypek, na które cierpią niektóre dzieci karmione mlekiem modyfikowanym. Karmienie piersią jest szczególnie istotne w rodzinach z historią egzemy czy alergii skórnych.

8. Dzieci karmione piersią z mniejszym prawdopodobieństwem wyrosną na otyłych dorosłych. Karmienie piersią uczy zdrowych nawyków żywieniowych od samego początku. Niemowlęta uczą się dostosowywać spożycie do apetytu, bez dopingowania do wypicia ostatnich dwunastu mililitrów. Dzieci karmione piersią są zwykle szczuplejsze (mają właściwe proporcje tkanki tłuszczowej do masy ciała) niż ich koledzy wychowani na butelce, a szczupłość to ważny czynnik składający się na ogólne zdrowie.

9. Dzieci karmione piersią są chronione przed wieloma chorobami. Karmienie piersią łączy się z mniejszym występowaniem praktycznie wszystkich rodzajów infekcji, w tym bakteryjnego zapalenia opon mózgowych, chorób dróg moczowych czy botulizmu dziecięcego. Dzieci karmione piersią są mniej zagrożone cukrzycą insulinozależną, chorobą Crohna i za-

chorowaniem na raka w dzieciństwie. Odsetek Zespołu Nagłego Zgonu Niemowląt (SIDS), zwanego również śmiercią łóżeczkową, jest także mniejszy wśród dzieci karmionych piersią.

10. Karmienie piersią sprawia, że mama jest zdrowsza. Przynajmniej jedne badania wykazały, że wśród matek karmiących piersią rzadziej występuje depresja poporodowa. Inne dowodzą, że karmienie zmniejsza ryzyko zachorowania na raka piersi, macicy i jajnika. Jest też wiązane z mniejszym zagrożeniem osteoporozą. Wiele kobiet odkrywa, że karmienie piersią pomaga im stracić na wadze po okresie ciąży.

piersią jest istotne zwłaszcza dla matek, które po porodzie bardzo powoli zaczynają odczuwać przywiązanie do niemowląt. Powtarzające się sesje z noworodkiem przy piersi nie tylko dają im wiele czasu spędzonego na praktykowaniu bycia z dzieckiem, wywołują też dobre uczucia w nich samych. Karmienie po prostu uruchamia tworzenie się więzi między matką a niemowlęciem.

Studia porównawcze matek karmiących piersią i butelką pokazały, że u tych pierwszych poziom hormonów stresu był niższy. Badania wykazały również, że matki karmiące piersią są zazwyczaj bardziej tolerancyjne wobec sytuacji stresowych dostarczanych przez życie. Mówiąc innymi słowy, korzyści płynące z karmienia piersią równoważą zmęczenie, będące skutkiem skądinąd wyczerpującej obsługi noworodka. To może tłumaczyć, dlaczego matki karmiące i praktykujące rodzicielstwo bliskości często mówią, że dzięki takim rodzicielskim wyborom ich życie stało się łatwiejsze, a nie trudniej-

sze. Choć RB może wydawać się bardzo pracochłonne, matki często opisują ten styl jako bardziej swobodny.

Jestem wiecznie zajętą osobą, mam tendencję do nadmiernego angażowania się i trudności w ustalaniu priorytetów. Karmienie piersią zmusiło mnie do zwolnienia tempa, odprężenia się, cieszenia dzieckiem i odłożenia na bok mniej istotnych zobowiązań. Dzięki niemu zdaję sobie sprawę, że inne rzeczy mogą poczekać. Te częste karmienia to szczególny czas, który przeminie nawet zbyt szybko. Moja córeczka przechodzi przez niego tylko jeden raz w swoim życiu, a ja tylko raz mam przywilej bycia z nią w tym czasie.

Pomaga ci stać się ekspertką w tym, co dotyczy twojego dziecka. Karmienie piersią to ćwiczenie w czytaniu sygnałów dziecka. Sukces zależy tu od ich dobrego odczytywania, co znaczy, że musisz spędzić dużo czasu, zwracając uwagę na dziecko, a nie na zegar. Dziecko

---

RADA RODZICIELSTWA BLISKOŚCI
Praca i karmienie piersią

Korzyści hormonalne wynikające z karmienia piersią są szczególnie przydatne w przypadku matek pracujących poza domem. Karmienie pomaga odprężyć się po dniu pracy, zwłaszcza jeśli był pełen napięć, i odzyskać kontakt ze swoim dzieckiem.

---

wysyła sygnał, a ty masz za zadanie zgadnąć, co będzie właściwą odpowiedzią. Jeśli otwiera i zamyka buzię, szuka sutka, dajesz mu pierś. Jeśli kwili, a ty nie jesteś pewna, o co chodzi, próbujesz z nim pochodzić czy poklepać po pleckach. Gdy to nie zadziała, zmieniasz pozycję, a może próbujesz nakarmić je piersią. Z każdą nową sesją sygnałów i reakcji uczysz się odczytywać znaki bardziej intuicyjnie, dziecko zaś – bardziej precyzyjnie je nadawać. Wydaje się, że ty „po prostu wiesz", czego dziecko chce, a jego sygnały stają się bardziej uporządkowane, ponieważ ono także uczy się lepiej rozumieć własne potrzeby.

Karmienie piersią daje ci tak dużo praktyki w odczytywaniu sygnałów, ponieważ dzieci karmione piersią jedzą od ośmiu do dwunastu razy na dobę, a te karmienia nie są równomiernie rozłożone w ciągu dnia i nocy. Dziecko może spać trzy czy cztery godziny w ciągu dnia, obudzić się, najeść, a potem domagać się piersi co dwadzieścia minut w porze kolacji. Uczysz się być elastyczna, rozpoznawać i odpowiadać na język ciała twojego dziecka. Odkrywasz, że czasem musi intensywnie ssać i napełnić brzuszek, a kiedy indziej potrzebuje leniwego ssania i tylko kilku łyków, które działają

uspokajająco. Pewna matka, weteranka karmienia piersią, powiedziała mi kiedyś: „Mogę rozpoznać jej humor po sposobie, w jaki zachowuje się przy piersi".

Karmienie piersią jako narzędzie pomagające matkom w poznawaniu ich dzieci jest szczególnie użyteczne dla kobiet, które w ogóle nie czują, że mają jakąś intuicję. Nauka odczytywania sygnałów wysyłanych przez niemowlę to ćwiczenie umysłowe, które pozwoli ci zbudować zaufanie do własnej intuicji. Początkowo możesz czuć, że nie masz pojęcia, jak ustalić, czy dziecko jest głodne, niespokojne, czy jeszcze coś innego, jednak im częściej reagujesz, tym lepsza stajesz się w reagowaniu. Jesteś z siebie zadowolona jako matka, a jednocześnie przekonujesz się, że możesz zaufać zdolności ekspresji twojego dziecka.

Czasem muszę podać córeczce butelkę. Gdy pije z butelki, może spoglądać w dowolny punkt. Kiedy karmię ją piersią, patrzy tylko na mnie.

NAUKA DOWODZI:
Ciesz się hormonalnym wsparciem

Jak utrzymać wysoki poziom hormonów? Badania pokazują, że im więcej kobieta karmi piersią, tym wyższy jest u niej poziom prolaktyny. Prolaktyna ma krótki okres połowicznego rozkładu, około pół godziny, co znaczy, że jej poziom spada o 50% już w pół godziny po karmieniu. Połowiczny rozkład oksytocyny trwa jedynie kilka minut. Te dane biochemiczne sugerują, zdaniem badaczy, że matki są zaprojektowane tak, żeby często karmić dzieci. Im częściej dziecko ssie pierś, tym więcej prolaktyny wytwarza matka i tym większe są jej hormonalne korzyści.

Pomaga ci rozwinąć empatię. Jako rodzic musisz mieć zdolność patrzenia na sprawy z punktu widzenia twojego dziecka. Nauka ustalania, czy dziecko chce dostać pierś, jest dobrym krokiem w stronę rozwijania empatii. Podążanie za jego sygnałami w kwestii karmienia przyzwyczai cię do spoglądania na świat jego oczami.

Jako psychoterapeutka zauważyłam, że matki karmiące piersią są bardziej zdolne do empatii w stosunku do swoich dzieci.

Jest podstawą zdrowia dzieci i matek. W macierzyństwie wszystko jest łatwiejsze, jeśli zarówno dziecko, jak i matka są zdrowe, a badania wskazują, że dzieci karmione piersią mają znacząco mniej problemów ze zdrowiem niż te żywione mieszanką mleczną. Każdy narząd i każdy układ w ciele dziecka funkcjonują lepiej, jeśli jest ono karmione mlekiem matki. Pomyśl o karmieniu piersią jak o uodparnianiu twojego dziecka za pomocą regularnych dawek szczepionki, podawanych przez cały dzień. Twoje mleko, tak jak krew, jest żywą substancją, pełną składników przeciwdziałających chorobom. W Koranie mleko matki nazywane jest „białą krwią". Kropla mleka z piersi zawiera około miliona zwalczających infekcję białych krwinek. Przez pierwsze sześć miesięcy układ odpornościowy dziecka jest najsłabszy – do czasu, kiedy dojrzeje pod koniec pierwszego roku życia dziecka, lukę wypełnia bogate w przeciwciała mleko matki. W przypadku niemowlęcia karmionego piersią mniej prawdopodobne są także problemy z alergią. Występowanie niemal każdego rodzaju chorób jest rzadsze wśród dzieci wychowywanych na piersi.

Wzajemna wrażliwość matki i dziecka, którą

NIEPŁODNOŚĆ LAKTACYJNA: Zasady gry

Prolaktyna, hormon produkujący mleko, odpowiada również za zablokowanie owulacji. Większość kobiet karmiących niemowlęta wyłącznie piersią zaczyna miesiączkować około lub tuż po pierwszych urodzinach dziecka. Choć system nie jest całkiem niezawodny, ten przedłużony okres niepłodności oznacza, że kobiety mogą w sposób naturalny oddzielić kolejne porody dwoma lub trzema latami przerwy. Aby niepłodność laktacyjna działała, musisz karmić zgodnie z tymi zasadami: należy karmić często, w sposób nielimitowany, w ciągu dnia i w nocy (prolaktyna przy karmieniu najsilniej uwalnia się między godziną 1 a 6 rano). Musisz też unikać dokarmiania butelką i używania smoczka uspokajającego, a stałe jedzenie wprowadzać dopiero w drugim półroczu życia dziecka.

---

opisywaliśmy wyżej w związku z mechanizmem wysyłania i odbierania sygnałów, istnieje także na poziomie fizycznym. Ciało matki odpowiada na potrzeby ochrony niemowlęcia przed drobnoustrojami występującymi w jego środowisku. Dostosowuje również odżywcze wartości mleka do rosnących i zmieniających się potrzeb dziecka.

WSKAZÓWKI RODZICIELSTWA BLISKOŚCI – JAK ODNIEŚĆ SUKCES W KARMIENIU PIERSIĄ

W tym momencie możesz już zgadzać się z nami co do znaczenia karmienia piersią, a zarazem wciąż zastanawiać się, jak uda się ono w twoim przypadku. Przyjaciółki i krewne

KARMIENIE BUTELKĄ DLA NAWIĄZANIA WIĘZI

Czy matka karmiąca butelką może doświadczyć tej samej bliskości, co karmiąca piersią? Wierzymy, że tak, choć będzie to wymagało bardziej świadomego wysiłku, jako że karmienie butelką nie dostarcza biochemicznego wzmocnienia, które pojawia się przy karmieniu piersią. Angielski termin *nursing*, używany zazwyczaj na określenie karmienia piersią, oznacza „opiekę" i „odżywianie" – zarówno piersią, jak i butelką. Pierś jest oryginalnym sposobem karmienia niemowlęcia, ale możliwe jest takie karmienie butelką, które podąża za sposobem naturalnym.

Karm dziecko na żądanie. Karmienie to coś więcej niż dostarczanie substancji odżywczych. To czas na naukę zachowań społecznych, a dziecko potrzebuje wielu codziennych ćwiczeń według wzorca sygnał-odpowiedź, w którym ono daje sygnał, a matka odgaduje, że jest głodne i podaje mu jedzenie. Matki karmiące butelką mogą czuć pokusę wyznaczenia grafika karmień co trzy-cztery godziny. Ponieważ niemowlę żywione mlekiem modyfikowanym trawi je dłużej niż mleko matki, łatwiej jest zorganizować mu stały plan dnia i karmić je rzadziej. To jednak nie jest sposób żywienia dzieci karmionych piersią. Karm więc swoje dziecko tak, jakbyś robiła to piersią: osiem do dwunastu razy na dobę, w przypadku noworodków i młodszych niemowląt. Niewielkie, częste karmienia są nie tylko dobre dla tworzenia więzi, są także lepsze dla niedojrzałego układu trawiennego dziecka.

Zapomnij o strachu przed „psuciem dziecka". Mamie karmiącej piersią jest nieco łatwiej uwrażliwić się na płacz dziecka niż matce, która karmi butelką. Ponieważ płacz będzie często stymulował u niej odruch wypływu pokarmu, będzie ona mieć silną biologiczną motywację, by wziąć niemowlę na ręce i zaoferować mu pierś. Dziecko będzie potem mogło zdecydować, czy chce napełnić brzuszek, possać trochę dla pocieszenia, czy wziąć parę łyków mleka, aby następnie spokojnie zasnąć. Kiedy dziecko jest karmione butelką, mama musi dłużej się namyślać: „Czy on jest głodny? Powinnam iść do kuchni po butelkę? Czy tylko chciałby dostać smoczek... a gdzie on jest? A może ma po prostu za pełny brzuszek i musi mu się odbić?". W obliczu tylu możliwych rozwiązań, matka karmiąca mlekiem modyfikowanym może potrzebować więcej czasu na właściwą reakcję. Jeśli dziecko wciąż płacze, będzie być może musiała postarać się zignorować ten płacz w czasie, kiedy przygotowuje mleko albo próbuje poradzić sobie z dyskomfortem jelitowym dziecka (który bywa wywoływany przez mieszankę mleczną), czy z dodatkowym odbijaniem, którego karmione butelką dziecko może potrzebować. Wyciszenie tego płaczu we własnej głowie przeszkadza jej w lepszym poznaniu dziecka, to zaś może uczynić radę trenerów dzieci, aby dać dziecku się wypłakać, bardziej dla niej akceptowalną. Sądzimy, że matka karmiąca butelką musi ciężej pracować nad wypracowaniem konsekwentnych, wrażliwych odpowiedzi na płacz dziecka oraz nad przezwyciężeniem obaw o to, że psuje swoje dziecko.

Podczas karmienia butelką trzymaj dziecko tak, jakbyś karmiła je piersią. Poza dawaniem niemowlęciu butelki, daj mu swoje spojrzenie, głos i swój dotyk. Daj mu ciepło kontaktu skóra-do-skóry, jakiego doświadczyłoby podczas karmienia piersią. Podczas karmień zakładaj koszule z krótkim rękawem i rozpinaj je. Trzymaj butelkę wzdłuż swojej piersi, tak jakby mleko pochodziło z twojego ciała. Nie odwracaj uwagi dziecka od ssania, ale obserwuj przerwy w jego rytmie karmienia: to okazje do uśmiechu czy rozmowy. Daj niemowlęciu jak najwięcej kontaktu wzrokowego. Spraw, żeby poczuło, że butelka jest częścią ciebie.

Unikaj podpórek do butelek. Tak jak karmienie piersią, karmienie butelką powinno być czynnością społeczną – z istotą ludzką znajdującą się po obu końcach butelki. Chcesz, żeby twoje dziecko wiedziało, że karmi je człowiek, a nie rzecz. Podpieranie butelki nie jest bezpieczne, bo dziecko może zakrztusić się mlekiem. Nie jest też zdrowe, bo zasypianie ze słodką mieszanką w ustach może doprowadzić do próchnicy zębów.

Praktykuj pozostałe Filary RB, zwłaszcza noszenie dziecka przy sobie. W twojej relacji z dzieckiem chodzi o coś znacznie więcej niż karmienie. Najlepszą metodą nawiązania z nim kontaktu jest spędzanie z nim dużo czasu – przywiązywanie w pierwszych dniach po porodzie, spanie przy nim, odpowiadanie na jego płacz. Noszenie dziecka w chuście jest bardzo praktyczną metodą poznawania go i nawiązywania więzi. Z dzieckiem przytulonym do twojego ciała będziesz pielęgnować doznanie harmonii, które pomaga rodzicom praktykującym rodzicielstwo bliskości odprężyć się i cieszyć dzieckiem.

Nie obwiniaj się. Nade wszystko nie martw się, że w jakiś sposób będziesz „mniej" matką, czy że będziesz mieć słabszą więź ze swoim dzieckiem, ponieważ postanowiłaś karmić butelką albo dlatego, że nie udało ci się z karmieniem piersią. Karmienie piersią to tylko część z całego pakietu rodzicielstwa bliskości, a sposoby, na jakie buduje ono więź matki z niemowlęciem, mają więcej wspólnego z zachowaniami – które możesz naśladować – niż z fizjologią. Nie pozwól, żeby ktokolwiek sprawił, że będziesz się czuć winna, ponieważ nie karmisz piersią. To jest twój wybór, bez względu na powody. Twoje oddanie macierzyństwu będzie widoczne – na wiele innych sposobów.

---

mogły już podzielić się z tobą opowieściami o obolałych brodawkach czy niewystarczającej ilości pokarmu, a może ty sama doznałaś już jakichś problemów z karmieniem. Dzięki trzydziestu latom praktyki w doradzaniu karmiącym matkom, a także dzięki doświadczeniu osiemnastu lat karmienia przez Marthę ośmiorga naszych dzieci, wiemy, że karmienie ma swoje wyzwania i nagrody. Kluczem do sukcesu w karmieniu piersią jest wiara, że możesz to zrobić. Zauważyliśmy, że matki, które naprawdę cieszą się karmieniem i relacją, jaką wytwarza ono z dzieckiem, to te, które poświęcają czas, aby czegoś się o nim nauczyć i które szukają wsparcia. Oto kilka rad i źródeł, które pomogą ci właściwie zacząć karmienie swojego dziecka:

- **Przeczytaj wszystko na ten temat.** Przeczytaj naszą książkę o karmieniu piersią od deski do deski. Potem wróć jeszcze do fragmentów poświęconych początkom karmienia. Ta książka zawiera wiele pomocnych informacji dotyczących właściwego startu i przezwyciężania problemów z laktacją. Ponieważ jesteśmy zdania, że zaufanie do siebie jest ważną częścią sukcesu w tej dziedzinie, piszemy dużo o uczuciach. Pomoże ci wypracować pozytywne nastawienie do karmienia.
- **Dołącz do La Leche League (LLL).** Bardziej niż czegokolwiek innego, kobiety karmiące piersią potrzebują wsparcia innych matek. Publikacje La Leche League są pełne historii matek na temat karmienia, które mogą pomóc ci zobaczyć siebie jako jedną z karmiących. Spotkania lokalnych grup La Leche League to wspaniałe źródło wsparcia, miejsca, gdzie możesz podzielić się radościami i skargami dotyczącymi życia ze swoim nowym dzieckiem. Liderzy La Leche League mogą odpowiedzieć na pytania telefonicznie i udzielić ci informacji o poradach laktacyjnych w twojej okolicy.
- **Zasięgnij porady specjalistki od laktacji.** Sesja z profesjonalną konsultantką laktacyjną w pierwszych dwóch dniach po porodzie to dobra inwestycja. Będzie umiała pokazać ci odpowiednie sposoby trzymania dziecka i techniki chwytania piersi, które zminimalizują bolesność sutków i zmaksymalizują pobór mleka przez dziecko. Większość „porażek" laktacyjnych spowodowana jest tym,

że matka nie dostaje odpowiednio wcześnie właściwej rady. Problemy z karmieniem piersią najłatwiej rozwiązać w pierwszych dniach życia dziecka, zanim przyzwyczai się ono do niewłaściwej techniki chwytania i ssania piersi. (Wskazówki, jak skontaktować się z profesjonalną konsultantką laktacyjną, znajdziesz na stronie 81, w ramce *Źródła i informacje o karmieniu piersią*) .

Pewna matka, weteranka rodzicielstwa bliskości, zawiesiła kartkę na plastikowym, szpitalnym łóżeczku swojego dziecka: „Ponieważ nie chcę, żeby syn przyswoił złe nawyki ssania, proszę nie dawać mu żadnych butelek czy smoczków uspokajających. Dziękuję!". Nie zamierzała ryzykować!

- **Naucz swoje dziecko, jak chwytać pierś i wydajnie ssać.** Najczęstszą przyczyną wczesnych problemów z karmieniem piersią jest brak umiejętności chwytania piersi i efektywnego ssania przez niemowlę. Podczas gdy niektóre dzieci są naturalnymi „ssakami", inne nie umieją właściwie ułożyć warg i języka, żeby uzyskać wystarczająco dużo mleka. W rezultacie brodawki piersi bolą, dziecko dostaje za mało pokarmu, a matka ma poczucie porażki. Jeśli dziecko chwyta pierś poprawnie, karmienie nie powinno boleć. Zwracanie od samego początku bacznej uwagi na chwytanie piersi i ssanie, zapobiegnie problemom.

Myślałam, że karmienie piersią przychodzi po prostu naturalnie, jednak wkrótce dowiedziałam się, że są w tej dziedzinie precyzyjne techniki. W pierwszych kilku tygo-

dniach Cheyenne miała problemy z chwytaniem i właściwym ssaniem piersi. Moje sutki bolały i krwawiły, co sprawiało, że z przerażeniem myślałam o kolejnym karmieniu. Dopiero po tym, jak zatrudniliśmy konsultantkę laktacyjną, która nauczyła Cheyenne poprawnie ssać, karmienie piersią stało się przyjemnym doświadczeniem.

• **Karm często, zgodnie z sygnałami wysyłanymi przez dziecko.** Noworodki jedzą często, osiem do dwunastu razy w ciągu dwudziestu czterech godzin. Mają maleńkie żołądki, które szybko się opróżniają, a dzieci robią się głodne tak w dzień, jak i w nocy. Noworodki używają także ssania piersi jako metody uspokojenia się i pomocy przy zasypianiu.

Całe to ssanie jest dobre dla wytwarzania mleka w twoim organizmie. Badania wykazały, że częste karmienie w pierwszych dniach i tygodniach po porodzie pomaga zapewnić wystarczającą produkcję mleka, kiedy dziecko jest starsze. Wytwarzanie mleka działa na zasadzie samoregulacji popytu i podaży: im więcej twoje dziecko pije, tym więcej jesteś w stanie wyprodukować. Nie martw się koniecznością czekania między karmieniami, aż piersi się napełnią. Tak naprawdę wytwarzają one mleko w czasie, kiedy dziecko ssie. I pamiętaj, że niemowlęta jedzą przekąski i desery równie chętnie, co pełne posiłki. Jeśli dziecko domaga się karmienia zaraz po zakończeniu poprzedniego, jest możliwe, że potrzebuje jeszcze tylko kilku dodatkowych łyków, albo po prostu chwili ssania, żeby poczuć

**NAUKA DOWODZI:
Chować czy nosić? Biologiczny klucz
do rodzicielstwa bliskości**

Zawartość odżywcza mleka każdego gatunku ssaków przynosi wskazówki dotyczące sposobu, w jaki dany gatunek troszczy się o swoje młode. U niektórych zwierząt młode pozostawiane są na dłuższy czas, podczas gdy rodzice polują. Te ssaki nazywane są gatunkami przerywanego kontaktu. Ich mleko jest bogate w tłuszcze i kalorie, tak żeby młode musiało jeść tylko kilka razy dziennie. Inaczej jest z ludzkim mlekiem, względnie ubogim w te substancje, co wskazywałoby, że w naturze ludzkich niemowląt leży częste karmienie. Ludzie należą do gatunków stałego kontaktu. Naszymi najbliższymi genetycznymi krewnymi są ssaki naczelne, u których matki zawsze noszą dzieci przy sobie i karmią wielokrotnie przez cały dzień. Antropolodzy nazywają te dwa style rodzicielstwa odpowiednio, „chowaniem" (*cache*), co znaczy, że młode zostawiane są samotnie na długie okresy czasu, i „noszeniem" (*carry*) – młode trzymane są w ramionach matki i często karmione.

---

się w pełni zadowolone, czy aby ukołysać się do snu.

• **Omijaj krytykantów.** Gdybyś żyła w czasie i miejscu, w którym wszyscy karmiliby swoje dzieci piersią, nie byłoby nikogo, kto wkładałby ci do głowy negatywne koncepcje. Możesz stworzyć sobie tego rodzaju środowisko, otaczając się przyjaciółmi, którzy popierają karmienie piersią. Nie potrzebujesz słuchać uwag w rodzaju: „Może nie masz dość mleka". Trzymaj się więc z dala od ludzi wygłaszających podobne stwierdzenia albo szybko zmieniaj temat. Tego typu opinia sprawia, że zaczynasz zastanawiać się nad ilością wytwarzanego przez twoje ciało mleka, a wkrótce interpretować każde zachowanie twojego dziecka jak znak, że po prostu nie dostaje wystarczająco pokarmu. Zaczynasz więc dawać mu mieszankę, dziecko mniej ssie pierś, i rzeczywiście produkcja mleka spada. Jeśli myślisz, że nie masz dość mleka, zaczynasz się zachowywać, jakby tak było, a wkrótce rzeczywiście tak jest.

- **Wybierz lekarzy i położną podstawowej opieki zdrowotnej, którzy popierają karmienie piersią i znają się na tym**. Jakkolwiek większość przedstawicieli służby zdrowia zgadza się co do tego, że karmienie piersią jest najlepsze, poszukaj dowodów, że to, co mówią, znajduje pokrycie w ich praktyce. Daj im do zrozumienia, że karmienie piersią jest dla ciebie ważne i że możesz potrzebować pomocy ze znalezieniem takich rozwiązań problemów, które nie sprowadzą się do rady „podania butelki". Czy z daną poradnią związany jest doradca laktacyjny? Jaki procent leczących się tam matek karmi piersią i jak długo? Jakie są własne doświadczenia lekarza w dziedzinie karmienia piersią?
- **Bądź pewna siebie**. Czasem podczas badania przed porodem, młoda matka mówi: „Zamierzam spróbować karmić piersią". Słowo *spróbować* wskazuje na jej wątpliwości. Bądź pewna, że twoje ciało zadziała odpowiednio. La Leche League często podkreśla, że karmienie piersią to gra w zaufa-

nie. Ufaj, że będziesz dobrze karmić, a będziesz.

- **Podejmij zobowiązanie**. Wiele kobiet, które po raz pierwszy zostają matkami, nie jest przygotowanych na to, że karmienie piersią nie zawsze przychodzi łatwo. Niektóre niemowlęta trzeba nauczyć odpowiedniego chwytania piersi i ssania, a niektóre matki wymagają pomocy i wsparcia aby produkować wystarczającą ilość mleka. Twoje przyjaciółki, które są weterankami karmienia piersią, też być może przechodziły na początku przez dwu- lub trzytygodniowy okres stanowiących wyzwanie problemów. Karmienie piersią naprawdę działa, ale z nie do końca wyjaśnionych przyczyn dla niektórych matek i dzieci nie zaczyna się ono łatwo. Może to być spowodowane problemami w czasie porodu, różnicami anatomicznymi w budowie ust i sutków, czy innymi, nieznanymi powodami. Podejmij zobowiązanie co do „trzydziestodniowego okres próbnego". Wiele matek, które czuły pokusę poddania się po pierwszych dwóch tygodniach karmienia piersią, odkryło, że z profesjonalną pomocą wiele problemów rozwiązuje się około trzeciego – czwartego tygodnia, po czym matka i dziecko mogą cieszyć się długim i szczęśliwym karmieniem.

Pierwszym dwóm tygodniom mojego macierzyństwa daleko było do perfekcji. Moja córeczka i ja miałyśmy mnóstwo kłopotów z karmieniem piersią. Nie wiedziałam, jak dobrze przystawić ją do piersi, a ona nie wiedziała, jak ssać. Moje brodawki sutkowe były popękane i krwawiące i nie miałam żadnej radości z karmienia. Najlepiej wydane pie-

niądze w naszym życiu to inwestycja w wizytę specjalistki od laktacji, która przyszła do nas do domu. Ustaliła, że córka ssie pierś, trzymając ją przednią częścią ust, zamiast wsuwać sutek głębiej. Ćwiczyła z nią, dając jej do ssania swój palec wskazujący. Poradziła mi też, że może będę musiała powtórzyć te ćwiczenia. To był początek pięknej relacji z karmionym piersią dzieckiem. Nigdy wcześniej nie zdawałam sobie sprawy, jaką sztuką jest karmienie. Mogę uczciwie powiedzieć, że gdyby nie ten trening od doświadczonej specjalistki, która upewniła mnie, że mogę karmić i pomogła robić to dobrze, ja i moja córka straciłybyśmy coś bardzo wyjątkowego.

❖❖❖

Mimo porodu pozbawionego interwencji medycznych, mimo długiego czasu, jaki następnie mieliśmy na przywiązywanie, a wreszcie mimo wielu prób karmienia piersią mojego pierworodnego syna, miał on wielkie trudności w chwytaniu piersi. Dużo stracił na wadze i w końcu zaczęliśmy dawać mu butelkę z mlekiem modyfikowanym. Ostatecznie, przez dzień czy dwa był karmiony tylko butelką, tak bardzo byłam wyczerpana i zniechęcona. Nadal jednak chciałam karmić piersią, zaczęłam więc uczyć go tej umiejętności, używając systemu wspomagającego karmienie piersią (składa się on z pojemnika na mleko i rurki, którą pokarm płynie do ust dziecka jednocześnie przystawionego do piersi i uczącego się właściwie ssać). To była droga pod górkę i na pewno wielu ludzi dziwiło się, czemu się w to pakuję. I sama często się dziwiłam.

Wtedy pewnego popołudnia przyszła z wizytą moja siostra, przynosząc ze sobą swojego pulchnego, karmionego piersią, czteroipółmiesięcznego syna. Usiadłyśmy, żeby porozmawiać, a w pewnej chwili ona zaczęła karmić swoje dziecko. Przez chwilę ssał, a potem wypuścił pierś, sięgnął do jej twarzy i uśmiechnął się szeroko. Pomyślałam sobie: „Tego właśnie chcę. To dlatego teraz tak się staram o możliwość karmienia piersią". Zrozumiałam, że walka o karmienie nie dotyczy tylko tego, co jest dzisiaj czy co będzie jutro, lecz całego pierwszego roku życia mojego dziecka (a jak się potem okazało – znacznie dłużej niż tylko roku). Jeśli teraz się poddam, potem nic z tego nie będzie. Tak więc wytrwałam i w niedługim czasie miałam własne, karmione piersią dziecko – z uśmiechem, z przytulaniem, z całą prostotą karmienia piersią. Było to bardzo warte całego wysiłku.

- **Spoglądaj na szerszy obraz**. Zachęcamy rodziców, żeby patrzyli na karmienie piersią w kategoriach lat, a nie tylko miesięcy. Choć karmienie tylko przez kilka miesięcy jest na Zachodzie normą kulturową, to, co wiemy o karmieniu piersią w kulturach pierwotnych i o odstawianiu od piersi u innych ssaków, sugeruje, że ludzkie dzieci są tak zaprojektowane, aby karmić je przez kilka lat. Jeśli jesteś matką noworodka, możesz nie być jeszcze gotowa do myślenia o karmieniu go w chwili, gdy będzie małym dzieckiem. Wkrótce jednak zdasz sobie sprawę, że karmienie piersią to coś znacznie więcej niż tylko dostarczanie dziecku pożywienia i to będzie twój pierwszy krok na drodze do docenienia go jako narzędzia rodzicielstwa.

KORZYŚCI Z DŁUGIEGO KARMIENIA PIERSIĄ

Wielokrotnie słyszałem, jak ciężarne kobiety mówiły: „Nie będę jedną z tych kobiet ciągniętych za koszulki przez swoje domagające się piersi dwuletnie dziecko". Z radością donoszę, że wiele z tych matek karmiło później takie dzieci. Jak mówi przysłowie: „Nie taki diabeł straszny, jak go malują". Trwające długo karmienie to jedna z cech rodzicielstwa bliskości, która naprawdę wyróżnia się na tle sposobu, w jaki większość kobiet w naszej kulturze wychowuje swoje dzieci. Jednak koncepcje dotyczące odstawiania od piersi zaczynają się zmieniać. Oto dlaczego:

Co mówią eksperci. W 1990 roku dr Antonia Novello, wówczas naczelna lekarz kraju, napisała: „Mam wrażenie, że dziecko, które jest karmione do drugiego roku życia, ma szczęście". Jeśli spojrzycie na rekomendacje Komitetu Żywienia Amerykańskiej Akademii Pediatrii, zobaczycie, że przez lata poparcie dla długiego karmienia rosło. W oświadczeniu dotyczącym karmienia piersią z roku 1997 Komitet zalecał, aby karmienie piersią trwało „przynajmniej przez dwanaście miesięcy, potem zaś tak długo, jak chcą tego matka i dziecko". Światowa Organizacja Zdrowia (WHO) rekomenduje karmienie przynajmniej przez dwa lata. Toteż jeśli twoi niedoinformowani znajomi mówią, unosząc brwi: „Jak to?! Ciągle jeszcze karmisz?!", powiedz im po prostu, że podążasz za radami ekspertów.

Co mówią matki. Prawdziwymi ekspertkami w dziedzinie karmienia piersią dzieci powyżej pierwszego roku życia są matki, które to robią. Powody do karmienia tych chodzących, mówiących małych ludzi są często bardzo praktyczne: „Karmienie leczy wszystkie guzy", „To jedyny moment, kiedy mogę na chwilę usiąść" albo: „Nie wiem, jak mogłabym ją uśpić bez karmienia". Matki stwierdzają często, że karmienie pomaga uspokoić dziecko, które zaczyna poszerzać swój świat, ale jest często sfrustrowane z powodu rzeczy, których nie wolno mu robić. Karmienie pozwala matce i dziecku odzyskać kontakt w dniu, kiedy znajdują się w nieustannym konflikcie. Dla wielu matek powodem do kontynuowania karmienia jest to, że po prostu nie wyobrażają sobie, że mogłyby przestać: „Karmienie znaczy tak wiele dla mojej córki. Jak mogłabym odmówić jej czegoś, co jest tak ważne dla jej dobrego samopoczucia?".

Karmienie jest przyjemne. Maluch mówiący o karmieniu piersią jest naprawdę uroczy. Twoje

NAUKA DOWODZI: Korzyści zdrowotne długiego karmienia piersią

Ostatnie lata przyniosły zalew badań, w których dochodzono do tego samego wniosku: im dłużej kobieta karmi, tym większe są korzyści zdrowotne dla niej samej i dla jej dziecka. W badaniu sprawdzającym korelację między czasem karmienia piersią a rozwojem intelektualnym dziecka dowiedziono, że im dłużej trwa karmienie piersią, tym większe korzyści dziecko odnosi. Zaś w ostatnich badaniach z Chin twierdzi się, że matki, które karmiły przez dwa lata, są obarczone przynajmniej 50% niższym ryzykiem zachorowania na raka piersi.

ŹRÓDŁA INFORMACJI DOTYCZĄCYCH KARMIENIA PIERSIĄ

- www.breastfeeding.com – anglojęzyczna strona prowadzona przez konsultantów laktacyjnych (między innymi Marthę), cenne źródło wiedzy dla karmiących matek. Zawiera odpowiedzi na typowe pytania i obawy związane z karmieniem piersią, wideo demonstrujące techniki trzymania dziecka i chwytania przez nie piersi, a także wsparcie w przypadku problemów z karmieniem.
- www.mlekomamy.pl – organizacja pozarządowa wspierająca karmiące mamy i promująca karmienie piersią.
- Komitet Upowszechniania Karmienia Piersią (www.laktacja.pl) – organizacja pozarządowa, wspierająca karmienie piersią, prowadząca szkolenia, skupia lekarzy, pielęgniarki i położne.
- La Leche League Polska. LLL oferuje wsparcie i informacje dla matek karmiących. Z organizacją możesz skontaktować się telefonicznie lub przez stronę internetową www.lllpolska.org. Strona LLL zawiera także odpowiedzi na wiele często zadawanych pytań, związanych z karmieniem piersią.

NAUKA DOWODZI: Dzieci karmione piersią mają wyższe IQ

Karmienie piersią jest mądre! Ponieważ mleko matki zawiera budujące mózg składniki odżywcze, a mianowicie kwas tłuszczowy Omega-3 (DHA, kwas dokozaheksaenowy) i kwas arachidonowy (AA), których nie było w mieszankach mlecznych, dzieci karmione piersią są zwykle bystrzejsze. Badania naukowe porównujące dzieci karmione piersią i mlekiem modyfikowanym pokazały, że dzieci „piersiowe" mogą pochwalić się nawet 10 punktami IQ więcej. A im częściej i dłużej są karmione, tym większa ich intelektualna przewaga.

Niewiele rzeczy może sprawić, by mama poczuła się tak wyróżniona jak wtedy, kiedy mały człowieczek przytula się do niej, aby napić się mleka.

Długotrwałe karmienie piersią tworzy piękne wspomnienia. Wiele dzieci, które były karmione, mając więcej niż dwa lata, zapamięta chwile przy matczynej piersi. To będą bardzo cenne wspomnienia – dla was obojga.

WYSTRZEGAJ SIĘ GRAFIKÓW KARMIENIA

dziecko będzie miało własny sposób i własne słowa na powiedzenie ci, że chciałoby possać pierś. Starannie wybierz wasze rodzinne słowo na karmienie – upewnij się, że można je głośno wypowiedzieć w centrum handlowym albo w kościele. Niektóre matki wolą na przykład „mniam mniam" niż „cycy"; z naszej praktyki znamy również określenie „miko" i „luli luli".

Karm według planu to niebezpieczne *dictum* głoszone przez trenerów dzieci – doradców rodzicielskich promujących ideę „wypłakiwania się" i inne sposoby pokazywania dzieciom, że to rodzice, a nie one, mają kontrolę. Jednak za to źle pomyślane podejście do karmienia dzieci płacą wysoką cenę. Jedynie dziecko wie, kiedy potrzebuje jedzenia (nie pozwalasz przecież, żeby inni ludzie mówili ci, kiedy jesteś głodna, prawda?). Ciało jest tak zaprogramowane, by zaspokajać głód jedzeniem. Kiedy rodzice ignorują świadczące o głodzie sygnały wysyłane przez dziecko, a zamiast tego patrzą na zegarki, ich dziecko uczy się, że na jego sygnałach nie można polegać. To nie jest zdrowy nawyk związany z karmieniem. Niemowlę może nawet przestać dopominać się jedzenia, a wtedy jego wzrost i przybieranie na wadze ucierpią na równi z jego relacją z rodzicami. (Historię chowanego „według planu” dziecka, które przestało dobrze się rozwijać, znajdziesz na stronie 153).

Poza wpływem na rozwój niemowlęcia, karmienie według grafika może też sprawić, że matka nie będzie miała dość mleka dla swojego dziecka. Produkcja mleka działa na zasadzie równoważenia popytu i podaży. Im więcej mleka z piersi dziecko wypija, tym więcej ona go produkuje. Jeśli wprowadzisz dłuższe przerwy między karmieniami, produkcja mleka zwolni. Innym interesującym faktem dotyczącym ludzkiego mleka jest to, że poziom tłuszczu w pokarmie jest wyższy, jeśli karmi się częściej. Częste karmienia pozwalają niemowlętom otrzymać więcej mleka bogatego w tłuszcz – w kalorie potrzebne do wzrostu.

Badania nad rozwojem niemowląt i mlekiem matki pokazały, że dzieci karmione na żądanie mają nadzwyczajną zdolność do samodzielnego decydowania, ile mleka potrzebują, aby rosnąć. Ciało matki produkuje w odpowiedzi potrzebne dzieciom mleko. Grafiki karmienia rozstrajają ten subtelnie zharmonizowany system. Przeszkadzają także rodzicom i dzieciom w zaufaniu sobie nawzajem.

RADA RODZICIELSTWA BLISKOŚCI:

Unikaj karmienia według rozkładu. Obserwuj swoje dziecko, a nie zegar.

6
Noszenie dziecka przy sobie

Gdzie powinno znajdować się dziecko? My jesteśmy zdania, że małe niemowlęta powinny większość czasu spędzać w ramionach rodziców, bez względu na to, gdzie znajdują się oni. Dlatego staliśmy się wielkimi zwolennikami chusty do noszenia dzieci, prostego nosidła z tkaniny, które utrzymuje dziecko blisko ciała matki czy ojca. Chusty można używać poza domem i w domu. To jakby noszenie dziecka „na sobie" – stąd angielska nazwa metody, *babywearing*.

Piękno takiego noszenia dziecka polega na tym, że jesteś z nim, w sensie dosłownym, „związany". Dziecko trzymane w chuście wędruje z tobą po domu, kiedy przeglądasz pocztę, ścielisz łóżko czy zaczynasz robić kolację. Kiedy mama albo tato idą na spacer, dziecko idzie z nimi, ale nie jest wiezione w wózku, lecz niesione. Dziecko staje się uczestnikiem twoich codziennych aktywności. Dzięki temu uczycie się cieszyć sobą nawzajem przez cały czas.

Sprawia nam przyjemność zbieranie historii dotyczących noszenia dzieci w innych kulturach. Jedna z naszych pacjentek po powrocie z Bali opowiadała nam, że była świadkiem ceremonii „dotknięcia ziemi". Balijskie dzieci są noszone w chustach przez pierwsze sześć miesięcy życia. Matka lub inny członek rodziny nosi dziecko przez cały dzień. Niemowlę opuszcza ramiona bliskiej osoby tylko w nocy, wtedy jednak także śpi przy matce. W sensie dosłownym nie dotyka ono ziemi przez sześć miesięcy. Wtedy przeprowadzana jest ceremonia „dotknięcia ziemi", rytuał, który zaświadcza, że dziecko, po raz pierwszy dotykające gruntu, wkrótce nauczy się samodzielnie pełzać i ostatecznie nie będzie musiało być noszone przez matkę.

TRADYCJA NOSZENIA DZIECI

Noszenie, podobnie jak inne narzędzia rodzicielstwa bliskości, nie jest nową ideą. Przez stulecia kobiety z różnych kultur na całym świecie nosiły dzieci w różnych rodzajach chust i szali. Doświadczenie nauczyło te kobiety, że dzieci są najszczęśliwsze w ramionach matek czy innych osób, które o nie dbają. Wszelkiego rodzaju wózki dziecięce są stosunkowo nowym wynalazkiem, używanym wyłącznie w czasach, kiedy „eksperci" radzili kobietom by nie „psuły" dzieci, poświęcając im zbyt wiele uwagi.

PODSTAWY NOSZENIA W CHUŚCIE

W sprzedaży można znaleźć wiele różnych rodzajów nosideł. Według naszego doświadczenia, nosidło typu „chustowego" jest najłatwiejsze w użyciu, najwygodniejsze i najbardziej wielofunkcyjne [Searsowie piszą przede wszystkim o chustach kółkowych i do nich odwołują się wszystkie instrukcje oraz ilustracje - *przyp. tłum.*]. Jest ono proste, zaprojektowane na wzór chust używanych w wielu kulturach tradycyjnych, w których dziecko nosi się przytroczone do pleców lub biodra matki, lub, w przypadku maleńkiego dziecka, w okolicach piersi kobiety. Chusta może być używana dla starszych dzieci i dla noworodków, łatwo się ją zakłada i zdejmuje. Dziecko może być noszone w wielu różnych pozycjach, a w większości z nich cieszyć się kontaktem wzrokowym z rodzicem.

Chusty są sprzedawane z instrukcjami dotyczącymi używania ich w różnym wieku i w różnych stadiach rozwoju dziecka. Potraktuj wskazane tam pozycje jako punkt wyjścia, a potem dostrajaj swój styl noszenia do potrzeb twoich i twojego dziecka.

Noworodki najlepiej czują się w pozycji „brzuszek do brzuszka" i w pozycji „kołyski". W pozycji kołyski dziecko podróżuje skośnie do twojego ciała, ułożone wzdłuż przebiegu chusty. Można je układać poziomo albo na wpół uniesione, z główką wyglądającą znad górnego brzegu chusty. Jeśli założysz chustę odwrotnie niż w instrukcji, podkładka na ramię może posłużyć do ustabilizowania głowy niemowlęcia.

W pozycji „brzuszek do brzuszka" trzymasz dziecko pionowo, z główką między twoimi piersiami, i z brzuchem przytulonym do twojego brzucha. Aby ułożyć dziecko, przytrzymaj je na swojej klatce piersiowej i pociągnij górny brzeg chusty na zewnątrz i do góry na dziecko, wsuwając jednocześnie jego pupę do powstałej kieszonki. Potem dociągnij ogon chusty, żeby bezpiecznie przytulić dziecko do swojego ciała. Maleńkie dzieci mogą schować nóżki w chuście; starsze będą mogły usiąść w niej ze zwisającymi na zewnątrz stopami.

Oto kilka kwestii, które warto zapamiętać, gdy będziesz uczyć się korzystania z twojej chusty:

- Noszenie dziecka wymaga pewnej praktyki. Na początku możesz się czuć trochę niepewnie i zastanawiać, czy twojemu dziecko naprawdę jest wygodnie, zwłaszcza jeśli popłakuje. Wytrwaj jednak. Chusta jest dla matki takim udogodnieniem, że warto zadać sobie trochę trudu, by dowiedzieć się, jak jej używać i by nauczyć swoje dziecko cieszyć się nią.
- Na początku myśl o chuście jako o części swojego ubrania. Jeśli założysz ją, ubierając się rano, będziesz pamiętać, by jej użyć. Stanie się miejscem, w które będziesz wkładała swoje dziecko zamiast odłożyć je do łóżeczka. To wspaniały sposób, abyście ty i twoje dziecko przywykli do chusty.
- Kiedy włożysz dziecko do chusty, zacznij chodzić natychmiast, jak tylko upewnisz się, że jest ono dobrze zabezpieczone. Ruch pomoże dziecku się uspokoić i przyzwyczaić do nowego gniazdka. Jeśli będziesz stać nieruchomo, dziecko może zacząć marudzić. Chodząc, klep dziecko uspokajająco po pupie.
- Pamiętaj, by dopasować chustę do twoich wymiarów. Noworodek powinien przytu-

lić się do twojego ciała tuż poniżej piersi, a jego ciężar ma się rozkładać między twoje ramiona a biodra. Jeśli będziesz nosić chustę zbyt nisko, możesz nie czuć się tak pewnie w związku z pozycją dziecka, a twoje ramiona i dolna część pleców będą bardziej obciążone.

- Chusta powinna być wygodnie i ściśle dopasowana do ciała twojego dziecka. Dociągnij chustę przez kółka, zbierając luzy, lub (w przypadku pozycji „brzuszek do brzuszka") przytrzymaj luźną tkaninę na plecach dziecka, ściągając ogon chusty pod swoim ramieniem. Poprawki możesz wprowadzać, kiedy dziecko jest już w chuście. Trzymaj dziecko jedną ręką, drugą dopasowując materiał.

- Nie ma konieczności odkładania płaczącego dziecka w bezpieczne miejsce przed „zachustowaniem" go. Możesz założyć chustę, jednocześnie trzymając dziecko. Jedną ręką przełóż ją przez głowę, drugą ułóż dziecko w odpowiedniej pozycji. Potem zacznij spacerować.

- Kiedy twoje dziecko rośnie, eksperymentuj z różnymi pozycjami. Między trzecim a szóstym miesiącem życia wiele dzieci lubi siedzieć w chuście z przodu. Kiedy dziecko nabierze sił do samodzielnego siedzenia, jest gotowe do zajęcia *pozycji na biodrze* – klasycznego sposobu trzymania dziecka, bardzo ułatwionego za sprawą chusty.

- Jeśli mając na sobie chustę z dzieckiem, musisz podnieść coś z podłogi, asekuruj dziecko jedną ręką i zginaj swoje ciało w kolanach, a nie w pasie – to lepsze dla twojego kręgosłupa i bezpieczniejsze dla dziecka.

- Naucz się karmić piersią, trzymając dziecko w chuście. Pewnego dnia, stojąc w kolejce w sklepie spożywczym, będziesz zadowolona, że wcześniej poćwiczyłaś w domu.

- Poszukaj takiego koloru i wzoru chusty, który ci się podoba. Będziesz szczęśliwsza, wiedząc, że wyglądasz świetnie. Uwzględnij też preferencje taty dziecka.

- Trzymaj chustę w wygodnym miejscu – na haczyku koło drzwi wyjściowych, na kuchennym krześle, czy na drzwiach sypialni. Będziesz wtedy mogła złapać chustę, dziecko i po prostu iść. Trzymanie zapasowej chusty w samochodzie może ci uratować życie, jeśli jesteś osobą zapominalską.

Przez ostatnie dwa dziesięciolecia nauczyliśmy się bardzo dużo o noszeniu dzieci. Edukacja zaczęła się z chwilą narodzin naszego czwartego dziecka, Hayden, która po prostu nie była szczęśliwa, dopóki ktoś nie trzymał jej na rękach. Na przestrzeni lat eksperymentowaliśmy z różnymi rodzajami nosideł i nauczyliśmy wielu młodych rodziców używania miękkich, noszonych z przodu nosidełek, począwszy od urodzenia ich dzieci, aż po czasy, kiedy same uczyły się dreptać. Mogliśmy obserwować długi korowód noszących rodzin i doszliśmy do wniosku, że noszenie to stary koncept, który odnalazł swój czas. Możliwość zabrania ze sobą dziecka umieszczonego w znajomym miejscu na biodrze mamy czy taty, albo przytulonego przy maminej piersi, umożliwia rodzicom pozostanie blisko dziecka w samym środku ich aktywnego życia. Odkryliśmy, że zwłaszcza chusta do noszenia dzieci jest łatwa w użyciu i wielofunkcyjna.

W 1989 przemawiałem na konferencji, w której uczestniczyli rodzice z całego świata. Pewnego dnia, mając w chuście mojego malutkiego syna Stephena, stanąłem koło dwóch kobiet z Zambii, które także nosiły swoje dzieci w chustach. Spytałem, dlaczego w ich kulturze rodzice przez większość czasu nosili swoje dzieci w ten sposób. Jedna z kobiet powiedziała: „To ułatwia życie matce". Druga stwierdziła: „Noszenie jest dobre dla dziecka". Potem obie kobiety zaczęły opisywać poczucie pełni, jaką dawało im noszenie dzieci. Dodały również, że trzymanie dzieci przy sobie przypomina im o ich znaczeniu jako matek.

Te kobiety wzięły sobie do serca swoją tradycję kulturową, która nauczyła je, że noszenie dzieci jest czymś dobrym, dla matek i dla potomstwa.

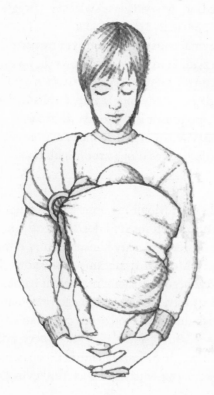

KORZYŚCI Z NOSZENIA DZIECKA

Przez lata kontynuowaliśmy badania nad korzyściami wynikającymi z noszenia dziecka. Rozmawialiśmy z setkami rodziców, pytając, dlaczego wybrali ten styl rodzicielstwa. Zawsze wracają oni do tych dwóch prostych, ale bardzo ważnych kwestii przywołanych przez wspomniane już matki z Zambii: noszenie jest dobre dla dzieci i ułatwia życie matkom. Jednak rodzice podają również dużo szczegółowych powodów, dla których noszenie jest korzystne dla ich rodzin. Oto kilka przykładów, jak współcześni rodzice noszą dzieci, aby móc bardziej się nimi cieszyć i aby uprościć sobie życie.

Noszenie uspokaja dzieci

Rodzice przychodzący do mojego gabinetu często donoszą: „Tak długo, jak ją noszę, jest zadowolona!". Nawet rodzice popłakujących dzieci odkrywają, że ich małe marudy wydają się zapominać o popłakiwaniu, kiedy są w chuście. Nie jest to tylko moje wrażenie. Zespół pediatrów z Montrealu badał w 1986 roku grupę dziewięćdziesięciu dziewięciu par matka – niemowlę. Połowa matek została poproszona o noszenie swoich dzieci przez trzy godziny dziennie, nawet jeśli nie płakały ani nie marudziły, i w tym celu otrzymała nosidła. Pozostałe kobiety z dziećmi były grupą kontrolną i nie dostały żadnych szczególnych instrukcji na temat noszenia. Po sześciu tygodniach badacze ustalili, że dzieci z grupy noszonych płakały i marudziły o 43% mniej niż niemowlęta z grupy kontrolnej.

Kolejne dowody pochodzą ze studiów antropologicznych dotyczących opieki nad niemowlętami w innych kulturach. Tam, gdzie dzieci są

CHUSTA NA STRESUJĄCY CZAS

W momencie, w którym nasze dzieci wyrosły z fazy marudzenia i czepiania się maminych nóg, przestaliśmy nosić je w chuście przed drzemką i przed wieczornym zasypianiem. Mimo to trzymaliśmy jedną chustę pod ręką, nawet kiedy nasze dzieci skończyły dwa lata. Odkryliśmy, że pojawiają się takie chwile, kiedy złe zachowanie wymaga raczej wsadzenia dziecka do chusty niż postawienia go do kąta. Kilka minut w chuście uspokajało dziecko, które nie było już się w stanie kontrolować w obliczu wyzwań, stawianych mu przez życie. Kiedy któryś z naszych maluchów był, no cóż, po prostu dzieckiem, oznajmialiśmy: „Potrzebujesz czasu w chuście". Ta stara, dobrze dziecku znana metoda, pozwalała ponownie nawiązać kontakt z mamą czy z tatą, rozładować stres i wzmocnić u dziecka pewność siebie. Kilka chwil pielęgnowania niemowlęcia, wciąż obecnego w asertywnej dwulatce, sprawiało, że łatwiej było z nią żyć.

noszone w chustach lub spędzają większość czasu w ramionach dorosłych, przedłużone okresy niemowlęcego płaczu są czymś niespotykanym. Badania nad zachodnimi dziećmi mierzą przypadający statystycznie na dzień płacz niemowlęcia w godzinach; tam, gdzie dzieci są noszone przez większą część dnia i śpią blisko matek, codzienny płacz liczy się w minutach. Jesteśmy przekonani, że częsty płacz jest u niemowląt normalny, jednak w innych kulturach nie ma takiej normy. Noszenie dziecka daje rodzicom z „bardziej zaawansowanych" kultur okazję do odkrycia tego, co inne kultury wiedziały od dawna: trzymanie dziecka czy noszenie niemowlęcia w chuście oszczędza ci konieczności radzenia sobie z częstym płaczem.

Noszenie dziecka we wczesnych miesiącach życia jest szczególnie pomocne w przypadku niemowląt z kolką, które, jak się wydaje, zbierają całą swoją energię na długą eksplozję wieczornego płaczu. Takie „popołudniowe marudy" mogą nadszarpnąć nerwy i zaburzyć pewność siebie każdego rodzica. Jeśli jednak zaplanujesz sobie zawczasu tę „godzinę próby" i weźmiesz wówczas dziecko w chuście na spacer, możesz być w stanie zapobiec płaczowi. Świeże powietrze i kołysanie uspokoją dziecko i pomogą mu zasnąć. Ty zaś zażyjesz nieco ruchu, co wprowadzi cię w lepszy nastrój w obliczu dalszych wydarzeń – cokolwiek one przyniosą.

Chusta ratuje moje relacje z innymi mieszkańcami budynku. Płacz przewierca ściany; noszenie sprawia, że moje dziecko nie przeszkadza uczącym się sąsiadom.

Noszenie uczy dziecko, jak być zadowolonym

Opisując korzyści płynące z noszenia w chuście można by powiedzieć, że to, co dobrze znane, wywołuje zadowolenie. Żeby dziecko było zadowolone, musi być „uporządkowane". To znaczy, że zwraca ono uwagę na pewne bodźce, inne zaś blokuje. Przez dłuższy okres czasu może pozostawać w stanie spokojnego czuwania. Kiedy jest głodne, może skupić się na ssaniu, a kiedy chce mu się spać – potrafi zasnąć. Matczyne łono dba o te sprawy automatycznie: jedzenie płynie do ciała dziecka nieprzerwanie przez pępowinę, nigdy nie jest mu zbyt ciepło czy zbyt zimno, ręce i nogi wydają się pod kontrolą, bo nie ma miejsca, żeby nimi machać. Dziecko słyszy bicie serca matki, czuje jej oddech i jest kołysane przez łagodne ruchy jej ciała. Rytm ciała matki jest rytmem dziecka. Poród tymczasowo zakłóca to poczucie uporządkowania: bez wsparcia łona dziecko nie może się uspokoić. To dlatego dzieci lubią być spowijane. Sytuacja noszenia w chuście sprawia, że dziecko otrzymuje zewnętrzny system regulowania. Rytmiczny krok ojca przypomina doświadczenie z łona i uspokaja je. Przytulone do ciała matki niemowlę słyszy bicie jej serca, cudownie regularne i znajome, i wyczuwa jej oddech. Rytmy rodziców stają się rytmem dziecka, chusta zaś zapewnia kontrolę nad rączkami i nóżkami tak, że własne ruchy niemowlęcia nie są źródłem niepokoju. Kiedy dzieci rosną, wciąż potrzebują powrotów do znajomego uczucia bycia blisko ciała rodzica, zwłaszcza jeśli są w nowym miejscu albo spotykają obcych ludzi. Bezpiecznie usadowione na biodrze czy przytulone do piersi mamy dziecko mniej obawia się nowych doświadczeń.

Dzieci nie są przyzwyczajone do samotności i bezruchu. Co może się stać, jeśli dziecko spędza większość czasu, leżąc płasko w łóżeczku, a rodzice przychodzą do pokoju tylko po to, by je nakarmić czy pocieszyć, a następnie znowu wychodzą? Noworodek ostatecznie znajdzie sposób by się „uporządkować", dopasować do nowego środowiska. Jednak bez regulującej obecności matki, dzieci rozwijają sposoby zachowań pochłaniające dużo energii, która mogłaby być zużyta na wzrost; zachowań świadczących o braku uporządkowania, takich jak popłakiwanie, bezcelowe, konwulsyjne ruchy, czy kiwanie się. Nawet zaburzenia snu mogą być wskazówką, że fizjologia dziecka jest zakłócona przez nienaturalny dystans dzielący je od matki.

Jako psycholog widuję wiele starszych dzieci i dorosłych z problemami dotyczącymi integracji sensorycznej. Zastanawiam się, czy dzieci, które są noszone w chustach i czują się w związku z tym włączone w zmysłowy świat rodziców, dorastają z większą zdolnością prawidłowej adaptacji sensorycznej.

Noszenie uczy dzieci o świecie

Jeśli niemowlęta w chustach mniej czasu spędzają, płacząc i marudząc, co robią w zamian? Śpią? Nie, uczą się! Zadowolone dzieci więcej czasu spędzają w stanie spokojnego czuwania, czyli w takim nastawieniu behawioralnym, w którym są najbardziej zdolne do interakcji z innymi. Oczywiście, kiedy dzieci są noszone, dorośli są blisko, żeby nawiązywać z nimi kontakt. Dziecko jest blisko włączone w świat mamy i taty. Może badać twarz matki i patrzeć, jak się ona zmienia. Może widzieć to, co ona widzi, słyszeć to, co słyszy, a nawet dzielić jej emocje. To w taki sposób niemowlęta uczą się subtelności wyrazu ludzkiej twarzy i języka ciała. Noszone w chuście dzieci dowiadują się także więcej o środowisku. Widok nieustannie się zmienia, a ponieważ niesione dziecko ma oczy bliżej tego samego poziomu, co dorośli, jest też bardziej interesujący niż to, co można zobaczyć z wózka.

Gdy rodzic zmywa, dziecko ogląda naczynia zanurzające się i wynurzające z wody w zlewie. Spogląda w lustro, kiedy matka czesze włosy. Rusza się z tatą, gdy ten przykuca i wstaje, robiąc pranie czy nurkuje do przodu i do tyłu, odkurzając. Ogląda sypialnię z każdego punktu widzenia, kiedy matka sprząta ubrania, ustawia książki czy poprawia poduszki. Dla dziecka są to wszystko uczące doświadczenia.

ŻYCIE W RUCHU: UKŁAD PRZEDSIONKOWY

Noszenie w chuście jest korzystne dla układu przedsionkowego niemowlęcia. Układ ten kontroluje zmysł równowagi. Trzy maleńkie struktury, przypominające poziomice, ulokowane są za uchem środkowym. Jedna z nich śledzi ruchy z prawa na lewo, druga – do góry i w dół, trzecia – do przodu i do tyłu. Za każdym razem, kiedy dziecko porusza się lub jest poruszane, płyn w tych „poziomicach" przemieszcza się, wprawiając w wibrację cienkie jak włosy włókienka, które przesyłają informacje do mózgu. Zebrane w ten sposób dane są użyte do zachowania ciała w równowadze.

Delikatny ruch, którego doświadcza dziecko noszone w chuście, stymuluje układ przedsionkowy. Naukowcy uważają, że ta stymulacja pomaga dzieciom lepiej oddychać i rosnąć, reguluje ich fizjologię i poprawia rozwój motoryczny.

Jest to szczególnie prawdziwe w przypadku wcześniaków. Niektóre dzieci samodzielnie rozpoznają, że potrzebna jest im stymulacja układu przedsionkowego; kiedy są jej pozbawione, często próbują wprawiać w ruch same siebie, kiwając się lub kołysząc.

Dzieci często noszone, zwłaszcza te, które podróżują przy mamie ułożone w chuście, otrzymują tej stymulacji dużo. Wraz z mamą poruszają się w różnych kierunkach. Porównajcie to ze spędzaniem całych godzin na leżąco, w łóżeczku czy podczas zabawy na podłodze. Krytycy noszenia dzieci sugerują czasem, że nie daje ono dzieciom wystarczających możliwości samodzielnego poruszania się. Zapominają, że dziecko w chuście nieustannie dopasowuje się do ruchów matki, zwłaszcza jeśli jest starsze i siedzi w chuście w pozycji pionowej.

Nie jest więc niespodzianką, że dzieci, które są częściej noszone, stają się coraz bardziej skłonne do reakcji na stymulację wizualną i dźwiękową. Otoczenie pełne bodźców jest ważne dla rozwoju mózgu. Ciekawe doświadczenia sprawiają, że neurony rosną, rozgałęziają się i łączą z innymi neuronami. Noszenie pomaga rozwijającemu się mózgowi dziecka wytworzyć właściwe połączenia, bowiem matka ułatwia niemowlęciu odfiltrowanie nieistotnych informacji. Niemowlę przechowuje swoje doświadczenia w rozwijającym się mózgu, jako wzorce behawioralne. Wyobraź sobie te wzorce jako tysiące krótkich filmików, odtwarzanych w mózgu dziecka w chwili, gdy podobna sytuacja przypomni mu o oryginalnym wydarzeniu. Na przykład matki

często opowiadają mi: „Jak tylko usiądę z synkiem na fotelu bujanym, on zaraz układa się płasko, odwraca główkę do mojej piersi i jest cały podekscytowany karmieniem. Nie mogę nadążyć z odpięciem stanika!". Albo: „Ona lubi być w chuście i dopasowuje się do różnych pozycji, przenosząc ciężar ciała z jednej strony na drugą". Tak więc nie pędź od razu, żeby zapisać swoje dziecko na rozmaite zajęcia. Nauczy się bardzo wiele, po prostu będąc z tobą przez cały dzień.

Oto wyjątek z naszego dziennika, zawierający jedną z naszych obserwacji, dotyczących noszenia dziecka:

Tak jak karmienie piersią, noszenie dziecka pozwala mu spełniać wrodzone pragnienie formo-

wania swojego ciała zgodnie z kształtami ciała matki. Niemowlę porusza się i dopasowuje, dopóki nie poczuje się wygodnie. Robiąc to, uczy się, że praktyka czyni mistrza. Im więcej próbuje, tym jest mu lepiej, dopóki nie pozostanie w pozycji, w której czuje się dobrze. Dziecko, które leży płasko na plecach w szpitalnym łóżeczku, w kojcu czy w kołysce przez większość dnia, jest pozbawione tego poziomu komfortu i radości z osiągania go. Przez te wczesne tygodnie kręcenia się w celu dopasowania do najlepszych na świecie kształtów matczynego ciała, noworodek zaczyna rozwijać zdolność osiągania satysfakcji i tworzenia wokół siebie kojącego świata, zwłaszcza jeśli jest on tak przewidywalny. Dziecko pozbawione podobnej więzi z bliskimi nie osiąga tego uczucia – że, ach, życie jest wspaniałe. Dziecko RB jest od początku przyzwyczajone do najwyższych standardów, ma wysoko ustawioną poprzeczkę i można się domyślać, że resztę życia spędzi, starając się utrzymać ten poziom. Dziecko, które nie zostało wychowane w bliskości, nie ma też podobnych standardów ani motywacji, aby je osiągać. Jego norma jest niższa.

NAUKA DOWODZI:
Noszone dzieci mniej płaczą

Naukowcy z Uniwersytetu Stanforda ustalili, że dzieci najlepiej usypiają, kiedy są trzymane przez opiekunów poruszających się we wszystkich płaszczyznach ruchu (do góry i do dołu, z boku na bok, do przodu i do tyłu). Płaczą one mniej niż dzieci kołysane jedynie z boku na bok. Noszenie w chuście umożliwia opiekunowi zapewnienie stymulacji przedsionkowej, kiedy, niosąc dziecko, rusza się on we wszystkich trzech płaszczyznach, zamiast stać i kołysać je w prawo i w lewo.

Noszenie dziecka poprawia rozwój mowy

Dzieci „chustowe" lepiej mówią. Zauważyliśmy, że są bardziej uważne, wpasowując się do rozmowy, jakby były jej częścią. Ponieważ dziecko jest wyżej, bliżej poziomu wzroku i ludzkich głosów, jest bardziej włączone w prowadzone dookoła konwersacje. Uczy się ważnej lekcji w rozwoju mowy: zdolności słuchania.

Zwykłe dźwięki otoczenia, takie jak odgłosy codziennych czynności, mogą być dla niemowlęcia uczące albo niepokojące. Jeśli dziecko jest samo, dźwięki mogą je przestraszyć. Jeśli jest niesione w chuście, te same odgłosy mają wartość uczącą. Matka odfiltrowuje to, co uważa za nieodpowiednie dla dziecka, i w chwili, gdy jest ono wystawione na nieznane mu dźwięki i doświadczenia, daje mu pewność, że wszystko jest w porządku.

Matka, która z zawodu jest logopedką, opisała dla nas kiedyś wszystkie sposoby na jakie, jej zdaniem, noszenie przyczynia się do rozwoju mowy małego dziecka. Oto, co powiedziała:

Jako logopedka mam wrażenie, że wykorzystywanie rodzicielstwa bliskości, zwłaszcza zaś używanie chusty, wspaniale przyczyniły się do rozwoju możliwości komunikacyjnych naszych dzieci. Mój mąż i ja używaliśmy chust, odkąd dzieci miały mniej więcej miesiąc, do czasu, gdy skończyły rok (w przypadku obojga). Od zawsze były wystawione na rozmowy dorosłych, od urodzenia słuchając głosów rodziców i innych ludzi. Kiedy zaczęły być noszone pionowo, mogły obserwować rozmówców odzywających się na przemian i nawiązujących kontakt wzrokowy, aby się porozumieć. Emocje dziecka rozwijają się, gdy słuchają one typowych intonacji związanych ze szczę-

ściem, smutkiem, frustracją i tak dalej. Oglądając z bliska usta osoby mówiącej, dzieci uczą się naśladować ich ruchy, przyswajając właściwe wzorce artykulacji. Jeśli były wychowane w duchu rodzicielstwa bliskości, zaczynają ćwiczyć dźwięki i słowa w bardzo młodym wieku. Gdy język rozwija się wcześnie, dzieci mają możliwość „zmagazynowania" znacznie większej liczby wspomnień we wcześniejszym okresie. Wszystkie te czynniki przyczyniają się w znacznym stopniu do wypracowania wczesnych narzędzi komunikacyjnych. Nasz sześcioletni syn jest dwujęzyczny i chciałby dodać do tego jeszcze trzeci język. Ostatnio powiedział mi, że chce się nauczyć francuskiego, żeby mieć „jeszcze więcej ludzi do rozmawiania". Nikt nie może z całą pewnością powiedzieć, że to właśnie chusta i inne składniki rodzicielstwa bliskości sprawiły, że nasze dzieci okazały się jak dotąd tak wspaniałe i tak wspaniale mówią; gdybyśmy jednak jeszcze kiedyś mieli dziecko, z pewnością nie będziemy ryzykować i ponownie użyjemy tych pomocnych narzędzi.

Noszenie dziecka czyni cię troskliwszym rodzicem

Mówiąc o tym, że trzeba mieć oko na dziecko... Noszący rodzic więcej czasu poświęca na nawiązywanie relacji z niemowlęciem, bo ono siedzi w chuście tuż pod jego nosem. Ponieważ to rodzice są pierwszymi i najważniejszymi nauczycielami, wszystkie te interakcje sprawiają, że twoje dziecko jest mądrzejsze. Dziecko wiele się uczy w ramionach ciągle zajętego rodzica.

Zabieraliśmy ją ze sobą w chuście wszędzie tam, gdzie szliśmy. I mówiliśmy do niej, dodając jakby nieustanny komentarz podczas zmywania naczyń, spacerów po plaży, wizyt w księgarni, przygoto-

wywania jedzenia, rozmów z sąsiadami, przemawiania do zwierząt, wizyt w zoo i tak dalej. Często ludzie patrzyli na mnie, jakbym była wariatką, skoro mówię do dziecka w ten sposób, ale tylko się uśmiechałam i dalej komentowałam piękną czerwień jabłek czy głośny samolot. Dużo czasu spędziłyśmy, czytając razem książki. Bardzo wcześnie zaczęła mówić. Moim celem nigdy nie było stworzenie superdziecka, czy wczesne wbijanie jej do głowy ABC czy 1,2,3, co jest tendencją niektórych rodziców, zaniepokojonych kwestią wykształcenia. Chciałam po prostu codziennie pokazywać jej fascynujący świat, a ona odpowiedziała głębokim zainteresowaniem kolorami, dźwiękami, fakturą przedmiotów, liczbami, muzyką, nowymi ludźmi i nowymi miejscami.

Noszenie dziecka przy sobie ułatwia karmienie piersią

Te dwa Filary RB, karmienie piersią i noszenie dziecka przy sobie, w sposób naturalny idą w parze. Dzieci muszą podróżować z zapasami jedzenia, a noszenie ułatwia sytuację. W rzeczywistości w wielu sytuacjach to chusta sprawia, że karmienia idą sprawniej.

Noszenie dziecka ułatwia dyskretne karmienie piersią. Noszenie w chuście umożliwia ci dyskretne karmienie piersią, kiedy jesteś poza domem. Wiele karmiących mam martwi się, jak będą mogły nakarmić dziecko, znajdując się w miejscu publicznym. Nie ma oczywiście nic złego w karmieniu na ławce w centrum handlowym czy nawet w kościele. Nie musisz ukrywać tego, że karmisz swoje dziecko. Jednak wiele matek czuje się bardziej komfortowo, jeśli w takiej sytuacji zarówno pierś, jak i dziecko, pozostają niewidoczne. Chusta do noszenia ułatwia

NAJLEPSZE POZYCJE DO KARMIENIA PIERSIĄ W CHUŚCIE

Eksperymentując z różnymi pozycjami noszenia, wypróbuj nasze sposoby karmienia w chuście. Zacznij od testów w domu, kiedy jesteś sama z dzieckiem; nie będziesz wówczas czuła się tak zakłopotana, jak podczas pierwszej próby karmienia w chuście w otoczeniu przyjaciół czy dalszej rodziny.

Nasze doświadczenia wskazują, że najłatwiejszą pozycją do nakarmienia dosyć małego dziecka w chuście jest *pozycja chwytająca*. Unieś dziecko przytulone bokiem do twojego ciała na stronę przeciwną niż kółka chusty. Potem ułóż je tak, żeby głowa znalazła się naprzeciwko piersi, podparta brzegiem chusty (watowanym, jeśli taki w danej chuście jest), zaś nogi były podkurczone pod twoim ramieniem. Użyj ręki od strony nóg dziecka do podparcia jego głowy i pleców tak, aby główka była blisko twojej piersi. Drugą ręką, którą masz w chuście, przytrzymaj chwytaną przez dziecko pierś. Zwykle będziesz mogła ją puścić, kiedy dziecko zacznie ssać, jednak nadal podpieraj jego plecki i kark drugą ręką, trzymając dziecko blisko siebie. Jeśli twoje niemowlę potrzebuje dodatkowej pomocy w nauce chwytania piersi, użyj tej pozycji, aby uzyskać dobry ogląd tego, co dziecko robi. Chusta pomoże sprawić, aby ciało twojego dziecka było zgięte, co ułatwi mu ssanie. W tej pozycji dziecko nie może odchylać się od piersi, a jego podbródek jest niżej, rozluźniając szczękę dla lepszego ssania.

W miarę, jak twoje dziecko rośnie i nabiera wprawy w ssaniu piersi, możesz przejść do *pozycji kołyski*. Głowa dziecka znajdzie się w kieszonce utworzonej przez chustę, po przeciwnej stronie niż kółka. Przewróć dziecko na bok, żeby mogło ssać, nie przekręcając główki. Użyj ręki od strony głowy do podtrzymania dziecka, ponieważ sama chusta prawdopodobnie nie będzie trzymała dziecka dość mocno, by umożliwić dobre schwycenie piersi. Drugą rękę wsuń do chusty, aby przytrzymać pierś, kiedy dziecko będzie ją chwytać. W pierwszych tygodniach będziesz być może musiała cały czas przytrzymywać pierś podczas karmienia, czy podpierać ją zwiniętą flanelową pieluszką albo ręcznikiem, aby utrzymać ją na właściwym poziomie, pozwalającym dziecku zachować prawidłowy uchwyt piersi.

Żeby trzymanemu w chuście dziecku się odbiło, przełóż je do *pozycji brzuszek do brzuszka* (główką w górze na twojej klatce piersiowej). Pozycja pionowa, połączona z delikatnym klepaniem po plecach, powinna pomóc dziecku w odbiciu. Być może będziesz musiała podnieść niemowlę do góry i oprzeć je na swoim ramieniu, żeby ucisnąć jego brzuszek.

Najbardziej typowym błędem początkujących użytkowników chust jest noszenie dzieci zbyt nisko. Dziecko powinno podróżować mniej więcej na poziomie piersi rodzica, a kółka chusty mają się znajdować tuż pod obojczykiem osoby noszącej. Zacznij od jak najwyższej pozycji i opuszczaj dziecko do momentu, w którym poczujesz, że jest w porządku. Wyższe lub niższe umieszczenie chusty może zależeć od pozycji i od proporcji osoby noszącej.

zadanie. Po prostu naciągnij brzeg chusty ponad głowę dziecka i oboje będziecie mieć wasz
prywatny kącik. Chusta pomaga podtrzymać
ciężar dziecka, możesz więc karmić wygodniej, nawet jeśli stoisz w kolejce do kasy w sklepie spożywczym. Oczekiwanie – w sklepie czy
w poczekalni u lekarza – staje się o wiele łatwiejsze, jeśli możesz uspokoić i nakarmić swoje dziecko.

**Noszenie zadowala amatorów częstego kar-
mienia.** Są takie okresy, kiedy niemowlę potrzebuje częstego ssania – na przykład kiedy intensywnie rośnie, kiedy źle się czuje, czy marudzi późnym popołudniem. Karmienie podczas
noszenia w chuście ułatwia życie mamie, jeśli
dziecko bez przerwy chce jeść. Włóż je do chusty i będziesz mogła wędrować po domu, karmiąc. Możesz w ten sposób wykonać proste
prace domowe czy bawić się z twoim przedszkolakiem.

**Noszenie pomaga niemowlętom, które mają
problemy ze ssaniem.** Niektóre niemowlęta jedzą lepiej w ruchu, niż kiedy są nieruchome.
Spięte dzieci (takie jak te bardzo mocno chwy-
tające pierś), niemowlęta wyginające się (te,
które odchylają plecy w łuk, jednocześnie cią-
gnąc za pierś), często jedzą znacznie lepiej, kiedy są w chuście. Wymusza ona zgiętą pozycję
ciała, z podbródkiem przyciągniętym do klatki piersiowej, co ułatwia prawidłowe uchwy-
cenie piersi. Ruch podczas chodzenia blokuje
inne bodźce. Kiedy rozluźnia się ciało dziecka,
to samo dzieje się z mięśniami odpowiedzialnymi za ssanie. Z użyciem chusty i odrobiny noszenia, dziecko walczące ze snem czy z innego
powodu odmawiające piersi, może być „prze-

> ### NAUKA DOWODZI:
> ### Noszone dzieci mają bliższy kontakt
> ### ze swoimi matkami
>
> W badaniu z 1990 roku przeprowadzonym
> przez wydział lekarski Uniwersytetu Columbia,
> naukowcy zajmujący się rozwojem dzieci badali
> więzi rodzicielskie w grupie matek pochodzą-
> cych z uboższych części śródmieścia. Podzieli-
> li matki na dwie grupy. Jedna z nich otrzyma-
> ła miękkie nosidła dla dzieci i została zachęco-
> na do noszenia dzieci i do wielu fizycznych kon-
> taktów z nimi. Druga grupa dostała foteliki dla
> niemowląt. Matkom, którym zalecono bliski
> kontakt z dziećmi, pokazano, jak używać nosi-
> deł. Badanie zaczęto w okresie poporodowym,
> kiedy matki i noworodki przebywały jeszcze
> w szpitalu. Kiedy dzieci skończyły trzy miesią-
> ce, matki, które miały z nimi bliski kontakt,
> były bardziej gotowe do odpowiadania na sy-
> gnały wysyłane przez dziecko niż druga grupa.
> Kiedy dzieci badano ponownie, w wieku trzy-
> nastu miesięcy, dzieci o bliższym kontakcie
> miały bezpieczniejszą więź ze swoimi matkami.

konane” do uchwycenia sutka, ssania i odprężenia się.

**Noszenie pomaga niemowlętom wolno przy-
bierającym na wadze.** Dzieci, które są blisko
swoich matek, częściej jedzą i lepiej przybierają
na wadze. Kiedy w naszej praktyce spotykamy
chowane na piersi dziecko, które wolno przy-
biera na wadze, zachęcamy matkę do noszenia go w chuście przez przynajmniej kilka godzin dziennie, i częstego karmienia. Matki donoszą, że noszenie zachęca dzieci do częstszego

i spokojniejszego jedzenia, my zaś obserwujemy gwałtowny przyrost wagi. Ta technika karmienia-podczas-noszenia jest szczególnie cenna w przypadku dzieci urodzonych przedwcześnie oraz tych, które potrzebują nieco bodźców, aby więcej zjadły.

Antropologowie zaobserwowali, że w kulturach, w których matki noszą w chustach albo na rękach swoje dzieci przez większość czasu, niemowlęta mogą jeść trzy czy cztery razy na godzinę. Zawartość tłuszczu w mleku jest wyższa, jeśli czas między karmieniami jest krótszy, więc twierdzenie, że częstsze karmienie poprawia przyrost wagi, ma sens. Możesz nie karmić dziecka w chuście co kwadrans, ale noszenie go w ten sposób ułatwia odczytywanie i odbieranie sygnałów związanych z jedzeniem. Dodatkowa korzyść polega na tym, że będąc tak blisko źródła mleka i ukojenia, dziecko nie musi zużywać tyle energii, żeby zwrócić uwagę matki; może ją zamiast tego wykorzystać na rozwój.

Noszenie dzieci ułatwia wychodzenie z domu

Pamiętajcie: dla dziecka wychowywanego w duchu rodzicielstwa bliskości, dom jest tam, gdzie jego matka; nie ma jednak powodu, by matka była zamknięta w domu. Po kilku tygodniach domowego wicia gniazda będziesz prawdopodobnie gotowa, aby wyjść i ponownie spotkać się ze światem. Aby pozostać blisko swojego dziecka, nie musisz zmienić się w pustelnika. Krótko po narodzinach Stephena zacząłem doświadczać typowego dla przechodzących przez ten czas ojców poczucia „kiedy wreszcie odzyskam moją żonę?". Pewnego wieczoru powiedziałem do Marthy: „Kochanie, co byś powiedziała na randkę? Chodźmy gdzieś na kolację".

Martha właśnie miała odmówić, kiedy oboje jednocześnie spojrzeliśmy na wiszącą na oparciu kanapy chustę i wpadliśmy na ten sam pomysł: „Zabierzmy Stephena do restauracji w chuście".

Dzieci w chustach są zazwyczaj ciche i zadowolone. To sprawia, że są o wiele chętniej akceptowane w otoczeniu przeznaczonym dla dorosłych, takim jak elegancka restauracja. Przebywając poza domem, możesz utrzymać dziecko w tym stanie spokoju i zadowolenia, karmiąc je piersią w chuście. Szefowie restauracji znacznie bardziej wolą dziecko dyskretnie karmione piersią niż płaczące i marudzące z powodu braku piersi. Chusta jest rozwiązaniem pozwalającym zabierać twoje dziecko tam, gdzie bycie dzieckiem i zachowywanie się jak dziecko nie są społecznie akceptowalne.

Nasze najbardziej pamiętne doświadczenie karmienia piersią w miejscu publicznym to poranek, w którym Martha zabrała prawie dwuletniego Stephena na talk show Phila Donahue w telewizji publicznej. Stephen patrzył z zadowoleniem przez kwadrans, potem napił się mleka z piersi i zasnął w chuście na czterdzieści pięć minut, podczas gdy my dyskutowaliśmy o korzyściach płynących z rodzicielstwa bliskości. Jesteśmy przekonani, że to, co widzowie zobaczyli, zrobiło większe wrażenie niż to, co powiedzieliśmy. To doświadczenie dodało nam odwagi, więc w czasie pobytu w Nowym Jorku postanowiliśmy obejrzeć przedstawienie *Koty* na Broadwayu. Podeszliśmy do kasy, aby kupić bilety i zobaczyliśmy ogłoszenie: „Zakaz wstępu z małymi dziećmi". Niezrażeni poprosiliśmy o rozmowę z osobą zarządzającą i podczas gdy Martha trzymała Stephena w chuście, ja bardzo grzecznie powiedziałem: „Proszę, bardzo chcielibyśmy zobaczyć państwa przedstawienie.

Gwarantuję, że Stephen będzie cicho, a gdyby zaczął marudzić, wyjdziemy w ułamku sekundy po jego pierwszym jęku". Kierownik pozwolił nam wejść, a Martha i ja z przyjemnością oglądaliśmy *Koty*, podczas gdy Stephen nie wydał z siebie żadnego dźwięku. Kiedy później poszliśmy podziękować kierownikowi, zwierzył nam się: „Było coś takiego w wyglądzie państwa dziecka, co sprawiło, że chciałem zaryzykować".

Kiedy Stephen miał dwa miesiące, zaproszono nas na imprezę, na której obowiązywały stroje wieczorowe. Zamiast odrzucić zaproszenie, co zrobiłaby większość świeżo upieczonych rodziców, Martha zabrała Stephena w modnej chuście i wszyscy świetnie się bawiliśmy. Przez trzy i pół godziny trwania przyjęcia Stephen tulił się spokojnie w chuście i był karmiony na żądanie.

Oczywiście inni goście byli zdziwieni i z całą pewnością obserwowali nas, zastanawiając się „co ona takiego nosi?". Ostatecznie widzieliśmy, jak rozwiązywali zagadkę: „Ależ to dziecko! Jakie to urocze!". Pod koniec wieczoru, kiedy uczestnicy imprezy zauważyli, jak zadowoleni jesteśmy z naszego systemu noszenia, wszędzie wyczuwało się atmosferę akceptacji. Nasze oficjalne noszenie w chuście zyskało nie tylko społeczną akceptację, ale wręcz społeczny podziw.

Myślę, że jednym z moich ulubionych narzędzi rodzicielstwa bliskości jest noszenie mojego dziecka. W pierwszym roku nosiłam go w chuście przez cały czas. Mogłam go zabrać ze sobą wszędzie. Mój mąż i ja pojechaliśmy z trzynaściorgiem innych ludzi na wyjazd narciarski, kiedy nasz synek miał sześć miesięcy. Byliśmy jedynymi osobami z niemowlęciem i niektórzy byli zaniepokojeni tym, że go zabieramy. Mogliśmy jednak wychodzić wieczorami razem z innymi. Nasze dziec-

ko podróżowało w chuście i mogłam karmić go w taki sposób, że nikt nie orientował się, co robię. Myśleli po prostu, że on śpi! Nikt nie został obudzony w środku nocy przez płaczące dziecko, ponieważ synek spał z nami i wszystko, co musiałam zrobić, to przewrócić się z boku na bok i zająć jego potrzebami. Po skończonej podróży wszyscy mówili, jakim on był „dobrym" dzieckiem – nawet po tym, jak na osiem godzin utknęliśmy na lotnisku, a następnie mieliśmy pięciogodzinny lot!

◆◆◆

Posiadanie „nosidłowego dziecka" kosztowało nas nieco konfliktów z niektórymi członkami naszej rodziny. Podczas naszej pierwszej podróży do domu moja rodzina po prostu nie mogła zrozumieć, dlaczego noszę Kristofa w chuście i dlaczego karmię go w dowolnym miejscu. Nie wspominając o spaniu z nim w jednym łóżku! Wszyscy próbowali skłonić mnie do położenia go i „wyjęcia z tego czegoś". Nie mogli też zrozumieć, dlaczego po prostu nie dajemy mu się wypłakać. Podczas naszej kolejnej wizyty w domu zobaczyli jednak, że wciąż go noszę i że jest taki szczęśliwy, i przestali zawracać nam głowę.

◆◆◆

Mój syn ma teraz trzynaście miesięcy i wciąż codziennie noszę go w chuście. Wczorajszy dzień był ekstremalnym wyzwaniem, ale dałam radę umieścić go w chuście i uspokoić. Spał przez dwie godziny. Miałam możliwość zrobić sobie przyjemność małymi zakupami. Kiedy się obudził, oboje byliśmy zrelaksowani i gotowi wspólnie stawić czoła wyzwaniom bardzo młodego wieku.

◆◆◆

Często słyszę, że to trudny sposób na rodzicielstwo. Ale naprawdę, patrząc perspektywicznie, wydaje mi się o niebo łatwiejszy od innych!

Noszenie dzieci ułatwia podróżowanie

Noszenie dzieci ułatwia również podróżowanie. Kiedy dziecko jest przytulone do rodzica, widoki i dźwięki lotnisk, hoteli, wielkich miast czy dzikich ustroni nie są przerażające. Noszenie ułatwia dzieciom przechodzenie z jednego miejsca do drugiego. Kiedy stoisz w kolejce na lotnisku czy wędrujesz wśród tłumu, niesione w chuście niemowlę jest pewne siebie, zadowolone, a nade wszystko bezpieczne. Jeśli podróżujesz z nieco starszym dzieckiem, noszenie w chuście nie tylko uchroni twojego malucha przed samotną wyprawą, ale także podniesie go do poziomu świata dorosłych, gdzie może się przyglądać interesującym rzeczom. Pomyśl o tym, jak musi wyglądać świat z perspektywy wózka. Twój synek czy córka ma dobry widok na podłogę i nogi dorosłych, aż do kolan. Ludzie wydają się znacznie wyżsi niż ona. Noszona w chuście na twoim biodrze córeczka może cieszyć się twoją uwagą, a ponadto widzi wszystkie reklamy, znaki czy towary umieszczone na poziomie wzroku osób dorosłych.

Noszenie pozwala ci również zatrzymać przy sobie dziecko w sytuacji, w której swobodnie wędrujący malec mógłby być narażony na niebezpieczeństwo, na przykład wówczas, gdy zaczyna iść i nagle znika z twoich chroniących ramion, aby odkrywać swoje otoczenie. Zajęci zakupowicze czy podróżnicy często nie zwracają uwagi na małych ludzi (zauważyliście, że twarz małego dziecka, chodzącego swobodnie czy siedzącego w wózku, jest dokładnie na tym poziomie, na jakim ludzie trzymają w opuszczonych rękach papierosy?). Noś swoje dziecko w ramionach na bezpiecznej wysokości i odpręż się. Nigdzie bez ciebie nie pójdzie.

Noszenie dziecka ułatwia życie w domu

Noszenie jest tak samo użyteczne w domu, jak w sklepach czy na lotniskach. Jeśli będziesz trzymać chustę na wieszaku koło drzwi wejściowych, nie zapomnisz zabrać jej, wychodząc z domu, jednak nawet lepiej byłoby, gdybyś założyła ją, ubierając się rano. Kiedy dziecko budzi się, zmieniasz mu pieluszkę i wkładasz je do chusty. Potem wspólnie możecie przygotować śniadanie, nastawić pranie, wybrać się na poranny spacer czy odkurzyć salon. Później, w ciągu dnia, noszenie w chuście pozwoli ci przygotować obiad, nawet jeśli dziecko marudzi i chce, żeby je wziąć na ręce. Wieczorem możesz włożyć dziecko do chusty i wybrać się na relaksujący spacer po domu, który ukołysze dziecko do snu, podczas gdy ty uporządkujesz mieszkanie na następny dzień.

Noszenie dziecka ułatwia korzystanie z przyjemności, jaką jest małżeńska kolacja. Na przestrzeni lat, Martha i ja wypracowaliśmy zwyczaj planowania raz w tygodniu kolacji tylko dla nas dwojga. Kładliśmy młodsze dzieci do łóżka i siadaliśmy razem do późnej kolacji. Jednakże w tych okresach, kiedy w domu było nowo narodzone dziecko, często okazywało się, że jest to kolacja dla trojga. Jedno z nas nosiło dziecko w chuście i zazwyczaj mogliśmy jeść i rozmawiać, podczas gdy dziecko było spokojne i uważne, albo ukołysane zasypiało, a my kończyliśmy kolację.

Noszenie w chuście po domu pomaga rodzicom przetrwać te wszystkie chwile, kiedy dziecko nie jest zadowolone nigdzie indziej, jak tylko w ramionach osoby dorosłej. Jeśli wydaje się, że twoje dziecko wymaga twojej uwagi przez cały czas, włóż je do chusty i wróć do codziennych aktywności. Możecie nie dać rady zrobić tyle, ile w czasach przed urodzeniem dziecka, ale i tak będziecie bardziej produktywni niż bylibyście, gdyby niemowlę dalej marudziło.

Mam ochotę wystawić chuście pomnik.

RODZEŃSTWO I NOSZENIE DZIECI

Z niemowlęciem przytulonym do ciebie w chuście możesz skupić całą uwagę na starszym dziecku, zarazem zaspokajając potrzebę bliskości młodszego. Starszej siostrze łatwiej zaakceptować młodszego braciszka, jeśli twoje ręce i oczy możesz poświęcić jej i jej aktywnościom. Karmiąc i trzymając niemowlę w chuście, możesz czytać książkę starszemu dziecku, nadzorować jego działania artystyczne czy dopingować podczas meczu piłki nożnej.

Niemowlę potrzebuje fizycznego poczucia bycia blisko z tobą; starsze dziecko potrzebuje twojej uwagi. Chusta do noszenia dziecka pozwala ci dawać młodszemu swoją bliskość, jednocześnie rozmawiając i bawiąc się z jego starszym bratem lub siostrą. To sprawi, że większemu dziecku będzie o wiele łatwiej zaakceptować obecność młodszego rodzeństwa.

Karmienie w chuście naszego nowo narodzonego dziecka daje mi dodatkową parę rąk do zabawy i przyjemności ze starszym dzieckiem. Zdziałało to cuda, jeśli chodzi o zmniejszenie rywalizacji między rodzeństwem i pozwala mi być dobrą matką dla obojga dzieci.

❖❖❖

Starsze dziecko mówi: Chciałbym też być w chuście. Mój mały braciszek uwielbia być w niej noszony. Wydaje się wtedy taki zrelaksowany. A wózki robią mnóstwo hałasu.

NOSZENIE DZIECKA I JEGO USYPIANIE

Często bywa tak, że dzieci nie są gotowe do snu wówczas, kiedy chcieliby tego ich rodzice. Oto technika wywoływania senności, która może być kołem ratunkowym dla wymęczonych rodziców: jest spokojna, bezstresowa i działa.

Kiedy zbliża się czas pójścia do łóżka, umieść dziecko w chuście w pozycji kołyski, brzuch do brzucha lub – jeśli dziecko jest starsze – w pozycji na biodrze (opis pozycji znajdziecie na stronie 84, w ramce *Podstawy noszenia w chuście*). Dla większości dzieci pozycja twarzą do świata jest zbyt stymulująca, dla innych jednak jest ona jedyną akceptowalną. Następnie zaś ponoś dziecko po domu. Możesz wykonywać proste prace, rozmawiać cicho z domownikami albo po prostu wędrować po mieszkaniu, dopóki dziecko nie ukołysze się do snu. Jeśli maluch broni się przed zaśnięciem – idź na spacer na dwór. Dziesięć minut w chuście na spacerze poza domem jest zwykle warte czterdziestu pięciu minut kołysania w domu.

Trzymaj dziecko w chuście nawet po tym, jak zamknie ono oczy i odpłynie w sen, dopóki po bezwładzie ciała i regularnym oddechu nie poznasz, że głęboko zasnęło. Potem wolno podejdź do łóżka, pochyl się i zdejmij z siebie chustę, kładąc dziecko na materacu. Jeśli maluch zacznie się wiercić, może potrzebować jeszcze chwili kontaktu fizycznego. Włóż go z powrotem do chusty i połóż się z nim na chwilę, pozwalając dziecku ułożyć się na twojej klatce piersiowej, z główką wtuloną w twoją szyję.

Rytm twojego oddechu szybko ułatwi twojemu dziecku wejście w głęboki sen. Następnie musisz ostrożnie przewrócić się na bok, zsunąć dziecko na łóżko, zdjąć chustę przez głowę i cicho odejść.

Praktyka usypiania w chuście to trochę jakby znajomość sekretnego zaklęcia, którego można użyć, aby ukoić i uśpić dziecko nawet wtedy, kiedy jest nadmiernie pobudzone. Umieszczenie dziecka w chuście hamuje jego energię. Delikatne kołysanie twoich kroków, znajoma pozycja i twoja ręka gładząca plecki to sprawdzone sygnały odprężenia. Usypianie w ten sposób pomoże odprężyć się także tobie, bo możesz być raczej pewna, że dzięki tej technice uda ci się szybko położyć dziecko spać.

NOSZENIE I PRACA

W wielu kulturach matki noszą swoje dzieci w czasie pracy. Noszenie w pracy nie jest typową praktyką matek w kulturze amerykańskiej, jednak mogłoby być inaczej. Matki korzystające z naszych przychodni pediatrycznych, pracujące z dala od domu, próbują noszenia podczas pracy i donoszą, że sprawdza się ono bardzo dobrze mniej więcej do szóstego miesiąca życia, kiedy dzieci stają się bardziej ruchliwe. Mieliśmy również przypadki prób stosowania tego podejścia do opieki nad dzieckiem podczas pracy wśród naszych pracowników biurowych. Mama wykonuje swoją pracę, a dziecko słucha i obserwuje.

RADA RODZICIELSTWA BLISKOŚCI

W ramionach zajętego różnymi sprawami opiekuna, dzieci bardzo wiele się uczą.

NOSZENIE TO GWARANCJA BLISKOŚCI

Zostawienie dziecka z opiekunem zastępczym jest dla matki stosującej zasady rodzicielstwa bliskości trudne. Nie chcesz być z dala od twojego dziecka i wiesz, jak ważne jest dla niego, aby czuć się pewnie w ramionach osoby, która o nie dba. Dopilnowanie, aby twoje dziecko było noszone w chuście przez dwie czy trzy godziny dziennie, zapewni mu codzienną dawkę fizycznej bliskości, zaspokajającej jego potrzeby w czasie, kiedy ty jesteś poza domem.

Niemowlęta uważają, że świat pracy rodziców jest bardzo interesujący.

Noszenie daje się pogodzić z niektórymi rodzajami pracy bardziej niż z innymi. Znaliśmy matki sprzedające nieruchomości, pokazujące działanie rozmaitych produktów czy pracujące w sklepach z rzeczami dla dzieci, które nosiły swoje niemowlęta w chustach. Te matki uważały, że więź z ich dziećmi jest istotna, więc znalazły sposób, żeby noszenie sprawdziło się w ich pracy. Znaliśmy nawet nauczycielki, które nosiły dzieci w chustach przez pierwsze kilka miesięcy po powrocie do pracy (ucząc swojego przedmiotu, te nauczycielki dawały również wspaniałe lekcje macierzyństwa!). Jeśli twój pracodawca nie jest zbyt zachwycony takim rozwiązaniem, zapytaj, czy nie mógłby ci dać dwutygodniowego okresu próbnego i obiecaj, że będziesz regularnie sprawdzać, czy twój pomysł nadal działa, w miarę jak dziecko robi się coraz starsze. Większość ludzi jest zdumiona, odkrywszy, jak produktywne mogą być matki, które wiedzą, że ich dziecko jest bezpiecznie i pewnie umieszczone w chuście tuż obok nich.

NOSZENIE DLA TYMCZASOWYCH OPIEKUNÓW

Kiedy dzieci są przyzwyczajone do obecności matek, może być im trudno zaakceptować zastępczego opiekuna. Jednak nawet matki tworzące bliską więź z dziećmi potrzebują przerwy od czasu do czasu, zwłaszcza jeśli trafiło im się szczęście w postaci wymagającego dziecka o wysokich potrzebach. Noszenie w chuście może dać twojemu dziecku wiele ze znanego im matczynego ciepła, nawet jeśli jest noszone przez kogoś innego.

Jason jest taki szczęśliwy, będąc w chuście, że czuję się komfortowo, zostawiając go na krótki czas z opiekunką. Czasem, kiedy mi się spieszy, spotykamy się z nią w drzwiach i przekazuję jej Jasona w chuście – trochę jak pałeczkę podczas sztafety – i to ona zaczyna go nosić. Jason zapomina o płaczu, a ja czuję się lepiej, wiedząc, że jego zwykły porządek nie został zakłócony.

Dzieci RB lepiej przyzwyczajają się do opiekunów zastępczych, jeśli ci ostatni korzystają z narzędzi rodzicielstwa bliskości. Babcia czy niania nie mogą karmić piersią, ale mogą szybko reagować na płacz, kłaść się z dzieckiem podczas drzemki i nosić je w chuście tak często, jak to możliwe. Chustowe dzieci są przyzwyczajone do opieki pierwszej kategorii i nie zachwyca ich obniżka standardów. Takie techniki, jak usypianie w chuście, pomogą tymczasowym opiekunom powtarzać to samo, co robi dla dziecka mama.

Synek nazywa chustę swoim „małym domkiem".

Noszenie dziecka w żłobku. Jedna z moich pacjentek miała dziecko o dużych potrzebach, które było zadowolone tak długo, dopóki przebywało w chuście. Kiedy matka musiała wrócić do pracy po sześciu tygodniach urlopu macierzyńskiego, napisałem „receptę" na użytek dyrektora żłobka. Recepta głosiła, że to dziecko musi być noszone w chuście przez trzy lub więcej godzin dziennie. Matka, zostawiając swoje dziecko, czuła się o wiele lepiej, wiedząc, że osoba sprawująca nad nim zastępczą opiekę rozumie jego potrzebę bliskiego kontaktu fizycznego z osobą dorosłą.

NOSZENIE DLA NASTĘPNEGO POKOLENIA

Kiedy dorośli noszą niemowlęta, wysyłają dzieciom sygnał mówiący, że niemowlęta są ważne i że przynależą do swoich rodziców. W ten sposób uczymy nasze dzieci – a także cudze – że duzi ludzie zajmują się małymi ludźmi i że niemowlęta są fajnym towarzystwem. Nosząc swoje dziecko, wykształcasz praktykę rodzicielską, którą inni będą naśladować. Jeśli przyniesiesz gdzieś swoje dziecko w chuście, inni rodzice będą czuli się bardziej komfortowo, mając swoje dzieci przy sobie. Twoje dzieci będą ćwiczyć noszenie, używając swoich misiów i lalek.

Moja rodzina komentowała sposób, w jaki Zoe zawsze ruszała się w chuście, wykonując swój „chustowy taniec". Teraz Zoe ma dwadzieścia dwa miesiące i swoją własną chustę. Sama ją sobie zakłada i umieszcza w niej zwierzątka, lalki i co jeszcze tylko może znaleźć. Potem zaczyna się kołysać, tak jak ja kołysałam się z nią w chuście przez wiele miesięcy. Często stwierdza, że jej chustowi przyjaciele muszą być nakarmieni i oferuje im swoją pierś. Najbardziej lubię moment, kiedy głosami zwierzątek mówi: „Proszę o jeszcze" – tak jakby prosiły o przystawienie ich do drugiej piersi.

7
Płacz jest sygnałem

Filar RB, który matki praktykujące rodzicielstwo bliskości wypełniają w sposób najbardziej instynktowny, wypływa z wiary, że płaczące dziecko pragnie im coś powiedzieć. Matka może początkowo nie wiedzieć, co dany płacz oznacza, a próby znalezienia właściwej odpowiedzi mogą być frustrujące. Kiedy jednak poznaje ona swoje dziecko lepiej i kiedy rośnie między nimi więź, zaczyna wierzyć w swoje możliwości rozumienia języka płaczu i zaoferowania mu właściwego ukojenia. Płacz dziecka naprawdę jest językiem, choć na początku relacji między matką a niemowlęciem może wydawać się raczej obcy. Im więcej jednak słuchasz i odpowiadasz, tym lepsza staniesz się w rozumieniu tego, co mówi twoje dziecko.

PŁACZ TO NARZĘDZIE TWORZENIA WIĘZI

Płacz dziecka jest jego językiem. To sposób, w jaki dziecko mówi: „Coś jest nie tak, proszę, zrób, żeby było dobrze!". Płacz niemowlęcia jest tak zaprojektowany, żeby pomóc mu przetrwać, zwracając uwagę na jego potrzeby (my zaś chcielibyśmy, żeby nasze dzieci nie tylko przetrwały, ale jeszcze wspaniale się rozwijały). Naukowcy, którzy badali dźwięk niemowlęcego płaczu, widzą w nim sygnał doskonały: na tyle niepokojący, żeby zwrócić uwagę rodziców, ale zarazem nie dość drażniący, by wywołać raczej chęć ucieczki niż interakcji. Płacz jest sposobem zapewnienia bliskości i więzi z rodzicami. Odpowiedz więc na płacz dziecka, słuchając go także sercem.

Dzieci najczęściej przestają płakać w chwili, gdy ich rodzice odpowiadają na płacz. To kolejna cecha płaczu, która buduje więź. Kiedy za sprawą swojej obecności, objęć i zajmowania się dzieckiem jesteś w stanie uspokoić jego lęki, czujesz się dobrze, ze względu na dziecko i na siebie. Im więcej razy odpowiesz, tym lepsza stajesz się w rozumieniu sygnałów wysyłanych przez dziecko i tym silniejszą odczuwasz więź. Dzieci płaczą zawsze i wszędzie, jednak wrażliwość, z jaką rodzice słuchają ich płaczu, jest bardzo różnorodna, podobnie jak intensywność płaczu jest różna u różnych dzieci.

Reagowanie na płacz nie zawsze jest łatwe. Może być dość frustrujące, zwłaszcza w pierwszych tygodniach, kiedy ty wciąż męczysz się z nauką języka, a umiejętności dziecka w dzie-

PŁACZ W STYLU RODZICIELSTWA BLISKOŚCI

Ile razy słyszeliście kogoś, kto mówił: „Po prostu musiałem się wypłakać"? Porządny płacz może zmniejszyć napięcie, które to zjawisko ma pewne podbudowanie w fizjologii. Doktor William Frey w książce *Płacz: Tajemnica łez*, przywołuje badania pokazujące, że hormony stresu są obecne w ludzkich łzach i że łzy wywołane przez emocje są chemicznie i hormonalnie różne od tych, które wynikają z podrażnienia oka. Badacze znaleźli również we łzach hormony pokrewne endorfinom (endorfiny są odpowiedzialne za przesyłanie do mózgu pozytywnych uczuć).

Mogą zdarzyć się sytuacje, w których niemowlę naprawdę potrzebuje płakać, aby zmniejszyć napięcie i odprężyć się. Ta obserwacja nie jest jednak dla rodziców przyzwoleniem na dawanie dziecku się wypłakać; jest przypomnieniem, że płaczowi nie zawsze da się zapobiec. Tak naprawdę powstrzymywanie niemowlęcego płaczu nie jest waszym zadaniem. Wasze zadanie to reagowanie i bycie dla dziecka wtedy, kiedy jest ono niespokojne. Nie czujcie się winni czy nieudolni, jeśli nie możecie usunąć problemu trapiącego dziecko. Może po prostu musi chwilę popłakać. Jednak płacz z bólu jest inny niż płacz spowodowany napięciem. W tym pierwszym wypadku musisz starać się odnaleźć przyczynę. Jako matka RB będziesz zdawać sobie sprawę z różnicy.

Oto historia, którą wrażliwa matka RB opowiedziała nam na temat swojej znajomej:

Poszłam odwiedzić przyjaciółkę, która właśnie urodziła dziecko. Podczas gdy rozmawiałyśmy, jej trzytygodniowe dziecko w sąsiednim pokoju zaczęło płakać. Płakało wciąż głośniej i głośniej. Naprawdę sprawiało mi to ból. Moje piersi były gotowe do karmienia! Jednak wydawało się, że moja przyjaciółka nie zauważa sygnałów wysyłanych przez jej synka. Wreszcie nie mogłam już tego wytrzymać i powiedziałam: „Słuchaj, wszystko w porządku, idź do swojego dziecka. Możemy pogadać później". Na co ona odpowiedziała rzeczowo: „Nie, to nie jest czas jego karmienia. Chcę mu pokazać, że to ja kontroluję sytuację, a nie on". „Gdzieś ty coś takiego usłyszała?" – zapytałam z niedowierzaniem. „Na zajęciach o rodzicielstwie" – odpowiedziała moja przyjaciółka z dumą.

Matka i niemowlę z tej historii najwyraźniej stawali się sobie obcy, a wrażliwej obserwatorce, stosującej zasady rodzicielstwa bliskości, trudno było na to patrzeć.

Wierzę, że jeśli słuchasz ich, kiedy są małe, one będą słuchać ciebie, gdy dorosną.

dzinie sygnalizowania są nadal nieuporządkowane. Bądź jednak blisko i reaguj. To, w jaki sposób radzisz sobie z płaczem niemowlęcia, może nauczyć je, by płakało mniej i w sposób nie tak niepokojący. Gdy dzieci i rodzice w czasie pierwszych kilku miesięcy setki razy ćwiczą sygnały i odpowiedzi, dziecko uczy się lepiej sygnalizować. Jego płacz staje się mniej szarpiący nerwy, a bardziej komunikatywny. To tak, jakby nauczyło się lepiej mówić. Ty zaś uczysz się właściwie odpowiadać, ostatecznie będziesz wiedzieć, kiedy i jak szybko powiedzieć „tak" lub „nie". Z czasem dziecko stanie się tak dobre w sygnalizowaniu, a ty w rozumieniu sygnałów, że będziecie mogli porozumiewać się tylko z minimalnym użyciem płaczu. To jest to, co mamy na myśli, mówiąc, że rodzicielstwo bliskości uczy dzieci płakać *milej*. A oto, jak możesz sprawić, aby to się stało.

Stwórz warunki, które zmniejszą potrzebę płaczu u twojego dziecka. „Moje dziecko rzadko popłakuje, nie potrzebuje tego robić". Matka, która powiedziała te słowa, ukształtowała otoczenie swojego synka w taki sposób, że przez większość czasu jest on spokojny i zadowolony. Wszystkie Filary RB zmniejszają u dziecka potrzebę płaczu. Dzieci karmione piersią płaczą mniej, bo są częściej trzymane i karmione. Dzieci „chustowe" również mniej płaczą, bo są częściej noszone. Niemowlęta śpiące w łóżku z rodzicami płaczą mniej, bo nie muszą wzywać jedzenia i ukojenia z innego pokoju. Wczesne przywiązywanie z niemowlęciem, karmienie piersią, noszenie i spanie z dzieckiem w jednym łóżku wytwarzają w dziecku takie poczucie dobrostanu, że ma ono mniejszą potrzebę płaczu i rzadziej kompletnie się rozkleja. Dzieci nie muszą tak bardzo płakać, jeśli opiekun oddalony jest od nich zaledwie o centymetry. Po co podkręcać dźwięk, jeśli słuchacze są blisko? Rodzice RB mogą stać się tak biegli w antycypowaniu potrzeb maleńkiego noworodka, że potrafią zareagować na pierwszą sugestię problemu, zanim jeszcze pojawi się potrzeba płaczu.

Postrzegaj płacz swojego dziecka jako komunikację, a nie manipulację. Maleńkie dzieci płaczą, aby coś zakomunikować. Poczucie bycia manipulowanym rodzi się w umysłach rodziców. Zamiast natychmiast wpadać w nastawienie typu „Czegóż to dziecko znowu ode mnie chce?", pomyśl o płaczu twojego dziecka raczej jak o sygnale, którego należy wysłuchać i na który trzeba odpowiedzieć. Jeśli będziesz się zamartwiać, że rozpieścisz dziecko, czy że ono cię kontroluje, zawsze po fakcie będziesz krytykować swoje odpowiedzi na jego płacz. Pomyśl o płaczu niemowlęcia raczej jako o narzędziu komunikacji niż o technice kontroli. Dzieci nie płaczą, by kontrolować, one płaczą, aby nam coś powiedzieć.

Naucz się odczytywać sygnały poprzedzające płacz. Płacz jest czymś co zdarza się, kiedy niepokój dziecka osiągnie szczyt. Zanim to nastąpi, pojawiają się inne znaki świadczące o tym, że niemowlę potrzebuje pociechy ze strony osoby dorosłej. Może to być przestraszony wyraz twarzy, machanie rączkami, przyspieszony oddech, drgające wargi, zmarszczone brwi, układanie się w pozycji do karmienia czy inne elementy języka ciała, które wskazują, że coś jest nie w porządku. Bycie z dzieckiem i jego bliska obserwacja pomogą ci je rozpoznać. Odpowiadanie na sygnały poprzedzające płacz, uczy twoje dziecko, że nie zawsze trzeba płakać, by ktoś się nami zajął. Jest to zwłaszcza pomocne w przypadku dzieci, których krzyk natychmiast osiąga poziom krytyczny i które trudno uspokoić, jeśli już zaczęły płakać.

Odpowiadaj wcześnie. Opóźnianie reakcji na płacz niemowlęcia nie nauczy go płakać ani trochę mniej, przeciwnie, może doprowadzić do tego, że będzie płakało bardziej i w sposób

NAUKA DOWODZI: Szybka reakcja oznacza mniej płaczu

W 1974 roku grupa naukowców spotkała się, aby przestudiować istniejące badania dotyczące czynników mających wpływ na kompetencje dzieci. Analizując badania dotyczące więzi, doszli do wniosku, że im bardziej matka ignoruje płacz dziecka w pierwszym półroczu jego życia, tym większe prawdopodobieństwo, że w drugim półroczu dziecko będzie płakało częściej.

mocniej szarpiący nerwy. W rzeczywistości badania wykazały, że dzieci, których płacz spotyka się z szybką odpowiedzią, jako nieco starsze niemowlęta uczą się płakać mniej. Pomyśl o tym, czego uczysz swoje dziecko. Jeśli spowalniasz reakcję, dowiaduje się ono, że musi wybuchnąć ogromnym płaczem, aby zyskać twoją uwagę. Toteż następnym razem, gdy będzie zaniepokojone, przejdzie od razu do tego poziomu krzyku. Niektóre niemowlęta – te o łagodnym, wyluzowanym temperamencie – mogą przestać płakać, jeśli rodzic nie będzie im odpowiadał. Jednak większość jest znacznie bardziej uparta. O wiele lepiej jest od razu pocieszyć dziecko.

Spróbuj „karaibskiego podejścia". Zrelaksowane podejście do dziecięcego popłakiwania często zapobiega eskalacji krzyku. Bliska więź z dzieckiem sprawia, że nie tylko ty możesz odczytywać jego nastroje – ono również rozpoznaje twoje. Jeśli twoje dziecko wyczuje, że nie jesteś zaniepokojona, jest bardziej prawdopodobne, że się uspokoi. Nazywamy to „karaibskim podejściem" – wzruszasz ramionami, uśmiechasz się i mówisz: „Nie ma problemu, mały".

Susan, wrażliwa i opiekuńcza matka RB, przyniosła kiedyś swojego ośmiomiesięcznego syna, Thomasa, do mojego gabinetu, po poradę związaną z częstym popłakiwaniem. Rozmawiając z nią, zauważyłem, że zawsze chwyta Thomasa na ręce w ciągu ułamka sekund od pierwszego piśnięcia, mając przy tym przestraszony wyraz twarzy. Kiedy ich obserwowałem, stało się dla mnie jasne, że niepokój dziecka wywoływał niepokój matki, co z kolei wzmagało emocje dziecka, czyniąc z nich bardzo niespokojną parę. W tym przypadku pragnienie matki, by zrobić dla dziecka to, co najlepsze, działało przeciwko niej. To, że Susan reagowała szybko, nie było problemem; odpowiadanie z przestrachem już tak. Poradziłem jej, by spróbowała karaibskiego podejścia. Jak tylko Thomas zaczynał grymasić, jego matka miała przybierać odprężony wyraz twarzy (nawet jeśli wewnętrznie czuła się spięta) i zamiast porywać synka na ręce, miała po prostu odwrócić się do niego i powiedzieć coś uspokajającego. To, czego jej dziecko potrzebowało od mamy, to zapewnienie: „Nie ma problemu, kochanie, poradzisz sobie. Mama jest tutaj". Wkrótce Thomas przestał tyle marudzić, a zaczął się więcej bawić.

CZY DZIECKO POWINNO SIĘ WYPŁAKAĆ?

Czasem w toku twojej rodzicielskiej kariery ktoś zasugeruje ci, że rozwiązaniem problemu płaczu u twojego dziecka jest pozwolenie, by się „wypłakało". Nie rób tego, zwłaszcza w pierwszych miesiącach! Rozłóżmy to mało delikatne upomnienie na czynniki pierwsze, a zobaczymy, jak bardzo jest ono niemądre i niepomocne.

„Pozwól *swojemu* dziecku". Pouczenia, jak masz reagować na płacz *twojego* dziecka, wygłaszane przez kogoś, kto nie ma z tym dzieckiem żadnej biologicznej łączności, jest bardzo arogranckie. Nawet jeśli rada płynie od babci czy innego kochającego krewnego, musisz zdać sobie sprawę, że ta osoba nie zna twojego dziecka tak dobrze, jak ty. Również nie ona słucha, jak jego płacz brzmi o godzinie trzeciej nad ranem. Dla ludzi, którzy (prawdopodobnie z troski o ciebie) udzielają tego typu rad, płacz to uciążliwość. Ty zaś wiesz, że jest on sygnałem jakiejś potrzeby.

„się". Czym jest *się* w zaleceniu „wypłakania się"? Czy chodzi o czyjś (dziecka) nieznośny zwyczaj, który trzeba wykorzenić? To mało prawdopodobne, bo potrzeba nie może być nazwana zwyczajem. Także wiara, że płacz jest dobry dla płuc dziecka, jest zwyczajnie fałszywa. Nadmierny płacz obniża poziom tlenu we krwi dziecka i podnosi poziom hormonów stresu. Dla rodzica RB płacz oznacza potrzebę. *Się* w „wypłakiwaniu się" nie odejdzie, dopóki ta potrzeba nie zostanie zaspokojona.

„wy-" Co mianowicie *wy*płakuje dziecko, kiedy pozwalasz mu płakać i dokąd to coś idzie? Czy dziecko wypłakuje zdolność do płaczu? Czy może po prostu *wy*rzucić cały ten płacz i nie zawracać nim sobie więcej głowy? Nie! Niemowlę może płakać godzinami i nadal zachować zdolność płaczu. Tym, co dziecko rzeczywiście traci, jest motywacja do płaczu, a wraz z nią kilka innych, cennych rzeczy. Kiedy nikt nie odpowiada na płacz dziecka, ma ono dwie możliwości: może płakać głośniej, bardziej, nadawać bardziej niepokojący sygnał, w desperackiej nadziei, że ktoś go wysłucha; albo może się pod-

dać i stać się „dobrym dzieckiem" (to znaczy cichym) i nie zawracać już nikomu głowy. Pomyślcie, jak byście się czuli, gdybyście czegoś chcieli i gdybyście starali się zakomunikować tę potrzebę najlepiej, jak tylko umiecie, ale nikt by was nie słuchał. Bylibyście źli. Czulibyście się bezbronni i nieważni, i myślelibyście, że nikt o was nie dba, skoro wasze potrzeby tak niewiele dla innych znaczą. Tym, co „wychodzi" z dziecka pozostawionego z jego płaczem, jest zaufanie: zaufanie we własną zdolność komunikacji i w gotowość opiekuna do reakcji.

Coś uchodzi także z rodzica, kiedy dziecko jest zostawione, aby się wypłakało. Rodzice tracą wrażliwość. Doradcy mogą mówić wam, że musicie być twardzi wobec dziecięcego płaczu, a nawet sugerować, że trzeba takim być dla dobra dziecka. To jest złe. Jeśli świadomie stępiasz swoją wrażliwość na płacz twojego dziecka i wyłączasz instynktowną potrzebę odpowiedzi, działasz przeciwko własnej biologii. To prawda, że w końcu płacz nie będzie ci już przeszkadzał, będzie to jednak mieć poważne konsekwencje dla twojego rodzicielstwa. Stracisz zaufanie do sygnałów wysyłanych przez twoje dziecko i zdolność do rozumienia pierwotnego języka niemowlęcia. To właśnie się dzieje, kiedy dorośli postrzegają płacz raczej jako sprawę kontroli niż sposób komunikacji.

Próbowaliśmy metody z wypłakiwaniem się. Byłam taka zmęczona i wszyscy moi przyjaciele polecali to podejście, więc pomyślałam, że spróbujemy. To był wielki błąd! Jej płacz rozdzierał mi serce. Następnego ranka moje dziecko było schrypnięte, a mnie było bardzo smutno. Na kolejnych kilka dni córeczka przywarła do mnie jak miś koala. Już nigdy więcej tego nie zrobię.

KRZYWA PŁACZU

Płacz dziecka nie jest taki sam od początku do końca. Gdyby chcieć oddać go graficznie, wyglądałby jak wznosząca się krzywa. Początkowo dźwięk płaczu magnetycznie przyciąga tego, kto go słyszy, do płaczącego dziecka. Wspomaga tworzenie się więzi, wywołując empatyczną reakcję opiekuna i pragnienie pocieszenia dziecka. Jeśli jednak płacz trwa, bo nikt go nie słucha i nie odpowiada na niego, staje się on coraz bardziej niepokojący, dopóki niemowlę nie ma dość, dawno przebywszy punkt, w którym krzyk ma pozytywne oddziaływanie na opiekuna. Płacz dziecka doprowadzonego do ostateczności wywołuje reakcję polegającą na potrzebie uniknięcia kontaktu; opiekun musi walczyć z chęcią ucieczki od tego piszczącego stwora. Kiedy dziecko ciągle nie dostaje tego, co potrzebuje, płacz wchodzi w fazę złości. Rodzic jest zły, bo dziecku tak trudno jest się uspokoić, a niemowlę jest złe, bo na jego krzyk wciąż nie nadchodzi oczekiwana przez nie reakcja. Jednym z powodów, dla których warto szybko odpowiadać na krzyk dziecka, jest możliwość zatrzymania go w tej fazie na krzywej płaczu, która zachęca do tworzenia więzi i w której płacz jest przyjemniejszy.

Pewnego dnia odwiedzający nas psycholog dziecięcy skomentował płacz naszej córeczki, Hayden: „W jej płaczu nie ma złości, lecz oczekiwanie".

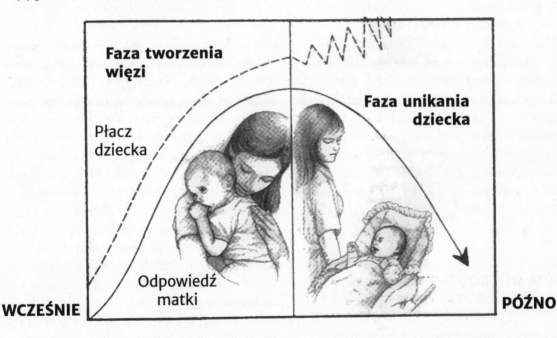

Oddziaływanie płaczu dziecka na matkę

NAUKA DOWODZI:
„Wypłakiwanie" nie ma naukowo potwierdzonych korzyści

Badania wykazały, że większość dzieci pozostawianych, aby się „wypłakały", nie płacze mniej. Zamiast tego płaczą one w sposób bardziej szarpiący nerwy, bardziej przywierają do swoich rodziców i potrzebują więcej czasu, by stać się niezależne.

„-płakać". Czym naprawdę jest płacz dziecka? Dla tłumu zalecających „wypłakiwanie" płacz nie ma znaczenia. Ale w rzeczywistości dziecko płacze, aby coś zakomunikować. Będzie desperacko próbowało przekazać swoje potrzeby. Twoja odpowiedź na płacz jest także sposobem komunikowania się.

Płacz nie tylko jest cudownym narzędziem dla dzieci, jest też użytecznym sygnałem dla rodziców, zwłaszcza dla matek. Krzyk dziecka jest tak zaprojektowany, żeby zachęcać rodziców do odpowiedzi. Zaś kiedy matka podnosi płaczące dziecko i daje mu pierś, sama korzysta z odprężającego efektu, jaki mają hormony uwalniane dzięki karmieniu. Pomagają one stać się jej bardziej opiekuńczą i zmniejszyć napięcie związane z płaczem dziecka. Dlaczego ktoś miałby chcieć to przegapić?!

RADA DLA RODZICÓW, KTÓRYCH DZIECI DUŻO PŁACZĄ

Pewnego dnia rozmawiałem z Leslie, matką korzystającą z mojej przychodni, o płaczu jej dziecka. Leslie była opiekuńcza i przywiąza-

na do swojego syna, jednak miała szczęście urodzić dziecko o dużych potrzebach, wielokrotnie budzące się w nocy, nad którym opieka była szczególnym wyzwaniem. Leslie reagowała na potrzeby dziecka z dużą wrażliwością, była jednak bliska wypalenia. Cierpiało przy tym jej małżeństwo. Ona i jej mąż nie zgadzali się w wyborze stylu rodzicielstwa i Leslie wyznała mi, że macierzyństwo jej nie cieszy. Kochała synka, ale były takie chwile, kiedy jego częste, długotrwałe napady płaczu złościły ją. Czasem potrzebowała od tego uciec i wówczas pozwalała swojemu dziecku płakać. „Czy jestem złą matką, ponieważ pozwalam mu płakać?" – spytała. „Nie jest pani złą matką, tylko zmęczoną" – odpowiedziałem.

Nie jest przyjemnie mieć w domu dzieci, które bez przerwy płaczą. Ich płacz ma bardziej niepokojące brzmienie, a one same nie przyzwyczajają się łatwo do zmian. Nawet mając wrażliwych rodziców, nie przestają popłakiwać, sprawiając, że mama i tata są spięci i rozdrażnieni. Można by odnieść wrażenie, że w przypadku takiego dziecka rodzicielstwo bliskości nie działa i w tej sytuacji rady dotyczące wypłakiwania się i regulowania planu dnia niemowlęcia są jedynym ratunkiem dla matki i ojca. Jednak tak naprawdę, to właśnie takie dziecko szczególnie potrzebuje rodzicielstwa bliskości. W przeciwnym razie, wobec wszystkich jego trudnych cech, rodzice mogą po prostu odsunąć się od dziecka. Żeby rodzicielstwo bliskości zadziałało dobrze w takiej rodzinie, potrzebne są pewne zmiany. Matka nie może utrzymać bliskiego kontaktu z dzieckiem, jeśli jego potrzeby są tak pochłaniające, że jest ona spięta i wyczerpana.

Jeśli znajdziesz się w sytuacji podobnej do tej, która dotyczyła Leslie, musisz podjąć działania.

TO NIE WASZA WINA, ŻE WASZE DZIECKO PŁACZE

Nie miej poczucia winy, jeśli twoje dziecko często płacze. Jeśli robisz, co w twojej mocy, żeby z wrażliwością odpowiedzieć na płacz, nie miej wrażenia, że z twoim macierzyństwem albo ojcostwem jest coś nie tak, gdy nie zawsze umiesz pocieszyć dziecko. Nie musisz za wszelką cenę powstrzymać jego płaczu. Po prostu postaraj się upewnić, że nie ma on fizycznej przyczyny (to, nawiasem mówiąc, mogą być dłuższe poszukiwania), a następnie eksperymentuj z różnymi sposobami uspokajania dziecka. Będą takie chwile, kiedy stwierdzisz, że próbowałeś już wszystkiego, co tylko przyszło ci do głowy i wciąż nie wiesz, dlaczego niemowlę płacze. Czasem ono także tego nie wie. Jeśli zrobiłaś wszystko, co możesz, żeby ustalić przyczynę płaczu, daj dziecku po prostu twoje opiekuńcze ramiona, pierś i ramię, do których można się przytulić, tak żeby dziecko nie zostało samo ze swoim płaczem. Reszta zależy od niego.

Nie zamykaj twojego dziecka w jego pokoju, żeby płakało każdego wieczora. Poszukaj innych rozwiązań. Weź pod uwagę takie:

Poszukaj medycznej przyczyny płaczu.
W porozumieniu z waszym lekarzem poszukaj fizycznych powodów, dla których twój synek lub córka popłakuje czy ma ataki kolki. Być może jest ona „dzieckiem cierpiącym", a problem ma podłoże medyczne. Weź pod uwagę możliwość choroby refluksowej przełyku, alergię na mleko modyfikowane czy, w przypadku dzieci karmionych piersią, alergię lub nadwrażliwość na któryś ze spożywanych przez ciebie produktów. Dziecko, które przez większość czasu cierpi, będzie nadwrażliwe. W takim przypadku, aby zatrzymać płacz, musisz zlikwidować jego przyczynę.

Naucz dziecko lepiej płakać. Podejście karaibskie (zajrzyj na stronę 103), w którym używasz odprężonego wyrazu twarzy i języka ciała, aby dać dziecku znać, że nie musi płakać, jest w przypadku często płaczących dzieci szczególnie pomocne. Kiedy starsze niemowlę marudzi czy płacze, zamiast pośpiesznie chwytać je na ręce, nawiąż z nim kontakt głosowy: „mama jest tutaj". Zrób śmieszną minę lub opowiedz coś dziecku. W ten sposób próbujesz odwrócić uwagę dziecka od popłakiwania i zająć je czymś innym. To podejście może się początkowo okazać trudne, bo musisz sama się odprężyć, żeby następnie przekazać tę reakcję dziecku. Weź głęboki oddech czy po prostu zatrzymaj się na kilka sekund i pozwól ujść napięciu. Kiedy nauczysz się to robić, nauczy się również dziecko.

Zarządźcie dyżury w słuchaniu płaczu. Przedłużający się płacz zazwyczaj jest bardziej uciążliwy dla mam niż dla ojców. Czasem matki muszą po prostu na trochę się oderwać, aby uratować swoje zdrowie psychiczne. Upewnij się, że dziecko jest porządnie nakarmione, a potem przekaż je tacie, podczas gdy ty przeznaczysz jakąś godzinę na samotny spacer. Dziecko i tata skorzystają z czasu spędzonego razem, a poza tym ojcowie są często bardziej tolerancyjni w stosunku do niemowląt, które nadal płaczą, mimo rodzicielskich wysiłków, by je pocieszyć. Płacz w kochających ramionach nie jest tym samym, co samotne wypłakiwanie się, bez nikogo, kto choćby próbowałby nieść pocieszenie. Płacz u taty na rękach pomaga dziecku upewnić się, że nie jest zostawione samo sobie.

Naucz dziecko, że niektóre problemy może ono rozwiązać samodzielnie. Żeby czuć się spokojne i „uporządkowane", noworodki i małe niemowlęta potrzebują niemal ciągłej pomocy ze strony mamy i taty. Jednak zanim skończą rok, dzieci mogą zacząć uczyć się robienia czegoś dla siebie. Twoja wrażliwość pomoże ci ocenić, czy twoje dziecko potrzebuje natychmiastowej reakcji, czy raczej minuty lub dwóch czasu, aby spróbować samo się uspokoić. Zwróć uwagę na intensywność popłakiwania.

Jeśli wzrasta gwałtownie, prawdopodobnie będziesz musiała odpowiedzieć. Jeśli osiąga szczyt, a potem zaczyna zamierać, wstrzymaj się z interwencją. Nie pomyl jednak tej rady z lansowanym przez trenerów dzieci przepisem na zgodne z grafikiem reagowanie na płacz. Pozwól, aby prowadziła cię twoja wiedza o dziecku, nie ma bowiem magicznego przepisu na nauczenie go, jak radzić sobie z emocjami. Pamiętaj, że twoim ostatecznym celem jest pokazanie rosnącemu dziecku, że czasem można poradzić sobie w inny sposób niż płacząc. Jednocześnie nie chcesz nauczyć dziecka, że jego płacz nie ma wartości.

8
Spanie przy dziecku

Nie ma tygodnia, żeby nie zadzwonił do mnie ktoś chcący napisać artykuł o „kontrowersjach związanych ze spaniem z niemowlętami". Śmieję się w duchu i zastanawiam, co jest takiego medialnego w rodzicach śpiących z dziećmi w jednym łóżku? Rodzice spali z dziećmi przez tysiące lat i nawet dziś nie jest to niezwykła praktyka. Większość rodziców śpi z dziećmi, przynajmniej przez

jakiś czas – po prostu nie mówią o tym swoim lekarzom i krewnym. Dlaczego ten zwyczaj utrzymywany jest w tajemnicy? Przyczyny sięgają problemu skupienia rodziców i ich doradców na kwestii uczynienia dzieci niezależnymi – przy jednoczesnym niezrozumieniu tego, w jaki sposób dzieci stają się naprawdę niezależne. Ze wszystkich Filarów RB, spanie przy dzieciach wydaje się najbardziej kontrowersyjne.

BLISKOŚĆ TAKŻE W NOCY

Rodzicielstwo bliskości w nocy to problem szerszy niż to, gdzie śpi wasze dziecko. To wasze nastawienie do nocnych potrzeb niemowlęcia, akceptacja dziecka jako małego człowieka o wielkich potrzebach – dwadzieścia cztery godziny na dobę, siedem dni w tygodniu. Niemowlę ufa, że wy, jego rodzice, będziecie dostępni w nocy nieprzerwanie, tak jak w ciągu dnia. Toteż dostosowujecie swoje nocne zwyczaje do potrzeb dziecka. Wasza nocna strategia rodzicielska może się zmieniać, w zależności od rozwoju dziecka i waszych własnych, dorosłych potrzeb. Jeśli zgodzicie się być elastyczni i pozbędziecie się typowego w kulturze amerykańskiej przekonania, że dzieci powinno się uczyć samodzielnego spania od samego początku, zobaczycie, że przyjmując dziecko do swojego łóżka, nie psujecie go ani nie pozwalacie mu sobą manipulować.

SEN NIE JEST KWESTIĄ KONTROLI

Spanie, podobnie jak jedzenie, nie jest czymś, co można na dziecku wymusić. Najlepsze, co można zrobić, to stworzyć warunki, w których sen zmorzy dziecko. Po trzech dekadach konsultowania problemów ze snem u dzieci doszedłem do wniosku, że w większości przypadków budzenie nocne jest wrodzone, a nie wynika z wychowania. To nie wasza wina, że dziecko się budzi, a jego zwyczaje związane ze snem nie są odbiciem waszego rodzicielstwa. Jeśli wasi znajomi przechwalają się swoimi niemowlętami, które już przesypiają noce, to wierzcie nam: prawdopodobnie przesadzają. I to bardzo.

Wszystkie te sprzeczne rady, jakie słyszycie, spędzają wam sen z powiek w większym stopniu, niż robi to samo dziecko. Martwicie się, że psujecie dziecko, jeśli zabieracie je ze sobą do łóżka albo z wielką wrażliwością podchodzicie do jego nocnych przebudzeń. Martwicie się, jeśli zdesperowani i zmęczeni postanawiacie spróbować trochę podejścia trenerów dzieci i pozwalacie dziecku płakać przez kilka nocy. Czasem pomocne mogłoby być uświadomienie sobie, że niektóre dzieci łatwo zasypiają i rodzą się z wiedzą, jak ukoić same siebie, podczas gdy inne łatwo się budzą i trudno je na powrót uśpić. Każde dziecko jest inne i zachowania związane ze snem mają więcej związku z wrodzonym temperamentem (czy z jakąś medyczną przyczyną, jeśli mówimy o budzeniu się w nocy) niż z jakimikolwiek „złymi nawykami" wprowadzonymi przez mamę i tatę. Zawsze jednak przychodzi czas, kiedy nawet rodzice dziecka uparcie się budzącego zostają nagrodzeni całą nocą nieprzerwanego snu.

Nocne przebudzenia i karmienia tak naprawdę mi nie przeszkadzają. Tym, co naprawdę mnie męczy, są ci wszyscy ludzie, którzy bez przerwy pytają: „Czy ona już przesypia noc?".

Moment, w którym rodziny doznają błogosławieństwa przespanej nocy, przychodzi w różnym czasie, zależnie od dziecka. W oczekiwaniu na niego eksperymentujcie z takim stylem nocnego rodzicielstwa, który się u was sprawdza. Jedyni eksperci, jakich musicie spytać o radę, to wy i wasze dziecko.

Jak to nazwać. Spanie z dzieckiem ma różne nazwy. Przyziemne określenie „rodzinne łóżko", choć przemawia do wielu, może być onieśmielające dla młodych rodziców, którzy wyobrażają sobie, że w takim łóżku zawsze sypia cała rodzina: starsze dzieci, niemowlęta, rodzice i nawet pies. „Współspanie" (*co-sleeping*) brzmi raczej jak coś, co robią dorośli, niczym „współmieszkanie". To termin preferowany przez antropologów: jest jasny i pozbawiony sądów oceniających. W piśmiennictwie medycznym pojawia się „dzielenie łóżka". Nam podoba się określenie „dzielenie się snem", bo, jak zaraz zobaczycie, matka i dziecko dzielą ze sobą coś więcej niż tylko miejsce na łóżku. Lubimy też brzmienie Filaru RB „spanie przy dziecku" – przypomina on, że taka organizacja nocnego snu pozwala trwać bliskości, jaka istnieje między rodzicami i dzieckiem w ciągu dnia.

Chcielibyśmy tutaj dodać, że nie ma dobrych i złych miejsc dla snu dziecka. Ty musisz się starać nie dopuścić do tego, żeby przyzwyczajenia twojego dziecka dotyczące snu były podporządkowane czyimś radom – czy to trenerów dzieci, czy zwolenników rodzicielstwa bliskości. Twoim celem jest stworzenie takiej strategii nocnego rodzicielstwa, aby wszyscy w twojej rodzinie mogli się dobrze wyspać. My i wielu innych rodziców ustaliliśmy, że spanie przy dziecku jest najlepszym sposobem na to, by być gotowym do reakcji na jego potrzeby, a jednocześnie dobrze spać.

NASZE DOŚWIADCZENIA WE WSPÓŁSPANIU

Martha i ja nie spaliśmy z pierwszą trójką naszych dzieci. Prawda jest taka, że były to wyrozumiałe niemowlęta, które dobrze spały w swoich łóżeczkach. Nie mieliśmy powodów, aby kwestionować oficjalne stanowisko lekarzy na temat wpuszczania dzieci do łóżka rodziców (a więc opinii, że spanie z dziećmi jest dziwaczne, może okazać się niebezpieczne i nie jest czymś, co robią nowocześni rodzice). Wtedy zjawiło się nasze czwarte dziecko, Hayden, urodzona w roku 1978. Jej narodziny zmieniły nasze nastawienie w wielu kwestiach, w tym również spania (gdyby nie Hayden, być może wiele z naszych książek nie zostałoby napisanych). Kiedy wyrosła z kołyski stojącej tuż koło naszego łóżka, przenieśliśmy ją do łóżeczka dziecięcego – nienawidziła go. Było bardzo ciężko sprawić, żeby w nim spała. Martha była wyczerpana. Hayden spędzała w jej ramionach całe dnie i Martha miała naprawdę dość. Wreszcie, pewnej nocy, zamiast tak jak należy odłożyć Hayden do łóżeczka (wiedząc, że jeśli to zrobi, mała obudzi się w ciągu godziny), Martha ułożyła ją obok siebie, w naszym łóżku. Dziecko spało, mama spała i od tej nocy wszyscy spaliśmy lepiej – w istocie tak dobrze, że Hayden spała z nami w łóżku przez cztery lata, dopóki nie urodziło się nasze kolejne dziecko!

Byłem jednak przecież wykształconym pediatrą i czułem, że przydałaby się nam dodatkowa rada dotycząca tego odważnego nocnego eksperymentu. Wszystkie książki twierdziły: „Nie wpuszczaj dziecka do swojego łóżka. Będziesz tego żałować". Martha odpowiedziała: „Nie obchodzi mnie, co mówią książki. Jestem zmęczona i potrzebuję trochę snu!". Nie mogłem z tym dyskutować i powoli przezwyciężyłem obawy, że być może jesteśmy „manipulowani" i niepewność co do tego, kiedy i jak mianowicie pozbędziemy się Hayden z naszego łóżka. Odnieśliśmy się do naszych wcześniejszych wątpliwości, pisząc własne książki, w których tłumaczyliśmy liczne korzyści wynikające ze spania przy dziecku.

Kiedy matka i dziecko śpią razem, dzielą szczególną bliskość. Za każdym razem, kiedy obserwowałem Marthę śpiącą z Hayden, byłem zaintrygowany harmonią ich oddechów. Kiedy Martha brała głęboki oddech, Hayden robiła to samo. Harmonia była także obecna w ich ruchach. Widziałem, jak Martha poruszała się w tym samym czasie albo kilka sekund przed czy po tym, jak poruszyła się nasza córeczka. Istniał między nimi rodzaj przyciągania; Martha odwracała się do Hayden i karmiła ją albo dotykała, po czym obie odpływały z powrotem w sen, często nawet tak naprawdę się nie budząc. Kiedy indziej Hayden wierciła się i wyciągała rączkę, żeby dotknąć Marthy, potem oddychała głęboko i spała dalej, uspokojona bliskością matki. Zauważyłem też, że Martha od czasu do czasu budziła się częściowo, sprawdzała Hayden, poprawiała jej kołderkę i bez problemu zasypiała z powrotem.

Po Hayden spaliśmy jeszcze z kolejną czwórką naszych dzieci (każdorazowo z jednym na raz!). Przez lata obserwowałem Marthę i nasze dzieci śpiące razem. W sposób naturalny spali na boku, zwróceni do siebie twarzami. Nawet jeśli zasypiali ułożeni z dala od siebie, dziecko, jak wykrywacz ciepła, ciążyło ku Marcie, na odległość oddechu. Zastanawiałem się nad tą pozycją twarzą w twarz, prawie nos w nos. Czy to możliwe, że oddech matki stymuluje oddychanie u dziecka? Być może w ułożeniu twarzą w twarz oddech mamy pobudza skórę dziecka, co prowadzi także do lepszego oddychania. Zauważyłem, że jeśli skieruję swój oddech na twarz mojego dziecka, ono także – jakby ten oddech był magiczny – wzdycha głęboko.

Martha i ja mamy teraz nasze łóżko tylko dla siebie. Jednak z rozczuleniem wspominamy lata dzielenia snu z naszymi dziećmi i nie mamy wątpliwości, że ta nocna bliskość była ważną częścią budowania dobrej i pełnej zaufania relacji z nimi.

JAK TO SIĘ DZIEJE, ŻE SPANIE PRZY DZIECKU DZIAŁA

Są dwa główne powody, dla których rodzice śpią ze swoimi dziećmi. Po pierwsze, dzielenie snu pozwala trwać więzi, którą rodzice budują w ciągu dnia. Wydaje się sensowne, że jeśli nie zostawiamy dziecka, by płakało samotnie w dzień, nie powinniśmy także pozwalać, by w nocy płakało w sąsiednim pokoju. Spanie przy dziecku to nocny ekwiwalent noszenia go. Po drugie zaś dzieci, które dzielą sen z rodzicami, śpią lepiej, a to pomaga spać lepiej ich matkom. Mówiąc innymi słowy – to działa.

Ja widzę spanie z moim dzieckiem jako wariant dla „leniwej mamy". Cenię swój sen. Ponieważ córka śpi tuż obok mnie, nie martwię się i nie muszę wychodzić z łóżka i wędrować przez przedpokój, kiedy ona budzi się na karmienie. Poza tym, ona lubi umościć się tuż obok mnie. To sprawia, że jest szczęśliwa.

Niemowlęta śpią lepiej. Żeby zrozumieć, w jaki sposób dzielenie łóżka pomaga dziecku spać, musisz najpierw poznać podstawowe kwestie dotyczące snu niemowląt.

Jest on inny niż sen dorosłych. Prawdopodobnie wiesz, że wyróżnia się poszczególne fazy snu: najważniejsze z nich to płytki sen albo faza REM (skrót od *rapid eye movement* – po angielsku znaczy to „szybkie ruchy gałek oczne) i sen głęboki. W fazie REM śnimy, zaś ciało niemowlęcia jest właśnie wtedy najbardziej aktywne. Możesz zauważyć, że jego oczy poruszają się pod powiekami, a dziecko wierci się, ssie i wydaje rozmaite dźwięki. W fazie głębokiego snu niemowlę jest nieruchome i ciche. Dziecko przechodzi od jednej fazy do drugiej wielokrotnie w ciągu nocy, częściej, niż dzieje się to w przypadku dorosłych. Tymczasem właśnie w momencie przejścia między fazami niemowlę wkracza w trudny okres, w którym jest szczególnie podatne na nocne przebudzenia. Może się wtedy obudzić i mieć kłopoty z ponownym zapadnięciem w sen.

Naukowcy nie potrafią odpowiedzieć na pytanie, dlaczego dzieci tak wiele czasu spędzają w fazie REM, choć uważa się, że płytki sen zapewnia korzyści rozwojowe. Być może pomaga mózgowi rosnąć i wytwarzać nowe połączenia. Jest też możliwe, że niemowlęta są jeszcze zbyt niedojrzałe, aby być bezpieczne w fazie głębokiego snu. Jeśli przyjmiesz do wiadomości, że dzieci śpią w ten sposób z jakiegoś ważnego powodu, zaczniesz również dochodzić do wniosku, że powinny spać koło kogoś, kogo kochają.

Przytulenie się podczas snu do matczynej piersi czy ramion ojca wytwarza zdrowe podejście do zasypiania. Dziecko uczy się, że sen jest czymś przyjemnym. Dzieci śpiące z rodzicami nie tylko zasypiają szczęśliwsze, ale także dłużej pozostają uśpione.

Jeśli dziecko jest samo, nocne przebudzenie może być przerażające. Skoro w pokoju nie ma matki czy innego opiekuna, niemowlę uznaje, że jest samotne i opuszczone. Przebudzenie nie jest takie straszne, kiedy dziecko budzi się obok mamy. Rozumie, że koło niej jest bezpieczne. Jeśli jest głodne, może napić się mleka i ssanie ukołysze je do snu. Zaś matka jest w stanie po prostu wyciągnąć do niego rękę, poklepać je po pleckach, szepnąć kilka kojących słów i przeprowadzić dziecko przez graniczną fazę między lekkim a głębszym snem, sama nawet całkowicie się nie budząc.

Wyobraź sobie, że jesteś niemowlęciem śpiącym koło swojej mamy. Kiedy wchodzisz w okres łatwych przebudzeń między fazą snu głębokiego a płytkiego, znajdujesz się blisko osoby, do której jesteś przywiązana, a którą możesz słyszeć, czuć i dotykać. Jej znajoma obecność daje ci do zrozumienia, że wszystko jest w porządku i że możesz dalej spać. Pozwala ci to spokojnie przebyć ten trudny okres nocnych pobudek i z powrotem wkroczyć w głęboki sen. Jednak bazując na naszych własnych doświadczeniach z współspaniem oraz na naszych i cudzych badaniach, wierzymy, że matki śpiące z dziećmi robią dla nich coś więcej niż tylko ponownie je usypiają. Jak się wkrótce dowiecie, spanie przy dziecku niesie także korzyści fizjologiczne.

Kiedy mój mąż wszedł do sypialni i zobaczył nasze nowo narodzone dziecko leżące samotnie w niemowlęcym łóżeczku koło naszego łóżka, powiedział: „Nasz syn śpi w TYM? Zmarznie, a poza tym skąd będziemy wiedzieli, że oddycha?". Wyjął naszego synka z łóżeczka i przyniósł do naszego łóżka. Po dziewięciu miesiącach w moim łonie, moje ukochane dziecko nadal było częścią mnie, oddychając ze mną i zasypiając w rytm mojego serca tuż obok mnie.

Matki śpią lepiej. Wiele śpiących razem matek i niemowląt osiąga coś, co określamy mianem „nocnej harmonii": ich cykle spania synchronizują się ze sobą. Matki są świadome obecności dzieci, ale zarazem zdolne do spokojnego snu. Budzą się wraz z dzieckiem i karmią je, jednak rzadko mają problemy z ponownym zaśnięciem. Ponieważ są tak dobrze zestrojone z dzieckiem, nie martwią się, że je przygniotą. Czują pewność, że obudzą się, jeśli z jakiegoś powodu dziecko będzie ich potrzebować.

O ileż przyjemniej jest móc zaspokoić potrzeby dziecka bez konieczności nocnego wstawania z łóżka. W ten sposób matki dzieci domagających się częstego karmienia nie tylko mogą przetrwać, ale także rozkwitać. Kiedy spytać je o to rano, nie potrafią powiedzieć, kiedy i ile razy w nocy karmiły (nie niepokoi ich to, więc nie patrzą na zegarek). Wiedzą tylko, że są wypoczęte. Ponieważ dzieci i matki śpiące razem mają podobne cykle snu, rytm spania matki nie jest zaburzony przez budzące się dziecko.

Z zapisków Marthy: Budziłam się na sekundy przed moim dzieckiem. Kiedy ono zaczynało się wiercić, kładłam na nim kojącą rękę i ono zasypiało z powrotem. Czasem robiłam to tak automatycznie, że nawet się nie budziłam.

Porównaj te doświadczenia z historiami matek, które śpią w innym niż dziecko pokoju. Kiedy śpiące osobno dziecko budzi się – płacząc, samotne, za prętami łóżeczka – i wyrywa matkę ze snu, ta jest zmuszona podnieść się ze swojego łóżka i biec do niego. Potem musi uspokoić dziecko, żeby móc je nakarmić piersią (albo żeby pójść do kuchni i podgrzać butelkę). Kiedy dziecko wreszcie z powrotem zaśnie, matka przekłada je do łóżeczka, a potem musi sama wrócić do snu. Jeśli następną godzinę spędzi, patrząc w sufit, rano odczuwa tego efekty.

Łatwiej jest karmić piersią. Największymi fankami wspólnego spania są matki karmiące piersią. Dzieci chowane na piersi potrzebują częstych karmień także w nocy, a spanie przy dziecku je ułatwia. Niemowlęta, które śpią blisko matek, mają tendencję do częstszego budzenia się na karmienie niż te, które śpią osobno. Trenerzy dzieci opacznie postrzegają to częste nocne budzenie. Twierdzą, że jeśli próbujesz wychować dziecko tak, żeby w mniejszym stopniu potrzebowało mamy, ta nie powinna być przy dziecku przez całą noc, prowokując je do częstszego ssania. Zgodnie z wyznawaną przez nich filozofią, nocne przebudzenia to nawyk, który należy przełamać, a nie sygnał potrzeby utrzymania więzi z rodzicami. Jednak jak się wydaje, częste przebudzenia nie przeszkadzają matkom, które śpią z dziećmi. Tymczasem dodatkowe karmienia, dodatkowe mleko i dodatkowy kontakt fizyczny pomagają dziecku lepiej rosnąć. Częste karmienie reguluje także produkcję mleka i sprawia, że matka nie budzi się rano z nabrzmiałymi piersiami, co mogłoby prowadzić do zastojów i zapaleń. Rodzice praktykujący rodzicielstwo bliskości rozumieją również, że częste nocne pobudki pozwalają dziecku na ponowną bliskość z matką, zwłaszcza jeśli oboje byli rozdzieleni w ciągu dnia. Matki karmiące piersią łatwiej dostosowują swój rytm snu do rytmu dziecka niż te, które karmią butelką. Często budzą się chwilę przed tym, nim obudzi się dziecko. Pomagają niemowlęciu uchwycić pierś i natychmiast zasypiają z powrotem, podczas gdy dziecko ssie. Hormony uwalniane przez ssanie mają efekt odprężający, co o drugiej nad ranem czyni ponowne zaśnięcie niemal nieuniknionym.

Pomaga dzieciom wspaniale się rozwijać.
Dzieci dzielące sen z rodzicami wspaniale się rozwijają, co znaczy, że nie tylko robią się coraz większe, ale także osiągają pełen potencjał fizyczny, emocjonalny i intelektualny. Skąd ten rozwojowy bonus? Prawdopodobnie to dodatkowy dotyk, w połączeniu z dodatkowymi karmieniami, stymulują wszechstronny wzrost. Nadprogramowy kontakt matki z dzieckiem podczas wspólnego snu skłania również do częstych, leniwych sesji karmienia – dziecko wyczuwa, że matka jest odprężona i samo nie spieszy się, ssąc pierś. Dodatkowe ssanie daje dziecku więcej bardziej tłustego mleka, które napływa do piersi w drugiej fazie karmienia, oraz stymuluje produkcję mleka. Poziom prolaktyny u matki wzrasta, kiedy ta śpi, więc dobrze zgrać karmienie z popołudniową drzemką – to świetny sposób na zwiększenie dostaw mleka.

Dzielenie się snem z dzieckiem, traktowane jako terapia dla dzieci słabo się rozwijających, było znane już ponad sto lat temu, czego dowodem jest cytat z książki o opiece nad dziećmi z 1840 roku: „Nie sposób wątpić, że przynajmniej w pierwszych czterech tygodniach życia, a także w czasie zimy i wczesnej wiosny, dziecko będzie wzrastać lepiej, jeśli zezwoli mu się na spanie przy boku matki i jeśli będzie pieszczone przez jej ciepło, niż gdy położy się je w osobnym łóżku".

Pomaga dzieciom i matkom nadrobić dzienne rozłąki. Dzielenie się snem nabiera dodatkowego znaczenia wobec aktywnego stylu życia współczesnych rodziców. Kiedy matka i ojciec są w ciągu dnia daleko od dziecka, wspólne spanie w nocy pomaga nadrobić straconą bliskość. Dzieci również dobrze to rozumieją. Jeśli matka jest w ciągu dnia poza domem, niemowlęta karmione piersią często zwiększają liczbę nocnych karmień. Dzieci pracujących rodziców mogą ucinać sobie dłuższe drzemki wtedy, kiedy są z opiekunką, aby móc dłużej nie spać w nocy i iść do łóżka z mamą i tatą. Mają swoje sposoby na odgadnięcie, jak dostać od rodziców to, czego potrzebują, aby rozkwitać. Jeśli to zaakceptujesz i będziesz cieszyć się nocną obecnością twojego dziecka, poczujesz się szczęśliwsza i bardziej z nim związana.

Nasza dwulatka mówi nam, kiedy jest gotowa do pójścia spać (Dobranoc, mama!). Ona i ja mamy cudowny zwyczaj: idziemy razem na górę do łóżka i czytamy kilka książeczek. Potem ona schodzi z łóżka i gasi światło. Następnie szybko zasypiamy, przytulone we wspaniałym, wieczornym uścisku. Taki sposób kładzenia się sprawia, że córeczka ma pozytywne skojarzenia ze snem i unikamy dzięki temu wieczornych bitew.

Sprzyja zaufaniu między rodzicami i niemowlęciem. Spanie z dzieckiem pozwala ci zapewnić je, że ci na nim zależy, choć nie musisz w tym celu wypowiadać ani słowa. Jeśli jesteś blisko w chwili, gdy dziecko budzi się przestraszone, możesz szybko i trafnie odpowiedzieć na jego potrzeby. Twoje dziecko otrzymuje komunikat, że można ci zaufać i że będziesz przy nim, gdy będzie cię potrzebować. Kiedy zignorujesz krytyków i trenerów dzieci, i położysz dziecko spać blisko ciebie, dasz mu tym samym znać, że ufasz wysyłanym przez nie sygnałom.

**RADA RODZICIELSTWA BLISKOŚCI:
Mleko II fazy to mleko dla umysłu**

W naszej praktyce pediatrycznej często zalecamy nocne karmienia dzieciom, które nie dość dobrze przybierają na wadze. Karmiąc w nocy, matki produkują bogatsze w tłuszcz „mleko wzrostu". Dodatkowa korzyść polega na tym, że jest to wysokotłuszczowe mleko II fazy, które wytwarzane jest później podczas karmienia niż mniej kaloryczne mleko I fazy. Jest także dobre dla rozwoju mózgu dziecka.

Albo będziecie wstawać ze swoimi dziećmi, gdy są niemowlętami, albo zostaniecie zmuszeni do tego, kiedy będą starsze.

DZIELENIE SIĘ SNEM: CO ZROBIĆ, ŻEBY DZIAŁAŁO?

Kto gdzie śpi? Co z seksem? Tego typu praktyczne problemy wiążą się z dzieleniem się snem. Oto kilka rad, które pomogą całej rodzinie poradzić sobie z kwestiami związanymi ze wspólnym spaniem.

Upewnij się, że oboje rodzice są zgodni. Narzędzia RB, zwłaszcza dzielenie łóżka, powinny zbliżać rodziny, a nie dzielić je. Jeśli obydwoje rodzice nie popierają wspólnego spania, rzadko się ono udaje. Większość ojców, nawet jeśli początkowo ma opory, odkrywa, że spanie przy dziecku pomaga im odczuwać większą bliskość. Zazwyczaj zachęcamy ojców, żeby w tym wypadku podążyli za wyborami mam, bo to one najmocniej odczuwają konsekwencje nocnych pobudek dziecka.

Mój mąż zainicjował spanie z naszym dzieckiem, bo był zmęczony wstawaniem i przynoszeniem mi go na nocne karmienie.

Kup duże łóżko. Wydaj pieniądze zaoszczędzone na dziecięcym łóżeczku i na całej masie bezużytecznych plastikowych produktów dla dzieci i zaszalej, kupując naprawdę duże łóżko. Dzielenie go będzie wygodniejsze, jeśli będzie sporo do podziału.

Poszerz łóżko. Niektóre matki i dzieci odkrywają, że aby czuć się wygodnie i nie budzić zbyt często, potrzeba im nieco przestrzeni. Jeśli wydaje ci się, że właśnie ty możesz mieć taką potrzebę, rozważ wypróbowanie wynalazku ułatwiającego współspanie – czegoś w rodzaju łóżeczka, które wygodnie i bezpiecznie mocuje się do boku dużego łóżka. Materacyk dziecka jest na tym samym poziomie, co materac rodziców i kiedy niemowlę obudzi się na karmienie, łatwo możesz przesunąć je z dostawki do siebie; potem zaś, jeśli będziesz chciała, ułożyć je z powrotem w małym łóżku.

Wypróbuj różne konfiguracje spania. Podczas gdy niektórzy ojcowie lubią, kiedy dziecko śpi między mamą a tatą, na środku łóżka, inni nie wysypiają się wówczas dobrze. Szczególnym wyzwaniem jest w takiej sytuacji spanie z nieco starszymi dziećmi, bo uprawiana przez nie nocna gimnastyka sprawia często, że ostatecznie śpią one w poprzek łóżka, z głową przy mamie i z zimnymi stopami wspartymi o tatę. Ten budzi się wówczas w złym humorze i zaczyna zrzędzić, że chyba „już czas", aby dziecko przeprowadziło się do własnego łóżka. Dla wielu rodzin lepszym rozwiązaniem jest, kiedy

BEZPIECZNE WSPÓŁSPANIE

Jeśli będziecie kierować się zdrowym rozsądkiem i wprowadzicie poniższe środki ostrożności, wspólne spanie jest w gruncie rzeczy najbezpieczniejszym nocnym układem dla większości niemowląt i rodziców:

- Nie śpij z dzieckiem, jeśli jesteś pod wpływem jakichkolwiek leków (wydawanych na receptę czy bez recepty), które wpływają na sen czy stan świadomości lub sprawiają, że jesteś mniej świadoma obecności dziecka. W tej grupie mieści się alkohol i środki nasenne.
- Unikaj spania z dzieckiem, jeśli jesteś ekstremalnie otyła. Otyłość może zaburzać cykle snu matki, sprawiając, że będzie ona mniej świadoma niemowlęcia. Duże ciało i piersi matki mogą też powodować ryzyko uduszenia się dziecka.
- Bądź ostrożna w kwestii spania opiekunki z dzieckiem; opiekunka zastępcza najprawdopodobniej nie będzie tak świadoma dziecka, jak matka.
- Nigdy nie pal przy śpiącym dziecku.

- Nie pozwól, by starsze rodzeństwo spało z dzieckiem mającym mniej niż dziewięć miesięcy.
- Nie zasypiaj z dzieckiem na kanapie z oparciem, na pufie wypełnionej kulkami, w łóżku wodnym czy na innej „lejącej się" powierzchni. Twarz dziecka może zapaść się czy zaklinować w szczelinie przy oparciu, nie pozwalając niemowlęciu oddychać.
- Ze względu na niebezpieczeństwo uduszenia dziecka, nie noś wiszącej biżuterii czy bielizny ze sznureczkami dłuższymi niż dwadzieścia centymetrów.
- Unikaj silnie pachnących sprejów do włosów, dezodorantów i perfum, które mogą podrażnić czy zatkać maleńkie nozdrza dziecka. Zachowaj je na czas, kiedy ty i twój mąż znowu będziecie mieć łóżko tylko dla siebie.
- Układaj niemowlę do snu na plecach.
- Jeśli śpisz z dzieckiem, ubieraj je odpowiednio. Ciała dorosłych generują dużo ciepła. Grube koce czy śpiochy są dla niemowląt, które śpią same.

dziecko śpi między mamą a barierką zabezpieczającą, albo między mamą a ścianą, jeśli łóżko da się wpasować w róg pokoju, bez zostawiania szczelin. Niektórzy rodzice, aby czuć się bezpieczniej, na czas dzielenia łóżka z maluchem demontują oparcia i zagłówki.

Śpij z dzieckiem tylko przez część nocy. Jak w przypadku wszystkich narzędzi rodzicielstwa bliskości, dzielenie snu nie oznacza układu typu „wszystko albo nic". Wielu rodziców zapewnia sobie w nocy nieco prywatności, układając swoje dziecko na pierwszą część nocy w jego łóżeczku. Rodzice mogą wykorzystać ten czas, kiedy dziecko śpi samo, aby cieszyć się szczególnym czasem tylko we dwoje. Gdy niemowlę się obudzi, tata lub mama przynoszą je do swojego łóżka i resztę nocy spędza ono już z rodzicami. W sytuacji, kiedy tata nie sypia dobrze z dzieckiem w łóżku, mamy często zabierają niemowlę z jego łóżeczka dopiero, gdy obudzi się ono wczesnym rankiem. Wówczas mama i dziecko przytulają się do snu jeszcze na parę godzin po tym, jak tata wyjdzie do pracy. W innych rodzinach rodzice śpią przez część nocy osobno, tak żeby tata także mógł dobrze się wyspać.

W łóżku powinno być tylko jedno dziecko na raz. Nasze doświadczenie wskazuje, że rozwiązanie, w którym maleńkie niemowlę śpi obok starszego dziecka w jednym łóżku, rzadko się sprawdza i w dodatku nie jest bezpieczne. Rozsądniejszym rozwiązaniem jest, kiedy niemowlę śpi z wami w łóżku, a starszy maluch obok w swoim „specjalnym łóżeczku" – na przykład na materacyku ułożonym obok duże-

go łóżka czy w jego nogach. Jeśli chcesz, żeby wszyscy spali w jednym, dużym łóżku, dostaw do niego drugie łóżko czy materac. W ten sposób nikt nie będzie czuł się wykluczony i dodatkowo będzie mnóstwo miejsca dla każdego.

A co z seksem? Główna sypialnia nie musi być jedynym miejscem na czas we dwoje. Każde pomieszczenie w domu to potencjalna alkowa. Możecie też przenieść śpiące dziecko do innego pokoju lub uśpić je w jego pokoiku, a potem zabrać do waszego łóżka na resztę nocy. Bardzo małe dzieci nie są zbyt świadome swego otoczenia i nie zrozumieją, co się dzieje, więc uprawianie seksu w rodzinnym łóżku, kiedy dziecko ma zaledwie kilka miesięcy, nie jest problemem.

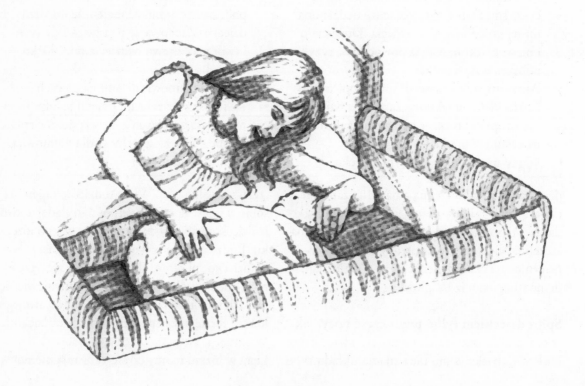

WYPROWADZKA: ODZWYCZAJANIE OD NOCNEJ WIĘZI

„No a kiedy moje dziecko wyprowadzi się z mojego łóżka?". Młodzi rodzice często zadają to pytanie, zaniepokojeni, że ich dziecko tak bardzo przyzwyczai się do spania z nimi, że może już nigdy nie zechce spać samo. To prawda, że dziecko przyzwyczajone do snu pierwszej klasy niechętnie przyjmuje degradację, jednak dzieci zawsze w końcu odzwyczajają się od twojego łóżka, kiedy są gotowe – albo kiedy ty jesteś gotowa, by im pomóc. W wielu rodzinach ten proces zaczyna się gdzieś około drugiego roku życia. Oto kilka sposobów, aby go wspomóc:

- Zwiększaj dystans pomiędzy mamą a dzieckiem w nocy. Przenieś dziecko z twojego łóżka na dostawkę albo do bezpiecznie zmontowanego łóżeczka ze zdjętym jednym z boków i z materacem na tym samym poziomie, co twoje łóżko. Nazywamy to układem z przyczepką.
- Połóż w nogach twojego łóżka materac na stelażu (tzw. futon) albo dziecięcy materacyk i połóż się z dzieckiem na tym „specjalnym łóżku", aby pomóc mu zasnąć (w okresie wczesnodziecięcym i przedszkolnym bardzo wiele możesz osiągnąć dzięki przymiotnikowi *specjalny*). Jeśli dziecko będzie tam przesypiało noc, przygotuj swoją sypialnię tak, żeby maluch był w niej bezpieczny i zamykaj drzwi.
- Zachęć tatę, by położył dziecko, stosując technikę usypiania w chuście (piszemy o niej na stronie 97), czy stosując jakiś inny, przewidywalny zwyczaj. Nauczy to dziecko innych, poza ssaniem piersi, technik zasypiania. Ze starszym dzieckiem możesz wprowadzić zwyczaj czytania książeczek, potem gaszenia światła i zmawiania modlitwy i/albo opowiadania kojącym głosem bajki, po których następuje masaż pleców i puszczenie płyty z kołysankami. Możesz zasnąć razem z dzieckiem albo wstać, gdy ono zaśnie. Możesz także zapewnić dziecko, że sprawdzisz za jakiś czas, jak się miewa i zostawić zapalone światło tak długo, jak ono tego potrzebuje. Kiedy dziecko będzie rosło, zacznie z przyjemnością samo oglądać albo czytać książeczki przed zaśnięciem.
- Kiedy twoje dziecko jest gotowe albo gdy ty jesteś gotowa i czujesz, że ono również mogłoby być, zacznij mu pomagać w układaniu się do snu we własnym łóżku, we własnym pokoju. Wprowadź „zasadę otwartych drzwi", a w razie potrzeby światło w przedpokoju: jeśli twoje dziecko zdecyduje się przyjść do ciebie w nocy, będzie wiedziało, że jest mile widziane. Zdecyduj, czy wolisz, by cicho wspinało się do twojego łóżka, czy wchodziło do "specjalnego łóżeczka" ustawionego obok.
- Bądź przygotowana na to, że twój przedszkolak, a nawet starsze dziecko, będzie w sytuacjach stresowych okresowo wracać do bezpiecznego nocnego schronienia, jakim jest twój pokój czy nawet twoje łóżko.

Kiedy nasza córeczka, śpiąca z nami w jednym łóżku i wychowana w duchu rodzicielstwa bliskości, miała cztery lata, oznajmiła nam z dumą, że chce się przeprowadzić do swojej własnej sypialni. Przez kilka dni wszystko szło dobrze, ale pewnego dnia przyszła do mnie z tak wzburzonym wy-

razem twarzy, że myślałam, że zaraz się rozpła-
cze. Co się takiego stało? Otóż właśnie dowiedzia-
ła się, że rodzice jej dwóch koleżanek z tej samej
ulicy już się nie kochają i postanowili wziąć roz-
wód. Potem Crista nie mogła spać w swoim poko-
ju; przez jakiś czas bardzo potrzebowała bezpie-
czeństwa snu razem z rodziną.

Nawet rodzice skądinąd bardzo chcący wy-
prawić wiercącego się kilkulatka ze swojego łóżka, mogą doświadczyć pewnej ambiwalencji
związanej z wejściem dziecka w doroślejszy system spania. Jeden wewnętrzny głos może ci mówić, że jesteście gotowi; inny będzie straszył, że
stracicie waszą bliskość. Te uczucia są normalne i doświadczasz ich także wówczas, gdy twoje
dziecko odzwyczaja się od piersi, idzie do przedszkola, do gimnazjum i na studia. Jeśli twoje dziecko jest naprawdę gotowe, przeprowa-
dzi się do swojego nowego łóżka dosyć łatwo.
Jeśli przeprowadzka okazuje się poważną wal-
ką, wstrzymaj się jeszcze na chwilę albo wybierz
metodę małych kroczków, na przykład kładąc
się z dzieckiem na osobnym materacu. Zaufaj
swoim instynktom. Będziesz wiedzieć, kiedy
to, czego doświadczasz, jest zwykłą rodzicielską nostalgią związaną z faktem, że dzieci rosną zbyt szybko, a kiedy popychasz swoje dziecko do zrobienia czegoś, na co nie jest jeszcze
gotowe.

NOCNE ODSTAWIANIE OD PIERSI: JEDENAŚCIE ALTERNATYW DLA CAŁONOCNEGO KARMIENIA

Dzieci uwielbiają ssać w nocy. I kto może
mieć pretensje do „całonocnych" smakoszy? Atmosfera w ich ulubionej restauracji jest spokoj-

na, kelner dobrze znany, kuchnia wyśmienita,
a szef sali wspaniały – ach, życie jest piękne!
Jednak często osiągamy punkt, w którym to
nocne życie staje się problemem dla mamy.

Jeśli czujesz się zmęczona z powodu częstych,
nocnych karmień, zastanów się najpierw nad
skalą problemu. Czy jesteś tak dalece niewyspana, że następnego dnia ledwie możesz funkcjonować? Czy może jest to jedynie stadium przejściowe i częste nocne karmienie w końcu usta-
nie? Zasada rodzicielstwa, której nauczyliśmy
się „wiele dzieci temu", brzmi: JEŚLI CZEGOŚ
NIE CIERPISZ, ZMIEŃ TO!

Wypróbuj następujące alternatywy dla całonocnego karmienia:

**1. Pozwól dziecku porządnie napić się
w ciągu dnia.** W ciągu dnia dzieci, dla których
mleko nie jest już jedynym pokarmem, są często
tak zajęte, że zapominają ssać pierś; albo mama
jest tak zajęta, że zapomina je nakarmić. Ale
w nocy, kiedy jesteś od dziecka na wyciągnięcie
ręki, ono w sposób naturalny chce nadrobić
te stracone dzienne karmienia. Drzemka
połączona z karmieniem kilkakrotnie w ciągu
dnia, pomoże ci nieco odespać, a dziecku napić
się mleka.

2. Zwiększ liczbę dziennych „głasków".
Kiedy małe dzieci stają się coraz bardziej niezależne, robią dwa kroki do przodu i jeden krok
do tyłu. Dzieci często zwiększają liczbę nocnych karmień w okresie, w którym przechodzą
przez kolejną fazę rozwojową, na przykład od
pełzania do chodzenia lub kiedy przyzwyczajają
się do nowej niani, albo wreszcie kiedy domowy
porządek ulega zmianie, na przykład przy prze-
prowadzce. Ponoś dziecko po domu w chuście,

KIEDY DZIELENIE ŁÓŻKA NIE DZIAŁA

Niektóre matki źle znoszą częste nocne pobudki i nie są w stanie uregulować swoich cykli snu w harmonii z dzieckiem. W takim przypadku eksperymentuj z innymi nocnymi układami, takimi jak łóżeczko czy dostawka przy twoim łóżku, dopóki nie znajdziesz takiego, które zapewnia wszystkim członkom rodziny najlepszy nocny wypoczynek.

Dzielenie łóżka nie zawsze działa i niektórzy rodzice po prostu nie chcą spać ze swoim dzieckiem. Pamiętaj, współspanie to opcjonalne narzędzie rodzicielstwa bliskości i nie jesteś w mniejszym stopniu matką, jeśli nie śpisz ze swoim dzieckiem. Spróbuj to zrobić. Jeśli wszystko działa i jesteś zadowolona, rób tak dalej. Jeśli nie, spróbuj innych rozwiązań. Są niemowlęta, które nie śpią dobrze obok rodziców i są rodzice, którzy próbowali spania z dziećmi i doszli do wniosku, że w ich przypadku nie sprawdza się to tak dobrze, jak inne metody reagowania na potrzeby dziecka w nocy. Tylko ty możesz zdecydować, co jest najlepsze dla ciebie i dla twojego dziecka. Jako rodzic RB bądź zawsze otwarta na nocne potrzeby twojego dziecka i miej świadomość, że dziecko (i rodzice!) potrzebują zmian. Większość rodziców odkrywa, że ich nocne rozwiązania zmieniają się wraz ze zmianami zachodzącymi w dziecku.

3. Pozwól dziecku porządnie najeść się przed snem. Obudzenie dziecka na porządne karmienie zaraz przed twoim pójściem spać może zachęcić je do spania przez dłuższy czas. Upewnij się, że dziecko dobrze zjadło przed pójściem spać, nawet jeśli oznacza to konieczność kilkukrotnego wybudzenia go, aby nabrać przekonania, że ssało dość długo. Jeśli karmisz w środku nocy, postaraj się na tyle obudzić, żeby zwrócić uwagę na to, co dziecko robi przy piersi. Zachęć je do dobrego ssania i wypicia dużej ilości mleka, tak żeby nie czuło się głodne w ciągu godziny czy dwóch.

4. Pozwól dziecku przyzwyczaić się do innych form pocieszenia. Spróbuj usypiania dziecka w chuście. Nakarm dziecko i noś je po domu albo okolicy. Gdy głęboko zaśnie, połóż je w twoim łóżku i uwolnij się z chusty. To dobry sposób, żeby tata przejął część rytuału usypiania. W końcu dziecko skojarzy ramiona ojca z zasypianiem i zaakceptuje pociechę ze strony taty w środku nocy jako alternatywę dla karmienia. Inne metody uśpienia dziecka bez karmienia go, to klepanie albo masowanie pleców, śpiew i kołysanie, a nawet taniec w ciemnościach do melodii, które lubisz, albo do nuconych samodzielnie kołysanek.

5. Spraw, żeby pierś była mniej dostępna. Kiedy dziecko zaśnie podczas karmienia, użyj palca, aby odstawić je od piersi. Następnie podciągnij nocną koszulę na pierś i śpij przykryta. Dziecko, które nie jest w stanie szybko znaleźć sutka, może po prostu wrócić do spania. Jeśli masz dziecko uwielbiające tulenie się skóra do skóry – co oczywiście wywołuje pragnienie ssania – umieść obok siebie misia albo po-

śpijcie razem w ciągu dnia, zaoferuj niemowlęcy masaż czy inne specjalne „głaski", które wydają się przyjemne dla twojego dziecka.

duszkę, żeby zwiększyć odległość między dzieckiem a piersią.

6. Po prostu powiedz nie! Matkom blisko związanym z dziećmi bardzo trudno jest powiedzieć im „nie". Czasem jednak jest to konieczne, bo własne zapasy emocjonalne są na wyczerpaniu. Nocne karmienia zazwyczaj nie stają się dla matki naprawdę przytłaczające, jeśli tylko częste pobudki dziecka nie są spowodowane jakąś fizyczną przyczyną. Kiedy dziecko rośnie, jest w stanie zaakceptować opóźnienia i alternatywy. Pewnej nocy obudziłem się, słysząc dialog Marthy z naszym osiemnastomiesięcznym wówczas synem Matthew:

Matthew: „Miiko!"
Martha: „Nie!"
Matthew: „Miiko!"
Martha: „Nie!"

Martha źle się czuła i była tak zmęczona, że nie przychodził jej do głowy bardziej kreatywny sposób odmówienia Matthew piersi. Było jasne, że ta konwersacja, złożona z „miiko" i „nie", donikąd nie prowadzi, więc wkroczyłem do akcji i sprawiłem, że Matthew zaakceptował nieco pociechy ode mnie. Marcie ciężko było powiedzieć „nie", ale jednocześnie wiedziała, że na jedną noc miała już dość karmienia. Matthew płakał przez chwilę w moich ramionach, ale ostatecznie ułożył się z powrotem do snu. Płacz w ramionach osoby kochającej, której nie jest wszystko jedno, jest czymś innym niż samotne płakanie w osobnym pokoju.

Nasz kolejny syn, Stephen, był zazwyczaj zadowolony z dwóch nocnych pobudek na karmienie, chyba że akurat był chory. Dla Marthy to też było dobre rozwiązanie. Jednak po cho-

robie, którą przeszedł w dwudziestym drugim miesiącu życia, Stephen zaczął budzić się cztery razy. To było zbyt wiele, więc zdecydowaliśmy przełączyć się na opiekę ojcowską, jeśli obudzi się po raz drugi tej samej nocy. Było trochę płaczu i ponowne ułożenie go do snu zajmowało mi około godziny, jednak po trzech czy czterech nocach Stephen zorientował się, że tata jest „udawanym mlekiem" i zaczął na powrót przesypiać dłuższe okresy, budząc się raz czy dwa razy w ciągu nocy.

7. „Cycy idą aaa". Teraz trochę marketingu. W wieku około półtora roku twoje dziecko jest w stanie zrozumieć proste zdania. Naucz je, aby nie spodziewało się nocnych karmień, mówiąc coś w rodzaju: „mleko będzie znowu, kiedy wstanie Pan Słoneczko". Kiedy karmisz dziecko przed snem (albo kiedy odbywasz pierwsze czy drugie nocne karmienie), ostatnia rzecz, którą ono powinno usłyszeć, brzmi: „Mama idzie aaa, tata idzie aaa, dzidzia idzie aaa i cycy idą aaa" (czy jakkolwiek dziecko nazywa swoje ulubione uspokajacze). Gdy następnie dziecko budzi się w nocy, pierwsza rzecz, którą powinnaś mu powiedzieć, to delikatne przypomnienie: „Piersi teraz śpią. Dzidzia też niech idzie spać". Ten program będzie się być może musiał powtarzać przez tydzień albo dwa. Wkrótce dziecko zrozumie, że dzień jest na karmienie, a noc na spanie. Jeśli piersi śpią, dziecko także będzie spało – w każdym razie do świtu.

8. Daj coś w zamian. Nie zawsze nocne pocieszanie musi oznaczać karmienie piersią. Nie pozbawiaj swojego męża jego udziału w nocnej opiece i niech twoje dziecko nie oczekuje, że zawsze będzie pocieszane za pomocą karmienia.

NOCNA WSKAZÓWKA RODZICIELSTWA BLISKOŚCI

Jeśli nie cierpisz kłaść się do łóżka, bo czeka cię tam raczej praca niż odpoczynek, potraktuj to jak wskazówkę, że w twoim nocnym rodzicielstwie powinny zostać wprowadzone jakieś zmiany.

Tacie da to szansę rozwinięcia narzędzi kreatywnego, nocnego ojcostwa, a dziecku możliwość akceptacji w tym czasie innych niż ty pocieszycieli.

Jedną z metod przetrwania z dzieckiem domagającym się częstych nocnych karmień, było dla nas tymczasowe odejście Marthy z „nocnego dyżuru". Usypiałem Stephena w chuście, tak żeby przyzwyczaił się do mojego sposobu układania go do snu. Gdy następnie się budził, znowu oferowałem mu pocieszenie, kładąc go na swojej piersi, z główką wtuloną w moją szyję i śpiewając mu kołysankę. Początkowo dzieci mogą protestować przeciwko zastąpieniu mamy przez tatę, pamiętajcie jednak, że płacz i marudzenie w ramionach kochającej osoby to nie to samo, co „wypłakiwanie się". Tato, musisz zdawać sobie sprawę, że w stosunku do tych nocnych wyzwań ojcostwa trzeba pozostać spokojnym i cierpliwym. Jesteś to winny i żonie, i dziecku. Nie możesz być roztrzęsiony czy zły, jeśli twoje dziecko nie przyjmuje pocieszenia, które mu ofiarujesz.

9. Zwiększ dystans. Jeśli wcześniejsze rady nie pomogły sprowokować twojego upartego wielbiciela nocnego ssania do odstąpienia, ty zaś nadal czujesz, że musisz zachęcić go, by dał ci odetchnąć, wypróbuj inne konfiguracje spania. Jeśli dzieci śpią w odległości kilkunastu centymetrów od ulubionej kuchni, z pewnością jest większe prawdopodobieństwo, że będą się częściej budzić i stołować. Niech dziecko śpi obok taty, a nie obok ciebie. Dla młodszego niemowlęcia (poniżej szóstego miesiąca życia) wypróbuj dostawkę do łóżka albo łóżeczko dostawione „na przyczepkę" czy w innej części pokoju. Może się okazać, że przy pewnej odległości zarówno ty, jak i twoje dziecko śpicie lepiej.

10. Wyprowadzka! To technika, którą zalecamy, jeśli matka jest wyczerpana, a cała rodzina podzielona ze względu na pozbawienie snu. I z reguły ona działa. Jeśli bez sukcesu wypróbowywałaś wszystkie wymienione przez nas triki, służące odstawieniu dziecka w nocy od piersi, śpij przez kilka dni w innym pokoju, a dziecko niech nocuje obok taty. To sytuacja kompromisowa, w której dziecko wciąż ma z kim nawiązać w nocy więź, ale jednocześnie uczy się, że można przetrwać noc bez karmienia. Będziesz też zaskoczona, jakie ojcowsko-opiekuńcze triki może wynaleźć tata, kiedy on i dziecko zostaną sami i muszą poradzić sobie z problemem. Wypróbuj takie „odstawianie do ojca" w weekend czy w innym okresie, w którym twój mąż może spodziewać się dwóch lub trzech nocy pod rząd, po których nie musi rankiem wstawać do pracy. Będziesz zapewne musiała przekonać męża do tego rozwiązania, ale pamiętaj, że my wypróbowaliśmy je osobiście i że ono naprawdę działa.

11. Nie przedłużaj nieudanego eksperymentu. Upewnij się, że używasz technik nocnego odstawiania od piersi tylko wtedy, gdy dziecko

RADA RODZICIELSTWA BLISKOŚCI

Jeśli coś nie działa, to znaczy,
że dziecko nie jest gotowe.

jest dość duże, a ty masz wewnętrzne przekonanie, że ono ssie w nocy z przyzwyczajenia, a nie dla zaspokojenia prawdziwej potrzeby. To właśnie tutaj twój uprzedni trening „czytania" dziecka naprawdę się opłaci. Jeśli po kilku nocach pracy nad odstawieniem zauważysz, że dziecko w ciągu dnia zrobiło się bardziej marudne, tuli się do ciebie albo unika kontaktu, zwolnij tempo.

Tak jak pozostałe Filary RB, spanie przy dziecku ostatecznie się kończy – nawet jeśli kilka miesięcy, przez które zamierzałaś z nim spać, zmienia się w kilka lat. Pamiętaj, że ten czas w twoich ramionach, przy twojej piersi i w twoim łóżku, z perspektywy całego życia twojego dziecka jest bardzo krótki, jednak pamięć o miłości i dostępności zostanie mu na zawsze.

AKTUALNE BADANIA DOTYCZĄCE SIDS I WSPÓLNEGO SNU

Kiedy Martha i ja po raz pierwszy wzięliśmy nasze dzieci do łóżka (a z pewnością nie byliśmy pierwszymi amerykańskimi rodzicami końca XX wieku, którzy tego próbowali), nie było jeszcze badań dotyczących dzielenia łóżka przez rodziców i niemowlęta. Obecnie jednak naukowcy w laboratoriach badania snu przyglądają się z bliska temu, co dzieje się, kiedy matki i dzieci śpią razem, i porównują wyniki z badaniami dzieci śpiących osobno. Wiele z tych badań koncentruje się na SIDS, jako że zwolennicy spania z dziećmi, włączając w to niżej podpisanych, wierzą, że taka praktyka może zmniejszyć ryzyko śmierci łóżeczkowej.

W roku 1985, kiedy pisałem *Nocne rodzicielstwo*, zasugerowałem, że wspólne spanie może mieć efekt ochronny przed SIDS i zaproponowałem następującą hipotezę: u dzieci zagrożonych SIDS, naturalne macierzyństwo (karmienie piersią i spanie z dzieckiem) zmniejszy ryzyko wystąpienia zespołu. Uaktualniłem tę hipotezę w książce: *SIDS. Rodzicielski przewodnik rozumienia i zapobiegania Zespołowi Nagłego Zgonu Niemowląt* z 1995 roku (zobacz ramkę na tej stronie).

W normalnych warunkach istoty ludzkie automatycznie biorą następny oddech w chwili, kiedy zasygnalizuje im to ich ciało. Jednak u małych niemowląt ten mechanizm jest jeszcze niedojrzały i podczas głębokiego snu może nie

HIPOTEZA DOKTORA SEARSA DOTYCZĄCA ŚMIERCI ŁÓŻECZKOWEJ

Uważam, że w większości przypadków SIDS (śmierć łóżeczkowa, Zespół Nagłego Zgonu Niemowląt, z ang. *Sudden Infant Death Syndrome* – SIDS) to zaburzenie snu, w pierwszej kolejności dotyczące kontroli oddechu podczas snu oraz kontroli wybudzania się z głębokiego snu. Wszystkie elementy macierzyństwa bliskości, zwłaszcza karmienie piersią i wspólne spanie, korzystnie oddziałują na kontrolę oddechu u niemowlęcia i zwiększają wzajemną świadomość między matką a dzieckiem, tak że łatwiej wybudzają się one z głębokiego snu, a ryzyko SIDS jest zmniejszone.

działać tak dobrze. Wielu ekspertów jest zdania, że SIDS powodowany jest przez nieumiejętność wybudzenia się z głębokiego snu w chwili, gdy oddech dziecka się zatrzymuje.

Nasza nowo narodzona córeczka spała w kołysce obok naszego łóżka. Pewnej nocy usłyszałam, jak łapie oddech. Wiem, jakie dźwięki wydaje dziecko i te nie były normalne. Jak tylko wyjęłam ją z kołyski i położyłam obok siebie w łóżku, jej oddech się wyrównał. Mój pediatra powie-

dział mi, że jestem po prostu nerwową matką. Jeśli sposób oddychania nie obudził dziecka ze snu, to nie ma żadnego problemu. Powiedział, że to co najwyżej ja mam problem i że gdybym przeniosła córkę ze spaniem do innego pokoju, nic bym nie słyszała. Jednak zadręczałam go prośbami o zbadanie dziecka i kiedy to zrobił, odkrył, że córka ma bezdech (ustawanie oddychania w czasie snu – przyp. dr. Searsa) przez 18% czasu. Kiedy spała w moim łóżku, widać było różnicę. Oddychała razem ze mną.

PSEUDONAUKA STRASZY I TORPEDUJE WSPÓLNE SPANIE

29 września 1999 roku wiadomość o badaniu Amerykańskiej Komisji Bezpieczeństwa Produktów Konsumenckich (ang. *U.S. Consumer Products Safety Commision*), zatytułowanym *Przegląd zagrożeń związanych z obecnością dzieci w łóżkach dorosłych*, została opublikowana w prawie każdej większej amerykańskiej gazecie, jak również podana w telewizji. Samo badanie i sposób, w jaki zostało nagłośnione, sprawiły, że do serc wielu rodziców wkradł się lęk. Po opublikowaniu doniesień, wywiady ze mną przeprowadziły „New York Times", „Washington Post", telewizja CNN i magazyn *20/20* telewizji ABC.

Samo badanie ukazało się w październikowym numerze *The Archives of Pediatrics and Adolescent Medicine* z 1999 roku. Naukowcy z Amerykańskiej Komisji Bezpieczeństwa Produktów Konsumenckich przejrzeli akty zgonów, które zdarzyły się w Stanach Zjednoczonych w latach1990-1997 i stwierdzili 515 przypadków śmierci dzieci poniżej drugiego roku życia, które ułożono do snu w łóżkach dorosłych. Wśród tych zgonów, 121 miało być spo-

wodowanych przygnieceniem przez rodziców, innego dorosłego czy rodzeństwo śpiące w tym samym łóżku, a 394 wywołane zakleszczeniem się dziecka w konstrukcji łóżka: zaklinowaniem między materacem a ścianą czy boczną ramą, utknięciem głowy w poręczy łóżka albo uduszeniem na łóżku wodnym. Większość śmiertelnych wypadków dotyczyła dzieci poniżej trzeciego miesiąca życia.

Jak to bywa ze wszystkimi badaniami publikowanymi w prasie popularnej, miało ono zarówno pozytywne, jak i negatywne skutki. Z jednej strony ustalenia uwrażliwiły tych rodziców, którzy decydują się na spanie z dziećmi (a wielu tak robi), na konieczność zachowania środków bezpieczeństwa. Jednocześnie jednak ta sama publikacja wywołała też niepotrzebne obawy milionów matek i ojców, którzy śpiąc z dziećmi, czynią to bezpiecznie i odpowiedzialnie. Badanie poszło bowiem zbyt daleko, wydając ogólną, negatywną opinię dotyczącą spania z dzieckiem mającym mniej niż dwa lata.

Kiedy nauka i zdrowy rozsądek nie zgadzają się ze sobą, należy podejrzewać, że z nauką jest coś nie tak – i to właśnie jest ten przypadek. Współspanie samo w sobie nie jest niebezpieczne. Badanie Komisji Bezpieczeństwa szacuje, że co roku zdarzają się 64 przypadki śmierci niemowląt śpiących z rodzicami, nie umieszcza jednak tych śmierci w żadnym kontekście. Tymczasem fakty są takie, że znacznie więcej niemowląt umiera, śpiąc samotnie w swoich łóżeczkach niż śpiąc z rodzicami. W Stanach Zjednoczonych co roku z powodu SIDS umiera 5000 niemowląt. To znacznie więcej niż 515 zgonów dzieci śpiących z rodzicami, na przestrzeni siedmiu lat. Gdyby ci sami badacze sprawdzili dane wszystkich niemowląt zmarłych samotnie w łóżeczkach w tym samym okresie, nagłówki w prasie mogłyby równie dobrze głosić: *Przegląd zagrożeń związanych z samotnym spaniem niemowląt w osobnych łóżkach*. Bardziej przekonywującym podejściem byłoby nie wywoływanie u rodziców lęku przed spaniem z własnymi dziećmi, lecz uczenie ich, jak robić to bezpiecznie.

Komentarz dotyczący badań Komisji Bezpieczeństwa autorstwa Marka Vonneguta, który ukazał się w „Boston Globe" z 24 października 1999, pod tytułem *Strzeżcie się złej nauki*, ustawia to fiasko w szerszej perspektywie: „Kilka pokoleń wstecz praktyka karmienia piersią niemal zamarła, z powodu złej nauki, która «udowodniła», że jest ono «niehigieniczne». Teraz z kolei nauka nie może się nachwalić karmienia piersią; właśnie w tym tygodniu pojawiło się doniesienie, że dzieci karmione piersią z mniejszym prawdopodobieństwem zachorują na białaczkę. Może kilka pokoleń do przodu przeczytamy badania wskazujące, że dzieci śpiące z rodzicami mają mniej infekcji ucha, lepiej sobie radzą w szkole, a kiedy dorosną, nie zajmują się pseudonauką".

Choć nie ma jak dotąd badań stwierdzających bezpośrednią korelację między zmniejszonym występowaniem SIDS a współspaniem, istnieje, głównie za sprawą dr. Jamesa McKenny, dyrektora Centrum Badań Behawioralnych nad Snem Matki i Niemowlęcia z Uniwersytetu Notre Dame, rosnąca liczba badań poświęconych zachowaniom związanym ze snem u śpiących razem matek i dzieci. Badania sugerują, że obecność matki ma bezpośredni wpływ na fizjologię dziecka, pomagając chronić je przed SIDS. Wpływ ten jest następujący:

- Pary matka-dziecko, śpiąc razem, częściej jednocześnie wybudzają się z głębokiego snu, niż kiedy śpią osobno. To znaczy, że kiedy jedno z nich poruszy się, zakaszle lub zmieni we śnie pozycję, drugie zrobi to samo, często nawet się nie budząc. Te częściowe wybudzenia mogą być jednym ze sposobów, na jakie obecność matki chroni dziecko przed zbyt głębokim snem.

- Jeśli matka i dziecko śpią razem, istnieje większe prawdopodobieństwo, że dłużej będą się jednocześnie znajdować w tej samej fazie snu (REM albo w fazie głębokiego snu).

- Dzieci śpiące z mamą, każdorazowo mniej czasu spędzają w cyklach głębokiego snu. Tymczasem dzieci z tendencją do nieregularności oddechowych i bezdechu doświadczają tych problemów w właśnie w tej fazie snu. Mniej głębokiego snu oznacza więc mniejsze ryzyko.

NOCNY EKSPERYMENT RODZICIELSTWA BLISKOŚCI

W 1992 roku rozstawiliśmy w naszej sypialni sprzęt, mający badać oddech naszej ośmiotygodniowej córeczki, Lauren, podczas jej snu. Badanie miało uwzględniać dwie różne konfiguracje: jednej nocy Martha i Lauren spały razem w łóżku, tak jak to zwykły robić; następnej nocy Lauren spała w naszym łóżku samotnie, podczas gdy Martha nocowała w sąsiednim pokoju. Lauren została podłączona do komputera, który rejestrował jej elektrokardiogram, ruchy oddechowe, przepływ powietrza z jej nosa i poziom tlenu we krwi (sprzęt był tak pomyślany, żeby wykrywać wyłącznie fizjologiczne zmiany u Lauren w trakcie jej snu i nie przechwytywał sygnałów od Marthy). Instrumenty nie były inwazyjne i, jak się wydawało, nie zakłócały Lauren snu. W obu konfiguracjach Martha uśpiła Lauren przy piersi, a w ciągu nocy z wrażliwością odpowiadała na jej potrzeby. Technik obserwował wraz ze mną rejestrowane informacje. Dane były analizowane przez komputer i interpretowane przez pulmonologa dziecięcego, który odczytywał je „na ślepo" – to znaczy nie wiedząc, które z nich pochodzą z konfiguracji, w której Lauren spała z mamą, a które są zapisem samotnego snu.

Nasze badanie wykazało, że Lauren oddychała lepiej, śpiąc przy Marcie, niż wtedy, gdy spała osobno. Jej oddech i tętno były bardziej regularne w czasie wspólnego snu, wówczas też pojawiało się mniej „spadków", to znaczy niskich wartości oddechu i natlenienia krwi wynikających z epizodów bezdechu. W nocy spędzonej z Marthą nie odnotowaliśmy żadnego spadku poziomu tlenu we krwi, a podczas nocy spędzonej samotnie było ich 132. Podobne rezultaty obserwowaliśmy u innego niemowlęcia, którego rodzice byli tak mili, że wpuścili mnie i technika do swojej sypialni. Powtórzyliśmy badania, gdy Lauren i drugie dziecko mieli po pięć miesięcy. Zgodnie z oczekiwaniami, różnice w fizjologii samotnego i dzielonego snu były mniej wyraziste u dzieci pięciomiesięcznych niż u dwumiesięcznych.

W 1993 roku zostałem zaproszony do zaprezentowania naszego badania, dotyczącego spania z dzieckiem, podczas XI Konferencji Bezdechu Niemowlęcego, jako że było to pierwsze takie badanie przeprowadzone w warunkach domowych. Oczywiście nasze doświadczenie nie spełnia wymogów naukowej analizy, przede wszystkim ze względu na małą próbkę. Nie mieliśmy zresztą takich ambicji; wyciąganie daleko idących wniosków z badania tylko dwójki dzieci byłoby aroganckie. Chcieliśmy jedynie, żeby było to badanie pilotażowe. Jednak dzięki niemu dowiedzieliśmy się, że przy zastosowaniu nowoczesnej mikrotechnologii i domowego, nieinwazyjnego monitoringu, można przetestować moją hipotezę dotyczącą ochronnego efektu, jaki ma wspólne spanie. Chciałem, żeby nasze wstępne doświadczenia były dla badaczy SIDS stymulacją do naukowego badania fizjologicznych skutków, jakie powoduje spanie z dzieckiem w naturalnym, domowym otoczeniu.

- Niemowlęta śpiące z rodzicami wybudzają się częściej i więcej czasu spędzają ssąc pierś niż te, które są układane do snu osobno. Jednocześnie matki śpiące ze swoimi dziećmi nie stwierdzają u siebie częstszych pobudek.

- Niemowlęta śpiące z rodzicami i karmione piersią częściej sypiają na plecach i na boku, rzadziej na brzuszku. Jak wskazały próby zwiększenia częstotliwości układania dzieci do snu na plecach, ten czynnik może sam w sobie zmniejszyć ryzyko SIDS. Kampanie promujące ten sposób kładzenia niemowląt zredukowały ryzyko SIDS, w ciągu ostatnich dziesięciu lat aż o 50% w Europie i aż o 30% w USA. Matki śpiące z dziećmi instynktownie układają je na plecach czy na boku, bo te pozycje dają matce i dziecku lepszy dostęp do siebie nawzajem.

Inne czynniki rodzicielstwa bliskości, które mogą zmniejszyć ryzyko SIDS. Dzieci wystawione na działanie toksyn obecnych w dymie papierosowym, czy to w czasie ciąży czy po narodzinach, są bardziej zagrożone SIDS. Matki RB rzadziej palą.

Czynnikiem zmniejszającym ryzyko SIDS jest również noszenie dzieci. Choć nie ma jeszcze na ten temat rozstrzygających badań, zastanów się nad tymi ustaleniami: położne na oddziałach intensywnej terapii neonatologicznej zaczęły uczyć metody noszenia dzieci zwanej kangurowaniem, w której dziecko trzymane jest w kontakcie skóra do skóry na klatce piersiowej matki czy ojca. Kontakt z mamą albo z tatą, regularny ruch oddechu rodzica i bicie jego serca przyczyniają się do stabilniejszego tętna niemowlęcia, wyrównują jego oddech i wpływają na zdrowszy poziom tlenu w jego krwi. Badacze kangurowania uważają, że noszący dziecko rodzic oddziałuje jako regulator fizjologii dziecka, przypominający mu na przykład o konieczności oddychania. Badania noworodków w pierwszych godzinach po porodzie pokazały także, że ciało matki pomaga uregulować oddech jej dziecka.

Na podstawie bieżących badań można zobaczyć, że łatwe wybudzanie się ze snu to mechanizm chroniący. Dzielenie się snem pomaga mu działać. Jak się wydaje, spanie osobno nie tylko może być dla wielu dzieci nienaturalne, lecz dla niektórych z nich także niebezpieczne. Każdego roku więcej i więcej badań potwierdza to, co kierujący się zdrowym rozsądkiem rodzice podejrzewali od dawna: spanie z dzieckiem jest nie tylko bezpieczne, ale także zdrowe dla dzieci. Toteż przedstawiam rodzicom pod rozwagę następującą refleksję: czy gdyby było mniej łóżeczek, byłoby także mniej przypadków śmierci łóżeczkowej?

RADA RODZICIELSTWA BLISKOŚCI

Spanie *głębiej* nie musi oznaczać spania *bezpieczniej*.

9
Równowaga i wyznaczanie granic

W centrum rodzicielstwa bliskości leży zaspokajanie potrzeb twojego dziecka na wszystkie sposoby, które już opisaliśmy. Jednocześnie ważne są także równowaga i wyznaczanie granic, koncepty, które idą rękę w rękę z ideą zaspokajania potrzeb. Wychowanie dziecka w duchu rodzicielstwa bliskości może być dla rodziców bardzo wymagające, fizycznie i emocjonalnie. Kiedy te wymagania są wysokie, a twoje możliwości sprostania im niskie, możesz stracić wewnętrzną równowagę, stając się wyczerpana, przemęczona i niespokojna. Może się okazać, że ciężko ci cieszyć się własnym dzieckiem, że ucierpi twoje zaniedbywane małżeństwo. Lub wreszcie może się okazać, że nie dajesz rady wyznaczyć rozsądnych granic nieco starszemu dziecku. Wyznaczanie granic jest naturalnym elementem rodzicielstwa bliskości, ponieważ zaspokaja także podstawową potrzebę dzieci – poznania, jakie są zasady. Rodzice RB będą walczyć o równowagę i granice zarówno dla siebie, jak i dla swoich dzieci.

Jeśli matka czuje, że nie żyje w jednym rytmie z dzieckiem, musi tak zorganizować swoje życie, żeby móc bardziej się na nim skupić; po-zostałe rozdziały w książce powiedzą, jak tego dokonać. Jeśli jednak matka czuje się przytłoczona potrzebami dziecka, powinna znaleźć sposób na zadbanie o *siebie*, tak żeby następnie mogła dbać o swoje dziecko. Niniejszy rozdział poświęcony jest tej stronie rodzicielstwa – zrównoważaniu potrzeb dziecka z potrzebami matki, a także ojca. Kiedy RB zaczyna przekraczać granice, nie jest to już prawdziwe rodzicielstwo bliskości. Matki są wypalone, ojcowie oddaleni od rodzin, a dzieci nie mają szczęśliwych rodziców ani ustanowionych granic, których potrzebują.

RADA RODZICIELSTWA BLISKOŚCI

Ustanawianie granic powinno być łatwiejsze dla rodzin RB niż dla innych. Ponieważ tak dobrze znacie swoje dziecko, z większym prawdopodobieństwem wyznaczycie granice we właściwych miejscach. Ponieważ dziecko wam ufa, z większym prawdopodobieństwem te granice zaakceptuje.

JAK OKREŚLIĆ, CZY JUŻ STRACILIŚMY RÓWNOWAGĘ

Jakkolwiek definicja „utraty równowagi" może być różna w różnych rodzinach, przedstawiamy kilka symptomów świadczących o tym, że sposób, w jaki reagujesz na potrzeby dziecka, może nie być tak zdrowy, jak mógłby być.

Moje dziecko tak bardzo mnie potrzebuje, że nie mam w ogóle czasu dla siebie.

Co jest problemem: W samolocie, kiedy stewardzi wyjaśniają procedury awaryjne, zawsze mówią rodzicom, żeby najpierw założyli maski tlenowe sobie, a potem pomogli swoim dzieciom. Jeśli mama nie dostaje dość tlenu, nie może pomóc dziecku. Podobnie, jeśli sama nie masz emocjonalnych zapasów, nie możesz być tak kojąca i wspierająca dla swojego dziecka, jak mogłabyś być po ich uzupełnieniu. *Tym, czego twoje dziecko najbardziej potrzebuje, jest szczęśliwa matka.* Matki często zapominają o tym, gdy starają się zapewnić swoim dzieciom perfekcyjną opiekę.

Rozwiązanie: No dobrze, może nie potrzebujesz codziennie brać prysznica. Musisz jednak mieć czas dla siebie, nawet jeśli znaczy to tylko piętnaście minut w łazience, w trakcie których nikt ci nie przeszkadza. Upewnij się, że codziennie masz dla siebie trochę czasu. Jeśli dziecko nie chce zasnąć, niech tata pójdzie z nim na spacer, a ty w tym czasie usiądź w głębokim fotelu, czy ułóż się w wannie. Codziennie daj sobie czas, by ponownie zgromadzić emocjonalne zasoby.

(Zobacz powiązane wątki: *Unikanie syndromu wypalonej matki*, s. 136 i *Jedenaście Przykazań Zrównoważonego Rodzicielstwa Bliskości*, s. 143).

RADA RODZICIELSTWA BLISKOŚCI

Jeśli martwisz się, że twoja więź z dzieckiem będzie zbyt silna, przestań. Więź jest zdrowa, a nie można być „za bardzo zdrowym". Odzyskanie życiowej równowagi jest raczej łatwe. Trzeba po prostu nieco się wycofać i więcej uwagi poświęcić własnym potrzebom. Z drugiej strony, jeśli więź jest zbyt słaba, potrzeba lat, żeby ją naprawić: w czasie, kiedy twoje dziecko będzie dorastać, ty będziesz czuła, że nieustannie nadrabiasz stracony czas.

Nie mogę znieść ciągłych wymagań mojego dziecka.

Co jest problemem: Poczucie urazy i gniew to znaki, że zostałaś doprowadzona zbyt daleko. Dajesz więcej, niż możesz dać. Być może miałaś szczęście urodzić dziecko o wysokich potrzebach. Być może twój brak zaufania we własne rodzicielskie umiejętności sprawia, że trudno ci być gotową do reakcji. Być może wreszcie nie otrzymujesz wystarczającego wsparcia od ludzi, którzy są ci bliscy.

Twoja uraza jest dla dziecka ciężarem. Dzieci – nawet niemowlęta – szybko wychwytują nastrój czy nastawienie matki. Twoje gorzkie uczucia mogą sprawić, że dziecko będzie jeszcze bardziej wymagające i niespokojne. Oczywiście, rodzicielstwo bliskości sprawia, że jesteś bardziej e-l-a-s-t-y-c-z-n-a, ale nie powinno cię złamać.

Rozwiązanie: „Wiele dzieci temu" nauczyliśmy się ważnej zasady przetrwania: JEŚLI CZEGOŚ NIE CIERPISZ, ZMIEŃ TO.

Trzeba, żebyś znajdowała radość z rodzicielstwa bliskości. Nie będziesz oczywiście czuła się szczęśliwa codziennie przez cały dzień, ale powinnaś czuć się dobrze przez większość czasu. Trzeba starać się oddawać dziecku jego pozytywny obraz. Uraza prowadzi do obrazu negatywnego. Pamiętaj: dzieci RB, ponieważ są wrażliwe, szybko wychwytują twoje uczucia.

Z całą pewnością będą takie dni, kiedy opieka nad dzieckiem wydaje się harówką, a tobie nie jest do śmiechu. Takie jest życie. Przypomnij sobie jednak mieszkańców Karaibów, którzy powtarzają: *Don't worry be happy* – Nie martw się, bądź szczęśliwa! To jest to ogólne wrażenie, z którym chcesz zostawić swoje dziecko.

Pewnego dnia pięcioletni Matthew miał uzupełnić tekst na cześć swojej matki, zawierający puste miejsca. Jedna z linijek brzmiała: „Najbardziej lubię być z mamą, kiedy _____". „Jest szczęśliwa" – napisał nasz syn.

Co więc powinnaś zmienić? W samym dziecku nie zmienisz wiele, w każdym razie nie w krótkiej perspektywie. Może jednak jesteś w stanie zmniejszyć wymagania w stosunku do siebie? Przyjrzyj się innym dziedzinom swojego życia. Postaraj się o pomoc, na przykład przy zadaniach domowych. Pozbądź się stresu w pracy. Odmawiaj roli wolontariuszki w dodatkowych przedsięwzięciach, w każdym razie dopóki twoje dziecko jest małe. Na obiad, zamiast skomplikowanych potraw, przygotuj jajecznicę i warzywa na parze.

Musisz zdać sobie sprawę, że o ile dziecko potrzebuje mnóstwo uwagi, nie zawsze musi ona pochodzić wyłącznie od matki. Zgódź się nieco odpuścić także w tych dziedzinach, w których uznałaś być może, że tylko ty zrobisz wszystko „właściwie". Niech ktoś inny pozabawia twoje dziecko, a ty zrób coś, co sprawia ci przyjemność. Jeśli tata jest w domu, nie stój nad nim, gdy bawi się z dzieckiem. Idź na spacer albo weź kąpiel. Zapłać licealistce, która przyjdzie i pobawi się z dzieckiem, podczas gdy ty będziesz pracować w ogrodzie, szyć, albo mieć czas wyłącznie dla siebie.

Z poczuciem krzywdy możesz poradzić sobie także, zmieniając nastawienie. Czasem samo przyznanie, że ma się dziecko o wysokich potrzebach, łagodzi złość. Przestań marzyć o tym, „żeby on wreszcie przespał noc"; zamiast tego bądź szczęśliwa, że masz takie bystre i wrażliwe dziecko. Pamiętaj, że twój synek czy córka tylko przez krótki czas są niemowlętami. Ten intensywny okres twojego życia skończy się i zblednie, w miarę dorastania twojego dziecka. Porozmawiaj z innymi rodzicami, którzy także mają wymagające potomstwo. Będą umieli lepiej wysłuchać twoich negatywnych uczuć niż ludzie, którzy po prostu nie mogą zrozumieć, dlaczego jesteś taka przytłoczona macierzyństwem. Być może będą także mieć jakieś pomysły na odzyskanie równowagi albo będziecie mogli wspólnie zrobić burzę mózgów.

W międzyczasie staraj się żyć w rytmie danego dnia, skupiając się na bieżącej chwili. Jeśli obudzona w środku nocy karmisz piersią, ciesz się panującą dookoła ciszą. Przyglądaj się swojemu dziecku, medytuj, myśl o przyjemnych rzeczach. Pamiętaj, żeby się nie zamartwiać i nie konstruować niekończących się mentalnych list tego, co masz do zrobienia. Jeśli musisz mieć listę, zanotuj ją sobie – a następnie nie myśl o żadnym z tych zadań do chwili, gdy naprawdę możesz się nimi zająć. Jeśli dziecko wymaga popołudniowego spaceru w chuście, idź i ciesz się kolorami jesieni albo pierwszymi wiosennymi pąkami. Podśpiewuj sobie pod nosem. Nie martw się tym, co „powinnaś" robić w tym czasie. W koń-

CZY WIĘŹ MOŻE BYĆ ZBYT SILNA?

Pewien terapeuta powiedział nam kiedyś: Przyszła do mnie na konsultację matka, która czuła, że jest zbyt związana ze swoim dzieckiem. Wspomniałem jej, że nie musimy używać tego terminu. Więź jest niczym miłość – jak może jej być zbyt wiele? Co miałoby znaczyć, że zbyt dobrze znasz swoje dziecko? Matka nie może być „zbyt związana". Jeśli jest w tym coś niezdrowego, to nie dlatego, że zbyt mocno kocha czy zbyt dobrze rozumie swoje dziecko. Problem leży gdzie indziej: być może ona sama nie wyznaczyła sobie właściwych granic. Rozwiązaniem problemu nie będzie słabsza więź czy zwiększony dystans między matką a dzieckiem. Odpowiedzią jest lepsze dbanie o siebie i zrozumienie, że dziecko nie potrzebuje perfekcyjnej matki RB.

Żeby rodzicielstwo bliskości działało dobrze dla całej rodziny, muszą zostać spełnione dwa warunki:

1. Dziecko potrzebuje dwojga rodziców, między którymi jest łączność.
2. Dziecko potrzebuje szczęśliwej i wypoczętej matki.

Aby rodzice byli sobie bliscy, ich małżeństwo musi być satysfakcjonujące dla obojga. Gdy małżeństwo jest w dobrej formie, z dziećmi też wszystko będzie w porządku. Doradzaliśmy już parom, których małżeństwa rozpadały się częś-

ciowo dlatego, że oboje tak wiele dawali dziecku, zapominając o cieszeniu się sobą nawzajem. W innych przypadkach, kiedy matka coraz silniej angażowała się w sprawy związane z dzieckiem, ojciec wycofywał się, bo nie był zauważany przez żonę.

Niezdrowa więź pojawia się także wówczas, gdy twój styl rodzicielstwa nie jest już narzędziem służącym do zbliżania, lecz do kontrolowania. W takich przypadkach można zobaczyć sygnały świadczące, że to matka wypełnia swoją potrzebę więzi kosztem rozwoju dziecka. Matki, które w dzieciństwie same padły ofiarami takiej niezdrowej relacji, są w grupie większego zagrożenia problemami z więzią. Także matka wychowana w obojętnym, oddalonym stylu rodzicielstwa, może z dużym prawdopodobieństwem chcieć z nadmiarem zrekompensować sobie tamte doświadczenia. Wyraźnym sygnałem, że coś idzie nie tak, jest to, że matka nie może pogodzić się z tym, że jej małe dziecko przechodzi przez normalną fazę odłączania się od niej. Matka we właściwy sposób związana z dzieckiem dostrzega znaki świadczące o usamodzielnianiu się dziecka i wspiera ten proces. Z kolei gdy więź nie jest właściwa, matka wysyła sygnały świadczące, że to ona jest w potrzebie; dziecko zaś podąża za tymi sygnałami, przywierając do matki w czasie, gdy powinno stawać się bardziej samodzielne.

cu się tym zajmiesz, kiedy twoje dziecko będzie mniej potrzebujące albo kiedy ktoś inny będzie mógł ci pomóc. To, co robisz teraz, ze swoim dzieckiem i dla niego, jest ważniejsze.

Twoje niemowlę potrzebuje matki, która

jest zazwyczaj szczęśliwa. Jeśli przez znaczną część czasu emanujesz nieszczęściem, dziecko ma wszelkie szanse odebrać to osobiście. Może uznać, że jesteś nieszczęśliwa z jego powodu i to uczucie stanie się częścią jego osobowości.

JAK ZNALEŹĆ TERAPEUTĘ RB

Doradzając rodzicom, którzy mieli kłopoty z rodzicielstwem bliskości, zaczęliśmy zdawać sobie sprawę, jak ważne jest znalezienie właściwego terapeuty. Działamy według zasady, której nauczyłem się pierwszego dnia studiów medycznych: „Po pierwsze nie szkodzić". Terapeuta pracujący z rodzicami RB po pierwsze nie powinien czynić jakichkolwiek sugestii, które mogłyby zakłócić więź między matką a dzieckiem. Zamiast tego powinien kierować cię w stronę zdrowej relacji z niemowlęciem. Oto, czego należy szukać, a czego unikać:

- Wybierz terapeutę, który jest doświadczonym, opiekuńczym rodzicem. Wychowując własne dzieci, uczysz się rzeczy, których po prostu nie można dowiedzieć się na zajęciach z psychologii.
- Wybierz terapeutę, który ma wiele doświadczeń albo nawet specjalizuje się w teorii i praktyce związanych z więzią.
- Poszukaj takiego terapeuty, który weźmie pod uwagę poziom potrzeb twojego dziecka. Nie chciałabyś pracować z kimś, kto wykorzystuje potrzeby twoje lub twojego męża przeciwko waszemu dziecku.
- Jeśli porada, którą otrzymasz, nie brzmi prawdziwie, odezwij się do kogoś innego. To ty jesteś ekspertem od siebie i swojego dziecka.

Jeśli zmagasz się z poczuciem krzywdy i gniewem, z którymi ciężko ci sobie poradzić, rozważ zasięgnięcie porady u specjalisty. Odkrycie, skąd pochodzą te uczucia i dlaczego są tak silne, może pomóc ci je ukoić.

WIĘŹ VS WPLĄTANIE

Rodzicielstwo bliskości to zdrowy styl, który wspiera i zachęca dziecko do niezależności we właściwym czasie i w odpowiednim wymiarze. Tymczasem „wplątanie" to dysfunkcyjna dynamika rodzinna, w której rodzic, zazwyczaj matka, „zagłaskuje" dziecko i, ze względu na własne potrzeby, nie pozwala mu rozwinąć jego indywidualnej osobowości. W takim przypadku matka sama wciąż zachowuje się niczym dziecko, pragnąc, by jej potrzeby, niezaspokojone w dzieciństwie, teraz zaspokoiło jej własne dziecko. Zdrowa więź zmienia się w kolejnych fazach życia, kiedy dziecko staje się coraz dojrzalsze, dopasowuje się do jego potrzeb, gdy jest niemowlęciem, małym dzieckiem i przedszkolakiem. O wplątaniu możemy natomiast mówić wówczas, gdy matka nie jest w stanie „odpuścić" i stopniowo dostosować więzi, fizycznie czy emocjonalnie. Jeśli czujesz, że w twoim przypadku zachodzi raczej wplątanie niż nawiązanie więzi, poszukaj profesjonalnej pomocy.

Wkrótce po narodzinach naszego ósmego dziecka Martha poczuła się przytłoczona sytuacją, w której miała dwójkę maluchów w pieluszkach i musiała dodatkowo zaspokajać potrzeby czworga starszych dzieci, które jeszcze z nami mieszkały. Jej twarz rzadko promieniowała szczęściem – częściej odbijał się na niej stres. Na szczęście Martha zauważyła, że projektuje te uczucia na nasze dzieci. Nie chciała, aby wzrastały w przekonaniu, że macierzyństwo bliskości jest niedobre, albo że to one sprawiły, że mama jest nieszczęśliwa. Znalazła profesjonalną pomoc, pracowała nad uczuciami i sprawiła, że w jej oczach dzieci zaczęły dostrzegać lepszy obraz samych siebie.

Czuję się jak używany przez całą noc smoczek.

Co jest problemem: Czasem starsze niemowlęta i dzieci uwielbiają trzymać matczyny sutek w ustach i ssać przez całą noc. Niektóre matki są w stanie to przespać i rano budzą się wyspane, innym się to nie udaje. Sama wiesz, w której jesteś grupie. Jeśli nie możesz znieść bycia przez większą część nocy w dosłowny sposób „przywiązaną", nie znaczy to, że nie jesteś matką tworzącą prawdziwą więź z dzieckiem. Karmić dziecko w nocy, aby napełnić jego głodny brzuszek i dać mu szansę nawiązania kontaktu z mamą, to jedno; czymś zupełnie innym jest jednak poświęcanie własnego snu, kiedy nie można dziecku odmówić ani chwili ssania. Całonocne karmienie może sprawić, że matka będzie notorycznie pozbawiona snu. Jeśli z powodu nocnego karmienia jesteś zmęczona i poirytowana, nie będziesz zbyt szczęśliwą matką w ciągu dnia. Kiedy zaczynasz bać się wieczornego pójścia do łóżka, bo oznacza ono raczej pracę niż wypoczynek, to znak, że trzeba wprowadzić pewne zmiany.

Rozwiązanie: Karmienie piersią może być dla dziecka ulubionym źródłem nocnego ukojenia, nie jest jednak jedynym. Jeśli przedłużone, senne ssanie w nocy denerwuje cię i nie pozwala ci zasnąć, musisz, zniechęcając dziecko do niekończącego się karmienia, znaleźć inne metody pocieszenia go. Sugestie pochodzące z naszego własnego doświadczenia w radzeniu sobie z dziećmi, które mogłyby ssać przez całą noc, znajdziesz na stronie 120, pod tytułem: *Nocne odstawianie od piersi: jedenaście alternatyw dla całonocnego karmienia.*

Potrzebuję chwili przerwy, ale moje dziecko nie jest szczęśliwe z nikim poza mną.

Co jest problemem: Zdrowe rodzicielstwo bliskości to przywiązanie, a nie uwiązanie; jednak w naszym społeczeństwie wiele matek, które zostają w domu z dziećmi, czuje się izolowanych. Źródła tego problemu nie leżą w rodzicielstwie bliskości, lecz w sposobie, w jaki w naszej kulturze dom i praca są oddzielone. W kulturach tradycyjnych dziecko rośnie pod opieką cioć i babć, które zajmują się nim wraz z najważniejszą opiekunką, matką. Dziecko czuje się dobrze w towarzystwie innych niż matka opiekunów, a matka przebywa w otoczeniu dorosłych, zamiast tkwić w domu z dzieckiem, którego zdolności konwersacyjne są w najlepszym wypadku ograniczone.

Rozwiązanie: Dostarcz dziecku okazji, żeby zaczęło czuć się dobrze w otoczeniu innych opiekunów. Kiedy babcia przyjdzie z wizytą, idź do innej części mieszkania i zrób coś dla siebie, podczas gdy ona bawi się z dzieckiem. Jeśli twoja rodzina mieszka daleko, rozejrzyj się za „przyszywaną" babcią albo zwróć do przyjaciółki, która lubi dzieci i jest wrażliwa na ich potrzeby.

Zaangażuj się w grupę wsparcia rodzicielstwa bliskości. Poznasz dzięki niej kobiety, które cenią ten sam styl macierzyństwa i które są w stanie z odpowiednią wrażliwością reagować na potrzeby twojego dziecka. W ten sposób odpoczniesz od samotności i być może także będziesz mogła zastanowić się nad jakimś modelem wspólnej opieki nad dzieckiem. Cotygodniowa grupa zabawowa, stworzona z przyjaciółmi stosującymi rodzicielstwo bliskości, była zbawieniem dla zdrowia psychicznego Marthy, kiedy wychowywała kilkoro naszych kolejnych dzieci. Zaowocowała też paroma wspaniałymi, długotrwałymi przyjaźniami, tak dla dzieci, jak i dla matek.

Przy Erin, naszym piątym dziecku, czułam, że potrzebuję wsparcia. Zaprzyjaźniłam się z Nancy, matką, która miała dziecko w wieku Erin. Ono także miało duże potrzeby, a Nancy i ja w podobny sposób reagowałyśmy na nie. Spotykałyśmy się (czasem kilka razy w tygodniu), rozmawiałyśmy o stosowanych rozwiązaniach i o radościach, a nawet gotowałyśmy i sprzątałyśmy wspólnie. Często też zamieniałyśmy się opieką nad dziećmi. Kiedy Nancy i jej mąż potrzebowali wspólnego wieczoru poza domem, ja zajmowałam się ich dzieckiem — i vice versa. Ponieważ Nancy była opiekuńczą osobą, bardzo zaangażowaną w rodzicielstwo bliskości, wiedziałam, że potrzeby Erin będą zaspokojone, podczas gdy ja byłam gdzie indziej, dbając o siebie i o moje małżeństwo.

Mój mąż chciałby odzyskać żonę.

Co jest problemem: Jeśli po kilku miesiącach praktycznie cała twoja energia jest skierowana na dziecko, a tylko bardzo niewielka jej część — na małżeństwo, twoja rodzina traci równowagę. Z dużym prawdopodobieństwem twój związek z mężem się popsuje, co w nadchodzących latach dotknie także twoje dziecko.

Rozwiązanie: Zwróć mężowi jego żonę.

Romantyczne uczucie nie musi skończyć się wraz z wkroczeniem dziecka w wasze życie. Jest wiele sposobów, by ponownie zbliżyć się z mężem. Niektóre z nich tak proste, jak znalezienie codziennie piętnastu czy dwudziestu minut na wspólną rozmowę o czymś innym niż rodzicielstwo i prowadzenie domu. Zaproś męża na spacer z tobą po powrocie z pracy i wykorzystajcie ten czas na słuchanie i zwierzanie się sobie na-

wzajem (włóż dziecko do chusty, a ono wkrótce uśnie). Wieczorem, kiedy utulisz dziecko do głębokiego snu, połóż je w jego łóżeczku na pierwszą część nocy, tak abyście z mężem mogli cieszyć się odrobiną czasu tylko we dwoje. Zostaw dziecko z wrażliwą na jego potrzeby opiekunką i idźcie z mężem na lunch albo na kolację. Znajdź sposób, żeby dać swojemu mężowi znać, że myślisz o nim, nawet jeśli jesteś zajęta dzieckiem.

Nie wykluczaj męża z rodzicielstwa. Poproś go o pomoc, a potem wycofaj się nieco, żeby nie wchodzić mu w drogę. Wytłumacz partnerowi, że jeśli będzie z tobą dzielił opiekę nad dzieckiem i niektóre domowe obowiązki, będziesz potem miała więcej energii dla niego.

Wielu umiejętności interpersonalnych dziecko uczy się, obserwując, jak rodzice radzą sobie z problemami. Pamiętaj, że wychowujesz czyjegoś przyszłego męża albo czyjąś żonę. Zależy ci więc na zapewnieniu im dobrych wzorców do naśladowania. Stając się rodzicami, nie przestajecie być partnerami w małżeństwie

Rodzicielstwo bliskości po prostu nie działa.

Co jest problemem: Rodzicielstwo bliskości sprawdza się w większości rodzin, przez większość czasu. Jeśli nie działa się u ciebie, może to być spowodowane innymi wyzwaniami i problemami, które stają mu na drodze.

Rozwiązanie: Postaraj się o profesjonalną pomoc.

Być może potrzebujesz wsparcia w uczeniu się, jak dbać o samą siebie. Czy wnosisz do twojego rodzicielstwa jakiś ciężar z przeszłości, którego należałoby się pozbyć? Na przykład kobieta, mająca trudną relację ze swoją matką, może próbować „naprawić" poczucie bycia niekochaną, usiłując być perfekcyjną matką dla swoich dzieci. Kobiety, które padły ofiarą wykorzystywania seksualnego, mogą mieć problemy z praktykowaniem niektórych Filarów RB i powinny rozważyć zasięgnięcie profesjonalnej porady. Jeśli już w czasach przedciążowych wasze małżeństwo było chwiejne, albo jeśli ty i twój mąż nie byliście tak naprawdę gotowi na wyzwania rodzicielstwa, możecie skorzystać z porady dla małżeństw. To trudne problemy, które wymagają fachowej pomocy terapeuty, zwłaszcza takiego, który ma wiedzę na temat teorii więzi i rodzicielstwa bliskości.

UNIKANIE SYNDROMU WYPALONEJ MATKI

Wypalenie jest stanem wyczerpania emocjonalnego. Matka czuje się wypalona, jeśli zbyt długo była pozbawiona równowagi. Wyciśnięto z niej całą energię i kobieta ma wrażenie, że osiągnęła punkt, w którym nie ma już nic więcej do oddania. A jednak jej dziecko nadal jej potrzebuje i ona musi dalej sobie radzić. Staje się nieszczęśliwa, zła i zmęczona. Podaje w wątpliwość własną zdolność do zajmowania się dzieckiem i ma sobie za złe, że nie cieszy się macierzyństwem.

Kobiety mające najsilniejszą motywację do bycia dobrymi matkami są najbardziej narażone na ryzyko wypalenia. Trzeba poświęcić się macierzyństwu i ciężko nad nim pracować, aby się wypalić. Poczucie wypalenia u matki może być jednym z efektów ubocznych rodzicielstwa bliskości, zwłaszcza w rodzinach, w których jest dziecko o dużych potrzebach.

Problem pojawia się, kiedy matki, ojcowie i dzieci gubią równowagę i pozostają w tym stanie nazbyt długo. Nie wynika on zazwyczaj z rodzicielstwa bliskości samego w sobie. Uważamy, że w rodzicielstwie bliskości działa prawo popytu i podaży. Dziecko może być wymagające, ale odpowiadanie na jego potrzeby pomaga rodzicom zdobyć potrzebne środki i energię, aby przetrwali i mieli się doskonale. Miłość i łączność z własnym dzieckiem może być źródłem uzdrowienia emocjonalnego dla tych matek i ojców, których relacje z własnymi rodzicami nie były tak bliskie. Jednak kombinacja rozmaitych czynników może zachwiać tę równowagę: kiedy na przykład dziecko ma duże potrzeby, otoczenie nie jest wspierające, matka i ojciec muszą zmierzyć się z jakimiś osobistymi wyzwaniami albo mają nierealistyczne oczekiwania w stosunku do rodzicielstwa.

Pewnego razu, podczas wykładu, który mieliśmy w Australii, użyliśmy terminu „zanurzenie się macierzyństwie". Mądra matka i babcia, która znajdowała się wśród słuchaczy, zwróciła nam później uwagę, że „zanurzenie" znaczy wejście w coś całkowicie i bez reszty. Zrezygnowaliśmy z tego terminu.

Oczekuje się, że współczesne matki będą sobie radziły ze wszystkim: z prowadzeniem idealnego domu, z wychowaniem inteligentnych i kreatywnych dzieci, z dostarczaniem mężowi towarzystwa i seksu oraz z własnym, stymulującym życiem, w pracy czy gdzie indziej. Młoda matka, która usiłuje sprostać temu ideałowi „Supermamy", zmierza wprost w stronę kłopotów. Nauka, jak być matką dla swojego dziecka, sama w sobie jest większym przedsięwzięciem niż pełnoetatowa praca. Jeśli matce stawia się zbyt wiele innych wymagań, dając jej więcej pracy i mniej czasu dla siebie, jest ona zagrożona wypaleniem.

PRZERWY OD DZIECKA

Czasem, kiedy zajmuję się moim dzieckiem, marzy mi się, żeby ktoś w ten sposób zajął się mną.

Pamiętaj wskazówkę rodzicielstwa bliskości dotyczącą przetrwania: *Tym, czego najbardziej potrzebuje twoje dziecko, jest szczęśliwa, wypoczęta matka.* Matki RB, które przychodziły do nas na konsultacje, często donosiły, że czują się „wypłukane z bliskości". Tak wiele czasu spędzały, dając bliskość swoim niemowlętom, że nie starczało im już czasu dla nich samych jako matek i jako partnerek. Wypróbuj następujące pomysły na przerwy od dziecka:

Idź na spacer. Poza codziennym spacerem z niemowlęciem w chuście, od czasu do czasu idź na spacer sama, podczas gdy z dzieckiem bawi się tata.

Weź prysznic. Jedno z pierwszych pytań, które Martha zadaje kobiecie przychodzącej na konsultacje dotyczące wypalenia, brzmi: „Ile dni minęło od czasu, kiedy brała pani prysznic?". Nawet jeśli dziecko marudzi, a ty potrzebujesz albo chcesz wziąć prysznic, zrób to. Postaw fotelik z dzieckiem na podłodze i pozwól mu patrzeć na to, co robisz. Często hałas lecącej wody i twoje wygłupy – na przykład śpiewanie pod prysznicem – uspokajają dziecko. Kiedy indziej możesz wziąć prysznic z dzieckiem, jeśli ono to lubi, albo wejść z nim razem do wanny na małą sesję „hydroterapii" w trudny i marudny dzień.

Ucinaj sobie drzemki podczas karmienia. Podczas tych wciąż powracających dni, kiedy twoje dziecko ma szczególnie duże potrzeby, bo na przykład przechodzi fazę gwałtownego wzrostu i chce ssać cały dzień i całą noc, pomocne może być wybranie kilku momentów w ciągu dnia, kiedy jesteś szczególnie zmęczona i położenie się wraz z dzieckiem na krótką drzemkę. Oczywiście kusząca wydaje się możliwość wykorzystania tego czasu, gdy dziecko śpi, do „zrobienia wreszcie czegokolwiek od początku do końca", zwalcz jednak pokusę i śpij razem z dzieckiem.

Zatrudnij pomoc. Jeśli twój mąż nie może zająć się w ciągu dnia dzieckiem, zatrudnij nastolatkę, która wpadłaby na godzinę czy dwie przynajmniej raz w tygodniu. W tym czasie zrób coś tylko dla siebie, nawet gdyby oznaczało to po prostu leżenie w wannie i słuchanie muzyki, ćwiczenia na świeżym powietrzu, wizytę w SPA czy zakupy.

Zapisz się na zajęcia dodatkowe. Zapisz się na lekcje tańca, zajęcia fitness, na aerobic czy zajęcia wieczorowe z tematu, który zawsze chciałaś poznać lub który rozszerzy twoją edukację. To nie mają być zajęcia dla matek z dzieckiem, ale coś tylko dla ciebie, podczas gdy tata i niemowlę spędzą trochę czasu ze sobą.

Uspołecznij się. Skontaktuj się z innymi młodymi matkami, może z tymi, które poznałaś w szkole rodzenia albo przez La Leche League i spotykajcie się na cotygodniowych lunchach. Młodsze dzieci łatwo zabrać ze sobą, a starszymi może zająć się jedna, wspólna niania.

Ciesz się swoim hobby. Jeśli miałaś jakieś szczególne zainteresowania, które czasowo porzuciłaś przed urodzeniem dziecka, podejmij je znowu.

Pamiętaj o stronie duchowej. Choć macierzyństwo często jest doświadczeniem odnawiającym, wielu młodych rodziców jest tak przytłoczonych w wymagających najbardziej intensywnej obsługi pierwszych miesiącach, że zapominają oni o zadbanie o siebie w sensie duchowym. Częste, krótkie przerwy z kilkuminutową modlitwą czy medytacją, pomogą ci odzyskać wewnętrzny spokój, którego oboje z dzieckiem potrzebujecie.

Idź do salonu urody. Zrób sobie przyjemność nową fryzurą. Albo luksusowym manicure i pedicure, na których robienie w domu możesz nie mieć czasu.

Odpocznij. Kiedy robisz sobie przerwę od zajmowania się dzieckiem, nie czuj się zawsze zobligowana do wychodzenia z domu i do robienia czegoś. Czasem po prostu zamknięcie za sobą drzwi od sypialni i wytęskniony sen (bez zakłóceń) będzie tym, co doktor przepisał. Napisz list, wyślij kilka maili albo zorganizuj przyjemną „telefoniczną wizytę" z przyjaciółką.

Uczucie zmęczenia jest dla młodych rodziców nieuniknione i na pewno będą dni, kiedy będziesz się zastanawiać, czy na pewno jesteś stworzona do macierzyństwa. Wypalenie nie jest natomiast nieuniknioną częścią rodzicielstwa bliskości. Oto kilka wskazówek, jak przetrwać i rozkwitać jako matka, jednocześnie unikając wypalenia.

Zrób co w twojej mocy, żeby dobrze zacząć relację z twoim dzieckiem. Rozdzielenie z dzieckiem po porodzie czy walka z problemami związanymi z karmieniem piersią sprawiają, że dobre początki macierzyństwa mogą być trudniejsze. Jeśli czytasz tę książkę przed narodzinami twojego dziecka, już teraz starannie zaplanuj poród i pierwsze kilka dni życia twojego dziecka. Zapisz się do dobrej szkoły rodzenia i bierz udział w spotkaniach La Leche League, aby dowiedzieć się jak najwięcej o karmieniu. Jeśli twoje dziecko jest już na świecie, a ty wciąż czujesz emocjonalne następstwa mniej-niż-idealnego początku macierzyństwa, czas odpuścić. Powiedz sobie, że zrobiłaś najlepsze, co mogłaś, w tamtym czasie i z posiadaną wówczas wiedzą. Potem zaś skoncentruj się na więzi, którą teraz budujesz ze swoim dzieckiem.

Zignoruj negatywnych doradców. Wielu ludzi będzie ci mówić, jak masz zajmować się twoim dzieckiem, a jeśli będą upierać się, że to, co robisz, robisz źle, mogą zachwiać twoim zaufaniem do samej siebie. Nie wdawaj się z nimi w kłótnie. Nie rozmyślaj długo o ich radach. Przypominaj sobie, że masz dobre powody, aby wybrać ścieżkę rodzicielstwa bliskości i że to ty jesteś ekspertką w sprawie swojego dziecka.

Zaangażuj tatę. Nigdy nie widziałem przypadku wypalenia u matki w rodzinie, w której ojciec jest aktywnie włączony w rodzicielstwo i w zajmowanie się młodą mamą. Niektórzy ojcowie są w tym dobrzy od samego początku. Inni potrzebują zachęty. Matki mogą pomóc swoim partnerom, dając jasno i spokojnie do zrozumienia, jakie są ich własne potrzeby. Mężczyźni nie są w stanie odgadnąć, czego chcą od nich kobiety, bo większość z nich nie ma tak rozwiniętej intuicji dotyczącej potrzeb innych ludzi. Czy chodzi o naczynia w zlewie czy o płaczące dziecko, które potrzebuje uwagi, kobieta musi o to poprosić. Jeśli sprawia jej to kłopot, to znak, że potrzebna jest profesjonalna konsultacja. Być może ma bardzo silną skłonność do perfekcjonizmu i uważa, że tylko ona jest w stanie zrobić daną rzecz właściwie. Albo, jeśli walczy z depresją poporodową, może mieć trudności z komunikowaniem swoich potrzeb.

Kiedy tata zajmuje się dzieckiem, nie stój nad nimi. Ojciec na własną rękę musi nauczyć się, jak ukoić dziecięcy płacz i jak bawić się z radosnym dzieckiem. Jeśli matka jest nieustannie w pobliżu, nadzorując każde odbicie, każde klepnięcie i każde połaskotanie dziecka, tata nigdy nie nauczy się być jego czułym opiekunem. Wykorzystaj okazję, aby mieć czas dla siebie. Idź na spacer, zrób zakupy albo poczytaj książkę w najbardziej oddalonym zakątku domu. Tata i dziecko świetnie sobie poradzą.

Ojciec i matka muszą współpracować, aby zaspokoić potrzeby dziecka i rodziny. Jest to szczególnie prawdziwe, gdy mają dziecko z trudnym temperamentem albo o specjalnych potrzebach. Jeśli to matka zajmuje się wszystkim, co ma związek z opieką nad dzieckiem, ojciec może stać się bardzo niepewny w radzeniu sobie z marudnym niemowlęciem. Jeśli cała matczyna energia skierowana jest na dziecko, tata może czuć się dotknięty i pozostawiony samemu sobie. Może całkowicie pogrążyć się

w pracy czy w innych przedsięwzięciach poza domem. Wówczas mama poczuje się wypalona, małżeństwo zacznie się chwiać, a relacje dziecka z obojgiem rodziców narażone będą na ryzyko.

Dr Bill radzi jak ojciec ojcu: Rodzicielstwo bliskości działa najlepiej, jeśli mężowie są wrażliwi na potrzeby żon. Spytaj żony, co możesz dla niej zrobić, a potem przekonuj ją, żeby odpoczęła w czasie kiedy ty zajmujesz się obiadem, niemowlęciem, przedszkolakiem, czy czymkolwiek innym. Matkom często trudno prosić o pomoc, bo jakaś część ich samych czuje, że powinny poradzić sobie ze wszystkim – choć nie jest to oczywiście realistyczne oczekiwanie. Tylko bardzo niewiele kobiet rozmawia z mężami o swoich ambiwalentnych uczuciach związanych z macierzyństwem. Dzieje się tak przynajmniej z dwóch powodów. Po pierwsze, kobiety są emocjonalnie ogromnie zaangażowane w utrzymanie w oczach męża własnego obrazu jako matki doskonałej. Poza tym aż za dobrze wiedzą, że mężczyźni zechcą pospieszyć z próbami „rozwiązywania" problemu, podczas gdy one nie chcą być bombardowane sugestiami zmian w chwili, gdy wszystkim, czego naprawdę potrzebują, jest ktoś, kto ich wysłucha.

Zminimalizuj presję zewnętrzną. Uczenie się, jak dbać o dziecko i jak odpowiadać na jego potrzeby, to duże przedsięwzięcie. Pierwszy rok życia twojego dziecka nie jest dobrym czasem na zmaganie się z innymi wyzwaniami, takimi jak remont, przeprowadzka czy zmiana pracy (chyba że chodzi o przyjęcie pracy mniej wymagającej). Jeśli w twoim życiu są inne sprawy, które domagają się pilnej uwagi, takie jak presja finansowa, chory rodzic czy wymagające starsze dziecko, zrób wszystko, aby zapewnić sobie pomoc. Zmniejsz poziom stresu tak bardzo, jak to możliwe, tak żeby cała twoja energia mogła zostać skierowana na niemowlę i inne osoby w twojej rodzinie. Małe dziecko albo przedszkolak może potrzebować wiele twojej skupionej uwagi, ale tak naprawdę nie *potrzebuje*, żebyś szyła mu skomplikowany kostium czy organizowała przyjęcie urodzinowe dla dwadzieściorga gości.

Ustaw priorytety. Jeśli jesteś w samym środku niedobrego dnia; jeśli o godzinie czternastej, wciąż w nocnej koszuli, wędrujesz po lepkiej od brudu kuchennej podłodze, aby dotrzeć do fotela bujanego i nakarmić dziecko po raz trzeci od południa, możesz mieć poczucie, że nie udaje ci się nic zrobić. Możesz także zastanawiać się nad tym, za co się wziąć, kiedy dziecko już się uspokoi i zyskasz chwilę czasu. Jasne sformułowanie priorytetów ma szansę ci w tym pomóc. Jak to zrobić? Oto kilka wskazówek:

- *Niech ludzie będą ważniejsi niż rzeczy.* To krótkie stwierdzenie pomogło już wielu matkom przebrnąć przez tydzień, kiedy dziecko jest chore, one same drażliwe, a w domu błyskawicznie narasta bałagan. Najważniejsze są potrzeby ludzi: dziecko wymaga pocieszenia, mama paru chwil, by się odprężyć, tata kogoś, z kim mógłby porozmawiać. Wszyscy potrzebują jedzenia, więc wspólne przygotowanie jakiegoś obiadu jest ważne – choć nie ma potrzeby, żeby był wyszukany.
- *Miej przygotowane listy zadań.* Zrób listę wszystkich rzeczy, które potrzebujesz zrobić, a potem krytycznie się nad nimi zastanów. Przypisz priorytety: jedna gwiazdka, dwie gwiazdki i trzy gwiazdki. Zrób najważniejsze rzeczy i nie martw się resztą. Zastanów się, które z zadań na twojej liście mogą być zrobione przez inne osoby – twojego męża, sąsiada, babcię czy przyjaciółkę. Następnie przygotuj listy dla nich. Tylko bardzo niewiele prac musi być wykonanych przez matkę twojego dziecka – a te, które muszą, takie jak karmienie piersią, pocieszanie i noszenie w ramionach, to właśnie to, czemu powinnaś poświęcić uwagę.
- *Rozdzielaj pracę na części, które dadzą się opanować.* Kiedy twoje dziecko ssie dwanaście razy w ciągu dnia i przynajmniej tak samo często wymaga nowej pieluszki, nie masz do dyspozycji długich okresów czasu, w których możesz coś zrobić. Robiąc listę, pamiętaj, że poszczególne punkty nie mogą być zbyt obszerne. W ten sposób codziennie będziesz mogła mieć satysfakcję ze skreślenia kilku zrobionych rzeczy, nawet jeśli są to części jakiegoś większego przedsięwzięcia.
- *Naucz się mówić „nie".* Nowo narodzone dziecko jest dobrym wytłumaczeniem odmowy udziału w zewnętrznych przedsięwzięciach. „Nie, przepraszam, nie dam rady nic upiec na kiermasz ciast. Niedawno urodziło nam się dziecko" albo: „Niestety, nie mogę w tym roku dołączyć do klubu. Większość wieczorów spędzam w domu z mężem i z naszym dzieckiem". Odmawiaj także wymaganiom, które formułujesz względem samej siebie: „Nie, nie muszę myśleć w tym roku o odnawianiu salonu. To mój czas na cieszenie się dzieckiem".

Codziennie znajdź trochę czasu dla siebie. Nie powtarzalibyśmy tego tak często, gdyby nie było to aż tak ważne. Nie możesz być dobrą matką dla swojego dziecka, jeśli nie dbasz dobrze o samą siebie. *Twoim zadaniem jest dbać o siebie.* Pamiętaj, że kiedy to robisz, dbasz o matkę swojego dziecka, a to ważny sposób zyskania pewności, że dziecko dostanie wszystko, czego potrzebuje. Wykorzystaj czas drzemki dziecka, żeby zrobić coś, co lubisz, co wprawi cię w dobry nastrój. Daj tacie szansę codziennego zajęcia się dzieckiem, podczas gdy ty pójdziesz na spacer albo weźmiesz kąpiel. Kiedy dziecko ssie, poczytaj dobrą książkę. Wypożycz ulubiony film i oglądaj go do późna w nocy (żeby nadrobić brak snu, następnego dnia zdrzemnij się z dzieckiem). Kup swoje ulubione zdrowe jedzenie w sklepie spożywczym i ciesz się myślą o lunchu. Bądź dla siebie dobra, ponieważ jesteś bardzo ważna dla twojego dziecka.

Wyjdź z domu i bądź aktywna. Nie pozwól, byś czuła się uwięziona w domu. Wyjdź z niego i chodź w różne miejsca z dzieckiem. Nawet wyprawa do sklepu spożywczego jest interesująca, jeśli zabierzesz ze sobą dziecko. Idź do parku, do biblioteki, do pobliskiej kawiarni. Idź w miejsca, w których możesz spotkać inne matki. Bycie w domu z dzieckiem przez cały dzień jest trudne, jeśli nie masz dookoła dorosłych, z którymi mogłabyś porozmawiać.

Pozbądź się perfekcjonizmu. Rodzice RB stawiają sobie poprzeczkę wysoko. Chcą, żeby ich dziecko miało najlepszych rodziców i chcą wszystko robić „właściwie". To po prostu nie jest możliwe. Nikt nie ma takiej kontroli nad sobą i nad swoim życiem rodzinnym.

RADA RODZICIELSTWA BLISKOŚCI

Nie ma takich ludzi, jak doskonali rodzice i z pewnością ta książka nie została napisana przez doskonałych rodziców. Zrób to, co możesz najlepszego, korzystając z tych środków, które masz do dyspozycji. To wszystko, czego twoje dziecko będzie kiedykolwiek od ciebie oczekiwać.

Ciesz się chwilą. Rodzicielstwo bliskości przynosi chwile nagrody, które sprawiają, że chcesz dać swojemu dziecku jeszcze więcej i że jest to dla ciebie łatwiejsze; musisz jednak rozpoznać te momenty, kiedy nadejdą. To znaczy, że kiedy karmisz swoje dziecko w środku nocy albo kiedy usypiasz je, chodząc z nim wieczorem, nie powinnaś myśleć o tym, czego w danym momencie nie robisz, albo martwić się, że będziesz niewyspana. Zamiast tego doceń poczucie odprężenia, które spływa na ciebie, gdy dziecko rozluźnia się w twoich ramionach.

PONOWNE ROZPALANIE PŁOMIENIA

Jeśli dokładnie wiesz, co mamy na myśli, opisując macierzyńskie wypalenie, warto też, żebyś wiedziała, że nie jest to stan permanentny. Możesz z niego wyzdrowieć i ponownie rozbudzić swoją pasję dla macierzyństwa. Jeśli wykorzystasz to, czego dowiedziałaś się o sobie, do spojrzenia na swoje życie z innej perspektywy, możesz uniknąć ponownego wypalenia.

Dobrym pierwszym krokiem w procesie zdrowienia po macierzyńskim wypaleniu jest realistyczne oszacowanie, czym jest życie z nowo narodzonym dzieckiem. Niemowlęta potrzebują

PIGUŁKA RODZICIELSTWA

Z całą pewnością nie ma pigułki, którą mógłby zażyć rodzic, a która gwarantowałaby mu satysfakcję, a jego dzieciom zdrowie emocjonalne. Ale rodzicielstwo bliskości zbliża się do tego ideału. Wyobraźcie sobie, że RB to pigułka. Informacja wewnątrz opakowania mogłaby głosić coś w tym rodzaju:

Wskazania: Pomaga stać się ekspertem w dziedzinie własnego dziecka i zwiększa szansę wychowania zdrowego emocjonalnie dorosłego.

Sposób użycia: Zażywać tak często i tak długo, jak potrzeba.

Możliwe efekty uboczne: Początkowo może wydawać się trudne, pokrzyżować plany zawodowe, a w przypadku przedawkowania prowadzić do bezsennych nocy i wypalenia macierzyńskiego i małżeńskiego. Aby zminimalizować te niepożądane efekty, upewnijcie się, że zażywacie dawkę odpowiednią dla waszego dziecka, dla was i dla waszej rodziny.

dużo opieki. Są nieprzewidywalne i możesz zapomnieć o planach dnia i o przesypianiu całych nocy. Najważniejszą rzeczą jest zrozumienie, jakie jest *twoje* dziecko, i że twoje dziecko jest inne od tych modelowych, o których czytasz w książkach. Twoim zadaniem jest odpowiadanie na potrzeby *twojego* dziecka – nie zaś zamiana tego dziecka w niemowlę z książki.

Inną rzeczą do nauczenia się w procesie dochodzenia do zdrowia po wypaleniu, jest to, co powinnaś zrobić, aby poradzić sobie z potrzebami dziecka. Tak jak dzieci różnią się usposobieniem, tak również odmienne są osobowości matek. Jeśli jesteś z natury niecierpliwa, będzie ci trudniej radzić sobie z dzieckiem o dużych potrzebach niż kobiecie, która jest spokojniejsza i bardziej wyrozumiała. Być może będziesz musiała więcej wysiłku włożyć w zmniejszenie stresu w innych dziedzinach twojego życia, tak żeby twoja cierpliwość była zachowana dla dziecka. Jeśli jesteś osobą, która szybko troszczy się o potrzeby innych, ale mniej dba o własne, musisz nauczyć się rozpoznawania tych potrzeb i znaleźć sposoby, aby je zaspokajać.

Wszystkie sugestie, wymienione pod nagłówkiem *Unikanie syndromu wypalonej matki*, pomogą ci także inaczej się zorganizować, tak żebyś mogła przezwyciężyć wypalenie i ponownie stać się wydajną i szczęśliwą mamą dla twojego dziecka. Przede wszystkim, nie bądź dla siebie samej surowa. Jesteś jedyną matką, którą twoje dziecko zna i dokładnie tą matką, jakiej potrzebuje.

TRZYMAJ SIĘ RODZICIELSTWA BLISKOŚCI

Krytycy rodzicielstwa bliskości pośpiesznie wypominają fakt, że widzieli kobiety doprowadzone do absolutnego wyczerpania przez wymagania ich dzieci. Jeśli właśnie zmierzasz do wypalenia albo zastanawiasz się, czy twoja więź z dzieckiem nie jest „zbyt silna", możesz także zacząć mieć pewne wątpliwości związane z RB. W istocie porady rodzicielskie obiecujące wyregulowanie rytmu życia niemowlęcia zgodnie z planem mogą ci się wydawać całkiem dobre. Jednak jeśli masz tego rodzaju wymagające dziecko, które popycha cię na granicę wypalenia, możemy się założyć, że nie jest to dziecko, które dobrze poradzi sobie z surowszym stylem macierzyństwa.

JEDENAŚCIE PRZYKAZAŃ ZRÓWNOWAŻONEGO RODZICIELSTWA BLISKOŚCI

1. BĘDZIESZ DBAĆ O SIEBIE.
2. BĘDZIESZ ZASZCZYCAĆ SWEGO MĘŻA JEGO UDZIAŁEM W RODZICIELSTWIE BLISKOŚCI.
3. BĘDZIESZ UNIKAĆ KRZEWICIELI ZŁEJ RADY.
4. OTACZAĆ SIĘ BĘDZIESZ POMOCNYMI I WSPIERAJĄCYMI PRZYJACIÓŁMI.
5. BĘDZIESZ MIEĆ POMOC W DOMU.
6. POZNASZ SWOJE DZIECKO.
7. BĘDZIESZ DAWAĆ SWOIM DZIECIOM TO, CZEGO POTRZEBUJĄ, NIE ZAŚ TO, CZEGO CHCĄ.
8. KIEDY DZIECKO ŚPI, TY TAKŻE SPAĆ BĘDZIESZ.
9. BĘDZIESZ SIĘ PIELĘGNOWAĆ I OZDABIAĆ.
10. ULECZYSZ SWOJĄ PRZESZŁOŚĆ.
11. ZROZUMIESZ, ŻE NIE JESTEŚ ISTOTĄ DOSKONAŁĄ.

Pamiętaj, że równowaga jest bardzo ważną częścią rodzicielstwa bliskości. Jeśli matka czuje się wypalona, to znaczy, że coś gdzieś przeważyło szalę. Zastanów się, co to takiego i co trzeba zrobić, żeby poprawić sytuację. Być może jedną z poprawek, które musisz wprowadzić, jest zmiana twojego przekonania, że jako matka jesteś w stanie powstrzymać płacz dziecka. Płacz wymaga reakcji, ale czasami nie będziesz w stanie znaleźć tej właściwej. W wielu przypadkach, aby dać mamie odpocząć, ktoś inny – najczęściej tata – może przejąć pocieszanie i uspokajanie dziecka. Rodzicielstwo bliskości jest tak pomyślane, żeby rodzic czuł się spokojny, wychodząc naprzeciw potrzebom dziecka, a nie zaniepokojony każdym jego ruchem. Macierzyństwo nie przynosi satysfakcji, jeśli nieustannie martwisz się, czy robisz wszystko „właściwie". Z czasem rodzicielstwo bliskości zwiększy twoją cierpliwość i sprawi, że staniesz się osobą bardziej skłonną do dawania. Da ci więcej wiary w siebie i w twoją zdolność do bycia nie doskonałą, ale dobrą matką.

10
Strzeż się trenerów dzieci

Słyszałaś kiedyś którąś z tych rad? „Pozwól swojemu dziecku się wypłakać". „Nie noś jej tak dużo, rozpuścisz ją!". „Lepiej wprowadź mu stały plan dnia". „To on kontroluje ciebie". „Będziesz tego żałować. Ona nigdy nie wyjdzie z waszego łóżka". „Jak to, ciągle jeszcze karmisz piersią!?".

Niewielu rodziców przemknęło przez pierwszy rok życia dziecka bez kogoś, kto wysłałby w ich stronę jedno bądź więcej tych złowieszczych ostrzeżeń. Te niezbyt fortunne komentarze pochodzą od samozwańczych ekspertów w wychowaniu dzieci, których wszędzie jest pełno. Pojawiają się na przyjęciach i na spotkaniach rodzinnych. Piszą do czasopism, a nawet wykładają podczas zajęć o rodzicielstwie. Mogą nie posiadać żadnego mandatu do wiedzy o dzieciach, ani też dzieci, albo mogą być profesjonalistami, którzy powinni mieć lepsze rozeznanie. Nazywamy ich „trenerami dzieci", ale tak naprawdę ich podejście do rodzicielstwa bliższe jest sposobowi, w jaki tresuje się zwierzątka [w języku angielskim te dwa słowa – „trenować" i „tresować" (na przykład psa czy konia) – mogą być oddawane za po-

mocą tego samego czasownika *to train*. „Trenerzy dzieci" w książce Billa i Marthy Searsów to także „treserzy", chcący mechanicznie wdrożyć dzieci do określonych zachowań - *przyp. tłum.*]. Wydają się bardziej zainteresowani pokazaniem wam, jak sprawić, żeby dziecko bezproblemowo wpasowało się w wasze dotychczasowe życie, niż nauczeniem was, jak wychować szczęśliwą, zdrową, zrównoważoną istotę ludzką. Tymczasem wasze pragnienie zrobienia dla dziecka tego, co najlepsze i strach, że być może szkodzicie mu, odpowiadając z taką wrażliwością na jego potrzeby, sprawiają, że jesteście podatni na tego typu trenerskie porady. „Strzeż się trenerów dzieci" to kolejny Filar Rodzicielstwa Bliskości.

Podstawową różnicą między TD (trenerami dzieci) i RB (rodzicami stosującymi metody rodzicielstwa bliskości) jest ich nastawienie do płaczu dziecka. Dla trenera dzieci, płacz jest denerwującym, niewygodnym przyzwyczajeniem, które należy przełamać, żeby dziecko lepiej dopasowało się do środowiska dorosłych. Dla rodzica RB płacz dziecka jest językiem, którego należy wysłuchać.

Niektóre matki RB z łatwością zignorują porady trenerów dzieci. U innych, zwłaszcza u młodych mam, których wiara w siebie jest nieco chwiejna, wyroki TD mogą zasiać ziarenko wątpliwości. Zaczynają się zastanawiać, czy naprawdę robią to, co najlepsze dla swojego dziecka i dla samych siebie.

Nie martw się, jeśli zaliczasz się do kobiet o mniejszym zaufaniu do samych siebie. Każda matka przeżywa chwile, w których zastanawia się, czy jej wybory rodzicielskie wyjdą kiedyś wszystkim na dobre. Każda matka ma dni, kiedy wydaje się, że odłożenie dziecka do łóżeczka i odejście w przeciwnym kierunku byłoby rozsądnym rozwiązaniem. Twoja miłość do dziecka i pragnienie, by dać mu to, co najlepsze, czynią cię mało odporną. Gdy ktoś daje do zrozumienia, że twój sposób rodzicielstwa wyrządza twojemu dziecku krzywdę, to w naturalny sposób podważa twoją pewność siebie. Im więcej dowiesz się o rodzicielstwie bliskości, tym lepiej będziesz rozumieć, co jest nie tak z podejściem do rodzicielstwa, jakie reprezentują trenerzy dzieci.

CO JEST NIE TAK Z TRENOWANIEM DZIECI?

Do problemu trenowania dzieci można podejść, patrząc z perspektywy naukowca, matki, czy każdej istoty ludzkiej obdarzonej zdrowym

---

PROFIL TRENERA DZIECI

Większość oficjalnych trenerów dzieci (TD) to autorytarni mężczyźni, tak bardzo zaangażowani w swoje role doradców, że ignorujący naukowe dowody pokazujące, iż mogą się mylić. Niektórzy z nich wolą raczej całkowicie odrzucić naukę, niż podciągnąć własne porady do naukowych standardów.

W opozycji do samozwańczych trenerów bez profesjonalnej legitymacji, inni zwolennicy tej metody to psychologowie i pediatrzy o wysokim wykształceniu i z akademickimi posadami w ważnych miejscach. Są oni tak nieświadomi tego, jakie naprawdę są matki i dzieci, że ich zalecenia nie mają żadnego zakorzenienia w realiach codziennego życia rodzica. Opierają się raczej na sytuacjach występujących w ich praktyce, te zaś są zwykle bardziej skomplikowanymi i rzadziej występującymi przypadkami. Mają tendencję do nieliczenia się z tymi elementami rzeczywistości, których nie da się zmierzyć, takimi jak matczyna intuicja czy wrażliwość. Do opieki nad dzieckiem podchodzą jak do nauki, a nie jak do sztuki, a o dziecku myślą jak o projekcie, a nie osobie. Ponadto, jako dobrzy naukowcy, spodziewają się, że dzieci będą dostosowywać się do przewidywalnych reguł, które sami dla nich konstruują.

Trenerzy dzieci nie mają tolerancji dla odmienności w osobowościach dzieci i szybko negują różnice we wrażliwości matek i w poziomie potrzeb niemowląt. Podejście jednakowe dla wszystkich wydaje im się bardziej naukowe. Jak pokazuje historia rodzicielstwa, w obecnym stuleciu trenowanie dzieci będzie najprawdopodobniej wychodziło z mody i ponownie stawało się modne, tak jak to było w przeszłości. Najlepsze, na co możemy mieć nadzieję, to takie podbudowanie rodzicielskiej wrażliwości, że rodzice nie będą doprowadzać do skrajności ani metod RB, ani tych zalecanych przez trenerów dzieci, lecz w zamian nauczą się właściwej równowagi między nimi.

rozsądkiem. Bez względu na to, które z tych podejść wybierzesz, znajdziesz powody, dla których trenowanie dzieci po prostu nie ma sensu jako sposób opieki nad ludzkimi dziećmi.

Co mówi mamie biologia. Trenowanie dzieci nie jest zestrojone z biologią matki, zwłaszcza matki karmiącej piersią. A ponieważ dzieci mają być zgodnie z naturalnym planem karmione piersią, sposób, w jaki działa u matek laktacja, mówi nam coś o tym, jak najlepiej odpowiadać na potrzeby dziecka. Hormony potrzebne do produkcji i wypływu mleka, prolaktyna i oksytocyna, są wydzielane w czasie, gdy niemowlę ssie pierś. Jednak połowiczny rozkład tych hormonów trwa bardzo krótko, co znaczy, że szybko znikają z organizmu, często nawet w ciągu minut. Naturalnym wnioskiem wydaje się, że częste karmienie piersią jest konieczne, aby utrzymać wysoki poziom hormonów. Rodzicielstwo zachowujące dystans i posługujące się ściśle przestrzeganym grafikiem działań, zgodnie z radami trenerów dzieci, to nie jest sposób, w jaki istoty ludzkie naturalnie powinny zajmować się swoimi młodymi. Fakt, że ludzkie mleko jest szybko trawione, to kolejna wskazówka, że matki i dzieci powinny być blisko siebie. Hormony mówią matce, że powinna być blisko dziecka, a mały żołądek dziecka sprawia, że chce ono mieć matkę obok siebie.

**NAUKA DOWODZI:
Dobra nauka popiera
rodzicielstwo bliskości**

Czytając tę książkę, przekonacie się, że w zasadzie nie istnieją badania potwierdzające rady trenerów dzieci.

Co się dzieje, gdy matka ignoruje takie biologiczne sygnały? Albo ciało przestaje je wysyłać (a to znaczy, że przestaje produkować mleko), albo ona przestaje być wrażliwa na sygnały. To jedyny sposób, na jaki „działa" trenowanie dzieci. Zachęca do braku wrażliwości. Jeśli będziesz ignorować sygnały wystarczająco długo, stracisz zdolność ich interpretowania. Wówczas zaś, aby wiedzieć, co robić z własnym dzieckiem, będziesz musiała polegać na grafikach i na zewnętrznych doradcach.

Słyszałam, jak w sąsiednim pokoju płakało dziecko. Jego własna matka tego nie słyszała.

Co mówi mamie jej wrażliwość. Im częściej matka odpowiada na swoje biologiczne sygnały, tym więcej uczy się polegać na nich i ufać im, i tym lepiej one jej służą. Rodzicielstwo bliskości uczy matkę polegania na jej wewnętrznej mądrości i po wielekroć nagradza ją za zrobienie tego. Podejście trenerów dzieci radzi jej, żeby opierała się na książce, czy na planie dnia, czy wreszcie na słowie trenera; w ten sposób całkiem omija ten złożony system, który rodzice mogą wykorzystać, aby naprawdę poznać i zrozumieć swoje dziecko.

Gdybyśmy mieli wybrać jedno słowo, które podsumowuje całość rodzicielstwa bliskości, tym słowem byłaby „wrażliwość". Wrażliwość znaczy, że wyczuwasz swoje dziecko (możesz wyczuć jego potrzeby) i że ufasz tym uczuciom. Wrażliwość pomaga ci zrozumieć twoje dziecko, przewidzieć jego działania i reakcje, i we właściwy sposób zaspokajać jego potrzeby.

Jak szybko matka może stracić wrażliwość na własne dziecko wskutek zajęć z trenowania dzieci, uświadomiłem sobie pewnego dnia, podczas standardowego badania dwutygodniowej dziewczynki. Podczas rozmowy poprzedzającej badanie, odpowiadałem na rozmaite pytania młodej mamy. W połowie naszej konwersacji dziecko zaczęło płakać. Tymczasem matka nadal zadawała pytania, pozornie nieświadoma płaczu dziecka. Czułem, że moje tętno przyspiesza, stałem się niespokojny, ale matka nie przyjmowała krzyku do świadomości i cały czas zwracała się do mnie. W końcu odezwałem się do niej w stylu pośrednim między radą a błaganiem: „Wszystko w porządku, proszę wziąć dziecko. Możemy rozmawiać, gdy pani będzie je karmić". Kobieta popatrzyła na zegarek i odpowiedziała: „Nie, to jeszcze nie jest czas jej karmienia". Ta matka została tak zindoktrynowana przez zajęcia z trenowania dzieci, że sama uczyniła się niewrażliwą na sygnały wysyłane przez maleńkiego noworodka. Przywrócenie jej właściwej perspektywy zajęło trochę czasu.

Co mówi zdrowy rozsądek. To bardzo ciekawe, że kultury tradycyjne, które nie zostały uszczęśliwione mebelkami dla dzieci, mlekiem modyfikowanym i książkami z radami dla rodziców, nie mają w swoich językach słowa na „psucie dzieci". Kiedy kobietom z kultur innych niż zachodnia mówi się o psuciu dzieci czy o konieczności „nieustępowania" dzieciom, odrzucają te idee jako bezsensowne. Odpowiadanie na potrzeby dzieci ma sens. Kiedy matka i dziecko mogą się odprężyć i cieszyć sobą nawzajem, wszyscy są szczęśliwsi.

Użycie zdrowego rozsądku, który pomoże wam wczuć się w osobowość dziecka, a zobaczycie, jak prawdziwe są poniższe obserwacje o rodzicielstwie bliskości (dla tych, którzy tego potrzebują, załączyliśmy tłumaczenie na bardziej „psychologicznie prawidłowy" język):

Uspokajaj swoje dziecko na rękach, kiedy jest małe, a łatwiej samo się uspokoi, gdy będzie starsze.

Tłumaczenie: „Początkowa zależność sprzyja późniejszej niezależności".

Słuchaj swojego dziecka, gdy jest małe, a ono posłucha ciebie, kiedy dorośnie.

Tłumaczenie: „Zaufanie sprzyja komunikacji".

Możesz poświęcić swój czas albo w pierwszym okresie życia dziecka, albo później.

Tłumaczenie: „Dziecko, które nie sprawia żadnych kłopotów, może stać się bardzo kłopotliwym nastolatkiem".

CZY TRENING DZIECKA NAPRAWDĘ DZIAŁA?

„Ależ to działa" – zapewniają trenerzy dzieci. Doprawdy? To zależy, co masz na myśli, mówiąc, że „działa". Ignorowanie płaczu dziecka koniec końców sprawi, że ono zamilknie. Jeśli przestaniesz dostrzegać sygnały wysyłane przez dziecko, ono przestanie sygnalizować. To nie jest wielka filozofia. Popatrz jednak dalej niż na te bezpośrednie efekty. Czego w szerszej perspektywie uczy się dziecko, którego opiekunowie korzystają z rad nakazujących taki dystans? Uczy się, że wysyłane przez nie sygnały w żaden sposób nie docierają do rodziców. Nie mają żadnej wartości, a z tego wynika, że ono samo nie ma wartości. Ostatecznie nikt go nie słucha. Wszystko, czego taki trening nauczył dziecko, to świadomość, że nie jest w stanie porozumieć się ze swoimi rodzicami.

Od osobowości dziecka zależy, jak radzi sobie ono z takim odkryciem. Dziecko bardziej uparte i wytrwałe będzie płakało i marudziło głośniej i silniej, mając nadzieję, że przebije się przez zapory ustawione przez rodziców. Stanie się niespokojne i będzie lgnąć do rodziców, zużywając dużo energii na próby trzymania się blisko mamy i taty i kontrolowania ich. Można o nim powiedzieć wszystko, tylko nie to, że jest niezależne. Dziecko o spokojniejszej, bardziej wyluzowanej osobowości łatwiej przystosuje się do braku reakcji ze strony rodziców. Po prostu podda się i stanie apatyczne. Stanie się „dobrym dzieckiem", które dogodnie dla rodziców wpasowuje się w przygotowany z góry program, przesypia noc i generalnie „jest mniejszym kłopotem". To właśnie przypadek, o którym trenerzy dzieci powiedzą, że „zadziałał". Jednak rodzice zapłacą wysoką cenę. To dziecko nie czuje i nie ufa. Zamyka się w sobie.

Oto historia z mojej praktyki pediatrycznej, która wydarzyła się, gdy pracowałem nad tą książką. Jim i Karen byli młodymi rodzicami, którzy przynieśli do mnie na rutynowe badanie swoją trzymiesięczną córkę, Jessikę. Kiedy weszli do gabinetu, Jessica była przypięta w foteliku samochodowym, który rodzice postawili na podłodze, jakiś metr czy dwa od nas, po czym zaczęliśmy rozmawiać. Mieli do mnie kilka pytań i podczas rozmowy zauważyłem, że oboje rodzice skupili całą swoją uwagę na mnie i rzadko odwracali się do dziecka. Nie nawiązywali z nią kontaktu wzrokowego i w żaden sposób nie próbowali uczynić jej częścią naszej rozmowy.

Kontynuując wywiad z rodzicami, zdałem sobie sprawę, że między tymi rodzicami i ich dzieckiem istnieje duży dystans. Ojciec, z miną kogoś, kto dostał odznakę rodzicielskich dokonań, z dumą oznajmił: „Proszę zauważyć, jaka ona jest grzeczna. Przesypia już całe noce!". Mnie jednak wydawało się, że coś jest nie tak.

Położyłem Jessikę na wadze, aby stwierdzić, że od ostatniej wizyty, miesiąc wcześniej, w ogóle nie przytyła. Trzymając ją, zauważyłem, że jej mięśnie były tak wiotkie, jak apatyczna wydawała się jej osobowość. Nie starała się zachować kontaktu wzrokowego ze mną i nie wydała z siebie żadnego dźwięku.

Im dłużej badałem Jessikę, tym bardziej byłem przekonany, że dziecko doznawało czegoś, co określam mianem „syndromu wyłączenia się" (zajrzyj do ramki na stronie 153, żeby dowiedzieć się więcej na ten temat). To „dobre dziecko" w rzeczywistości przestało się rozwijać. Zapytałem rodziców, jaki mają system opiekowania się nim. Karmili Jessikę według grafika, co trzy-cztery godziny, przez większość czasu pozostawiali ją samą w łóżeczku, a wieczorem pozwalali płakać, dopóki nie poddała się i nie usnęła. Niedużo ją nosili i nie dawali jej zbyt wiele z siebie.

„Kto państwu doradził coś takiego?" – spytałem.

„Nauczyliśmy się tego na zajęciach o rodzicielstwie prowadzonych w kościele" – odpowiedzieli.

To byli kochający rodzice, ale nie mieli przedtem do czynienia z dziećmi i łatwo ulegali wpływowi. Rzeczywiście chcieli dla córki jak najlepiej, ale posłuchali niewłaściwych doradców. Wytłumaczyłem im, na czym polegają niebezpieczeństwa takiego obojętnego i zdystansowanego stylu rodzicielstwa i poradziłem, co robić, żeby pomóc Jessice wspaniale się rozwijać.

Dwa tygodnie później rodzice przynieśli Jessikę na badanie. Przybyło jej prawie pół kilo! Wydawała się bardziej ożywiona, a podczas badania patrzyła na mnie i na swoich rodziców. Zaczęła nawet marudzić, kiedy posadziliśmy ją na dole w foteliku, więc jej mama podniosła ją i ułożyła w chuście do noszenia dzieci. Rodzice byli zachwyceni swoją odmienioną małą dziewczynką i znajdowali się na dobrej drodze do nawiązania więzi. Miesiąc później dostałem kartkę z podziękowaniami: „Jessica radzi sobie świetnie. Bardzo dziękujemy za wskazanie nam właściwego kierunku. Z całą pewnością nie chcieliśmy zrobić niczego, co mogłoby zaszkodzić naszemu dziecku". Jessica nadal wspaniale wzrasta w duchu rodzicielstwa bliskości, choć mam wątpliwości, czy jest nadal tak „dobra", jak była kiedyś.

Nie wszystkie niemowlęta reagują na trening dzieci tak dramatycznie, jak Jessica. Być może nie przestaną rosnąć i nie będą zdiagnozowane jako słabo się rozwijające, ale mogą przestać się rozwijać w innym sensie. Dobre wzrastanie to nie to samo, co stawanie się coraz większym. Oznacza ono optymalny, wszechstronny rozwój – fizyczny, intelektualny, emocjonalny i duchowy. Ten zaś nie może zajść, jeśli mama i tata odmawiają dziecku tego, co jest mu najbardziej potrzebne – własnej obecności, na której można by polegać.

Także rodzice, którzy korzystają z techniki trenowania dzieci, mogą przestać się rozwijać. Rozwój rodzica polega na tym, że zna on swoje dziecko, jest wrażliwy na wysyłane przez nie sygnały, przewiduje jego potrzeby i reaguje we właściwy sposób. Najważniejsza w tym wszystkim jest radość z życia z dzieckiem i poczucie, że ta relacja daje spełnienie. Trenowanie dzieci staje na drodze do realizacji tego celu. Sprawia, że tracisz zdolność do odczytywania swojego dziecka (co utrudnia dyscyplinowanie go), wiarę w siebie, czujesz się mniej kompetentna, a co za tym idzie, mniej spełniona jako osoba.

Mając około roku, mój syn przechodził przez napady histerii i moja pierwsza reakcja na te zdarzenia była zgodna z tym, co zalecały wszystkie książki o rodzicielstwie: ignorowałam histerię. Ale nigdy nie wydawało mi się to właściwe i rzadko kiedy działało. Po przedyskutowaniu tego z kilkorgiem przyjaciół stosujących RB, nauczyłam się widzieć w tych napadach to, co naprawdę w nich było – przytłaczające emocje. Zdałam sobie sprawę, że nie ma nic złego w tym, żebym go słuchała, mówiła do niego i starała się nazywać jego uczucia. Nie „ustępowałam mu", jak twierdzili niektórzy krytyczni rodzice. To działało jak magia: po prostu nauczyłam się pomagać mu przepracowywać te ataki, zamiast je ignorować.

DLACZEGO TRENOWANIE DZIECI JEST TAK POPULARNE?

Co sprawia, że rodzice wpadają w pułapkę rad trenerów dzieci? Dlaczego pozwalają, żeby cudze reguły i plany były nadrzędne w stosunku do ich własnej znajomości dziecka? W księgarniach, na stronach internetowych, wśród różnych organizacji RB i, co najlepsze, od doświadczonych rodziców, zdobyć można wiele lepszych rad dotyczących rodzicielstwa. Dlaczego więc trenowanie dzieci wciąż tak wspaniale się rozwija?

Trenowanie dzieci dobrze się sprzedaje. Jakkolwiek z pewnością miliony rodziców po prostu nie czują, żeby podejście do rodzicielstwa trenerów dzieci było w porządku, nadal istnieje wielki rynek zbytu dla porad mówiących, jak skłonić dzieci, aby dogodnie wpasowały się w styl życia rodziców. Trenowanie zyskuje wiarygodność dzięki opisom przypadków zadowolonych rodziców, którzy przysięgają, że uzyskanie kontroli nad dziecięcym płaczem uratowało ich zdrowie psychiczne – i ich małżeństwa. Bycie rodzicem jest trudne, a metoda treningu dzieci obiecuje ułatwić życie. Kto nie chciałby móc liczyć na przespanie całej nocy?

UWAŻAJ NA CZASOPISMA POŚWIĘCONE DZIECIOM

Pisałem artykuły dla wielu magazynów o dzieciach i dyskutowałem filozofię rodzicielstwa z wieloma redaktorami i wydawcami. Większość tego typu czasopism poświęca przynajmniej tyle samo uwagi rodzicielstwu bliskości co trenowaniu dzieci. Wciąż jednak jest faktem, że metoda trenowania dzieci dobrze się sprzedaje. Artykuł na temat szkoleń z treningu dzieci dostał się niedawno na pierwszą stronę „Wall Street Journal".

Podczas gdy najlepsze magazyny parentingowe dają zrównoważony przegląd stylów rodzicielstwa, wiele dąży do „stawiania rodziców w centrum" – bo właśnie w taki sposób sprzedaje się czasopisma. Rodzice pochłaniają artykuły o takich tytułach jak *Pięć sposobów na uregulowanie planu dnia twojego niemowlęcia* czy *Dziesięć sposobów, aby skłonić twoje dziecko do przesypiania nocy*. Oto cytat z tekstu, który ukazał się w majowym numerze magazynu „Parents" z 2000 roku, pod tytułem: *Naucz dziecko spać w zaledwie siedem dni*: „Grzechy usypiania, które popełniają nawet mądrzy rodzice: 1. Usypianie dziecka przy piersi. 2. Kołysanie dziecka do snu (...)".

Od kiedy to karmienie czy kołysanie dziecka do snu jest grzechem? Smutne, ale prawdziwe: trenowanie dzieci dobrze się sprzedaje.

W naszej kulturze większość dorosłych zostaje rodzicami, nie mając wielu doświadczeń w zajmowaniu się niemowlętami i małymi dziećmi. Tym samym nie mają wiele pewności siebie, toteż zaczynają szukać jakichś rad. Rodzicielstwo bliskości z jego przesłaniem, każącym zaufać swojemu instynktowi, może być mniej pociągające niż metody rodzicielstwa, w których pojawiają się konkretne instrukcje i plany działania. Jesteśmy społeczeństwem nastawionym na osiąganie celów. Szybie rezultaty – a w każdym razie obietnica takich rezultatów – oto, co dobrze się sprzedaje.

Trenowanie dzieci jest „rodzicocentryczne". Młodzi rodzice szukający rady wszędzie natkną się na pomysły trenerów dzieci, a to podejście może specjalnie do nich przemówić, bo w jego centrum znajdują się rodzice. Pozwala ono matkom i ojcom dokładnie zaplanować czas z dzieckiem, w ten sam sposób, w jaki planują wykonywanie obowiązków domowych. Sprawia, że dzieci dopasowują się do życia rodziców, tak że rodzice nie muszą się zmieniać. W stosunku do tych niemowląt usłyszeliśmy kiedyś określenie „dzieci dobrze rozplanowane".

Trenerzy dzieci uważają, że rodzicielstwo bliskości jest za bardzo skoncentrowane na dziecku. Rodzice potrzebują, ich zdaniem, podejścia bardziej skupionego na nich. W końcu dorośli nie powinni być zmuszani do reagowania na kaprysy dziecka. Dziecko nie powinno także, jak twierdzą, podejmować w rodzinie decyzji. Te oskarżenia w stosunku do rodzicielstwa bliskości kumulują się w historiach o matkach RB, które nigdy nie są w stanie odmówić swoim niemowlętom, poświęcając im nawet własne dobro. Zgadzamy się, że rodzicielstwo bliskości musi być zrównoważone i że popierany przez nas styl rodzicielstwa zachęca do podejmowania decyzji w oparciu o to, co sprawdza się w stosunku do całej rodziny. To nie to samo, co pozwolić dziecku zarządzać swoim życiem, ale trenerom dzieci łatwiej jest opisać to w taki sposób niż pojąć skomplikowanie dynamiki niemowlęcych sygnałów i rodzicielskich odpowiedzi.

Trenowanie dzieci zasadza się na błędnym spojrzeniu na relację między rodzicem a dzieckiem. Zakłada, że noworodek wkracza w świat, aby kontrolować swoich rodziców, a jeśli wy nie przejmiecie kontroli jako pierwsi, dziecko chwyci za stery i poprowadzi cały okręt. Trenerzy zakładają antagonistyczną relację między rodzicami a dziećmi. To nie jest zdrowe. Nie powinniście wybierać między dobrem rodziców, a dobrem dziecka. Życie rodzinne to nie zawody, w których ktoś wygrywa, a ktoś inny przegrywa. W rodzinie celem jest, aby wygrali wszyscy.

Pomyśl o rodzinie RB jako o „generacji *my*". To znaczy na przykład, że jeśli rodzice RB jadą na Hawaje, ich dziecko prawdopodobnie pojedzie z nimi. Być może zabiorą córeczkę ze sobą, bo wciąż jest karmiona piersią, albo dlatego, że po prostu lubią z nią przebywać. Tymczasem dziecko „wytrenowane" najprawdopodobniej zostanie w domu z opiekunką, podczas gdy rodzice uciekną na wakacje. Trening dziecka sprawia, że rodzice mogą to zrobić; pomyślcie jednak, jakim kosztem.

RADZENIE SOBIE Z KRYTYKĄ

Zostając rodzicem, stajesz się jednocześnie celem krytyki. Kiedy praktykujesz model rodzicielstwa, który różni się od tego, do czego przywykła twoja rodzina i przyjaciele, otrzymasz

mnóstwo porad, a niektóre z nich mogą sprawić, że zaczniesz kwestionować swoje decyzje, a twoja pewność siebie jako rodzica nieco się zachwieje. Nic tak nie dzieli przyjaciół i krewnych, jak opinia na temat wychowania dzieci. Oto kilka sugestii, jak poradzić sobie z radami krytyków i jak czuć się pewniej z własnymi wyborami.

Otaczaj się rodzicami RB. Przyłącz się do grupy wsparcia RB albo La Leche League [w Polsce poszukaj lokalnego Klubu Kangura - *przyp. red.*] i zaprzyjaźnij się z rodzicami, którzy myślą tak jak ty. Poszukaj rady u doświadczonych rodziców, z którymi nie tylko dzielisz poglądy na wychowanie, lecz których dzieci lubisz. To ludzie, którym możesz zwierzyć się z twoich rodzicielskich zmagań. Ze współczuciem i zrozumieniem odniosą się do tego, przez co przechodzisz, nie próbując cię zarazem przekonać do podejścia, którego nie masz ochoty wypróbowywać.

Nie wystawiaj się na ciosy. Jeśli szukasz wsparcia dla swoich rodzicielskich wyborów albo jeśli po prostu musisz trochę ponarzekać, starannie wybieraj swoich rozmówców. Jeśli zmagasz się z dzieckiem o dużych potrzebach, trzymaj się z daleka od matek „dobrych dzieci", które to dzieci jedzą co cztery godziny i przesypiają noc. Nie otrzymasz od nich poszukiwanej przez ciebie empatii. W zamian za to dowiesz się, że masz przestać rozpuszczać swoje dziecko, tylko położyć je do łóżeczka i pozwolić mu płakać, a takiej rady nie chcesz przecież usłyszeć. Skończysz z poczuciem, że twoje dziecko marudzi, bo coś jest nie tak z nim albo z twoim rodzicielstwem (pamiętaj zresztą, że te matki prawdopodobnie nieco naginają prawdę, opowiadając o dobrym zachowaniu swoich dzieci). W zamian za to poszukaj doświadczonych rodziców, którzy przetrwali i wspaniale poradzili sobie, mając dziecko o dużych wymaganiach. To osoby, u których z największym prawdopodobieństwem spotkasz się z empatią czy uzyskasz użyteczne rady.

Postaraj się wybrać lekarza, który jest przyjazny rodzicielstwu bliskości. Jeśli z powodu rodzaju twojego ubezpieczenia nie możesz sobie pozwolić na taki luksus, wyznacz kilka podstawowych zasad podczas pierwszej wizyty. Daj twojemu lekarzowi znać, co robisz i że jest to dla ciebie dobre rozwiązanie. Jeśli on albo ona zacznie doradzać ci zwiększenie dystansu z dzieckiem, mówiąc na przykład: „Czas już, żeby pozbyła się pani syna z państwa łóżka", puść to mimo uszu albo powiedz coś w rodzaju: „Pracujemy nad tym". A potem wróć do domu i dalej rób swoje.

Notatka doktora Billa: Są trzy pytania, których nigdy nie powinnaś zadawać swojemu lekarzowi: „Gdzie powinno spać moje dziecko?"; „Jak długo mam karmić piersią?" oraz „Czy powinnam pozwolić mojemu dziecku płakać?". To pytania o rodzicielstwo, z którymi najlepiej zwracać się do doświadczonych rodziców RB. Możesz być pewna, że twój lekarz nie uczył się na ten temat niczego, studiując medycynę.

Weź pod uwagę, kto jest źródłem informacji. Krytyka ze strony twoich rodziców albo teściów może być delikatnym problemem, podobnie jak krytyka płynąca od każdego, czyją opinię cenisz. Uczucia tkwią głęboko, zwłaszcza między matką a córką i zyskanie aprobaty rodziców dla twojego stylu rodzicielstwa może dużo dla ciebie znaczyć. Pomocne będzie umieszczenie się w sytuacji twojej własnej matki i zdanie sobie sprawę, że ona może myśleć, że dokonując innych niż ona kiedyś wyborów, krytykujesz ją. Miej świadomość, że twoja matka zrobiła wszystko, co mogła najlepszego, biorąc pod uwagę posiadane przez nią informacje. Twoja matka (i teściowa) mają dobre intencje. To, co odbierasz jak krytycyzm, jest motywowane miłością i pragnieniem przekazania doświadczeń, które, w jej opinii, pomogą tobie i twoim dzieciom. Uważaj, żeby nie dawać do zrozumienia, że radzisz sobie lepiej niż kiedyś twoja matka. Nie bądź zaskoczona, jeśli RB nie przekonuje twoich rodziców. Nie chodzi o to, że są mu przeciwni; oni po prostu go nie rozumieją. Jeśli myślisz, że byłoby to przydatne, podziel się z nimi wiedzą i wytłumacz, dlaczego właśnie w taki sposób zajmujesz się dzieckiem. Ale nie wdawaj się w kłótnie i nie staraj się udowodnić, że masz rację. Jeśli przewidujesz konflikt, najlepszym możliwym rozwiązaniem będzie unikanie tej kwestii i skierowanie rozmowy na bardziej neutralne tematy.

SYNDROM WYŁĄCZENIA

Przez trzydzieści lat naszej pracy z rodzicami i dziećmi zaczęliśmy doceniać związek między tym, jak dobrze dzieci się rozwijały (fizycznie i emocjonalnie), a stylem rodzicielstwa, w jakim były wychowywane.

„Psujecie to dziecko!". Linda i Norm, młodzi rodzice, przynieśli do mojego gabinetu swoją czteromiesięczną córeczkę Heather, dziewczynkę o dużych potrzebach. Wymagała konsultacji, bo przestała przybierać na wadze. Wcześniej Heather była szczęśliwym dzieckiem, rozwijającym się w pełnowymiarowym rodzicielstwie bliskości. Wiele godzin dziennie spędzała noszona przez rodziców w chuście, na jej płacz odpowiadano szybko i troskliwie, była karmiona na żądanie i w sensie dosłownym miała fizyczny kontakt z którymś ze swoich rodziców przez większość dnia. Cała rodzina miała się doskonale, a wybrany przez nich styl rodzicielstwa świetnie się sprawdzał.

Wtedy do akcji weszli trenerzy dzieci. Pełni dobrych chęci przyjaciele przekonali rodziców, że psują oni swoje dziecko, że Heather nimi manipuluje i że wyrośnie na niesamodzielne, zależne od innych dziecko.

Rodzice tracą zaufanie. Jak wielu debiutujących rodziców, Norm i Linda stracili zaufanie do swoich działań, ugięli się pod presją oceny i przyjęli bardziej powściągliwy i zdystansowany styl rodzicielstwa. Pozwolili, by Heather płakała, dopóki sama nie ukołysała się do snu, karmili ją zgodnie z grafikiem i, bojąc się, że ją rozpuszczą, nie nosili jej tak często. W ciągu dwóch miesięcy Heather zmieniła się ze szczęśliwego i aktywnego dziecka w smutne i wycofane. Jej waga przestała rosnąć, spadając ze szczytu do najniższych wartości w tabeli. Heather przestała się dobrze rozwijać i to samo stało się z jej rodzicami.

Dziecko traci zaufanie. Po dwóch miesiącach bez przyrostu wagi, lekarz Heather zdiagnozował u niej „brak wzrostu", wskutek czego dziewczynka miała przejść gruntowne badania medyczne. Gdy rodzice poprosili mnie o drugą opinię, zdiagnozowałem u dziecka syndrom wyłączenia. Wytłumaczyłem im, że Heather rozwijała się tak wspaniale, ze względu na ich wrażliwy styl rodzicielstwa. Za jego sprawą Heather ufała, że jej potrzeby będą zaspokojone i cała jej fizjologia była uporządkowana. Myśląc, że robią to, co najlepsze dla swojego dziecka, rodzice przerwali swoją więź z Heather i zniknęło połączenie, które sprawiało, że dziewczynka rozkwitała. Rezultatem był rodzaj dziecięcej depresji oraz spowolnienie całej jej fizjologii. Poradziłem rodzicom, żeby wrócili do swojego poprzedniego, opartego na fizycznym kontakcie i więzi stylu rodzicielstwa: częstego noszenia, karmienia na żądanie i wrażliwego odpowiadania na jej płacz, zarówno w dzień, jak i w nocy. W ciągu miesiąca Heather ponownie rozkwitała.

Dzieci rozwijają się dobrze wtedy, gdy są otoczone czułą opieką. Wierzymy, że każde dziecko ma pewien krytyczny poziom zapotrzebowania na dotyk i opiekę, konieczne, aby móc

---

się dobrze rozwijać. Wierzymy, że dzieci mają zdolność nauczenia rodziców, jakiego poziomu rodzicielstwa one potrzebują. Rolą rodziców jest słuchanie, a rolą profesjonalistów – wspieranie rodzicielskiej wiary w siebie, nie zaś podważanie jej radami zalecającymi bardziej zdystansowany styl rodzicielstwa, takimi jak „pozwólcie dziecku się wypłakać" czy „musicie częściej pozwalać mu leżeć samemu". Tylko dziecko zna swoje własne potrzeby i tylko rodzice mogą najlepiej ze wszystkich odczytać jego język.

Dzieci „wytrenowane" tak, aby nie wyrażać swoich potrzeb, mogą wydawać się potulne, posłuszne i „dobre". Jednak te niemowlęta mogą tak naprawdę cierpieć na depresję, wyłączać ekspresję swoich potrzeb i mogą stać się dziećmi, które nigdy nie upomną się o swoje prawa, ostatecznie zaś dorosłymi o dużych potrzebach.

Kiedy ktoś z niewielkim doświadczeniem i wiedzą krytykuje twój styl rodzicielstwa, zignoruj to. Nawet wdawanie się w dyskusję jest stratą energii. Jest to zwłaszcza prawdziwe, jeśli natkniesz się na zagorzałych trenerów dzieci, tak całkowicie przekonanych do swojej rodzicielskiej filozofii, że nie mogą mieć umysłu otwartego na cudzą.

Czasem odkrywam, że przyznanie się do wątpliwości komuś, kto się ze mną nie zgadza, może zamienić tego kogoś w sojusznika i zbliżyć nas do siebie. Ta druga osoba widzi, że nie jestem wszystkowiedząca. Po prostu staram się zrobić to, co najlepsze, jak każda inna matka. Jeśli ktoś widzi, że go emocjonalnie potrzebujesz, nawet tylko trochę, będzie znacznie chętniej akceptował rzeczy, które robisz.

***

Moja córka ma teraz siedem lat i jest cudowną, bystrą, wrażliwą i empatyczną osobą. Spanie z nią w jednym łóżku pomogło mi kontynuować karmienie piersią, mimo że trzy dni w tygodniu pracowałam jako pediatra. Spaliśmy z nią, a ja karmiłam ją do trzeciego roku życia. Wydaje mi się, że spotkałam się z mniejszą ilością krytyki z powodu mojego podejścia do rodzicielstwa bliskości, ponieważ jestem pediatrą i specjalistką od rozwoju dziecka.

Zachowaj pozytywne nastawienie. Ludzie z większym prawdopodobieństwem będą sugerować ci zmianę stylu rodzicielstwa, jeśli wyczują, że jesteś nieszczęśliwa i sfrustrowana. Jeśli natomiast zobaczą, że jesteś zadowolona ze swoich wyborów i szczęśliwa z dzieckiem, prawdopodobnie się wycofają. Proste stwierdzenie w rodzaju: „U mnie się to sprawdza" stawia cię na silnej pozycji i chroni przed niechcianymi radami.

To, jak mówisz o swoim dziecku, także jest istotne. Użyj strategii określanej jako *efekt framingu*: jeśli twoje dziecko przechodzi przez stadium dużych potrzeb i wielkiej energii, a krytycy potrząsają głowami i mówią: „Z całą pewnością jest wymagający", odwróć kota ogonem: „Tak, ma silną osobowość i naprawdę wie, czego chce". Kiedy ktoś stwierdza: „Ona na pewno wpakuje się w kłopoty", odpowiedz: „Tak, jest bystra i ciekawa świata".

Humor pomaga. Poczucie humoru rozbraja krytyków. Wykorzystaj je, aby złagodzić trudną rozmowę w tym punkcie, w którym mogłaby

BLISCY BABCIA I DZIADEK

Dziadkowie mogą mieć znacznie mniej entuzjazmu wobec rodzicielstwa bliskości czy wręcz być wobec niego krytyczni. Bądź dla nich łagodna! Pamiętaj, że wyrośli w innej epoce. Zrobili to, co mogli najlepszego, wykorzystując rady i informacje, które były dla nich dostępne; a teraz przyszła twoja kolej. Możesz podejmować własne decyzje dotyczące stylu rodzicielstwa, bez konieczności udowadniania twoim rodzicom, że nie mieli racji, czy sprawiania, by czuli się winni popełnionych błędów. Tak naprawdę proste stwierdzenie w stylu „Chyba okazałam się całkiem w porządku" pomoże załagodzić każde napięcie między tobą a twoimi rodzicami, związane ze sposobem, w jaki wychowujesz własne dziecko. Przyjmij, że dziadkowie chcą jak najlepiej, kiedy wygłaszają stwierdzenia w rodzaju: „Może on nie dostaje wystarczająco dużo mleka", lub „Jak to, ciągle jeszcze karmisz ją piersią?!", czy „Nigdy nie pozbędziecie się jej z waszego łóżka". Nie pozwól, żeby ktokolwiek osłabił twoją wiarę w siebie. Możesz przedstawić krótkie wytłumaczenie swoich wyborów, bez przybierania postawy obronnej czy wszczynania kłótni.

Pozwól babci i dziadkowi sobie pomóc. Zamiast skupiać się na różnicach w wyznawanych przez was stylach rodzicielstwa, polegaj na pomocy rodziców i teściów wtedy, kiedy tego potrzebujesz. Dziadkowie tak jak ty kochają twoje dziecko i często widzą takie jego potrzeby, których ty nie dostrzegasz. Jeśli babcia proponuje, że zajmie się dzieckiem, żebyście „wy dwoje wyszli gdzieś razem wieczorem", skorzystaj z jej propozycji, choć daj babci znać, że oczekujesz, że będzie reagowała na płacz dziecka. Mądra babcia zdaje sobie sprawę, że wielu nowych rodziców RB, zajmując się swoim dzieckiem, zapomina o zajęciu się sobą. Dziadkowie mogą być dla wnuków ważnymi figurami więzi. Pamiętam, jak pewnego dnia do mojego gabinetu weszło dziecko wystrojone w koszulkę z napisem: „Mama ma zły dzień. Zadzwoń 1-800-BABCIA".

Niech dziecko będzie twoim świadectwem. Ostatecznie to dziecko będzie reklamą twojego rodzicielstwa. Gdy dziadkowie zobaczą kochającą, opiekuńczą, wrażliwą i zdyscyplinowaną osobę, którą staje się ich wnuk, zjednasz ich sobie bez konieczności powiedzenia choćby słowa.

Moja teściowa patrzyła, jak wychowywałam jej wnuka w rodzicielstwie bliskości. „Patrząc na to, jak zajmujesz się Jacobem, widzę, co zrobiłam źle w przypadku jego ojca. Ignorowałam moje dziecko, bo bałam się, że je zepsuję. Jako dorosły doświadczył tak wiele bólu".

◆◆◆

Wierzę, że gdy moje dzieci dorosną, część tego, czego nauczyły się w domu, zostanie z nimi i będą opiekować się moimi wnukami z taką miłością, z jaką teraz ja zajmuję się nimi.

ona pójść w niepożądanym kierunku. Jeśli ktoś krytykuje cię, mówiąc, że wciąż jeszcze karmisz piersią, odpowiedz: „Tak, ale na pewno odstawię ją, zanim zacznie studia". Krytycy zwykle wycofują się, kiedy widzą, że masz tyle wiary w to, co robisz, żeby żartować na ten temat.

Użyj lekarza jako kozła ofiarnego. Aby rodzice zachowali dobre relacje rodzinne, często radzę im, by używali moich rad jako sposobu na dogadanie się z mamą czy teściową. Na przykład jeśli teściowie są zszokowani tym, że dziecko śpi z wami w łóżku, po prostu powiedz im: „Nasz lekarz to zalecił". Nawet jeśli wasz lekarz nie jest zwolennikiem współspania, możesz czuć, że mówisz prawdę, jeśli tylko zaczniesz myśleć o mnie, doktorze Billu, jako o swoim drugim lekarzu. Ze wszystkich Filarów RB, przedłużone karmienie i spanie z dzieckiem wywołują, jak się wydaje, największą krytykę.

Często to twoje dziecko będzie najlepszym świadectwem słuszności twoich rodzicielskich wyborów. Kiedy twoi krytycy zobaczą, że masz dziecko, które jest zdrowe i szczęśliwe przez większość czasu, będą musieli przyznać, że w twoim rodzicielstwie jest coś, co działa. Kiedy zaś zobaczą, na jaką osobę wyrasta twoje dziecko, będą pod jeszcze większym wrażeniem.

Trochę to przewrotne, ale jednak przyjemne, że te same osoby, które krytykowały mnie w pierwszych latach, teraz zauważają, jaka ona jest bystra, inteligentna i współczująca.

11
Praca zawodowa a bliskość

Wdzisiejszych czasach to naturalne, że matki pracują. Jednak podejmując decyzję o tym, kiedy i jak wrócić do pracy po porodzie, dobrze rozważ wszystkie za i przeciw. Na pewno istotne będą kwestie finansowe, rozwój zawodowy i osobisty, pozostanie na rynku pracy, czy świadczenia socjalne, jak również dostępność wysokiej jakości opieki dla dziecka. Najważniejszą jednak kwestią, z którą przyjdzie wam się zmierzyć, jest kwestia bliskości i tego, jak nieobecność matki wpłynie na rozwój umiejętności ufania u dziecka. Można pracować poza domem i pozostawać w bliskim kontakcie z własnym dzieckiem, podobnie jak można być pełnoetatową mamą i zajmować się własnym dzieckiem w sposób, który nie pozwala na bliskość. Martha całymi latami radziła sobie z wychowaniem dziecka i karierą zawodową; ja – pracując od wielu lat jako pediatra – rozmawiałem z setkami pracujących matek, poznając w ten sposób różne, lepsze i gorsze, rozwiązania problemu łączenia pracy zawodowej z utrzymaniem bliskości z dzieckiem. Oto, czego się dowiedzieliśmy:

HISTORIA DWÓCH MATEK

Poznajcie Jelly i Susan – dwie matki, które wróciły do pracy, zanim ich dzieci skończyły rok. Dla jednej z nich powrót na rynek pracy oznaczał utratę bliskości z dzieckiem, drugiej udało się tę bliskość zachować.

Dla Susan praca zawsze była ważna – poświęcała się jej intensywnie przez dziesięć lat, zanim zdecydowała się na dziecko. Podczas ciąży walczyły w niej dwie sprzeczności – z jednej strony chciała wrócić do pracy po porodzie, z drugiej nie. Z jednej strony czuła, że poświęciła wiele lat, by osiągnąć swoją pozycję zawodową, lubiła swoją pracę i czuła się w niej spełniona. Z drugiej strony, tak długo czekała na zostanie matką, że naprawdę chciała sprawdzić się w tej roli – dla siebie i dla dziecka.

Podczas gdy w jej głowie cały czas spierały się ze sobą dwie strony jej osobowości – zawodowa i matczyna – Susan dowiadywała się wszystkiego na temat dzieci i doszła do przekonania, że zarówno ze względu na swoje dziecko, jak i na własny rozwój jako matki, chce, aby pomiędzy nią a jej niemowlęciem powstała silna więź. Nadal planowała powrót do pracy po urodzeniu dziecka, ale zdecydowała, że spróbuje zajmować się swoim dzieckiem zgodnie z zasadami rodzicielstwa bliskości. Po narodzinach córki, zarówno ona, jak i jej mąż Bill, przestrzegali wszystkich filarów tej filozofii. Molly była raczej wymagającym dzieckiem i odczytywanie jej potrzeb wymagało od obojga młodych rodziców sporo wysiłku. Jednak po około miesiącu intensywnego zajmowania się córeczką oboje zaczęli zauważać, że była to opłacalna inwestycja, ponieważ Molly stała się spokojniejsza i bardziej przewidywalna. Obserwowanie, jak się zmienia, dało im jeszcze więcej wskazówek co do tego, jakiej opieki Molly potrzebuje, żeby czuć się dobrze. Susan zdecydowała, że może powoli zacząć wracać do pracy, ale początkowo pracowała tylko na część etatu. Stopniowo zwiększała ilość czasu spędzanego w pracy, obserwując cały czas Molly, aby zorientować się, ile rozłąki dziecko jest już w stanie znieść, a także obserwując swoje własne reakcje na tę rozłąkę. Susan i Bill włożyli także dużo wysiłku w znalezienie odpowiedniej osoby do opieki nad córką. Wybrali naturalnie ciepłą osobę, aby mieć pewność, że będzie wiedziała, jak najlepiej zajmować się Molly. Poprosili opiekunkę, by zaczęła pracę u nich już dwa tygodnie przed powrotem Susan do pracy. Ten próbny okres był czasem, którego Molly potrzebowała na stopniowe, z pomocą Susan, przyzwyczajenie się do swojej opiekunki. Sama Susan też potrzebowała tego okresu, aby nabrać pewności, że jej dziecko będzie pod dobrą opieką podczas jej nieobecności.

Gdy Susan wróciła do pracy, zabrała ze sobą laktator i korzystała z niego w czasie przerwy na lunch i w innych wolnych chwilach. Fakt, że odciągała mleko dla córki, jak również zdjęcia Molly na biurku pozwalały jej czuć więź z dzieckiem, mimo odległości. Kilka razy dziennie dzwoniła też do opiekunki, często tuż przed odciąganiem mleka. W drodze do domu często dzwoniła ponownie, aby poinformować ją, kiedy dokładnie będzie z powrotem. Jeśli Molly była głodna, opiekunka wstrzymywała się nieco z podaniem jej butelki, aby dziewczynka chętniej napiła się z piersi, gdy tylko Susan wróci. Gdy Susan wracała do domu, zrzucała buty, brała Molly w ramiona i siadała do karmienia. W czasie gdy Molly piła, opiekunka opowiadała Susan, jak minął im dzień. Opiekunka wychodziła, za to wracał Bill i oboje siadali do wspólnej kolacji. Dla wszystkich zaczynał się spokojny wieczór, gdyż Bill i Susan drastycznie ograniczyli liczbę innych swoich zajęć, tak aby móc poświęcić swojej córce prawie każdą chwilę poza pracą. W nocy Molly spała przytulona do mamy i często piła z piersi, nie rozbudzając się przy tym do końca ani nie budząc Susan. W weekendy Susan i Bill naprzemiennie nosili Molly w chuście, tak aby mogła być blisko nich, podczas gdy oni załatwiali swoje sprawy lub zajmowali się domem.

Pomimo czasu spędzanego osobno, bliskość pomiędzy Susan a Molly została zachowana, bo zarówno Susan, jak i Bill ciężko pracują, aby budować i utrzymać zaufanie swojej córeczki. Silne poczucie bliskości z córką sprawiło, że powrót do pracy okazał się pod pewnymi względami trudny dla Molly, pod innymi jednak był łatwiejszy. Jej dobra znajomość córki umożliwiła podjęcie mądrych decyzji dotyczących zapewnienia Molly opieki, a silne przywiązanie Molly do matki pomogło jej zaufać osobie, która zajmuje się nią pod nieobecność matki. Susan czuje się pewniej, zostawiając Molly z kimś innym, bo poza tym spędza z nią ogromnie dużo czasu i nadal pracuje nad ich wzajemną bliskością.

A teraz poznajcie Jill. Jill kocha swoją pracę i spełnia się w niej. Nigdy nawet nie przyszło jej do głowy, że mogłaby nie wrócić do pracy po urodzeniu dziecka. Mniej więcej tydzień po porodzie już planowała powrót do pracy. Zarówno ona, jak i jej mąż mieli przed narodzinami dziecka bardzo zorganizowane życie. Przyjaciele ostrzegali ich, że dzieci przewrócą je do góry nogami, ale oni byli przekonani, że uda im się „wcisnąć" rodzicielstwo w napięty terminarz. Przez pierwsze kilka tygodni Jill karmiła syna piersią, chcąc zapewnić mu zdrowotne korzyści związane z tym sposobem karmienia. Zaczęła go jednak odstawiać od piersi i przestawiać na mieszankę, gdy chłopiec miał miesiąc – bała się, że tak się przyzwyczai do picia z piersi, że nie będzie chciał jeść z butelki, gdy przyjdzie czas na żłobek. Zależało jej, by jej syn miał jasny plan dnia, gdyż tak byłoby wygodniej dla pracowników żłobka, który dla niego wybrała. Przeczytała też książkę o tym, jak uczyć dziecko spać, bo bardzo zależało jej na tym, żeby Jason przesypiał noce, tak aby i ona mogła się wysypiać, gdy już wróci do pracy. Wypróbowała wszystkiego rodzaju gadżety, dzięki którym Jason miał mniej potrzebować mamy: huśtawki, nagrania bicia serca, elektryczną kołyskę. Bała się, że rozpieści synka, okazując mu zbyt wiele uwagi podczas urlopu macierzyńskiego i bała się, że jeśli sama zbytnio przywiąże się do niego, trudniej jej będzie go zostawić i wrócić do pracy. Mimo że Jill i Tom kochali syna i chcieli dla niego wszystkiego, co najlepsze, obiecali sobie,

że nie przejmie on kontroli nad ich życiem.

Zanim Jill wróciła do pracy, Jason miał już mniej więcej wypracowany rytuał karmienia co trzy, cztery godziny i spał sześć do siedmiu godzin w nocy. Jill i Tom byli całkiem zadowoleni z tego, jak udało im się pogodzić posiadanie dziecka z pracą zawodową. Ich życie toczyło się według ustalonego planu. Z czasem jednak dystans pomiędzy rodzicami a dzieckiem zdawał się powiększać. Jill i Tom często wychodzili wieczorami na kolację albo do kina i zostawiali syna z opiekunką. Gdy Jason zrobił się bardziej ruchliwy, dla jego rodziców zaczął się trudny okres; Jason był impulsywny i rzadko ich słuchał. Jill czytała kolejne książki, wypróbowała różne metody dyscyplinowania syna, szukała nawet pomocy psychologicznej, aby rozwiązać problemy z zachowaniem Jasona. Często go nie rozumiała, a konflikt, jaki między nimi narastał, uniemożliwiał jej cieszenie się macierzyństwem. Ponieważ włożyła sporo wysiłku w to, by nie przywiązać się zbytnio do swojego dziecka, nie poznała go na tyle dobrze, by móc być skutecznym rodzicem w miarę, jak on rósł.

Susan i Jill to przykłady skrajnie odmiennie przeżywanego rodzicielstwa. Widzieliśmy pracujące matki reprezentujące oba te krańcowe punkty, jak również mieszczące się gdzieś pomiędzy nimi. Uświadomili nam oni, że silna bliskość pomiędzy dzieckiem a rodzicami jest możliwa, nawet jeśli rodzice pracują poza domem, ale wymaga to wysiłku i oddania.

Jestem prawniczką w dużej korporacji. Jeszcze przed urodzeniem syna zdecydowałam, że będę go karmić piersią co najmniej przez rok i że znajdę sposób, żeby to robić mimo powrotu do pracy. Pożyczyłam więc laktator, znalazłam odpowiednią torbę, która mimo że wyglądała bardzo biznesowo, była wystarczająco duża, by pomieścić wszystkie dodatkowe przedmioty, których teraz potrzebowałam (butelki, ręcznik itp.) i po czterech miesiącach w domu wróciłam do pracy. Od tego czasu minęło już kilka miesięcy i gdy mnie nie ma w domu, moje dziecko nadal dostaje do picia tylko moje mleko, które dzień w dzień odciągam w biurze.

Laktator, butelki i wszystko inne, czego potrzebuję do odciągania mleka, trzymam w moim biurze na wierzchu. (Wszyscy rozumieją, dlaczego czasem zamykam drzwi na klucz.) Moi koledzy z pracy – większość pracowników naszej firmy to mężczyźni w różnym wieku – okazywali ciekawość, ale też mnie wspierali. Zdarzało się nawet, że radca prawny z naszej firmy wchodził do mojego biura, siadał i zaczynał rozmowę, i nie przeszkadzał mu wcale widok laktatora na moim biurku. Gdy chciałam go sprzątnąć, zapewnił mnie, że jako dziadek doskonale rozumie takie klimaty! Jeden kolega, widząc mnie w windzie z moim etui na laktator, zapytał żartobliwie, czy to bomba. Gdy mu powiedziałam, co naprawdę jest w środku wydawał się bardziej zaskoczony niż gdybym pozytywnie odpowiedziała na jego pytanie.

Praca wymaga ode mnie częstych wyjazdów poza biuro. Zabieram laktator ze sobą. Gdziekolwiek jestem, zawsze staram się wypożyczyć na chwilę salkę konferencyjną, biuro innego prawnika, czy znaleźć jakiekolwiek miejsce, gdzie będę miała chwilę spokoju i gniazdko elektryczne. Wielu mężczyzn- prawników, z którymi ostatnio pracuję, to młodzi ojcowie, którzy dzięki żonom wiedzą wszystko o karmieniu piersią i okazują mi duże wsparcie.

Mój mąż jest niezbędnym elementem tego całego przedsięwzięcia. Zawsze sprawdza, czy wkład jest

zamrożony, żeby butelki z mlekiem były trzymane w odpowiedniej temperaturze przez cały dzień. Sprawdza też, czy rano wszystko jest na pewno spakowane i zaniesione do samochodu, bo ja mam skłonność do zapominania o różnych rzeczach. Jak dotąd nie było dnia, bym czegoś nie wzięła.

Rozstanie z moim synem było najcięższym elementem mojego powrotu do pracy. Ale fakt, że mogę go w ten sposób „karmić" trzy razy dziennie w biurze, sprawia, że mimo wszystko czuję z nim bliskość. Co więcej, coś, co tylko ja mogę mu dać, jest dla niego w domu codziennie i on może korzystać z wszystkich tego dobrodziejstw, nawet jeśli ja nie mogę go w tym czasie tulić w ramionach. To jest warte całego tego zachodu.

DZIESIĘĆ WSKAZÓWEK, JAK ZACHOWAĆ BLISKOŚĆ PRACUJĄC ZAWODOWO

Bliskość wymaga spędzania razem czasu. Gdy dziecko daje sygnały, może je odczytać tylko ten, kto jest obok. Jeśli praca rodziców oddziela ich od dzieci, zbudowanie i utrzymanie silnej więzi z dzieckiem wymaga więcej wysiłku. Poczucie więzi z dzieckiem może utrudniać codzienne wychodzenie do pracy. Jednak rodzicielstwo bliskości może ułatwić łączenie pracy z opieką nad dzieckiem. Ponieważ dajesz swojemu dziecku z siebie tak wiele, gdy jesteście razem, czujesz się pewniej, wiedząc, że dziecko ci ufa i czerpiesz prawdziwą radość ze spędzania z nim czasu. Oto kilka wskazówek, które pomogą ci utrzymać silną więź z dzieckiem zarówno przed, jak i po powrocie do pracy.

1. Dopóki jesteś z dzieckiem w domu, pamiętaj o filarach rodzicielstwa bliskości. Stosuj tak wiele z siedmiu narzędzi rodzicielstwa bliskości, ile możesz. Ucz się odczytywać potrzeby dziecka i metodą prób i błędów dojdź do tego, jak na nie prawidłowo reagować. Noś dziecko w chuście przynajmniej cztery, pięć godzin dziennie, śpij z nim w nocy i nawiąż z nim głęboką więź. Dobre poznanie własnego dziecka w tych pierwszych tygodniach przekłada się na to, jak blisko się z nim pozostaje po powrocie do pracy.

Z naszego doświadczenia wynika, że po kilku tygodniach praktykowania rodzicielstwa bliskości większość matek jest tak przywiązana do swoich dzieci, że niektóre ich decyzje dotyczące łączenia pracy zawodowej z opieką nad dzieckiem, podjęte jeszcze w czasie ciąży, ulegają zmianie. Nawet jeśli początkowo miały wrażenie, że uda im się wcisnąć dziecko w swój napięty harmonogram, teraz czują, że muszą zreorganizować swoje życie, także zawodowe, by bardziej dostosować się do dziecka.

Pracuję na pełen etat, ale gdy jestem w domu, zmieniam się w pełnoetatową mamę. Musiałam zrezygnować z wielu własnych zajęć, ale wybory, których dokonałam, dobrze sprawdzają się w naszej rodzinie.

Nawiązanie silnej więzi z dzieckiem przygotowuje do podjęcia mądrych decyzji dotyczących innych osób, które będą zajmować się dzieckiem, pomaga też wypracować rytm dnia i zorganizować czas poza pracą. Wielu rodziców odkrywa, że najlepszym odpoczynkiem od pracy jest spędzanie czasu z własnym dzieckiem. Inni w ogóle przewartościowują swoje życie tak, że miejsce pracy w nim przestaje być aż tak istotne. Zmniejszają zatem liczbę godzin pracy w tygodniu lub nawet szukają innego zajęcia, które pozwoli im spędzać więcej czasu z rodziną.

2. Planuj z wyprzedzeniem, ale niezbyt dużym. Nie zamartwiaj się „godziną W", gdy trzeba będzie wrócić do pracy. Jeśli ciągle myślisz o tym, jak ciężko będzie ci zostawić dziecko, ryzykujesz porażką w nawiązywaniu więzi z nim. Matki czasem robią to nieświadomie. Nie pozwalają sobie na prawdziwe przywiązanie do dziecka, chroniąc się w ten sposób przed bólem nieuniknionego rozstania. Jednak takie powstrzymywanie się od bliskości i niereagowanie na sygnały dziecka, może w dalszej perspektywie szkodzić relacji między dzieckiem a matką. Lepiej maksymalnie wykorzystać urlop macierzyński. Nie pozwól, by zmartwienia związane z powrotem do pracy zabiły radość tych pierwszych tygodni czy miesięcy spędzonych tylko z dzieckiem. Pamiętaj też o tym, że najlepsze, co możesz zrobić, żeby przygotować swoje dziecko do rozłąki, to nawiązać z nim silną więź, dopóki jesteście tak dużo razem.

3. Znajdź taki rodzaj opieki nad dzieckiem, który odpowiada filozofii rodzicielstwa bliskości. Jeśli osoba, którą rozważasz jako opiekunkę dla twojego dziecka, sama jest matką, dowiedz się, czy i w jakim stopniu stosuje ona rodzicielstwo bliskości. Czy wydaje się być ciepłą osobą? Zadawaj pytania otwarte, takie jak: „Co zrobisz, jeśli moje dziecko będzie płakać?". Oczekuj odpowiedzi, które pokazują, że dana osoba jest wrażliwa na dzieci, np. „Podniosę je" albo „Nie potrafię znieść tego, że dziecko płacze. Dzieci są takie bezbronne". Zapytaj, jak zapatrywałaby się na to, żeby nosić twoje dziecko w chuście przez część dnia. Jakie wrażenie ta osoba robi na twoim dziecku? Czy rozumie ideę rodzicielstwa bliskości? Zapytaj, jakie ma zdanie na temat „rozpieszczania" małych dzieci. Odpowiedzi na tego typu pytania powinny ujawnić jej stosunek zarówno do dyscyplinowania małych dzieci, jak i do RB.

Osoba, która zajmie się twoim dzieckiem, będzie stanowić ważną część jego życia. Twoje dziecko musi takiej osobie zaufać, a nawet ją pokochać. Czy życie tej osoby jest stabilne i uporządkowane? Czy za rok nadal będzie mogła zajmować się twoim dzieckiem? Jak już znajdziesz właściwą opiekunkę dla twojego dziecka, dbaj o nią i wynagradzaj ją odpowiednio.

Powrót do pracy będzie łatwiejszy dla ciebie i twojego dziecka, jeśli jego opiekunka także będzie stosować się do zasad rodzicielstwa bliskości. Oczywiście nie będzie karmić twojego dziecka piersią i nie będzie zajmować się nim z takim samym oddaniem jak ty, ale jej rola będzie łatwiejsza, jeśli będzie reagować na potrzeby twojego dziecka tak samo, jak ty. Dlatego też, zanim wrócisz do pracy, warto znaleźć czas na pokazanie i wytłumaczenie opiekunce, czego od niej oczekujesz. To może zająć kilka godzin, kilka dni albo nawet tygodni. W tym czasie opiekunka twojego dziecka powinna cię obserwować i uczyć się, jakiej troski twoje dziecko potrzebuje. Naucz ją noszenia dziecka w chuście. Dziecko łatwiej przyzwyczai się do nieobecności matki, jeśli nadal będzie mogło schronić się w tym miękkim „domku", do którego jest już przyzwyczajone.

Pisząc o łączeniu pracy z rodzicielstwem bliskości, zakładamy tutaj, że twoim dzieckiem zajmować się będzie przychodząca do domu opiekunka albo że czas, gdy jesteś w pracy, twoje dziecko będzie spędzać pod opieką innej mamy w jej domu. Uważamy, że takie rozwiązania są lepsze dla dzieci niż żłobek, gdzie w jednym pomieszczeniu znajduje się wiele dzieci, którymi zajmują się ciągle zmieniający się opiekunowie, w różnym stopniu oddani swojej pracy. Dzieci potrzebują przewidywalnego otoczenia, które może zapewnić tylko stała opieka tej samej osoby, a nie różni ludzie, którzy zmieniają się co sześć tygodni. Jeśli zapewnisz opiekę swojemu dziecku we własnym domu lub w domu opiekunki, dla dziecka nie będzie to sytuacja drastycznie różna od tej, gdy ty zajmujesz się nim sama w domu (o ile oczywiście jedna opiekunka nie zajmuje się na raz zbyt wielką liczbą dzieci). Jeśli jednak masz możliwość oddawania dziecka do żłobka, który znajduje się przy twoim miejscu pracy, jest to propozycja warta rozważenia, ponieważ wówczas wady takiego rozwiązania mogą zostać zrównoważone przez twoją bliskość. Taka sytuacja pozwala na odwiedzenie dziecka kilka razy dziennie.

4. Nie przerywaj karmienia piersią. Karmienie dziecka własnym mlekiem to bardzo ważny element zachowywania bliskości z dzieckiem po powrocie do pracy. Tylko ty możesz karmić dziecko piersią i to, że nadal to robisz, będzie przypominać zarówno tobie, jak i dziecku, że łącząca was relacja jest szczególna i jedyna w swoim rodzaju. Odciąganie mleka w pracy pomoże utrzymać produkcję pokarmu na odpowiednim dla dziecka poziomie. To trudne, ale twój wysiłek zostanie nagrodzony tym, że nadal będziesz mogła korzystać z prostoty i wygody karmienia dziecka piersią, gdy jesteście razem. Nieprzerwane karmienie piersią, nawet jeśli wymaga odciągania mleka w pracy, podtrzymuje wysoki poziom hormonów odpowiedzialnych za rodzenie się przywiązania między matką a dzieckiem. Nawet jeśli czasem zdarzy się, że mleko wyciekne w niekontrolowany sposób, gdy jesteś w pracy, ma to swoje dobre strony – przypomina ci o tym, że jesteś matką, a twoje dziecko cię potrzebuje. Karmienie piersią to także doskonały sposób na przywitanie się z dzieckiem po powrocie do domu, a nocne karmienia wynagradzają dziecku i tobie czas, którego nie spędziliście razem w ciągu dnia. Karmienie piersią to wreszcie także oszczędność i sposób na to, by nie brać zbyt często zwolnienia na dziecko. Badania pokazują, że matki karmiące piersią tracą mniej dni w pracy, gdyż większość karmionych piersią dzieci choruje rzadziej niż dzieci karmione mieszanką.

Mój dwulatek uważany jest za inteligentnego, wrażliwego, empatycznego, niezależnego, śmiałego, ciekawego świata i odważnego, spokojnego i radosnego, z dużym poczuciem humoru. Wszędzie czuje się dobrze. Jestem przekonana, że te jego cechy zawdzięczam rodzicielstwu bliskości. Jest przyzwyczajony do tego, że po południu, zaraz po powrocie z pracy, przytulam go i karmię. W ten sposób nie tylko daję mu sposobność poczucia mojej bliskości. Sama także odpoczywam. Widzę, jakie psychiczne korzyści moje dziecko wynosi z karmienia i to motywuje mnie, by kontynuować. Zastanawiam się, ile jest takich zdrowych, aktywnych dwulatków, które potrafią spędzić trochę czasu spokojnie, nic nie robiąc. Musi być jakiś związek pomiędzy tym, że mój syn ma czas na refleksję i tym, że tak chętnie się uczy i opanowuje wszystkie te niewiarygodnie skomplikowane nowe rzeczy, z którymi codziennie się styka.

5. Zaplanuj pogodne rozstanie rano i pogodne przywitanie po twoim powrocie. Nakarm swoje dziecko przed wyjściem do pracy. Poproś opiekunkę, żeby spróbowała położyć dziecko na drzemkę po południu, żeby było wypoczęte na wasze wieczorne wspólne zajęcia. Poproś także, by postarała się nie karmić dziecka w ciągu ostatniej godziny przed twoim powrotem, żeby dziecko było głodne, gdy już będziesz mogła nakarmić je piersią. (Zadzwoń wcześniej, żeby opiekunka dokładnie wiedziała, kiedy się ciebie spodziewać.) Niech odpowiednie przywitanie się z dzieckiem po powrocie do domu będzie twoim priorytetem. Prace domowe i szykowanie kolacji mogą poczekać. Wyłącz telefon, włącz relaksującą muzykę, przygotuj sobie jakąś zdrową przekąskę i usiądź wygodnie z dzieckiem w swoim ulubionym fotelu. Zapomnij o problemach całego dnia i skup się na dziecku. Jeśli karmisz piersią, relaksujące działanie hormonów uwalnianych podczas karmienia pomoże ci odpocząć od napięć całego dnia. Jeśli karmisz butelką, nie odczujesz tego działania hormonów, ale taki odpoczynek z dzieckiem nadal będzie dla ciebie przyjemnością i wprowadzi cię znowu w bycie mamą.

Karmienie dziecka zaraz po powrocie z pracy do domu pomaga mi się zrelaksować i odpocząć. To lepsze niż drink.

6. Myśl o dziecku, gdy jesteś w pracy. Nie buduj muru pomiędzy swoją pracą a życiem rodzinnym. Raz lub dwa razy dziennie zadzwoń z pracy do opiekunki, żeby dowiedzieć się, jak sobie radzi twoje dziecko. Pozwól mu usłyszeć swój głos przez telefon. Poustawiaj na biurku jego zdjęcia i rozmawiaj o nim z innymi pracownikami w przerwie na kawę. Dzieci są tak samo ważnym tematem rozmów, jak mecze piłkarskie i biurowe plotki. Jeśli karmisz piersią, nie irytuj się, gdy czasem zdarzy się, że mleko wycieknie z piersi w niekontrolowany sposób. Niech takie wypadki i regularne odciąganie mleka dla dziecka przypomina ci o nim.

Znajdzie się wiele osób, które będą ci radziły, żebyś w ogóle nie myślała o dziecku w pracy. Będą ci radzić, żebyś nie ustawiała w pracy zdjęć swojego dziecka i w ogóle udawała, że nie masz innego życia poza zawodowym, argumentując, że przecież nie można skupić się w stu procentach na pracy, jeśli się myśli o swoim dziecku. „Trenerzy dzieci" ujawniają się także w pracy, gdzie ostrzegają innych rodziców przed „daniem się wpędzić w poczucie winy", że jest się daleko od dziecka. Nie ma takiej matki, która nawiązawszy rzeczywistą więź ze swoim dzieckiem, nie czułaby się choć trochę winna, gdy je zostawia. Ta sama wrażliwość, którą wzbudziłaś w sobie poprzez rodzicielstwo bliskości, sprawi, że będziesz czuła pewien niepokój, będąc daleko od dziecka. To normalne i zdrowe, i dokładnie te uczucia motywują cię do wytężonego wysiłku nad utrzymaniem bliskości z dzieckiem mimo rozłąki. Nie ufaj pomysłom, zakładającym zamykanie się na myśl o dziecku przez osiem godzin dziennie. Tak zaczyna się proces uniewrażliwienia, który prowadzi do emocjonalnego oddalenia od dziecka.

7. Śpij przy dziecku. Dla pracującej matki spanie przy dziecku jest z wielu powodów szczególnie cennym elementem rodzicielstwa bliskości. Przede wszystkim pozwala na conocne odnawianie więzi z nim. Kontakt fizyczny pomiędzy śpiącymi matką i dzieckiem pozwala nadrobić braki w fizycznej bliskości za dnia.

Poza tym spanie przy dziecku ułatwia karmienie piersią. Sprytne karmione piersią dzieciaki wykorzystują noc, żeby nadrobić brak dostępu do piersi w ciągu dnia. Jeśli śpisz z dzieckiem, możesz je karmić nocą, praktycznie się nie budząc, dzięki czemu nie chodzisz niewyspana. Spanie przy dziecku i karmienie go przez sen zapewnia też dostateczną produkcję mleka, co jest szczególnie istotne w sytuacji, gdy musisz się namęczyć, aby w ciągu dnia ściągnąć dostatecznie dużo pokarmu, żeby wykarmić swoje dziecko w czasie, gdy nie możesz przy nim być.

Badania pokazują, że dzieci matek pracujących poza domem częściej cierpią na zaburzenia snu. Spanie przy dziecku zapobiega tego typu problemom. Twoja obecność pomaga wyregulować sen twojego dziecka i daje mu poczucie, że mimo zmian, jakie zaszły w jego życiu w ciągu dnia, nocami mama nadal jest blisko.

Dzieci, zwłaszcza dzieci chowane według zasad rodzicielstwa bliskości, potrafią wydobyć od swoich rodziców to, czego potrzebują, nawet wbrew ich woli. Uważaj na następujący scenariusz: odbierasz dziecko z rąk opiekunki o szóstej po południu, a opiekunka mówi: „Co to za dobre dziecko! Spało całe popołudnie". Ale przy tobie śpioch zmienia się w nocnego marka. Dziecko wyłącza się na czas pobytu z opiekunką, oszczędzając energię na twój powrót z pracy. To wykańczające, zwłaszcza że po powrocie do pracy będziesz potrzebować więcej snu. Spanie przy dziecku może ci to zapewnić. Warto też poprosić opiekunkę, by ograniczyła dziecku drzemki w ciągu dnia. Nawet te dzieci, które wcześniej bez problemu spały osobno, po tym, jak mama wróci do pracy, mogą potrzebować wtulić się nocą w rodziców.

Jako pracująca mama cenię sobie spanie przy dziecku – dzięki temu czuję, że mimo wszystko spędzamy razem dużo czasu.

8. Noś dziecko. Gdy jesteś z dzieckiem w domu – spędzaj z nim czas. Noś je w chuście, gdy przygotowujesz kolację, przeglądasz pocztę czy robisz pranie. Noś dziecko w weekendy, podczas sprzątania, na spacerze, czy w drodze do restauracji. Jeśli twoja praca wymaga rozstania z dzieckiem na kilka godzin w ciągu dnia, upewnij się, że resztę czasu rzeczywiście spędzacie razem. Noszenie dziecka w naturalny sposób włącza je w nasze codzienne czynności i przypomina, że dziecko jest najszczęśliwsze w ramionach rodzica. Noszenie dziecka pozwoli ci także cieszyć się szczególnymi momentami spędzanymi sam na sam z dzieckiem – spacer wieczorem przed zaśnięciem albo nawet wcześnie rano, zanim pójdziesz do pracy. Z tego sposobu zacieśniania więzi z dzieckiem mogą korzystać oboje rodzice.

9. Dziel się opieką nad dzieckiem. Większa odpowiedzialność ojców za opiekę nad dziećmi to jeden z lepszych efektów ubocznych zaangażowania kobiet w życie zawodowe. Zadbaj, by twój mąż miał swój duży udział w zajmowaniu się waszym dzieckiem – tak za dnia, jak i w nocy. Jeśli od dzisiejszych matek wymaga się, by pracując zawodowo, dokładały się do domowego budżetu, od dzisiejszych ojców należy wymagać podobnego udziału w wychowaniu dzieci. Dziecku łatwiej jest zaakceptować to, że mama wraca do pracy i więcej zajmuje się nim

tata, jeśli ten tata od początku angażował się w noszenie go, zmienianie pieluszek, uspokajanie i kładzenie spać. Dzielenie się opieką nad dzieckiem od jego narodzin ułatwia wspólną opiekę nad dzieckiem, gdy mama wraca do pracy. (Więcej rad dotyczących rodzicielstwa bliskości dla ojców znajdziesz w rozdziale 12).

10. Poszukaj pracy, która daje się pogodzić z rodzicielstwem bliskości. Jeśli to możliwe, wybierz taką pracę, która pozwoli ci na bycie w jak największym stopniu matką. To jest właściwy czas, żeby przemyśleć swoje decyzje dotyczące ilości czasu i energii poświęcanych karierze zawodowej. Tyle możesz dać swojemu dziecku, a przecież chcesz mieć pewność, że dostaje wszystko, czego potrzebuje. Oto kilka pomysłów na zmiany w życiu zawodowym, tak aby bardziej dopasować je do bycia rodzicem.

- Ustal ze swoim pracodawcą takie zasady pracy, które pozwolą ci pracować tylko na część etatu, pracować z domu lub mieć elastyczny czas pracy. W przypadku niektórych zawodów nie jest to możliwe, ale w wielu firmach zaczyna się rozumieć, że ułatwianie pracownikom godzenia życia zawodowego z rodzinnym to dobra inwestycja. Szczęśliwsi pracownicy są bardziej produktywni i mniej skłonni do odejścia w poszukiwaniu innej pracy.
- Jeśli twoja firma zapewnia żłobek dla dzieci pracowników, rozważ skorzystanie z tej możliwości. Gdy dziecko jest blisko, zawsze możesz wpaść w ciągu dnia, żeby je nakarmić i przytulić. Jeśli firma nie zapewnia niczego podobnego, spróbuj zasugerować wprowadzenie tego rozwiązania – może

w twoim miejscu pracy znajdą się inni rodzice, którzy również byliby nim zainteresowani.

- Jeśli szukasz pracy – szukaj jej blisko domu. Im mniej czasu spędzisz w drodze do pracy i z powrotem, tym więcej będziesz go mieć dla swojego dziecka. Może będziesz nawet w stanie wyskoczyć do domu na obiad albo nakarmić dziecko? A może twoja opiekunka mogłaby ci je przynosić do pracy? Innym sposobem na bycie bliżej dziecka jest poszukanie opieki dla niego w pobliżu pracy, a nie w pobliżu domu. O ile twoje dziecko nie reaguje źle na jazdę samochodem lub środkami komunikacji publicznej, możecie jeździć do pracy razem.

- Jeśli rodzaj pracy, jaką wykonujesz, pozwala ci na zabieranie dziecka do pracy ze sobą – rób to! To może być dobre rozwiązanie, przynajmniej przez pierwsze kilka miesięcy. (Patrz: „Noszenie i praca", strona 98.)

- Weź pod uwagę założenie własnej działalności. Dla wielu kobiet czas, kiedy ich dzieci są małe, to okazja do przewartościowania swoich celów życiowych i szansa na wejście na inną ścieżkę rozwoju zawodowego. Być może możesz wykonywać swój zawód jako wolny strzelec i zarabiać na życie, pracując z domu. Albo zacznij coś zupełnie nowego.

Pozostanie wiernym sobie i dziecku wymaga zrównoważenia waszych potrzeb. Idealnie by było, gdybyś mogła czerpać satysfakcję zarówno ze swojego życia zawodowego, jak i rodzinnego. W rzeczywistości jednak często nie można mieć wszystkiego z obu tych światów, a przynajmniej nie jednocześnie. Jedna z matek, z którymi rozmawialiśmy, ujęła to następująco: „By-cie pełnoetatową mamą – to było dla mnie za dużo. Moja praca na pełny etat – to było za dużo dla mojego dziecka. Więc zaczęłam pracować na część etatu".

Dzieci uczą rodziców bardziej realistycznego spojrzenia na ich czas i możliwości. To jeden z pozytywów bycia „bliskim rodzicem". Podejmując decyzje dotyczące tego, jak pogodzić karierę zawodową z wychowaniem dziecka, kieruj się tą właśnie mądrością.

Jedna z moich koleżanek z pracy, Lilly, była perfekcjonistką i jej sukcesy zawodowe przynosiły jej ogromnie wiele satysfakcji. Miała własny gabinet, tabliczkę z tytułem na drzwiach, szacunek kolegów, sporą wypłatę i pozapłacowe benefity, które mile łechtały jej ego. Jej dziecko okazało się *dzieckiem o dużych potrzebach*. Takie dzieci potrafią wywrócić do góry nogami nawet najbardziej dopracowane plany zawodowe. Zrozumiawszy, że ze względu na swój własny perfekcjonizm nigdy nie będzie w stanie pracować jednocześnie na dwa etaty – zawodowy i rodzinny – Lilly przerwała pracę na dwa lata, by poświęcić się wyłącznie opiece nad dzieckiem. Gdy udzielała się z mężem towarzysko, natykała się najczęściej na kobiety, które starały się łączyć pracę zawodową z byciem mamą. Słysząc nieuniknione pytanie: „A ty? Czym się zajmujesz?", z dumą odpowiadała: „Jestem specjalistką w opiece nad małymi dziećmi".

Gdy będę umierać, nie będę myśleć o tych wszystkich biznesowych podróżach samolotem, które odbyłam, ani o wysokiej pozycji, którą zajmowałam w firmie. Będę myśleć o dzieciach, które kochałam i o tym, jaki wpływ wywarło na nie moje rodzicielstwo.

JAK WYBRAĆ OPIEKĘ DLA DZIECKA W ZGODZIE
Z FILOZOFIĄ RODZICIELSTWA BLISKOŚCI

Gdy wybierałam nianię dla mojego dziecka, zwracałam uwagę na to, żeby była to osoba przyjazna, ciepła i odpowiednio wrażliwa.

Rodzicielstwo bliskości podnosi oczekiwania dotyczące wyboru dodatkowej opieki dla twojego dziecka. Zrozumiawszy, jak cenna jest więź, którą udało ci się nawiązać z twoim dzieckiem, każdy rodzic jest zdecydowany zrobić wszystko, by ta więź nie osłabła. Ponieważ RB stało się już częścią twojego życia, jeśli nadejdzie czas na rozstanie związane z powrotem do pracy, będziesz chciała kontynuować tę bliskość, nie tylko dlatego, że będzie ci zależało na tym, by osoba zajmująca się twoim dzieckiem również odpowiednio reagowała na jego potrzeby, ale też dlatego, że konsekwentny styl opieki jest lepszy dla dziecka. Poza tym twoje wychowywane w duchu RB dziecko może samo mieć wysokie wymagania co do opieki, jaką otrzymuje. Oto, jak znaleźć opiekę, która tym wymaganiom sprosta:

Ufaj pierwszemu wrażeniu. Już przez telefon, a później podczas pierwszej rozmowy podkreślaj, jak ważne jest dla ciebie, aby osoba, którą wybierzesz, zajmowała się twoim dzieckiem w taki sposób, jakiego oczekujesz. Nie podawaj jednak zbyt wielu szczegółów. Staraj się najpierw wybadać, jakie są osobiste przekonania tej osoby związane z zajmowaniem się dziećmi. Unikniesz w ten sposób sytuacji, gdy kandydat do pracy mówi po prostu to, co potencjalny pracodawca chce usłyszeć.

Dowiedz się, jak kandydatka na opiekunkę sama zajmuje się swoim dzieckiem. Jeśli ta osoba sama ma dzieci, przejdź z nią przez wszystkie siedem filarów RB, żeby dowiedzieć się, ilu z nich sama przestrzegała, wychowując własne dzieci. Istotne będą zwłaszcza: noszenie dziecka, karmienie piersią, poważny stosunek do płaczu dziecka i natychmiastowa na niego reakcja.

Bądź dociekliwa. „Co pani zrobi, jak moje dziecko będzie płakać?". „Jak będzie pani próbowała je uspokoić?". „Co pani myśli o rozpieszczaniu tak małych dzieci?". „Jak położy pani moje dziecko spać?". Słuchając odpowiedzi, staraj się wyczytać z nich, czy masz przed sobą osobę z gruntu przyjazną, ciepłą i wrażliwą, i czy myślicie podobnie. Postaraj się zorientować, jak wiele ta osoba w ogóle wie o dzieciach, zadając ogólne pytania, jak na przykład: „Pani zdaniem, czego dziecku w tym wieku potrzeba najbardziej?".

Koncentruj się na informacjach ważnych z punktu widzenia RB. Miejmy nadzieję, że kandydatka sama poprosi cię o to, żebyś opowiedziała jej o swoim dziecku: jaki ma temperament, jakie szczególne potrzeby, co lubi, a czego zdecydowanie nie. Zwróć uwagę na to, jak zachowuje się wobec twojego dziecka podczas rozmowy z tobą. Czy jej zachowanie wydaje się naturalne czy wymuszone? Zwróć uwagę na to, jak twoje dziecko na nią reaguje. Pamiętaj, że dzieci chowane w duchu RB często zachowują rezerwę wobec obcych, więc nie staraj się przyśpieszyć procesu zapoznawania się twojego dziecka z jego nową opiekunką. Sama zachowuj się w stosunku do niej naturalnie. Jeśli twoje dziecko zobaczy, że dla ciebie ona jest osobą godną zaufania, samo także zacznie jej ufać. Twoje dziecko na pewno wyczuje, czy akceptujesz tę osobę.

Oczywiście poza pytaniami związanymi z RB należy podczas takiej rozmowy przejść przez wszystkie standardowe pytania, które zadaje się opiekunkom – pytania związane z kwestiami zdrowia i bezpieczeństwa, czy o palenie papierosów; dowiedz się, czy ma ukończony kurs pierwszej pomocy (poproś o okazanie zaświadczenia), czy ma prawo jazdy, czy wie, jak zapobiegać wypadkom w domu z udziałem dzieci, itp.

Dobrze jest pozwolić dziecku i opiekunce spędzić najpierw trochę czasu razem, gdy ty jesteś w pobliżu. To nie tylko pomoże im w nawiązaniu relacji, ale również da ci możliwość praktycznego zaprezentowania opiekunce, czego od niej oczekujesz. Poza tym niech rozstanie z dzieckiem przebiega stopniowo. Mało prawdopodobne, by twoje dziecko pozwoliło ci na nagłe przejście od roli pełnoetatowej mamy do osoby, która spędza w pracy osiem godzin dziennie, czterdzieści godzin w tygodniu.

Tłumacz i pokazuj. Jeśli masz wrażenie, że osoba, którą wybrałaś na opiekunkę dla twojego dziecka, jest z natury wrażliwa, powiedz jej dokładnie, jak chcesz, by zajmowała się twoim dzieckiem. Ty wiesz, co w jego przypadku działa, a co nie, i musisz jej to powiedzieć. Powiedz jej, że nie wierzysz w pozwalanie się dziecku wypłakać i oczekujesz, by płacz twojego dziecka wywoływał jej natychmiastową kojącą re-

akcję. Powiedz jej, że twoje dziecko jest przyzwyczajone do bycia dużo noszonym w chuście i pokaż jej, jak z niej korzystać. Jeśli twoje dziecko jest przyzwyczajone do tego, że zasypia przy piersi – pokaż jej alternatywne sposoby uśpienia go. Twoja opiekunka oczywiście nie będzie mogła dać piersi twojemu dziecku, ale może w podobnie czuły sposób ukołysać je do snu. Każda osoba zdolna do czułości może to zrobić. Powiedz jej, że oczekujesz, że będzie kołysać twoje dziecko i śpiewać mu kołysanki, a nawet leżeć obok dziecka, dopóki nie zaśnie, jeśli to konieczne. Naucz ją usypiania dziecka w chuście: niech je nosi w porze tuż przed drzemką, a gdy już zaśnie – odłoży do łóżeczka. (Patrz: „Noszenie dla tymczasowych opiekunów", s. 99)

Chusta to najlepszy „gadżet" do opieki nad dzieckiem, jakiego kiedykolwiek używałam. Noszę tak dziecko do pracy, po domu i żeby mogła się nacieszyć moją bliskością po tym, jak odbiorę je ze żłobka.

Pamiętaj o odpowiednim przywitaniu z dzieckiem. Gdy witasz się z dzieckiem po powrocie z pracy, daj wam obu czas na przytulanie; usiądź z dzieckiem i pozwól mu nacieszyć się twoją bliskością w czasie, gdy opiekunka będzie ci zdawać relację z całego dnia.

Gdy już podejmiesz decyzję w sprawie opiekunki, zacznij od okresu próbnego, by zobaczyć, czy aby na pewno była to decyzja właściwa – czy ty, dziecko i opiekunka jesteście w stanie stworzyć zgrane trio. Oto, jak to sprawdzić:

- *Obserwuj dziecko.* Jeśli po tygodniu lub dwóch zaznajamiania się z opiekunką twoje dziecko w jej obecności nadmiernie lgnie do ciebie, okazuje złość lub agresję, albo ma problemy ze snem, lub jeśli wydaje się mniej pewne siebie – weź pod uwagę dwie możliwości: albo to nie ta opiekunka, albo musisz przemyśleć swój powrót do pracy pod względem tego, jak szybko i w jakim zakresie. Obie te możliwości mogą też mieć miejsce jednocześnie.

- *Obserwuj opiekunkę.* Czy lubi spędzać czas z twoim dzieckiem? Czy może sprawia wrażenie zmęczonej, poirytowanej, pragnącej wyjść jak najszybciej po twoim powrocie?
- *Sprawdzaj.* Od czasu do czasu pokaż się w domu bez uprzedzenia – albo wyjdź nieco wcześniej z pracy, albo wpadnij do domu w przerwie na lunch.

- Jeśli twoje dziecko jest jedynym podopiecznym danej opiekunki (nie jest to opieka łączona nad kilkorgiem dzieci ani żłobek) i jeśli zdarzy się, że twoja opiekunka zabierze twoje dziecko na spotkanie z innymi dziećmi, które znasz (na przykład na plac zabaw), zapytaj inne mamy, jakie wrażenie na nich zrobiła.

Podsumowując, zanim podejmiesz ostateczną decyzję, odpowiedz sobie na następujące pytanie: „Czy to, czego moje dziecko nauczy się od tej osoby, to rzeczy, których chcę, żeby się nauczyło?". Czy chcesz, by twoje dziecko właśnie z tą osobą nawiązało głębszą więź?

JAK DZIECKO MOŻE ZMIENIĆ PLANY ZAWODOWE MATKI

Na pewno już się zorientowaliście, że wykorzystujemy nasze własne dzieci i doświadczenie wynikające z pracy pediatry jako rodzaj laboratorium, z którego wynosimy wiedzę na temat rodzicielstwa w praktyce. W ciągu wielu lat mojej pracy wiele się nauczyłem od kobiet, które mówiły mi o swoich własnych rozwiązaniach dotyczących łączenia życia zawodowego z rodzinnym. W kwestii powrotu matki do pracy, zapytany o radę nigdy nie wahałem się podkreślić, jak ważne jest, aby podczas pierwszych tygodni z dzieckiem nawiązać z nim bliską więź. Cała nasza wiedza na temat dzieci pokazuje, że jest to niezwykle istotne dla ich zdrowia, szczęścia i prawidłowego rozwoju. Często jestem pod wrażeniem tego, do jakich poświęceń matki są zdolne, aby podtrzymać raz nawiązaną więź z dzieckiem.

Często zdarza się, że przychodzą do mnie pary w ciąży, szukające pediatry dla ich jeszcze nienarodzonego dziecka. Matki często wspominają o tym, że będą chciały wrócić do pracy kilka tygodni czy miesięcy po porodzie, i proszę o sugestie, jak ten plan najlepiej zrealizować. Zwracam im uwagę na to, że jednym z niebezpieczeństw łączenia pracy z macierzyństwem jest emocjonalne oddalenie od dziecka. Zdarza się, że matka nie pozwala sobie na bliskość emocjonalną z dzieckiem, nie chcąc narażać się na cierpienie związane z rozstaniem, gdy trzeba będzie zostawić dziecko opiekunce i wrócić do pracy. Tłumaczę matkom, że sposobem na uniknięcie emocjonalnego oddalenia od dziecka jest stosowanie się do zasad rodzicielstwa bliskości tak bardzo, jak to tylko możliwe w pierwszych tygodniach życia dziecka, czyli: żadnych butelek, żadnych smoczków, żadnych opiekunek, które mogłyby wejść pomiędzy rodzącą się relację między matką a dzieckiem. Mówię im:

„Naciesz się byciem pełnoetatową mamą, bo możliwe, że urlop macierzyński to jedyny czas w życiu, kiedy będziesz mogła tak bardzo skupić się na własnym dziecku". Oto, co dzieje się z tymi matkami po kilku miesiącach intensywnego rodzicielstwa bliskości:

Dwoje staje się jednym. Matki zaczynają myśleć o swoich dzieciach jak o części swojego życia. Podczas gdy wcześniej powrót do pracy wydawał im się oczywistością, teraz zdają sobie sprawę z tego, że trudno im będzie zostawić dziecko z kimś innym. Mają wrażenie, że to będzie trochę tak, jak zostawić część siebie w domu i pójść bez niej do pracy.

Matki szukają sposobów zejścia ze ścieżki zawodowej, którą wcześniej obrały. Zwlekają z powrotem do pracy i na różne sposoby starają się wydłużyć sobie urlop macierzyński. Czasem pomagam im w tym moimi sposobami. Kiedy widzę, że matka szuka wymówki, która pozwoliłaby jej nie wrócić do pracy, oferuję wypisanie zwolnienia, które pozwoli jej odsunąć ten powrót w czasie. Oto, jak brzmi standardowe uzasadnienie takiego zwolnienia: „Ponieważ dziecko pani Smith ma alergię na mleko sztuczne, ze względu na jego zdrowie zaleca się wydłużyć urlop pani Smith, aby mogła ona spełnić potrzeby żywieniowe swojego dziecka".

Jeśli uważacie, że uciekam się do medycznego białego kłamstwa, śpieszę z informacją, że powyższe stwierdzenie jest prawdziwe dla każdego dziecka, przynajmniej w pierwszych sześciu miesiącach jego życia. Do tego momentu przewód pokarmowy dziecka wykazuje objawy alergii na każdy pokarm inny niż ludzkie mleko, nawet jeśli czasem ta reakcja alergiczna jest prawie niezauważalna i nie przeszkadza dziecku. Gdyby nasze społeczeństwo lepiej rozumiało znaczenie mleka ludzkiego dla młodych tego gatunku, nierozdzielanie karmiącej matki od dziecka byłoby dla nas oczywistością.

Następuje zmiana stylu życia. Zakochawszy się w swoich dzieciach, matki zmieniają swój styl życia i swoje zawodowe ambicje. Niektóre zakładają firmy internetowe, co pozwala im pracować z domu. Inne zmieniają pracę, by dostosować się do potrzeb dziecka. Jeszcze inne decydują się na pracę na część etatu lub negocjują u pracodawcy elastyczne godziny pracy. Są też matki, które wypowiadają wojnę polityce wobec rodziców w swoich korporacjach, starając się zmienić swoje miejsce pracy w bardziej przyjazne ludziom z dziećmi. Jeśli decydują się na znalezienie opiekunki dla dziecka, „przesiewają" potencjalne kandydatki tak długo, aż znajdą właściwą. Są i takie, które nigdy nie wracają do pracy i korygują plany finansowe rodziny tak, by było to możliwe.

Co się dzieje z tymi kobietami? Po miesiącu lub dwóch doświadczenia rodzicielstwa bliskości, odczuwają taki związek ze swoimi dziećmi, że budzą się w nich lwice, gotowe na wszystko, by tę bliskość utrzymać. Takie jest działanie małego dziecka na wrażliwą matkę. Bliskość pomiędzy nią a dzieckiem uczy ją czegoś, czego żadna książka by jej nie dała. Dziecko pokazuje matce, jak ważną jest osobą.

Gdy urodził się Victor, zostawiłam obiecującą karierę naukową, by być z nim w domu. Czułam, że moja kariera matki może być jeszcze bardziej obiecująca.

12
Rodzicielstwo bliskości dla ojców

Większość filarów rodzicielstwa bliskości zdaje się dotyczyć bliskiej fizycznej relacji między matką a dzieckiem. Gdzie jest w tym wszystkim miejsce dla ojca? Jak on może nawiązać bliskość z dzieckiem? Nie daj się zwieść – rodzicielstwo bliskości nie jest tylko dla matek. Ojcowie, którzy tak myślą, tracą jedno z najważniejszych doświadczeń swojego życia, które mogłoby uczynić ich dojrzalszymi i obudzić w nich nowy rodzaj miłości. Gdy rodzi się dziecko, mężczyzna odnajduje w sobie umiejętności troskliwej opieki, o które wcześniej się nie podejrzewał. Poza karmieniem piersią może realizować wszystkie siedem filarów rodzicielstwa bliskości i dzięki temu dobrze poznać swoje dziecko od pierwszego dnia jego życia. Z zaangażowania ojca w opiekę nad dzieckiem korzyści czerpią wszyscy zainteresowani.

Nawet mężczyzna, który wcześniej nigdy nie interesował się dziećmi, może stać się największym fanem własnego syna lub córki. Ojcowie uczą się opieki nad dziećmi w ten sam sposób co matki – poprzez praktykę. Nie możesz czekać z zostaniem zaangażowanym ojcem, aż twój syn będzie dostatecznie duży, by grać z nim w piłkę. Jeśli chcesz, żeby lubił bawić się z tobą jako dziesięciolatek, musisz najpierw sam polubić spędzanie z nim czasu, gdy jest zupełnie mały. (To samo tyczy się relacji z córkami, z graniem w piłkę włącznie.) Dzieci od początku rozumieją, że ojcowie różnią się od mam i te, z którymi ojcowie spędzają dużo czasu, doceniają tę różnicę.

Jeśli ojciec angażuje się w rodzicielstwo, korzysta na tym cała rodzina. Jeśli ojciec postępuje zgodnie z filozofią rodzicielstwa bliskości, matce również łatwiej być „bliskim rodzicem". Znając swoje dziecko, ojciec lepiej rozumie, jakie znaczenie ma dla niego jego matka i to motywuje go do stwarzania jej dobrych warunków, by mogła spełniać potrzeby dziecka. Zaangażowany tata „uwolni" też mamę od dziecka, gdy ta będzie zmęczona lub gdy będzie potrzebować chwili oddechu. Jeśli rodzice dzielą się obowiązkami, matki unikają matczynego wypalenia. Oboje rodzice są szczęśliwi w nowej relacji z dzieckiem i ze sobą nawzajem.

Nie dałabym sobie rady bez mojego męża.

◆◆◆

Rodzicielstwo bliskości sprawiło, że czuła
i wrażliwa strona mojego męża zdominowała jego

„machowską" zasadniczą naturę. Jakże mogłoby być inaczej? Spanie z naszymi dziećmi w jednym łóżku i noszenie ich w chuście zmieniło go w czułego i kochającego ojca, który dokłada wszelkich starań, by jego dzieci wzrastały w atmosferze miłości i zaufania.

MOJA HISTORIA: JAK STAŁEM SIĘ „BLISKIM OJCEM"

Ojcowie, pozwólcie, że podzielę się z wami tym, jak nie sprawdziłem się jako ojciec pierwszej trójki naszych dzieci. Pierwsza dwójka pojawiła się, gdy odbywałem staż pediatryczny, a trzecie, gdy dopiero co zacząłem praktykę. Był to czas, kiedy praca była dla mnie najważniejsza. Wierzyłem, że powinienem przede wszystkim zarobić na dobre życie dla mojej rodziny i wydawało mi się, że praca może też być dla mnie głównym źródłem osobistego spełnienia. Sam dorastałem bez ojca i nie miałem żadnego wzorca zaangażowanego taty. Zajmowanie się dziećmi zostawiałem w całości Marcie – przecież była w tym dobra. Gdy moi synowie byli nieco starsi, myślałem o tym, że moglibyśmy nieco pograć w piłkę nożną albo pogadać o baseballu. Zamierzałem też być w pobliżu, by udzielać im dobrych rad.

Dzieci są ważniejsze niż praca zawodowa. Myliłem się, odraczając moje zaangażowanie w wychowanie dzieci. Nawet jako małe szkraby i przedszkolaki, moje dzieci potrzebowały bardziej mnie niż mojego imponującego CV. Zrozumiałem to w końcu, gdy zaoferowano mi stanowisko starszego rezydenta w szpitalu dziecięcym w Toronto – największym na świecie. To był duży zaszczyt i mogłem mieć pewność, że

w przyszłości zaprocentuje wieloma ciekawymi propozycjami. Ale gdybym się na to zdecydował, musiałbym pracować w weekendy, wieczorami – praktycznie bez przerwy. Opiekowałbym się bezustannie cudzymi dziećmi, wcale nie widując własnych. Zdałem sobie sprawę, że nie takiego życia pragnąłem dla swojej rodziny. Dlatego nie przyjąłem tej propozycji i znalazłem gdzie indziej mniej wymagającą pracę. Zacząłem szukać sposobów na miłe spędzanie wolnego czasu, którego teraz miałem więcej, z Marthą i naszymi dwoma synami. Jeździliśmy pod namiot, zaczęliśmy żeglować; poznałem i polubiłem swoich synów – Boba i Jima – i udało mi się namówić Marthę na kolejne dziecko, naszego syna Petera. W jego wychowanie byłem już bardziej zaangażowany od samego początku, ale nadal nie byłem w pełni ojcem.

Dziecko uczy ojca. Potem pojawiła się nasza pierwsza córka, Hayden, której narodziny zmieniły moje życie, i której charakter zainspirował nas do ukucia określenia „dziecko o dużych potrzebach". Hayden była od początku bardzo żywym dzieckiem, ale też kompletnie innym niż inne nasze pociechy. Zadowolona była tylko w naszych ramionach. Często i nieregularnie domagała się karmienia. Odkładana do łóżeczka natychmiast płakała. Martha, mimo całego swojego doświadczenia, czuła, że bycie dobrą mamą dla naszej córki odziera ją z sił. Nie miałem wyboru – musiałem włączyć się w noszenie, uspokajanie i zabieranie na spacery. Jeśli Hayden nie była akurat w ramionach swojej mamy, na pewno była w moich. Bywały takie dni, że Martha musiała ją praktycznie bez przerwy karmić i wówczas ja zajmowałem się naszymi synami po powrocie z pracy. Gdy zacząłem lepiej rozumieć potrzeby Hayden, ona zaczęła mi ufać i Martha z większym spokojem oddawała ją pod moją opiekę.

Poradziliśmy sobie z niemowlęcym okresem w życiu Hayden dzięki wspólnemu wysiłkowi. Zdałem sobie sprawę z tego, że osiągnąłem nowy poziom wrażliwości, że ta wymagająca mała dziewczynka wiele mnie nauczyła. Ta nowoodkryta czułość przełożyła się na moje relacje z wszystkimi dziećmi a także na relacje z żoną. Nasza rodzina była szczęśliwsza niż kiedykolwiek przedtem, a ja wykorzystałem nowonabytą mądrość w wychowaniu wszystkich naszych dzieci. Zamiast być odległym ojcem, który zajmuje się jedynie wymierzaniem kar i oferowaniem życiowych mądrości zza biurka, naprawdę poznałem moje dzieci, zwłaszcza Hayden, i dzięki temu wiedziałem, jak pomóc im zachowywać się lepiej. Zrozumiałem, że nie można stawiać dziecku granic w oparciu o jakieś abstrakcyjne założenia. Musisz dobrze znać dziecko, a ono musi znać ciebie i ufać tobie, jeśli ma się zachowywać tak, jak sobie tego życzysz.

Związani od dnia narodzin. Po Hayden urodziła się nam jeszcze czwórka dzieci – Erin, Matthew, Stephen i Lauren. Każde z nich wzbogacało moje doświadczenie. W przypadku Matthew starałem się być szczególnie zaangażowanym ojcem, bo gdy był mały, wydawało nam się, że będzie naszym ostatnim dzieckiem. Być może też czułem z nim szczególną więź, bo to ja pierwszy chwyciłem go w ręce po tym, jak się urodził. (Martha miała szybki poród i nasza położna nie zdążyła na czas.) Nawet jeśli Matthew nie pamięta tego pierwszego dotyku moich drżących dłoni, ja tej chwili nie zapomnę nigdy. Nie zamieniłbym jej nawet na rolę rozgrywającego podczas finałowego meczu Super Bowl.

Ojciec z dzieckiem w ramionach. Z Matthew odkryłem przyjemność tulenia własnego dziecka. Martha go karmiła, a ja przytulałem go po karmieniu albo nosiłem w chuście. Dlaczego dopiero z szóstym dzieckiem odkryłem ten rodzaj bliskości? Nie wiem. (Mam nadzieję, że moi czytelnicy odkryją go już przy pierwszym dziecku!) Matthew wiedział, że nie jestem jego mamą, ale inną osobą, która go kocha i z którą dobrze się czuje.

Matthew bardzo skorzystał na naszej bliskości. Lubił zostawać ze mną tak samo, jak z Marthą. Mój świeżo odkryty, kojący wpływ na dziecko przydawał się także mojej żonie. Oddawała mi go z większym spokojem, a mając dzięki temu więcej czasu dla siebie, stała się bardziej zrelaksowana i mogła lepiej zająć się resztą naszej rodziny. Lubiła patrzeć, jak radzę sobie z Matthew. Wiedziała też, że moja delikatność wobec niego przełoży się na większą delikatność wobec niej. Skorzystało na tym nawet nasze pożycie seksualne.

W pierwszym roku życia Matthew przeniosłem moją praktykę do naszego specjalnie w tym celu przygotowanego garażu (który moi nastoletni pacjenci nazwali „warsztatem doktora Billa"). W ciągu dnia robiłem sobie przerwy dla Matthew, dzięki czemu spędzałem z nim dużo czasu. Po roku zamknąłem domową praktykę i przeniosłem się do pobliskiego centrum medycznego. Jednak nawet pracując poza domem, nadal pozostałem oddanym ojcem. Moje przywiązanie do Matthew i do reszty mojej rodziny było jak mocna guma – dostatecznie elastyczne, bym mógł oddalić się od nich, żeby pracować, uczyć i pisać, ale jednak tak silne, że zawsze przyciągało mnie z powrotem do domu. Uważałem, by nie rozciągnąć tej gumy za bardzo, żeby jej nie nadwyrężyć, ani nie przerwać.

Od „tata" przez „tatuś" do „tato". Matt i ja nadal jesteśmy sobie niewiarygodnie bliscy. Przeszliśmy razem wszystkie etapy jego rozwoju. Dla mnie oznaczało to parę nowych wyzwań: bycie trenerem chłopięcej drużyny baseballowej, wymyślanie zadań dla drużyny zuchów itp. Gdyby nie Matthew, nie znalazłbym czasu na te dodatkowe zajęcia, ale dzięki nim wiele się nauczyłem i stałem się cierpliwszą i bardziej zrównoważoną osobą.

Po Matthew zdecydowaliśmy się jeszcze na dwójkę dzieci. Nadal się od nich uczę. Dzięki mojej ósemce jestem lepszym człowiekiem i lepszym ojcem, a moje dzieci wiedzą, że mogą na mnie polegać. Ojcostwo bliskości się opłaca.

> ### RADA RODZICIELSTWA BLISKOŚCI
>
> Kobiety uwielbiają mężczyzn zajmujących się małymi dziećmi.

Dokładnie podczas pisania tej książki po raz pierwszy miałem okazję zostać ojcem panny młodej. Nasze „dziecko o dużych potrzebach" – Hayden – dorosło i wyszło za mąż. Przywiązana do tradycji Hayden zdecydowała się na wystawne wesele. Gdy prowadziłem ją do ołtarza i tańczyłem z nią do melodii „Daddy's Little Girl" („Córeczka Tatusia"), stanęły mi przed oczami wszystkie te godziny, które spędziła w moich ramionach jako niemowlę. Przypomniały mi się noce, kiedy spała w naszym łóżku i jak piła z piersi Marthy. Przypomniałem sobie wszystkie te lata, kiedy musieliśmy być dla tego wymagającego dziecka czułymi rodzicami. Oto ona dziś – piękna, pewna siebie i wrażliwa młoda kobieta, z której jestem dumny. To było wspaniałe uczucie.

DZIEWIĘĆ WSKAZÓWEK RODZICIELSTWA BLISKOŚCI DLA OJCÓW

Ojcostwo bliskości nie dzieje się samo – wymaga twojego działania. Z mojej własnej drogi ku ojcostwu bliskości i z tego, co mówili mi ojcowie, którzy również ją przeszli, wysnułem wniosek, że im więcej wysiłku wkładasz w rodzicielstwo, tym więcej z niego wynosisz. Oto kilka wskazówek, które pomogą ci nawiązać bliskość z twoim dzieckiem. Spróbuj wprowadzić je w życie i ciesz się nagrodami, które spłyną na ciebie w ciągu następnych lat.

1. Zacznij wcześnie

Ojcostwo zaczyna się jeszcze przed porodem. Ojcowie nie doświadczają co prawda ciąży fizycznie, tak jak kobiety, którym pomaga to przyzwyczaić się do myśli o dziecku, ale i tak mogą wykorzystać te dziewięć miesięcy na zapoczątkowanie bliskości.

Podczas wszystkich ciąż Marthy mieliśmy rytuał, który nazywaliśmy „rozmawianiem z brzuchem". Każdego dnia przed zaśnięciem dotykałem jej brzucha, który pieszczotliwie zwaliśmy „brzucho", i rozmawiałem z naszym dzieckiem. „Cześć, tu tata. Kocham cię i nie mogę się doczekać, aż cię zobaczę". Początkowo może ci się to wydawać głupie – mówić do kogoś, kogo nie widzisz, ale im częściej to robisz, tym bardziej masz wrażenie, że dziecko rzeczywiście cię słucha (tak naprawdę jest). Wiemy, że dzieci potrafią słyszeć dźwięki ze swojego otoczenia jeszcze podczas swojego życia płodowego, a niektórzy badacze uważają, że dzieci słyszą głos ojca lepiej niż matki, bo niskie dźwięki łatwiej przedostają się przez wody płodowe. Badania pokazują, że dzieci, których ojcowie mówili do nich jeszcze przed ich narodzinami, po narodzinach wykazują większe zainteresowanie głosem taty. Zdarza się, że dziecko, słysząc głos ojca zaraz po urodzeniu, przekręca głowę w jego stronę. To taki noworodkowy sposób na powiedzenie: „Hej, znam cię!".

Gdy będziesz kładł dłonie na brzuchu swojej żony, doceń maleństwo, które w niej rośnie. Wyobrażenie sobie swojego dziecka i tego, jak się rozwija, pomoże ci poczuć się też nieco „w ciąży". Jest piękne, nieużywane już dziś określenie tego stanu – być przy nadziei. Ojciec dziecka może czekać na nie z taką samą nadzieją i niecierpliwością, jak jego matka. Jeśli możesz, staraj się towarzyszyć żonie podczas wizyt u lekarza lub położnej. Będziesz mógł posłuchać bicia serca lub zobaczyć małe ciałko podczas USG.

„Rozmawianie z brzuchem" jest tak samo ważne dla ciebie, jak i dla twojej żony. W czasie ciąży kobiety muszą radzić sobie z nowymi, nieraz trudnymi emocjami. Martwią się, czy będą dobrymi matkami i o to, jak macierzyństwo wpłynie na ich życie. Kiedy kładziesz swoje ciepłe dłonie na brzuchu swojej żony i mówisz do waszego dziecka, dajesz wyraz nie tylko swemu oddaniu wobec niego, ale także wobec jego matki. Pokazujesz jej w ten sposób, że będziesz wraz z nią dbać o to dziecko, które razem stworzyliście. To może wydawać się oczywistością, o której nie warto mówić, ale dla twojej żony takie regularne przypominanie o twojej miłości i oddaniu będzie czymś bardzo cennym. Martha powiedziała mi kiedyś: „Każdej nocy czekam na ten szczególny dialog pomiędzy tobą a naszym dzieckiem. Za każdym razem, kiedy dotykasz mojego brzucha w ten sposób, czuję, że część tej czułości kierujesz także ku mnie. Czuję twoje oddanie dla nas obojga". Jeśli taki rytuał stanie się także twoją codziennością, pozwoli ci to wzmocnić swoje zaangażowanie w bycie dobrym mężem i ojcem.

Uzależniłem się. Tak się przyzwyczaiłem do tego, że kładę rękę na brzuchu mojej żony i „rozmawiam" z naszym synem, że teraz, gdy już się urodził, nie zasnę, dopóki nie położę dłoni na jego ciepłej główce i nie obiecam mu po raz kolejny, że zawsze przy nim będę.

2. Nawiąż więź z noworodkiem

Podczas porodu rola ojca obejmuje znacznie więcej niż patrzenie, jak dziecko się rodzi.

Mimo że badania dotyczące nawiązywania więzi z dzieckiem na tym najwcześniejszym etapie skupiają się raczej na matkach, miały też miejsce badania dotyczące wpływu tych pierwszych chwil na relacje ojcowie-dzieci. Reakcje ojców często opisuje się w nich słowem „zaabsorbowany". Ojciec, który trzyma swoje nowo narodzone dziecko, patrzy mu w oczy, głaszcze je i mówi do niego. To uzależnia. W swojej książce „Narodziny ojca" („The birth of a father") dr Martin Greenberg twierdzi, że ojcowie, którzy doświadczyli takiej sytuacji, czują się ważniejsi w życiu swojego dziecka i bardziej identyfikują się ze swoją rolą rodzica. To sprawia, że bardziej angażują się w opiekę nad dzieckiem. Potrafią zająć się nim tak dobrze, jak matka. Im wcześniej zaczęli, tym pewniej czują się w tej roli. Nowo narodzone dzieci mają niezwykłą magnetyczną umiejętność przyciągania do siebie swoich rodziców. Pozwól na to. Zbliż się do swojego dziecka i połóż na nim swoje dłonie, żeby miało szansę cię zaczarować.

3. Weź urlop ojcowski

Wszyscy wiedzą o urlopach macierzyńskich, ale niewielu zdaje sobie sprawę z tego, jak ważne jest, aby także ojciec nie gnał z powrotem do pracy zaraz po narodzinach swojego dziecka. Weź tyle wolnego, ile tylko zdołasz, żebyś miał możliwość zająć się swoją żoną i w spokoju zapoznać się ze swoim dzieckiem. Potrzebujesz na to więcej niż parę dni. Twoja praca na pewno może trochę na ciebie poczekać, a twoje dziecko będzie noworodkiem tylko przez te kilka pierwszych tygodni. Jeśli możesz sobie na to pozwolić, dopóki twoje dziecko jest małe, ogranicz liczbę dodatkowych godzin, które poświęcasz pracy. Spróbuj nie chodzić na późne spotkania i staraj się nie wyjeżdżać służbowo zbyt często. Podczas pierwszego roku, zarówno twoja żona, jak i dziecko potrzebują twojej obecności i wsparcia. To dobry moment, żebyś wyrobił w sobie nawyk brania pod uwagę potrzeb swojej rodziny, gdy planujesz sprawy zawodowe.

4. Pozostawaj w kontakcie z dzieckiem

Dorosłą osobę poznajesz wtedy, gdy dużo z nią rozmawiasz i masz wspólne doświadczenia. Dzieci poznaje się przez tulenie. Oraz wspólne doświadczenia. Na język niemowlęcia składają się dźwięki i ruchy ciała, miny, napinanie i rozluźnianie mięśni. Gdy tulisz dziecko w ramionach albo nosisz je w chuście, uczysz się odczytywać wszystkie te subtelne sygnały, które twoje dziecko wysyła. Im więcej macie okazji do przeżywania takiej bliskości, tym lepiej się z dzieckiem rozumiecie.

Ciepło taty. Kontakt *skóra do skóry* jest przyjemny zarówno dla dziecka, jak i dla ojca, zwłaszcza w ciągu kilku pierwszych miesięcy. Spróbuj dać swojemu dziecku nieco swojego ciepła – niech ukołysze je do snu. Aby ułożyć się ze swoim dzieckiem w pozycji, którą nazwaliśmy „ciepło taty", połóż swoje dziecko w samej tylko pieluszce na swojej nagiej klatce piersiowej, z uchem przy twoim sercu. Możesz to zrobić na leżąco albo w pozycji półleżącej, np. w swoim ulubionym rozkładanym fotelu. Bicie twojego serca, unoszenie się i opadanie twojej klatki piersiowej i wydmuchiwane przez ciebie ciepłe powietrze, które będzie opływać głowę twojego dziecka, podziałają na nie uspokajająco i pomogą mu zapaść w zdrowy sen. Kontakt skóra do skóry sprawia, że ta pozycja jest szczególnie polecana. Dziecku spodoba się ta męska alternaty

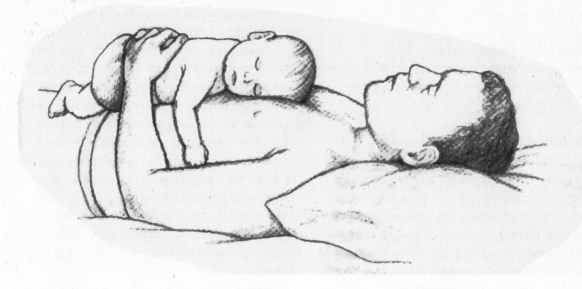

wa wobec piersi matki. Nauczy się, że tata to nie
jest to samo, co mama, ale też jest fajny.

Dziecko wtulone pod brodą. Inną ulubioną pozycją dzieci i ojców jest dziecko wtulone
pod brodą taty. Przytul dziecko do piersi tak,
aby jego głowa znalazła się pod twoją brodą,
tuż przy szyi. Jego głowa będzie dotykała twojej
krtani i, gdy będziesz mówił lub śpiewał, dziecko będzie czuło przyjemne wibracje. Uspokajanie dziecka w tej właśnie pozycji wychodzi ojcom szczególnie dobrze, bo męski głos jest niższy i wibracje wywoływane przez ten dźwięk są
mocniejsze. Nie chodzi o to, żeby udawać ope-
rowego tenora czy śpiewającą falsetem gwiazdę
rocka. Zaśpiewaj „Kotki dwa" lub jakąkolwiek
inną „mruczącą" piosenkę, która wprawi twoją
krtań i klatkę piersiową w przyjemne dla dziecka drżenie. Możesz nawet sam stworzyć jakąś
piosenkę. Nie musi być bardzo wymyślna. Moja
brzmiała mniej więcej tak:

Śpij już, śpij
Śpij już, śpij malutka
Śpij już, śpij
Śpij już, śpij dziewczynko

Dziecku spodoba się powtarzalność słów, prosta melodia i delikatne wibracje twojej krtani i klatki piersiowej.

Zacznij od końca. Większość spraw, w tym własny rozwój zawodowy, warto zaczynać od początku. Z ojcostwem bliskości jest odwrotnie. Tu zaczynamy od końca, a konkretniej – od końca układu pokarmowego twojego dziecka. Dlaczego ojciec ma parać się tą brudną robotą? Bo zmienianie pieluszek to kolejny sposób na interakcję z dzieckiem i lepsze go poznanie. Ostatecznie, takie sprawy załatwia się w rodzinie. Jeśli chcesz dobrze poznać swoje dziecko, musisz z nim być nie tylko w czasie zabawy. Zresztą zmienianie pieluszek, kąpiele i ubieranie – to wszystko są okazje do interakcji i zabawy. Trochę matematyki: przez pierwsze dwa do trzech lat życia twoje dziecko będzie potrzebowało mieć zmienioną pieluszkę około pięć tysięcy razy. Jeśli twojego udziału będzie w tym nawet tylko 20 procent, to aż tysiąc szans na interakcję z twoim dzieckiem. Twoje dziecko nie zorientuje się, jeśli zdarzy ci się pomylić i założyć pieluszkę tył na przód, ale za to z pewnością „zapamięta" twoją czułość i troskę. Zatem w tym wypadku warto zacząć od końca – taktyka ta doprowadzi cię do celu, którym jest przywiązanie twojego dziecka i da ci poczucie, że oto wnosisz ważny wkład w opiekę nad dzieckiem.

5. Rusz się

Chusty są nie tylko dla mam. Jeśli nie podoba ci się kwiecisty wzór na chuście, którą wybrała twoja żona, kup sobie jakąś o bardziej męskim wzorze i kolorze. Noszenie dziecka w chuście da ci miłe poczucie, że miejsce twojego dziecka jest zawsze przy tobie. Po powrocie z pracy weź dziecko w chustę i idź z nim na spacer. Odpoczniesz od spraw zawodowych, a twoja żona zyska chwilę dla siebie. Albo wstań wcześnie rano i weź dziecko w chustę na czas, kiedy będziesz sobie robić śniadanie i czytać gazetę. Dziewięciomiesięczny Matthew był tak przyzwyczajony do naszego wspólnego „chustowania", że wystarczyło, że powiedziałem „spacer", a on raczkował w stronę drzwi, gdzie wisiała chusta i wyciągał po nią łapki. Układałem go w chuście i szliśmy na nasz codzienny wspólny spacer po plaży.

Gdy twoje dziecko jest małe, korzystaj z chusty, żeby uspokajać je w pozycji „dziecko wtulone pod brodą" (Patrz: s. 149). Mając dziecko w chuście, możesz je kołysać i śpiewać mu albo możesz tańczyć z nim tak długo, aż zaśnie, nie przerywając sobie oglądania meczu. Umiejętność „chustowania" dziecka i kojące działanie opisanych wyżej pozycji, w których ojciec może uspokoić swoje dziecko, mogą zrobić z niego bohatera wieczorów, kiedy to większość dzieci jest już marudna (z Marthą nazywaliśmy ten czas „najmilszą porą dnia") albo kiedy czas położyć malca do snu. Dzięki tym umiejętnościom nie tylko nawiążesz głębszą więź z własnym dzieckiem, ale też wiele zyskasz w oczach swojej żony.

6. Okazuj wsparcie

Większość świeżo upieczonych matek nie czuje się jeszcze zbyt pewnie w nowej roli. Nawet jeśli starają się sprawiać wrażenie, że jest inaczej, najczęściej czują się raczej niepewne siebie. Po-

OJCOSTWO BLISKOŚCI I SIEDEM FILARÓW RB

Oto jak ojciec może stosować wszystkie siedem narzędzi rodzicielstwa bliskości.

Filar RB:	Co może ojciec?
1. Bliskość od porodu	Bądź z żoną i waszym nowo narodzonym dzieckiem; głaszcz je, mów do niego i patrz mu w oczy. Jeśli z powodów medycznych konieczne jest rozdzielenie dziecka i matki, zostań ze swoim dzieckiem i pozwól mu czuć twoją obecność podczas tych pierwszych godzin życia. (Więcej na temat nawiązywania więzi pomiędzy ojcem a noworodkiem znajdziesz na s. 61)
2. Karmienie piersią	Karmienie piersią łączy się z bliskim kontaktem fizycznym: tuleniem i głaskaniem. Mężczyzna nie może nakarmić dziecka piersią, ale ten bliski kontakt fizyczny może mu zapewnić. Może także dbać o dobre odżywianie swojej żony, czym ułatwi jej karmienie.
3. Noszenie dziecka	Noszenie dziecka wzmacnia więź pomiędzy nim a noszącym go rodzicem. Jeśli ojciec nosi dziecko, przyzwyczaja je w ten sposób do spędzania ze sobą czasu.
4. Spanie przy dziecku	Okaż wsparcie swojej żonie i bądź otwarty na spanie z dzieckiem w jednym łóżku. Jeśli dostrzegasz dobre strony takiego rozwiązania, nie naciskaj, aby żona odstawiła dziecko od piersi, ani na to, aby dziecko zaczęło spać samo.
5. Poważne traktowanie dziecięcego płaczu	Nie daj sobie wmówić, że niemowlę można „rozpieścić". Naucz się reagować na płacz twojego dziecka – stosuj pozycje „ciepło taty" albo „dziecko wtulone pod brodą".
6. Równowaga i wyznaczanie granic	Pamiętaj, że matka zajmująca się dzieckiem w duchu RB może się łatwo wypalić. Potrzebuje partnera, który będzie ją wspierał i przejmie część obowiązków.
7. Wystrzeganie się „trenerów dzieci"	Chroń swoją żonę przed radami, które podkopują jej pewność siebie. Wierz w jej instynkt macierzyński i słuchaj go.

nieważ kochają swoje dzieci i bardzo się starają robić wszystko tak, jak należy, są bardzo wrażliwe na krytykę. Sprzeczne rady, które zewsząd słyszą, mogą podważyć ich pewność siebie. Jednym z najważniejszych zadań ojców jest wspieranie matek. Chroń swoją partnerkę przed złymi radami.

Jeśli czujesz, że płynące z zewnątrz rady wyprowadzają twoją żonę z równowagi, nawet odrobinę, postaw im tamę, nawet jeśli płyną od twojej własnej matki. Łatwiej będzie ci to zrobić, jeśli sam jesteś będziesz przekonany do rodzicielstwa bliskości. Ale nawet jeśli masz wątpliwości, pozwól twojej żonie kierować się instynktem. Czasem mężczyzna po prostu musi zaufać, że kobieta wie lepiej. To kobieta odczuwa silną biologiczną więź z dzieckiem, która pozwala jej zrozumieć i właściwie odpowiedzieć na potrzeby dziecka. Nie przeszkadzaj. Jeśli ty jej zaufasz, ona będzie sama bardziej ufać sobie i będzie szczęśliwsza. Pamiętaj, żeby jej mówić, że jest dobrą mamą. To przynosi korzyści. Twoja żona stanie się jeszcze lepszą matką dla twojego dziecka i jeszcze szczęśliwszą żoną dla ciebie.

Nawet jeśli nie mogę karmić piersią, mogę zrobić wiele, by ułatwić to mojej żonie.

7. Bądź otwarty na nowe doświadczenia

Przewijanie, rozumienie potrzeb małego szkraba, uspokajanie dziecka w środku nocy – bycie ojcem oznacza konieczność otwarcia na takie doświadczenia. Ze względu na twoje dziecko postaraj się być bardziej niż zwykle elastyczny. Matki dostarczają dzieciom poczucia bezpieczeństwa i pewności, podczas gdy ojcowie mogą wprowadzać w życie swoich dzieci nowości i zabawę. Zaangażuj się w zajęcia swojego dziecka. Nie bądź odległym ojcem – bądź tatą. Usiądź na podłodze i pobaw się ze swoim dzieckiem. Czasem przejmij kontrolę nad zabawą i zaproponuj coś nowego, ale nie przesadzaj z tym – pozwól dziecku realizować jego własne pomysły. Jeśli poświęcasz czas na zabawę wymyśloną przez twojego przedszkolaka, dajesz mu do zrozumienia, że jest dla ciebie ważny i podnosisz jego poczucie własnej wartości.

W miarę, jak twoje dziecko rośnie, możesz zaangażować się jeszcze bardziej w jego zajęcia sportowe, szkolne i inne. Możliwości jest nieskończenie wiele. Jeśli masz możliwość zostania wolontariuszem animującym zajęcia dla dzieci w twoim środowisku – zrób to. Możesz na przykład prowadzić treningi sportowej drużyny twojego dziecka albo zaangażować się w zajęcia jego drużyny zuchów. Nie musisz znać się na wszystkim – wystarczy, że będziesz chciał nauczyć się czegoś nowego. Jesteś mądrzejszy i sprawniejszy niż dzieci, z którymi będziesz miał do czynienia (przynajmniej jeśli chodzi o większość z nich). Pamiętam, jak trenowałem drużynę piłki nożnej, w której grał mój sześcioletni wówczas syn, Matthew. Nie znałem się na piłce nożnej. Chyba nawet jej nie lubiłem. Ale Matthew o tym nie wiedział. Wiedział tylko, że jego tata zainteresował się jego pasją na tyle, żeby się zaangażować. Lata później znowu zostałem trenerem – tym razem drużyny, w której grała moja ośmioletnia wówczas córka, Lauren. Był to czas, gdy nieco oddaliliśmy się od siebie i to wspólne doświadczenie – treningi i mecze – pomogło nam do siebie wrócić.

Angażując się w takie zajęcia, dowiesz się wiele na temat dzieci w ogóle, a szczególnie na temat własnego dziecka. Pamiętaj, że większość rodziców, którzy udzielają się przy takich zajęciach, wcale nie zna się na tym lepiej od ciebie. Opiekując się gromadą zuchów, nauczyłem się prostej zasady, która pomagała mi organizować dla nich zajęcia, a którą można w skrócie zapisać jako „najlepsze zabawy to najprostsze zabawy".

8. Poznaj swoje dziecko

Żeby wychowywać swoje dziecko, musisz je znać. A żeby je znać, musisz angażować się w jego życie. Wszystkie powyższe wskazówki mają na celu ułatwienie ci poznania twojego dziecka. Jeśli otworzysz się na nie i z czułością będziesz odpowiadał na jego potrzeby, nauczysz się rozpoznawać, co jest dla twojego dziecka trudne, a co je uszczęśliwia. Jeśli wspierasz swoją żonę w opiece nad waszym dzieckiem, możesz liczyć na to, że ona podzieli się z tobą swoją wiedzą na jego temat. Dobre poznanie własnego dziecka wcale nie jest trudne. Musisz słuchać i reagować (i być może wyzbyć się niektórych błędnych przekonań, takich jak to, że dziecko powinno jak najszybciej przesypiać całą noc albo samo bawić się spokojnie w swoim łóżeczku).

Jeśli będziesz otwarty na wiedzę i poznasz swoje dziecko, intuicyjnie będziesz wiedział, jak wyznaczać mu granice. Zaowocuje to mniejszą liczbą konfliktów, bo będziesz wiedział, jak je motywować, by robiło to, czego od niego oczekujesz. Nauczysz się także rozpoznawać, co twoje dziecko już potrafi, a czego nie możesz jeszcze od niego oczekiwać.

Umiejętności wychowawcze rozwijały się we mnie w miarę, jak poznawałem nasze dzieci. Zrozumiałem, że słuchają mnie, bo mi ufają. Moje doświadczenie bycia ojcem i pediatrą nauczyło mnie, że wielu ojców ma problemy z wyznaczaniem granic swoim dzieciom, bo brakuje więzi pomiędzy nimi a ich dziećmi. Nawet jeśli dzieci ich słuchają, robią to z poczucia obowiązku lub z lęku, ale to nie przekłada się na wychowanie jednostek, które potrafią utrzymać zdrową samodyscyplinę. Jeśli chcesz przekazać swojemu dziecku swoje wartości, musisz wiedzieć i szanować to, co twoje dziecko przeżywa. Ten proces zaczyna się wcześnie – już w pierwszym roku życia dziecka, gdy reagujesz na jego sygnały.

9. Pamiętaj, że ojciec jest ważny

Ojcowie są innymi rodzicami niż matki, a dzieci na tej różnicy korzystają. Ojciec to nie jest kiepski substytut matki. Nawet w tych pierwszych dniach, gdy matka może zaoferować dziecku miękką, kojącą pierś, a ojciec tylko kościste ramiona, ojciec nie jest wyłącznie dodatkiem. Badania pokazują, że zachowanie dzieci w dużym stopniu zależy od zachowania ich ojców – i ma to swoje dobre, jak i złe strony, w zależności od ojca. Łatwo o tym zapomnieć w pierwszym roku życia dziecka, kiedy jest ono tak bardzo związane z matką.

W mojej praktyce lekarskiej spotykam starszych ojców, którzy przychodzą ze swoimi żonami na regularne wizyty do poradni dzieci zdrowych. To są ich drugie żony i wielu z nich wyraża żal, że dla dzieci pierwszych żon nie znaleźli w sobie tyle zaangażowania. Będąc już w średnim wieku, mają lepiej uporządkowane życiowe priorytety i chcą spędzać więcej czasu z dziećmi ze swoich pierwszych małżeństw, ale okazuje się, że one nie znajdują dla nich czasu. Ci mężczyźni nie chcą więcej popełnić błędu niezaangażowania, w przypadku dzieci z drugiego związku. Nie chcą nic stracić z ich rozwoju, bo wiedzą już, że te początki to budowanie solidnych fundamentów pod przyszłe relacje. Niech historie tych ojców będą wskazówką także dla ciebie. Lepiej teraz zainwestować w relacje z dziećmi, by później nie robić sobie wyrzutów. Dzieci przechodzą przez każdy etap życia tylko raz.

GDZIE JEST TATA?

Wiele uwagi poświęca się kobiecym trudnościom związanym z godzeniem pracy zawodowej z życiem rodzinnym. A co z ojcami? Większość z nich musi pogodzić się z tym, że pracując na utrzymanie rodziny, nie widzą swoich dzieci co najmniej czterdzieści godzin w tygodniu. Utrzymanie rodziny jest ważne, ale kontakt z dzieckiem także. Łączenie tych dwóch kwestii to prawdziwe wyzwanie.

Ja radzę sobie z tym wyzwaniem w ten sposób, że próbuję zachować równowagę między czasem, który spędzam z moimi dziećmi, a czasem, który spędzam, zajmując się cudzymi dziećmi jako lekarz, a także pisząc książki. Kocham wszystko, czym się zajmuję, a bycie dyspozycyjnym jest ważną cechą zarówno lekarza pediatry, jak i ojca. Spędziłem rok, pracując w domu. Moje dzieci wiedziały, że przenoszę praktykę do domu, żeby być bliżej nich, ale jednocześnie dałem im do zrozumienia, że gdy pracuję to pracuję, i nie jest to czas na zabawę. Przeżyłem objawienie. Zdałem sobie sprawę z tego, że codzienne dojazdy do pracy – chociaż męczące – mają też działanie terapeutyczne. Brakowało mi znajomych z pracy. Moje życie towarzyskie ograniczyło się do mojej rodziny. To odkrycie – jak wielkie znaczenie mają dla mnie społeczne interakcje w miejscu pracy – pomogło mi zrozumieć poświęcenie kobiet, które decydują się porzucić karierę, by zostać w domu z dzieckiem. Dzięki temu doświadczeniu zrozumiałem także, jaką pokusę stanowi dla ojców ucieczka w pracę i mniejsze angażowanie się w życie rodziny.

Jak pozostać razem, będąc osobno?

Twoje dziecko musi wiedzieć, co jest dla ciebie ważne. Powinno czuć, że mimo iż jesteś daleko od domu, to właśnie dom jest dla ciebie najważniejszy. Nieobecność wynikająca z konieczności jest wybaczalna. Nieobecność wynikająca z wyboru – już nie. Oto, jak utrzymać silne więzy z rodziną mimo nieobecności:

- Będąc poza domem, poświęć nieco czasu na myślenie o swoich dzieciach. Miej przy sobie zdjęcia, postaw je na biurku, pokaż kolegom.
- W ciągu dnia zadzwoń do żony albo opiekunki twojego dziecka i dowiedz się, jak dziecku mija dzień.
- Zamiast budować mur pomiędzy swoim życiem zawodowym a rodzinnym, postaraj się wprowadzić dzieci w swoją pracę. Jeśli to możliwe, pozwól im odwiedzić cię w twoim miejscu pracy. Niech się dowiedzą, gdzie codziennie spędzasz tyle czasu; opowiedz im też, czym się zajmujesz.
- Niech twoje dzieci poznają wyniki twojej pracy, niech zobaczą, jak pracujesz. Dla nich także będzie to wzbogacające doświadczenie. Dowiadują się więcej o świecie dorosłych, a w szczególności o twoim świecie.
- Jeśli to możliwe, zabierz starsze dziecko w podróż służbową. Taka wspólna podróż może wam sprawić mnóstwo radości (a przy okazji to świetny sposób na wykorzystanie twoich zniżek lotniczych dla często podróżujących pasażerów). Dziecko podekscytowane podróżowaniem z tatą na pewno będzie grzeczne. Często zabierałem ze sobą jedno z moich dzieci, gdy miałem spotka-

KOBIETY, POZWÓLCIE NAM BYĆ OJCAMI

Matki muszą pamiętać, że choć ojcowie mogą wykazywać mniejszą biegłość w instynktownym odczytywaniu sygnałów dzieci, należy im dać czas i możliwość nauczenia się, jak mają dbać o dziecko. Wyobraź sobie taki scenariusz: ojciec twojego dziecka zajmuje się nim, gdy ty jesteś w innym pokoju. Dziecko zaczyna marudzić, aż w końcu płacze. Czekasz chwilę, mając nadzieję, że twój mężczyzna poradzi sobie z problemem, ale słysząc, że dziecko płacze coraz bardziej, nie wytrzymujesz. Biegniesz na pomoc i zaczynasz jednocześnie sama uspokajać dziecko i zasypywać nieporadnego tatę radami. Zapewne masz najlepsze intencje, ale zastanów się chwilę, jaki komunikat dajesz ojcu swojego dziecka. Dajesz mu do zrozumienia, że jest niekompetentny. Być może sam tak o sobie myśli, ale fakt, że mu to wytkniesz, raczej mu nie pomoże. Poza tym twoje zachowanie nie umyka też uwadze twojego dziecka – dajesz mu do zro-

zumienia, że w obecności ojca naprawdę jest się czego obawiać. Zamiast biec na pomoc, słysząc płacz dziecka – zaczekaj, nie działaj pochopnie, daj ojcu i dziecku czas, żeby poradzili sobie bez ciebie. Jeśli nie możesz wytrzymać – oddal się na taką odległość, by nie słyszeć, co tam się dzieje.

W miarę możliwości ułatwiaj swojemu partnerowi i waszemu dziecku ich pierwsze chwile razem. Oddawaj swojemu partnerowi dziecko dobrze najedzone i o tej porze dnia, gdy zwykle jest w dobrym nastroju. Wyjdź z domu i pozwól im spędzić trochę czasu razem. Idź w tym czasie na spacer albo na zakupy. Jeśli dasz mężowi do zrozumienia, że wierzysz, że potrafi zająć się „twoim" dzieckiem, okaże się, że tak jest w istocie. Przyparci do muru ojcowie często wpadają na niestandardowe, ale skuteczne sposoby na uspokojenie dziecka.

nie w telewizji. Wizyta w studiu telewizyjnym była dla nich zawsze pouczającym doświadczeniem.

- Gdy wracasz wieczorem do domu, nie myśl już o pracy. Wykorzystaj czas dojazdu do domu na wyjście z roli pracownika i wejście w rolę taty. Kiedy wchodzisz do domu, bądź już skupiony na swojej rodzinie.

Niestety czas, kiedy dzieci są małe, w życiu większości mężczyzn pokrywa się z czasem, gdy czuję, że powinni 110 procent swojej energii poświęcić pracy i budowaniu kariery. Pamiętaj jednak, że możliwości zawodowe nie znikają tak

łatwo i za dziesięć lat nadal będziesz zdolny do podejmowania ciekawych zawodowych decyzji. Może nie takich samych, jak te, które mógłbyś podjąć teraz, ale jakieś możliwości będą na pewno. Natomiast twoje dziecko małe nie będzie już nigdy.

Kiedy tata jest w trasie. Pozostanie bliskim ojcem to jeszcze większe wyzwanie dla ojców, których praca wymaga od nich częstych wyjazdów, dla wojskowych lub przedstawicieli innych zawodów, których praca rzuca daleko od domu na dłuższy czas. Jednym z efektów ubocznych rodzicielstwa bliskości jest to, że zarówno ojciec, jak i dziecko odczuwają nawzajem swój brak, gdy są rozdzieleni. Dziecko bardzo przywiązane do ojca może protestować, gdy tego ojca nie ma. U takich dzieci można zaobserwować następujące zachowania:

- Zmieniają się ich przyzwyczajenia związane ze snem. Zdarza się, że dzieci nie chcą spać w nocy i wieczorne usypianie znowu staje się wyzwaniem.
- Dziecko jest bardziej marudne. U młodszych dzieci częściej mogą się pojawić napady i wybuchy gniewu. Ponieważ nieobecność ojca zmienia dziecku całą strukturę jego świata, dziecko może być podenerwowane i nie poddawać się łatwo ustalonym wcześniej rytuałom.
- Kota nie ma, myszy harcują. Gdy ojciec jest daleko, częściej pojawiają się problemy z dyscypliną. Wiele dzieci testuje, na ile reguły wprowadzone przez ojca nadal obowiązują pod jego nieobecność. Szczególnie podatne na tego typu zachowania są „dzieci o dużych potrzebach" lub dzieci impulsywne i bardzo przywiązane do ojców.
- Matki również zachowują się inaczej, gdy ich partnerów przy nich nie ma, zwłaszcza w domach, gdzie stosuje się rodzicielstwo bliskości. W rezultacie dziecko musi stawić czoła podwójnie nieprzyjemnej dla niego sytuacji: odczuwa nieobecność ojca i w pewnym sensie także niepełną obecność matki, która w ten sposób reaguje na brak partnera.
- Dziecko przeżywa częste i dramatyczne zmiany nastrojów – od cichego wycofania do agresywnej nadpobudliwości. Tak reagują zwłaszcza dzieci małe, które często nie rozumieją, co właściwie się dzieje. Pewien dwulatek po ponadtygodniowej rozłące z ojcem, gdy był na wakacjach z babcią, zapytał, czy taty „już nie ma". Za dwa dni wracali do domu, ale dla tego malca świat uległ już nieodwracalnej zmianie.

Nie przejmuj się, jeśli po powrocie zostaniesz przez dziecko chłodno przyjęty. To przejściowe. Dziecko potrzebuje czasu, żeby poradzić sobie ze złością i zdezorientowaniem, jakie twoje zniknięcie w nim wywołało. Musi przyzwyczaić się znowu do twojej obecności. Kiedy po raz pierwszy poczułem na własnej skórze taką reakcję dziecka, byłem zdruzgotany. Wszedłem do domu po kilku dniach nieobecności, a nasz roczny syn nie dość, że nie okazał radości, to jeszcze zachowywał się tak, jakbym go naprawdę nic nie obchodził. Po chwili podniosłem go, zacząłem z nim chodzić i śpiewać mu jego ulubioną piosenkę. Rozchmurzył się i poczułem, że znowu jest mój. Po rozłące – nawet jeśli chodzi tylko o zwykły dzień w pracy – możesz potrzebować chwili na odzyskanie zaufania swojego dziecka.

Dzwoń do domu. Rodzicielstwo w swojej idealnej wersji powinno być uprawiane we dwoje. Jeśli dużo podróżujesz, staraj się pozostawać w kontakcie z rodziną. Twoja żona potrzebuje twojego wsparcia i uczucia także wtedy, gdy nie ma cię obok niej. Dzwoń często do domu i rozmawiaj ze wszystkimi. Niech twoje dzieci wiedzą, że je kochasz i tęsknisz za nimi. Nawet niemowlę potrafi zareagować, słysząc w słuchawce głos swojego ojca. Opowiedz dzieciom o tym, co robisz i kiedy wrócisz, i słuchaj uważnie, gdy będą opowiadać ci, co u nich.

Rozważ możliwość zabrania rodziny ze sobą. Podróż z niemowlęciem wcale nie jest trudna. Dla naprawdę małego dziecka dom jest tam, gdzie mama i tata, nawet w hotelu w jakimś odległym miejscu.

Gdy nasze dzieci były małe, a ja musiałem wyjechać, zostawiałem Marcie moje duże zdjęcie (o wymiarach mniej więcej 20x25cm) a ona stawiała je przy łóżku. Gdy dzieci budziły się rano, widziały swoją mamę… i mnie. Dobrym pomysłem jest też nagranie swojego głosu dla dziecka. Zaśpiewaj mu ulubioną piosenkę albo opowiedz bajkę. W dobie komputerów i internetu naprawdę nie ma wymówki dla niekontaktowania się z rodziną podczas wyjazdów. Możesz łatwo wysłać wiadomość, zdjęcie, nawet nagranie. Bądź kreatywny i korzystaj z tych wszystkich świetnych biznesowych gadżetów, którymi dysponujesz, żeby pozostać w kontakcie z ludźmi, którzy są dla ciebie najważniejsi.

OJCOWSKIE ODCZUCIA WOBEC BLISKOŚCI MIĘDZY MATKĄ A NIEMOWLĘCIEM

„Ona nic, tylko karmi". „Jest zbyt przywiązana do tego dziecka". „Dziecko wisi na niej całymi dniam, a teraz jeszcze chce z nim spać". „Powinniśmy się wyrwać gdzieś tylko we dwoje". „Od tygodni się nie kochaliśmy". Takie zdania rzeczywiście padają z ust ojców. I to ojców, którzy naprawdę kochają swoje żony i dzieci. Niestety miłość nie chroni ich przed poczuciem odrzucenia, zagubienia i osamotnienia. Mężczyźni, którzy nie przekonali się jeszcze do RB, mogą się identyfikować z tymi emocjami, gdyż często stanowią one część przeżyć młodych ojców. To naturalne, że jako mężczyzna pragniesz

więcej uwagi ze strony swojej partnerki. Ale jest również naturalne i zdrowe to, że ona tak silnie związała się z waszym dzieckiem. Ponieważ jednak taka sytuacja nieuchronnie prowadzi do konfliktu, potraktuj swoje emocje jako znak, że coś trzeba zmienić we własnym podejściu. Dzieci potrzebują szczęśliwych rodziców.

Przywiązanie matki do noworodka i okazywany przez nią jednocześnie brak zainteresowania partnerem są uwarunkowane hormonalnie. Przed ciążą cykl hormonalny kobiety nastawia ją na zainteresowanie seksem. Ostatecznie to właśnie w ten sposób dochodzi do zapłodnienia. Po narodzinach dziecka, górę biorą hormony matczyne, ponieważ natura inwestuje teraz w nowego człowieka i chce, by miał wszystko, czego potrzebuje. Matki lubią karmić piersią i zajmować się dziećmi.

Wiele z tej energii, którą twoja żona wcześniej miała dla ciebie, zostaje przekierowane na dziecko. Wynika to z instynktownej potrzeby opieki nad dzieckiem, którą odczuwa teraz twoja partnerka. Ciało mówi jej, że teraz powinna się skupić na maleństwie, które urodziła. Podczas okresu, w którym dziecko jest karmione wyłącznie piersią, kobieta jest najczęściej niepłodna (w ten sposób natura dba o to, by zbyt szybka kolejna ciąża nie zrujnowała szans niedawno urodzonego malucha na dobry wzrost i rozwój). Kobieta, która nie owuluje, może mieć bardzo niski poziom zainteresowania seksem.

Niektóre matki, z różnych powodów, reagują na te zmiany hormonalne silniej niż inne. Nie panikuj, jeśli twoja partnerka sprawia wrażenie, jakby świata nie widziała poza waszym dzieckiem. To nie oznacza jeszcze, że dziecko zabrało twoje miejsce w jej sercu i musisz przystąpić

GDY RODZICE NIE MOGĄ SIĘ POROZUMIEĆ

Zajmuję się moim trzymiesięcznym synem zgodnie z zasadami rodzicielstwa bliskości. Dziecko jest szczęśliwe i ja też, ale mój mąż jest przekonany, że rozpieszczam syna. Chciałby, żeby nasze dziecko było bardziej niezależne, żebyśmy mogli częściej wychodzić z domu razem.

Rodzicielstwo bliskości działa najlepiej wtedy, gdy oboje rodzice są do niego przekonani. Brak porozumienia w kwestii metod wychowawczych może stać się przyczyną problemów małżeńskich i oddalić od siebie małżonków.

Jeśli twój mąż ma takie stanowisko, jak opisane wyżej, musisz z nim porozmawiać i dowiedzieć się, dlaczego tak jest. Być może po prostu nigdy nie spotkał się z takim podejściem do dziecka. Może pochodzi z rodziny, w której normalne było, że dzieciom pozwala się płakać, aż się „wypłaczą". Być może jego przyjaciele i rodzina mówią mu, że „psujesz" dziecko. Być może po prostu nie rozumie, że dzieci z wiekiem stają się bardziej niezależne.

Wytłumacz mu, dlaczego stosujesz rodzicielstwo bliskości. Sama wiesz najlepiej, która korzyść z tego płynąca może do niego najbardziej przemówić. Zapewnij go, że okres tak intensywnej opieki nad dzieckiem nie trwa wiecznie. A przed wszystkim – wytłumacz mu, jak bardzo on jest ważny dla waszego dziecka. Spróbuj zachęcić go do noszenia dziecka i reagowania na jego płacz. Chcesz przecież, żeby i on włączył się w rodzicielstwo bliskości.

Wreszcie, weź pod uwagę to, że mężczyźni często krytykują rodzicielstwo bliskości, gdy czują się odrzuceni. Matki zaangażowane w rodzicielstwo bliskości potrafią być tak zajęte dzieckiem, że siłą rzeczy ojciec staje się zaledwie obserwatorem tej nowej relacji. Nie musi jednak tak być. Porozmawiaj z mężem i wytłumacz mu, że wcale nie straciłaś zainteresowania jego osobą. Pomyśl jak możesz mu okazać uczucie i pamiętaj robić to codziennie. Powiedz mu, że czujesz się zmęczona i podaj mu przykłady tego, co może zrobić, by ci pomóc – jak ma się włączyć w opiekę nad dzieckiem i w zajmowanie się domem. W ten sposób będziesz miała więcej sił na bycie żoną, a nie tylko matką.

Czasem rodzicom małych dzieci trudno znaleźć czas i okazję, żeby nacieszyć się sobą nawzajem. Są jednak na to wypróbowane sposoby. Oto one:

- Spróbuj od czasu do czasu stworzyć romantyczną atmosferę. Wbrew pozorom światło świec i delikatna muzyka działają też na mężczyzn. Miły wieczór można wyczarować w domu, położywszy dziecko spać. W odpowiedniej atmosferze nawet pizza na wynos może być romantyczna.
- Wybierzcie się na wspólną przejażdżkę samochodem w czasie drzemki dziecka. W samochodzie dziecko szybko zaśnie, a wy będziecie mogli spokojnie porozmawiać.
- Wykorzystuj każdą okazję, żeby być ze sobą. Jeśli dziecko obudzi w nocy was oboje, wykorzystajcie na rozmowę czas karmienia i ponownego usypiania. Być może rozmowa przerodzi się w coś innego…

- Dzieci RB są doskonale przenośne. Możecie wybrać się we trójkę do ulubionej restauracji z dzieckiem w chuście. Będziesz mogła je dyskretnie nakarmić i spokojnie posiedzieć przy kolacji.
- Wyjdźcie czasem gdzieś sami. Okazjonalne zostawienie dziecka pod dobrą, wrażliwą opieką kogoś innego, nie jest niczym złym. To niekoniecznie musi być wieczór. Jeśli wolisz zostawić dziecko z kimś innym w czasie, gdy jest zazwyczaj w najlepszym humorze, może zamiast na kolację wybierzecie się gdzieś na śniadanie albo wczesny seans w kinie?

Z notatek dr. Billa: *Zdarzyło mi się kiedyś, że przyszła do mnie para, prosząc o radę, bo matka była tak przywiązana do swojego dziecka, że cierpiał na tym jej związek z tegoż dziecka ojcem. Kiedy poradziłem im, żeby wyszli gdzieś razem wieczorem, kobieta spojrzała na mnie, jakbym nagle przemówił do niej w obcym języku, za to ojciec wyraźnie się ucieszył.*

Dzieci potrzebują przede wszystkim dwójki szczęśliwych rodziców. Jeśli pomiędzy rodzicami coś się psuje, ma to negatywny wpływ także na dziecko. Gdy dziecko nie jest już zupełnie malutkie (ma kilka miesięcy), czasem musisz powiedzieć mu „nie" albo „zaczekaj", żeby móc powiedzieć „tak" swojemu partnerowi i waszej relacji. Możesz być „bliskim rodzicem", nie będąc jednocześnie rodzicem doskonałym.

Jeśli twój styl zajmowania się dzieckiem jest przyczyną naprawdę poważnych spięć w twoim związku, których ty i twój partner nie potraficie sami rozładować, poszukajcie pomocy. Specjalista pomoże wam znaleźć sposoby na to, by zostały zaspokojone potrzeby wszystkich zainteresowanych – wasze potrzeby indywidualne, wzajemne i oczywiście – potrzeby waszego dziecka.

do walki z nim, żeby je odzyskać. Wystarczy, że nieco poczekasz. To jest czas, w którym twoja partnerka uczy się, jak być matką. Nadal cię kocha i okazuje to, kochając i dbając o wasze wspólne dziecko. Z czasem „wróci" do ciebie, a jeśli w tym początkowym okresie odczuje twoje wsparcie i zaangażowanie, stanie się to zapewne wcześniej, niż się spodziewasz.

Innym powodem, dla którego kobiety wydają się ignorować potrzeby swoich partnerów w tym pierwszym okresie po porodzie, jest po prostu zmęczenie. Opieka nad dzieckiem i normalne prowadzenie domu są na tyle wyczerpujące, że uporawszy się z nimi, kobieta chce już tylko spać albo znaleźć chwilę dla siebie, w której nikt nic od niej nie chce.

Moja potrzeba snu jest większa niż jego potrzeba seksu.

Jeśli naprawdę postarasz się jej pomóc, możesz liczyć na to, że będzie miała więcej siły dla ciebie. Chcesz, żeby położywszy dziecko spać, jeszcze sprzątnęła kuchnię? Czy chcesz mieć ją wtedy już tylko dla siebie? Jeśli wybierasz drugą opcję, to lepiej posprzątaj tę kuchnię w czasie, gdy ona kładzie dziecko spać. Jeśli będzie widziała, że może na ciebie liczyć, znowu zwróci się ku tobie.

Gdy zdarzy wam się w tym okresie uprawiać seks (co będzie raczej rzadkie), może się okazać, że będzie on wyglądał inaczej niż kiedyś. Ciałem będzie przy tobie, ale myślami może być przy dziecku. Zresztą dzieci zdają się mieć jakiś szósty zmysł, który podpowiada im, kiedy rodzice zbytnio zajmują się sobą nawzajem. Jest to obserwacja wielu par. Gdy rodzicom wreszcie udało się znaleźć trochę czasu dla siebie, gdy robi się coraz bardziej romantycznie, właśnie wtedy, gdy mama i tata już naprawdę mają na siebie ochotę – dziecko się budzi i płaczem domaga uwagi. Nawet jeśli tobie, drogi tato, to nie przeszkadza, twoja partnerka z pewnością błyskawicznie zmieni się z kochanki z powrotem w matkę. Nie walcz z tym i nie złość się. Zapewnij ją, że rozumiesz, że potrzeby dziecka są w tej chwili najważniejsze. Sam podaj jej dziecko, żeby mogła je nakarmić. I przytul się do nich obojga. Pewnie nie wrócicie już tej nocy do seksu (choć nigdy nie wiadomo), ale twoja czułość zostanie wynagrodzona w przyszłości.

Nic poza zostaniem ojcem nie sprawia, że mężczyzna dojrzewa tak szybko. Ojcostwo zmusza do uznania, że czyjeś potrzeby są ważniejsze niż twoje własne. Uczysz się zaakceptować odroczenie gratyfikacji. Sam stajesz się bardziej zdyscyplinowany, by móc być wzorem dla własnych dzieci. Przede wszystkim jednak, będąc „bliskim ojcem", nabierasz większej wrażliwości wobec swojego dziecka, żony i całego swojego otoczenia.

Tylko dla mam. Pamiętajcie drogie mamy, że podczas gdy wy korzystacie z działania hormonów, które wasz organizm wydziela w związku z porodem i macierzyństwem, wasi partnerzy nie mają takiego biologicznego wsparcia w rodzicielstwie. Nawet jeśli w ciągu kilku miesięcy po porodzie nie jesteście zainteresowane seksem, pamiętajcie o tym, by dać waszym partnerom odczuć, że nadal wam na nich zależy. Oni muszą usłyszeć od was, jak to wszystko przeżywacie – nie domyślą się tego sami. Niech wiedzą, że wasz brak zainteresowania seksem w ciągu tych pierwszych kilku miesięcy nie oznacza nagłego braku miłości z waszej strony. Gdy już będziecie gotowe, zadbajcie także o romantyczną stronę waszego związku. Oto, jak pewna matka z naszego otoczenia harmonijnie rozwiązała konflikt pomiędzy bliskością z dzieckiem a bliskością z mężem.

Susan i jej mężowi trafiło się jedno z tych dzieci o dużych potrzebach, które często budzą się w nocy. Ponieważ ojciec potrzebował snu, wyprowadził się z sypialni, gdy dziecko miało miesiąc i większość nocy spędzał odtąd na kanapie w salonie. Susan rozumiała, że każdy ma swoje potrzeby i od czasu do czasu, gdy dziecko spało głęboko, wymykała się do salonu, żeby zaskoczyć swojego męża. Te nocne wizyty miały cudowny wpływ na podejście męża Susan do rodzicielstwa bliskości.

13
Rodzicielstwo bliskości w sytuacjach specjalnych

Nie wszystkie rodziny pasują do stereotypowego obrazka pary z klasy średniej, z 1,8 zdrowych dzieci, niezłymi dochodami i wygodnym domem na przedmieściach. Nie musisz pasować do tego obrazka, by wychowywać dziecko zgodnie z filozofią rodzicielstwa bliskości. Wręcz przeciwnie, jeśli masz dziecko, które wymaga szczególnej troski albo sam zmagasz się z różnego rodzaju problemami, rodzicielstwo bliskości może się okazać dla ciebie szczególnie cenne. Gdy życie nie układa się zgodnie z planem, potrzebujesz wszystkiego, co tylko może dać ci siłę, dzięki której będziesz mógł być oparciem dla swojego dziecka. Siedem filarów RB pozwoli ci stać się takim ekspertem od twojego dziecka, że będziesz w stanie intuicyjne dopasować swój styl rodzicielstwa do jego potrzeb.

SAMOTNY RODZIC MOŻE BYĆ BLISKO

Bycie samotnym rodzicem oznacza podwójne obowiązki. To prawda. Rodzicielstwo bliskości też jest trudniejsze, gdy jest się dla swojego dziecka jedynym rodzicem, ale jeśli cała odpowiedzialność za twoje dziecko spoczywa wyłącznie na twoich barkach, wszystko, co na dłuższą metę ułatwia rodzicielstwo, będzie dla ciebie szczególnie cenne. Rodzicielstwo bliskości może dać ci pewność siebie i wnikliwość niezbędną do podejmowania dobrych rodzicielskich decyzji. Wzmożona wrażliwość i mądrość, która rozwija się w miarę praktykowania rodzicielstwa bliskości, powinny uczynić samotne wychowanie rosnącego dziecka znacznie łatwiejszym.

W pierwszych miesiącach życia dziecka, a nawet w pierwszych latach, RB może ci się wydawać nazbyt wymagającym wyborem dla samotnego rodzica. We dwoje jest łatwiej, bo zawsze ta druga osoba może wkroczyć do akcji, gdy pierwsza potrzebuje chwili wytchnienia. Samotny rodzic musi być stale na zawołanie swojego dziecka i nie ma właściwie nikogo, kto mógłby go zmienić w tej roli. To trudne. Nadal jednak obowiązuje pierwsze przykazanie rodzicielstwa bliskości: to, czego twoje dziecko potrzebuje najbardziej, to szczęśliwy, wypoczęty rodzic. To zastrzeżenie jest w przypadku samotnych rodziców nawet ważniejsze niż w przypadku par, zwłaszcza jeśli poza zajmowaniem się dzieckiem musisz się jeszcze dodatkowo mierzyć ze stresem związanym z rozwodem lub separacją. Jeśli całkowicie poświęcisz się swojemu dziecku i nie zadbasz o czas dla siebie, szybko się wypalisz. Oto kilka pomysłów na to, jak zachować równowagę w swoim życiu i jednocześnie pozostać bliskim rodzicem:

Uwierz, że sam nie dasz rady. Jeśli praktykujesz rodzicielstwo bliskości, nie rób tego samotnie, czyli bez żadnego wsparcia. Jesteś samotnym rodzicem, nie superrodzicem i nikt nie ma prawa tego od ciebie oczekiwać. Jest takie powiedzenie, że aby wychować jedno dziecko, potrzeba całej wsi. Potrzebujesz ludzi, którzy będą blisko i będą cię wspierać. (To samo dotyczy zresztą także pełnych rodzin.) Znajdź profesjonalną grupę wsparcia, dbaj o relacje z przyjaciółmi i z rodziną. Przyda się każda pomocna dłoń. Inni samotni rodzice mogą okazać się znakomitymi przyjaciółmi – możecie być dla siebie nawzajem kimś, kto wysłucha (nawet przez telefon i o późnej porze), podrzuci dobry pomysł, czy zaopiekuje się dzieckiem.

Znajdź czas na towarzystwo dorosłych. Robienie wszystkiego i zawsze samemu wykańcza i wypala. Niektóre matki starają się wynagrodzić dziecku brak ojca i próbują być dla niego jednocześnie matką i ojcem. Cały ich świat kręci się wokół dziecka, co prowadzi do tego, że one same nie są już w stanie funkcjonować dobrze jako dorosłe, niezależne osoby. Naprawdę warto pamiętać, że to, czego dziecku najbardziej potrzeba, to rodzic szczęśliwy.

Łącz pracę z zajmowaniem się dzieckiem. Samotne rodzicielstwo spowolni twoją karierę zawodową. Nie możesz być jednocześnie głęboko zaangażowany w pracę i w dziecko, a dziecko to inwestycja, która nie może czekać. Twoja kariera może. Jeśli to tylko możliwe, staraj się dopasować pracę do potrzeb swojego dziecka, a nie odwrotnie, przynajmniej przez pierwszy rok. Zorientujesz się, czy będziesz w stanie pracować poza domem w tym samym stopniu, co wcześniej. Albo, jeśli to możliwe, zabierz dziecko do pracy ze sobą (Patrz „Noszenie i Praca", s. 99). Jeśli jesteś samotną matką i musisz pracować poza domem, poszukaj takiej pracy, która pozwoli ci kontynuować karmienie piersią; rozwiązania takie jak żłobek w miejscu pracy, czy osobny pokój dla pracownic karmiących piersią, gdzie mogą odciągać pokarm, pozwalają pozostać w bliskości z dzieckiem nawet mimo rozłąki.

Moja córka ma dopiero kilka tygodni. Teraz to ona jest moim życiem. Wiem, że wkrótce będę musiała wrócić do pracy, ale zajmę się tą kwestią, gdy przyjdzie czas.

ADOPCJA

Kiedy w naszym życiu pojawiła się nasza córka, Lauren, była zaledwie noworodkiem. Zaadoptowaliśmy ją i chcieliśmy dać jej rodzicielstwo bliskości. (Nie mówimy o niej „nasza adoptowana córka". Adopcja nie jest częścią jej tożsamości; tłumaczy jedynie, skąd się u nas wzięła.) Fakt, że została adoptowana, nie mógł przecież pozbawić ją korzyści płynących z bliskości, jaką dziecko powinno odczuwać z matką od dnia narodzin. Rodzicielstwo bliskości jest szczególnie cenne w przypadku adopcji, bo pozwala na zbudowanie więzi z dzieckiem na każdym możliwym poziomie.

Matki adopcyjne często się zastanawiają, czy będą w stanie odczuwać z adoptowanym dzieckiem taką bliskość, jak z biologicznym. Zastanawiają się, co straciły, nie przeżywając ciąży i porodu. Z naszych obserwacji wynika, że rodzice adopcyjni są tak zachwyceni faktem, że dziecko w końcu, po tak długim oczekiwaniu, pojawiło się w ich życiu, że łatwo potrafią zrekompensować sobie ten biologicznie odmienny początek rodzicielstwa. Okazuje się, że większość rodziców adopcyjnych w sposób naturalny, w różnym stopniu, ale jednak – praktykuje rodzicielstwo bliskości, gdyż szczególnie zależy im na poznaniu swojego dziecka tak fizycznie, jak i emocjonalnie. Spróbuj skorzystać z następujących wskazówek:

Nawiązuj więź już w okresie prenatalnym. Jeśli planujesz otwartą adopcję, zaangażuj się w ciążę biologicznej matki swojego dziecka. Dowiedz się, jak się czuje i jak rośnie dziecko. Być może będziesz mógł zobaczyć je na zdjęciu USG. Nawiązywanie więzi z dzieckiem w tak wczesnym okresie niesie z sobą pewne emocjonalne ryzyko, bo zawsze istnieje możliwość, że biologiczna matka dziecka po porodzie zmieni zdanie. Ale nawiązanie relacji z nią i autentyczna troska o twoje przyszłe dziecko mogą ci również przynieść dużo satysfakcji.

Bądź obecny przy porodzie lub wkrótce po nim. Możesz poprosić o możliwość obecności przy porodzie i w ten sposób nawiązać więź z dzieckiem od pierwszej chwili. To, czy okaże się to możliwe, będzie zależało od sytuacji. Za pozwoleniem biologicznej matki dziecka i personelu medycznego przytul dziecko zaraz po porodzie. Skorzystaj też z innych wskazówek z rozdziału 4. Na tyle, na ile to możliwe, zostań z dzieckiem w szpitalu i śpij w hotelu w okolicy. Poproś o to, by biologiczna matka karmiła dziecko tak długo, jak będzie to możliwe. Weź dziecko w ramiona i usiądź z nim w bujanym fotelu. Pamiętaj o kontakcie skóra do skóry, najczęściej jak to możliwe. Oczywiście wszystko to niesie za sobą pewne ryzyko emocjonalne, gdyby biologiczna matka jednak zmieniła zdanie w sprawie adopcji, ale korzyści płynące z takiego zachowania przewyższają ryzyko.

Ćwicz filary RB. Noszenie dziecka i spanie przy nim to dwa narzędzia rodzicielstwa bliskości, dzięki którym będziesz mieć dużo czasu na budowanie więzi z dzieckiem poprzez kontakt fizyczny. Karm dziecko butelką, dając mu przy tym tyle samo czułości, ile otrzymuje dziecko karmione piersią. Kobiety mogą też wziąć pod uwagę możliwość karmienia piersią.

Tak, to prawda, kobieta może karmić piersią niemowlę, nawet jeśli nie jest ono jej biologicznym dzieckiem. Chcieć to móc. Nawet jeśli wcześniej nie byłaś w ciąży, stymulacja sutków może doprowadzić do laktacji. Matki adopcyjne, które zdecydowały się na karmienie piersią, mogą wywołać laktację, wykorzystując laktator, odruch ssania u dziecka oraz – w niektórych przypadkach – leki stymulujące produkcję mleka. Można też skorzystać z urządzenia, które pozwala karmić dziecko mieszanką lub odciągniętym mlekiem ludzkim, w sposób przypominający karmienie piersią. Mleko jest dostarczanie dziecku za pomocą cienkiej rurki przymocowanej do sutka matki. Martha karmiła piersią naszą córkę Lauren przez dziesięć miesięcy i skorzystaliśmy wówczas z porad wielu rodziców adopcyjnych, praktykujących RB.

Najważniejszą radą, jaką możemy dać matce adopcyjnej, która chce spróbować karmić adoptowane dziecko piersią, jest: ciesz się z bliskości, która się z tym wiąże. Nie wpadaj w obsesję na tle ilości mleka, które produkujesz. Początkowo może go być niewiele. Większość matek adopcyjnych jest w stanie dostarczyć dziecku jedynie część pokarmu, którego dziecko potrzebuje. Jednak najbardziej satysfakcjonujący jest dla nich fizyczny kontakt z dzieckiem. Więcej wskazówek dotyczących karmienia piersią adoptowanego dziecka znajdziesz w naszej książce na temat karmienia piersią.

Jeśli adoptowaliście starsze dziecko, można zastosować wersję rodzicielstwa bliskości nastawioną na nadrabianie zaległości. Większość filarów RB daje się wprowadzić w którymkolwiek momencie pierwszego roku życia dziecka. Nie martw się o to, że podczas opieki zastępczej twoje dziecko straciło możliwość nauczenia się bliskości. Niemowlęta są niesłychanie odporne. To, co robisz obecnie, będzie miało bardziej dalekosiężne konsekwencje niż to, że być może w pierwszym okresie życia dziecka brakowało mu bliskości. Jak tylko twoje dziecko przekroczy próg twojego domu, zacznij od razu stosować takie narzędzia RB, jak noszenie, spanie przy dziecku i poważne traktowanie jego płaczu. Im więcej fizycznego i emocjonalnego kontaktu będzie z tobą miało twoje dziecko, tym szybciej się do ciebie przywiąże, a ty do niego. Jeśli wiesz już, kiedy dziecko do ciebie trafi, i czekasz na nie już tylko z powodów formalnych, a dziecko jest u rodziny zastępczej, dowiedz się, czy jest szansa, żeby rodzic zastępczy stosował rodzicielstwo bliskości przynajmniej w pewnym stopniu. Lepiej, żeby dziecko przywiązało się do kogoś i później musiało zmienić obiekt swojego przywiązania, niż żeby nie przywiązało się do nikogo w tych pierwszych kilku tygodniach życia.

Naszym zdaniem w przypadku dzieci adoptowanych praktykowanie rodzicielstwa bliskości jest jeszcze ważniejsze niż w przypadku dzieci biologicznych, ponieważ dzieci adoptowane mogą nieść w sobie poczucie odrzucenia. Bliska, nacechowana zaufaniem relacja z rodzicami pomaga przełamać poczucie straty związane z brakiem biologicznej matki. Kiedy nasza Lauren miała siedem lat, zapytała nas, dlaczego jej biologiczna matka jej nie kochała. Zapewniliśmy ją, że jej matka ją kochała i dlatego właśnie zdecydowała się na oddanie jej do adopcji, gdy zrozumiała, że nie będzie w stanie dać jej wszystkiego tego, czego dla niej pragnęła. Czy to rozwiązało problem Lauren? Nie do końca. Wiemy, że to pytanie wróci. Zdaliśmy sobie sprawę z tego, że najlepsze, co możemy zrobić, to podawać Lauren rodzicielstwo bliskości w naprawdę dużych dawkach – zapobiegawczo, tak aby miała siłę i pewność siebie, których będzie potrzebowała, by poradzić sobie z tym poczuciem straty, które przez całe jej życie będzie do niej co jakiś czas wracać.

Ponieważ dzieci wychowywane w rodzicielstwie bliskości są bardzo wrażliwe, możliwe, że będą poświęcać kwestii swojej biologicznej matki nawet więcej uwagi niż inne adoptowane dzieci. Nie bierzcie tego do siebie. Adoptowane dzieci szukają swoich korzeni, a nie innych rodziców. Jeśli czują się bezpieczne w swojej nowej rodzinie, może im być nawet łatwiej przyznać, że mają potrzebę, żeby dowiedzieć się więcej o tych rodzicach, których stracili (jeśli rzeczywiście będą taką potrzebę miały). Nie bierz do siebie zdań w rodzaju: „Nie jesteś moją prawdziwą

DZIECKO O DUŻYCH POTRZEBACH

W ciągu dwudziestu lat od momentu, gdy ukuliśmy termin *dziecko o dużych potrzebach*, spotkaliśmy wiele takich dzieci i doradzaliśmy ich rodzicom. Korzystając z tych doświadczeń, stworzyliśmy profil dziecka o dużych potrzebach. Wszystkie dzieci przejawiają czasem niektóre z wymienionych niżej zachowań, ale dzieci o dużych potrzebach przejawiają większość z nich *zawsze*. Uwaga: określenia dotyczące cech osobowości służą do opisywania, nie do oceniania (dobry/zły). Staramy się tylko opisać, jakie te dzieci są i wprowadzić was w styl rodzicielstwa, który pomoże im dobrze się rozwijać a wam – przetrwać.

- Dzieci o dużych potrzebach nie dają sobie łatwo zaplanować dnia. Są nieprzewidywalne i trudno zaproponować im rytuał, z którego byłyby zadowolone, nawet jeśli będzie on dość elastyczny. Każą rodzicom zapomnieć o życiu według zegarka.

- Dzieci o dużych potrzebach są nastawione na stały kontakt fizyczny z rodzicem. Odkładane – natychmiast płaczą i tylko w ramionach opiekuna dają się z powrotem uspokoić. Kołyski, łóżeczka, foteliki samochodowe parzą w plecki. Nic nie może się równać ramionom mamy lub taty. Dla wielu mam takich dzieci ratunkiem okazało się noszenie ich w chuście.

- Dzieci o dużych potrzebach piją z piersi często i o różnych porach, tak dla zaspokojenia głodu, jak i dla uspokojenia. Nie ma dla nich nic przyjemniejszego. Jeśli zaakceptujesz to podejście, zrozumiesz także, że oto masz coś, co na pewno jest w stanie uspokoić twoje dziecko.

- Opiekunka? Nawet nie ma mowy! Dzieci o dużych potrzebach nie zaakceptują opieki innej niż rodzicielska. (Nasi sąsiedzi i przyjaciele musieli pogodzić się z tym, że gdziekolwiek szliśmy, musieliśmy zabrać Hayden ze sobą.) Nawet ojcu może być trudno zostać zaakceptowanym jako drugi opiekun, ale ważne jest, żeby angażował się w opiekę. Bez wsparcia partnera, matce takiego dziecka grozi błyskawiczne wypalenie.

- Nie są to dzieci, które będą spały same. Będą spały w waszym łóżku, „przyklejone" do mamy. Hayden była pierwszym naszym dzieckiem, które spało z nami. Gdy zaakceptowaliśmy fakt, że ona potrafiła spać tylko w naszym łóżku, wreszcie mogliśmy się porządnie wyspać – razem.

- Dzieci o dużych potrzebach wszystko odczuwają bardziej intensywnie. Płaczą głośniej niż inne dzieci i w sposób wymagający natychmiastowej uwagi. Rodzice szybko uczą się błyskawicznie reagować na ten płacz, wiedząc, że im dłużej poczekają z reakcją, tym trudniej będzie im uspokoić dziecko. Jeśli tylko zechcesz otworzyć się na język takiego niemowlęcia, zobaczysz, jak zmieniasz się w bardziej wrażliwego rodzica.

- Dzieci o dużych potrzebach są stale w ruchu, jakby w ogóle nie wiedziały, co to znaczy siedzieć spokojnie. W miarę jak rosną, uczą się wykorzystywać rozpierającą je energię na różnego rodzaju zajęcia. Takie dziecko nieraz porządnie was zmęczy, gdy będziecie musieli gonić uciekającego małego szkraba. Jednocześnie jednak – świat widziany jego oczami okaże wam swoją zupełnie nową, cudowną stronę.

Dzieci o dużych potrzebach są niesłychanie wymagające. Wyzwaniem dla rodziców jest spojrzenie na to, jak na coś dobrego. Cechy,

które sprawiają, że te dzieci są tak trudne w wieku niemowlęcym i „przedprzedszkolnym", mają również swoją dobrą stronę. Jako przedszkolaki takie dzieci są żywe, ruchliwe, zdecydowane i wszystkim zainteresowane. Później zmieniają się w entuzjastyczne, pełne pasji i przedsiębiorcze nastolatki. Zobaczycie też, że czułość, z jaką reagujecie na ich potrzeby, gdy są małe, zrobi z nich współczujące i empatyczne osoby.

matką". Takie wypowiedzi mogą boleć, ale jedyne, co przez nie naprawdę przebija, to wrażliwość twojego dziecka, które próbuje poradzić sobie z naturalnym zamieszaniem w swoim sercu. A ty to serce przecież dobrze znasz i wiesz, jakie zajmujesz w nim miejsce.

Mój mąż i ja od prawie siedmiu lat jesteśmy rodziną zastępczą. Przyjmujemy do siebie dzieci zaledwie dwudniowe. Zostają z nami od dwóch tygodni do trzech miesięcy. Dzieci, które mają za sobą doświadczenie opieki zastępczej, często mają problemy z nawiązywaniem bliskich więzi w późniejszym życiu. Dlatego jest bardzo ważne, żeby na samym początku otrzymały dostatecznie dużo podstawowej bliskości. Każde z dzieci, którymi się zajmujemy, noszę w chuście przez większość dnia, zabierając je ze sobą wszędzie. Nie spotkałam dotąd dziecka, które by nie pokochało noszenia! Często słyszę pozytywne komentarze dotyczące zachowania dzieci, którymi się zajmowałam. Śpię również w bezpośredniej bliskości tych dzieci. Przenośne łóżeczko dosunięte do naszego łóżka pozwala mi szybko reagować na dziecięce potrzeby także w nocy. Dwójkę moich własnych dzieci karmiłam piersią, ale szybko okazało się, że nie jest to jedyny sposób na uspokojenie dziecka. Myślę, że

nawiązuję z tymi dziećmi nić porozumienia, która pozwala mi uspokoić je samym tylko przytuleniem i mówieniem. Nadal mamy kontakt z większością z tych prawie trzydzieściorga dzieci, które przeszły przez nasz dom. Jak sobie radzą? Wygląda na to, że świetnie, i żadne z nich nie ma widocznych objawów zaburzeń w nawiązywaniu więzi.

RODZICIELSTWO BLISKOŚCI DLA DZIECI O DUŻYCH POTRZEBACH

Takie dzieci można często rozpoznać zaraz po porodzie. Urodzone, otwierają oczy i natychmiast zaczynają zawodzić, obwieszczając w ten sposób światu: „Nie jestem zwykłym dzieckiem i potrzebuję niezwykłej opieki. Jeśli mi ją zapewnisz, będziemy przyjaciółmi. Jeśli nie – szykuj się na kłopoty". Następnie przysysają się do matki i nie sposób ich odczepić niemal do pierwszych urodzin.

Dzieci o wysokich potrzebach bardzo pragną fizycznego kontaktu. Będą spokojne w twoich ramionach, przy piersi, w twoim łóżku, jeśli tylko będą czuły twoją obecność, ale każda próba odłożenia ich do łóżeczka skończy się awanturą. Wózek to dla nich miniaturowa wersja policyjnej więźniarki. Niełatwo też oddać je w ręce opiekunki. Na szczęście takie dzieci są również bystre i pełne energii, i potrafią sprawić dokładnie tyle radości, ile kosztują wysiłku.

Nie wiedzieliśmy o ich istnieniu, dopóki jedno z nich nie trafiło się nam. Styl rodzicielstwa, który dobrze sprawdził się przy pierwszej trójce naszych dzieci, okazał się całkowicie niewystarczający dla Hayden. Chciała być zawsze w naszych ramionach. Jadła często przez cały dzień i noc. Martha była wykończona, starając się spełnić potrzeby naszej córki. Przyjaciele radzili, by jej nie rozpieszczać: „za dużo ją nosisz", „pozwól jej się wypłakać", „ona tobą manipuluje". Gdyby Hayden była naszym pierwszym dzieckiem, być może byśmy ich posłuchali i zignorowali nasze własne wrażenia dotyczące osobowości Hayden. Ale ona była naszym czwartym dzieckiem i czuliśmy się już pewnie w roli rodziców. Wiedzieliśmy, że to nie nasza wina, że ona płacze. Podobnie jak inne dzieci o wysokich potrzebach, Hayden płakała, bo taki miała temperament. Tego rodzaju dzieci potrzebują więcej wszystkiego: dotyku, karmienia, spania blisko rodziców, noszenia. To bardzo wrażliwe małe istoty, które oczekują od swoich rodziców, że pomogą im ogarnąć otoczenie, w którym się znalazły. Po prostu nie potrafią same się uspokoić.

Nie potrafiliśmy tego wyjaśnić przyjaciołom i rodzinie. Nie chcieliśmy nazywać jej trudnym albo marudnym dzieckiem, bo to byłoby zbyt negatywne dla kogoś, kogo zaczynaliśmy postrzegać jako pozytywną małą osóbkę. Te etykietki niosą ze sobą dodatkową informację – coś jest nie tak z tym dzieckiem albo z jego rodzicami. Zauważyliśmy, że najczęściej mówimy o niej, że „po prostu ma duże potrzeby". W ten

---

RADA RODZICIELSTWA BLISKOŚCI

Dzieci o dużych potrzebach mogą doprowadzić do wyczerpania nawet najbardziej troskliwą matkę. Jeśli masz właśnie takie dziecko, przede wszystkim powinnaś umieć zadbać o siebie. Twoje dziecko weźmie wszystko, co tylko będziesz miała do zaoferowania. Jeśli nie zadbasz o własne potrzeby, nie będziesz miała niczego, czym mogłabyś się podzielić z dzieckiem, nic też nie zostanie dla ciebie. Nadejdą chwile, kiedy będziesz potrzebowała pomocy i będzie to ważniejsze niż spełnienie oczekiwań twojego dziecka. Uważaj na takie momenty, a będziesz mogła być matką, której potrzebuje twoje dziecko.

---

sposób ukuliśmy sobie określenie *dziecko o dużych potrzebach*.

Kiedy zacząłem posługiwać się tym określeniem w mojej praktyce lekarskiej, wiedziałem już, że dobrze opisuje doświadczenie, które dzieliliśmy z innymi rodzicami wymagających dzieci. Gdy tylko jacyś zdesperowani rodzice pojawiają się w moim gabinecie, prosząc o radę, co robić z dzieckiem, które dużo płacze, mówię: „O, a więc mają państwo dziecko o dużych potrzebach!". Tłumaczę, co mam na myśli i widzę, jak na ich twarzach pojawia się zrozumienie i jak im wraca nadzieja. Tyle już się nasłuchali negatywnych, krytycznych uwag na temat swojego dziecka, a tymczasem okazuje się, że o ich dziecku da się powiedzieć coś pozytywnego, co pomaga im to dziecko zrozumieć.

Właściwie jest tak, że to określenie – dziecko o dużych potrzebach – mówi wszystko. Jest pozytywne, podnoszące na duchu i dokładnie opisuje takie dzieci. Zawiera też odpowiedź na pytanie, jak się takim dzieckiem zajmować: jeśli twoje dziecko ma duże potrzeby, postaraj się je spełnić. Nie daj się nabrać na to, że znikną, jeśli będziesz je ignorować. Nie tłumacz się innym z tego, jak zajmujesz się własnym dzieckiem. Twoje dziecko potrzebuje rodzicielstwa bliskości. Więcej na temat wyzwania, jakim jest zajmowanie się dzieckiem o dużych potrzebach, znajdziecie w naszej książce o tym, jak radzić sobie z marudnymi dziećmi (*Fussy Baby Book*).

RODZICIELSTWO BLISKOŚCI DLA DZIECI SPECJALNEJ TROSKI

Niezależnie od rodzaju zaburzenia – czy jest ono natury fizycznej, czy umysłowej, czy chodzi o zaburzenia zachowania lub uczenia się – jedno jest pewne: rodzicielstwo bliskości pomoże tak waszemu dziecku, jak i wam. Sposób, w jaki będziecie podchodzić do specjalnych potrzeb waszego dziecka, będzie miał wpływ na to, w jaki sposób to dziecko samo będzie podchodzić do swoich problemów i wyzwań, przed którymi stanie. Rodzicielstwo bliskości pomoże wam również poznać wasze dziecko i spojrzeć na świat z jego perspektywy, choć może to być tym trudniejsze, im bardziej wasze dziecko jest „inne".

Bycie rodzicem niepełnosprawnego dziecka może być bardzo satysfakcjonujące. Często wymusza na rodzicach rozwój osobisty w kierunkach, których nigdy wcześniej nie brali pod uwagę. Kiedy nasze siódme dziecko, Steven, urodziło się z zespołem Downa, zrozumieliśmy, że jako szczególne dziecko będzie wymagał szczególnego rodzaju rodzicielstwa. Wiedzieliśmy, że jego sposób komunikowania się

z nami będzie mniej jasny i spodziewaliśmy się też większych problemów zdrowotnych. Musieliśmy się wykazać jeszcze większą wrażliwością na jego sygnały i tu rodzicielstwo bliskości bardzo przyszło nam z pomocą. To jest jak mieć radar albo szósty zmysł, które pozwalają odczytać potrzeby dziecka i odpowiednio na nie zareagować. Martha karmiła Stevena piersią przez trzy i pół roku, a ja nosiłem go w chuście wiele godzin dziennie. Przestał z nami spać, gdy miał trzy i pół roku. Dzięki RB mogliśmy pomóc mu w pełni wykorzystać jego potencjał.

Skoncentrowanie się na budowaniu zdrowej relacji z waszym dzieckiem pomoże wam ukoić ból, który możecie odczuwać w związku z niepełnosprawnością dziecka i nauczy was doceniać wiele jego dobrych stron. Rodzicielstwo bliskości może nawet zmniejszyć natężenie niepełnosprawności. Twoje dziecko może tak samo skorzystać z RB, jak wszystkie inne dzieci. Zwłaszcza w przypadku dzieci cierpiących na chroniczne problemy zdrowotne, rodzicielska umiejętność oceny sytuacji i zauważenia, gdy coś jest nie tak, nabywana wraz z praktykowaniem RB, jest nie do przecenienia.

Wyzwania dla rodzicielstwa bliskości. Jeśli masz dziecko wymagające specjalnej troski, często potrzebujesz rad ekspertów. Niezależnie od tego, czego te rady dotyczą – czy kwestii zdrowotnych, technik stymulacji niemowląt, metod uczenia dzieci w wieku szkolnym, czy strategii behawioralnych – to ty, jako ekspert od swojego dziecka, masz prawo przefiltrowywać te porady przez swoją własną wiedzę na temat tego, co będzie, a co nie będzie dobre dla twojej rodziny. To nie zawsze jest łatwe, zwłaszcza jeśli martwisz się o dziecko i nie masz pewności, co należy w danej sytuacji zrobić. Często rady, które usłyszysz, będą rzeczywiście pomocne i wraz z twoją wiedzą na temat twojego dziecka pomogą ci poprawić jakość jego życia. Ale może się zdarzyć, że usłyszysz coś, co nie będzie ci się podobało. Rodzicielstwo bliskości pomoże ci odróżnić rady, których warto posłuchać, od tych, które lepiej zignorować.

Trudniej jest zachować równowagę jako „bliski rodzic" dziecka specjalnej troski. Miłość do dziecka i pragnienie, żeby „naprawić" jego niepełnosprawność, sprawiają, że poświęcasz całą swoją energię na spełnianie potrzeb swojego dziecka, jednocześnie zaniedbując potrzeby własne, partnera i innych swoich dzieci. Przychodzi jednak czas, gdy musisz trochę odpuścić. Jakkolwiek może to być trudne, warto czasem zastosować się do karaibskiej rady „don't worry, be happy" – spróbuj więc przestać się martwić i ciesz się swoim dzieckiem – takim, jakie jest. To najlepsze, co możesz dla niego zrobić. To daleko ważniejsze niż próby wyleczenia jego niepełnosprawności. Najważniejszą twoją rolą jako rodzica jest kochać swoje dziecko i być z nim szczęśliwym.

RODZICIELSTWO BLISKOŚCI DLA BLIŹNIĄT I WIELORACZKÓW

Czy możliwe jest rodzicielstwo bliskości, gdy jesteśmy rodzicami bliźniąt, trojaczków lub jeszcze liczniejszych wieloraczków? Jak najbardziej! Jednakże w takiej sytuacji każdy z 7 filarów RB wymaga podwójnego zaangażowania. Warto, bo nagroda jaką otrzymamy, też będzie podwójna.

Często zdarza się, że wieloraczki potrzebują dodatkowej opieki medycznej po porodzie. Pamiętajcie, że lekarze i pielęgniarki, którzy będą zajmować się waszym dzieckiem przez te kilka dni po ich przyjściu na świat, nie zastąpią mu rodziców. Nie dajcie się odsunąć od dziecka, nawet jeśli z powodów medycznych przeżycie idealnej bliskości od momentu porodu nie będzie możliwe.

Pamiętajcie, że dziecko potrzebuje przede wszystkim bliskości, a tę może otrzymać nie tylko od karmiącej piersią matki, ale także od ojca. Ojciec nie może karmić piersią, ale na wiele sposobów może pomóc matce karmić lepiej. Podczas gdy matka karmi jedno dziecko, ojciec może zająć się jego rodzeństwem – przytulać je, nosić i kołysać. Jeden dumny ojciec bliźniaków tak to ujął, gdy wraz z żoną przywiózł do mnie swoje tygodniowe dzieci na wizytę kontrolną: „Nasze dzieci mają dwie matki – ona jest mleczną matką, a ja włochatą matką". Dzieci lubiły leżeć na jego piersi w pozycji „ciepło taty".

Wypróbuj następujące wskazówki dla rodziców wieloraczków:

Skorzystaj z usług doradcy laktacyjnego. Jeśli masz jedno dziecko, korzystanie z usług doradcy laktacyjnego może się wydawać luksusem. Jeśli jednak masz więcej niż jedno dziecko, to już naprawdę żaden luksus – to konieczność. W ciągu kilku pierwszych dni po porodzie zdecyduj się co najmniej na jedno spotkanie z doradcą, aby dowiedzieć się, w jakich pozycjach i jak przystawiać dzieci. Wybierz kogoś, kto ma doświadczenie z rodzicami wieloraczków.

Naucz dzieci pić z piersi. W pierwszym tygodniu po porodzie karm piersią tylko jedno dziecko naraz, tak aby każdemu z nich móc poświęcić dostatecznie dużo uwagi, ucząc je, jak prawidłowo chwytać pierś. Najczęściej jedno z bliźniąt uczy się ssać znacznie szybciej niż drugie. Poza tym, czasami jedno z dzieci jest dużo mniejsze i potrzebuje więcej mleka, żeby nadrobić niższą wagę.

Zmieniaj dzieci przy piersi. Jeśli jedno dziecko je efektywniej niż drugie, dobrze jest karmić je na zmianę – raz jedno przy danej piersi, raz drugie, tak aby obie piersi były równo stymulowane do produkcji mleka.

Naucz się karmić oboje dzieci jednocześnie. Gdy już oboje dzieci nauczą się odpowiednio chwytać pierś, staraj się często przystawiać je do karmienia jednocześnie. Czasem będziesz chciała poświęcić więcej uwagi każdemu z dzieci z osobna, a czasem będzie ci wygodniej karmić je razem. To drugie rozwiązanie wiąże się z dodatkową korzyścią – jednoczesne karmienie dwójki dzieci najprawdopodobniej silnie pobudzi wydzielanie hormonów odpowiedzialnych za produkcję mleka i instynkt macierzyński.

Karm na leżąco. Naucz się sztuki karmienia obu dzieci jednocześnie, leżąc. Połóż każde dziecko w zgięciu jednego ramienia i ułóż je na sobie, tak aby stykały się kolanami. Pomóż sobie, podkładając poduszki pod każde z ramion. W tej pozycji możesz dodatkowo skorzystać z podwójnego zastrzyku hormonów, który dostaniesz, karmiąc oboje dzieci jednocześnie – będziesz mogła się zdrzemnąć.

Wypracuj plan karmienia dobry dla ciebie i twoich dzieci. Typowe dla rodzicielstwa bliskości karmienie na żądanie może okazać się zbyt męczące dla matki wieloraczków. Postaraj się wypracować taki plan karmienia, jaki będzie najlepszy i dla dzieci, i dla ciebie, pamiętając, że fizycznie i emocjonalnie wykończona matka (jak również matka, która nie ma możliwości dostatecznie się wyspać) nie jest tym, czego jej dzieci naprawdę potrzebują.

Zorganizuj sobie miejsce do karmienia. To może być zwykły fotel albo fotel rozkładany z szerokimi podłokietnikami, które pozwolą ci podtrzymywać podczas karmienia dwójkę dzieci. Obok postaw stolik z ulubioną muzyką i zdrowymi przekąskami oraz napojami. Dzięki temu karmiąc, będziesz mogła cieszyć się swoją ulubioną muzyką i pysznymi smakami.

Zaangażuj ojca dzieci w nocne karmienie. Spanie przy dziecku ułatwia nocne karmienie. Niektórzy rodzice decydują się spać razem ze swoimi bliźniętami w jednym łóżku, a inni wolą, gdy dzieci śpią obok w dostawianym łóżeczku. (Bliźnięta często śpią lepiej razem – ostatecznie robiły to już wcześniej przez wiele miesięcy.) Jeśli twoje dzieci śpią daleko od twojego łóżka albo wręcz w innym pomieszczeniu, niech ojciec wstaje w nocy i przynosi ci je do karmienia, a potem odnosi z powrotem. W ten sposób nie będziesz musiała sama wychodzić z łóżka i lepiej się wyśpisz.

Noś oboje dzieci. Z rozdziału 6. dowiedzieliście się już, że noszone dzieci mniej płaczą i lepiej rosną. Noszenie może się zatem okazać podwójnie ważne w przypadku bliźniąt, bo jedno płaczące dziecko może prowokować płacz u drugiego. Zaopatrzcie się w dwie chusty – jedną dla mamy, a drugą dla taty – i wychodźcie razem na rodzinne spacery. To dobre ćwiczenie dla duszy i ciała.

Staraj się zachować równowagę pomiędzy potrzebami twoimi a dzieci. Ten filar RB – równowaga i wyznaczanie granic – często zostaje zapomniany. A przecież trzeba wiedzieć, kiedy można mówić dzieciom „tak", a kiedy trzeba powiedzieć „nie". To podwójnie ważne w przypadku bliźniąt. Pogódźcie się z tym, że nie dacie z siebie dzieciom 200 procent i czasem się zdarzy, że nie będziecie w stanie trzymać się wszystkich filarów RB – albo z braku czasu, albo z braku sił. Pamiętacie zdanie, które powiesiłem Marcie na lustrze w naszej sypialni? – „Każdego dnia pamiętaj, że to, czego twoje dziecko potrzebuje najbardziej to szczęśliwa, wypoczęta mama." Jeśli masz bliźniaki, napisz to sobie dwa razy.

Pamiętajcie, że jesteście tylko ludźmi. Nie da się, na przykład, uspokoić trójki płaczących dzieci jedną parą ramion. Zdarzy się, że jedno dziecko będzie musiało poczekać, gdy będziesz zajmować się innym, które w danym momencie bardziej tego potrzebuje. Nawet jeśli jesteś najbardziej oddana idei naturalnego karmienia, może się zdarzyć, że stwierdzisz, że twoje rodzicielstwo bliskości nie ucierpi aż tak bardzo, jeśli od czasu do czasu któreś z dzieci zostanie nakarmione butelką przez kogoś innego. Po prostu staraj się najbardziej, jak możesz.

Weź pomoc domową. Ktoś, kto pomoże ogarnąć mieszkanie, przydałby się właściwie każdej parze świeżo upieczonych rodziców, ale w przypadku bliźniąt takie rozwiązanie to konieczność, nie luksus. Przynajmniej przez pierwsze sześć miesięcy ktoś powinien pomóc ci we wszystkich obowiązkach domowych, które wysysają z ciebie energię potrzebną dla twoich dzieci. Ty w tym czasie będziesz mogła skoncentrować się na tym, w czym nikt cię zastąpić nie może – na byciu mamą dla twoich dzieci.

Poszukaj dodatkowego wsparcia. Korzystaj z doświadczeń rodziców, którzy szczęśliwie poradzili sobie z wieloraczkami. Spróbuj znaleźć innych „bliskich" rodziców wieloraczków. Istnieją różne organizacje wspierające rodziców, ale nie we wszystkich rozumie się ideę rodzicielstwa bliskości.

Życie w harmonii z własnym dzieckiem, wzajemne zaufanie i wrażliwość to tematy, które trudno opisać, ale gdy odczujecie ich działanie we własnym życiu, na pewno zainspiruje was to do rozwijania takiej relacji z dzieckiem. Jeśli stosujecie rodzicielstwo bliskości, wsparcie innych rodziców może się okazać nieocenione. Obserwując ich relacje z ich dziećmi, możecie się sporo nauczyć, a jako świeżo upieczeni rodzice poczujecie się pewniej na ścieżce, którą obraliście.

Nie możemy zapakować wam prawdziwych rodziców i ich doświadczenia jako dodatku do tej książki, ale możemy opowiedzieć wam ich historie, którymi zechcieli się z nami podzielić. Mamy nadzieję, że czytając w tym rozdziale *Opowieści o rodzicielstwie bliskości* od innych rodziców, w każdej z tych historii odnajdziecie kawałek siebie lub wsparcie, którego potrzebujecie, żeby zaufać własnej intuicji, gdy będziecie budować bliskość z własnym dzieckiem.

14
Opowieści
o rodzicielstwie bliskości

CZY MATKA MOGŁABY TEGO NIE CHCIEĆ?

Nigdy nie chciałam być matką. Pokonywałam kolejne etapy rozwoju zawodowego jako nauczycielka, miałam pięć koni, z których każdy potrzebował sporo uwagi, wraz z mężem byliśmy akurat zajęci budowaniem domu i przydomowej stajni, zależało mi też na powrocie do pisarstwa.

Po trzech miesiącach takiego życia odkryłam, że jestem w ciąży. Nawet się ucieszyłam. Jak każda kobieta oczekująca dziecka lubiłam wyobrażać sobie, jak urządzę jego pokój, gdzie postawię łóżeczko. Wyobrażałam sobie, jak moje dziecko będzie cichutko gaworzyć w swoim łóżeczku, podczas gdy ja będę żyć dalej tak jak wcześniej, niczym nie niepokojona. Byłam gotowa oddać dziecko po porodzie jego ojcu lub mojej matce. Chciałam, żeby ktoś się nim zajął, tak żebym ja miała czas dla moich koni. Urlop macierzyński wyobrażałam sobie jako płatne wakacje.

Potem pojawiła się Bridget.

Wraz z jej przyjściem na świat momentalnie zaczęłam kwestionować wszystkie plany na życie i bycie rodzicem, jakie wcześniej miałam. Jakże mogłabym ją zostawić? Co to za absurdalny pomysł miałam, że chciałam kłaść ją spać samą w nocy w wielkim pokoju? Wózek? Nie chciałam wypuścić jej z ramion. I tak narodziła się matka oddana rodzicielstwu bliskości, mimo że wtedy nie znałam jeszcze w ogóle tego terminu i nie miałam pojęcia o żadnym doktorze Searsie.

Uwielbiam karmić ją piersią – nawet w środku nocy. Jeśli samemu się tego nie przeżyło, nikt nie zdoła wytłumaczyć tej niewiarygodnej bliskości i więzi, jaka powstaje pomiędzy matką a karmionym piersią dzieckiem.

Rozmawiałam z wieloma matkami, które mówiły, że karmiły tylko przez miesiąc, a później przestały, bo po prostu tego nie lubiły. Często spotykam się z niedowierzaniem, gdy mówię, że ja zamierzam karmić piersią co najmniej przez rok. Nie potrafię sobie wyobrazić, że można nie móc się doczekać, aż skończysz robić coś, co tylko karmiąca matka może przeżyć. Piszę teraz te słowa jedną ręką, gdyż drugą podtrzymuję moją trzymiesięczną córkę, która właśnie pije, jedną rączką delikatnie głaszcząc skórę na mojej piersi. Często przerywa na chwilę, żeby na mnie spojrzeć, a oczy jej błyszczą, gdy się do mnie uśmiecha – patrzy na mnie z nieukrywanym zadowoleniem i miłością. Jaka matka mogłaby tego nie chcieć?

Jaka matka może nie chcieć, by pierwszą rzeczą, którą widzi rano, była szczęśliwa twarzyczka jej dziecka? Najlepszym momentem każdego mojego poranka jest ten, gdy otwieram oczy i widzę, że Bridget już nie śpi i niecierpliwie oczekuje, aż i ja się obudzę. Leżymy twarzami do siebie, a Bridget obdarza mnie jednym ze swoich radosnych uśmiechów. Wierci się podekscytowana, gdy się przytulamy i może zanurzyć małe piąstki w moich włosach. Gdybym mogła wybrać tylko jedno wspomnienie, jakie chcę mieć z całego mojego życia, to byłby to sposób, w jaki Bridget wita mnie rano.

Gdy wychodzimy, wkładam ją do chusty i noszę tak, jak inni noszą modne ubranie – z dumą. Ludzie są zaintrygowani i często słyszę komentarze na temat mojego dziecka, noszonego jak mały kangurek. Padają pytania: „Ile ona ma?", „Jak ona w tym siedzi?". A najczęściej: „Skąd pani to ma? Żałuję, że ja nie miałam nic podobnego, gdy moje dziecko było małe. Pani córka wygląda na taką szczęśliwą!". Bo Bridget rzeczywiście jest szczęśliwa. Jest blisko mnie i może bezpiecznie poznawać świat. Oczywiście nie może tego powiedzieć. Zamiast tego uśmiecha się szeroko i z ekscytacją potrząsa swoim kurczakiem-grzechotką. Myślę, że to straszna szkoda, że tak wiele osób nie zna chust. Chusta otwiera mnie na innych ludzi i sprawia, że chętnie pokazuję im ten pozytywny sposób na bycie rodzicem, który jest tak powszechny w wielu częściach świata i tak rzadki w Ameryce, gdzie ludzie chcą być rodzicami, prawie nie dotykając swoich dzieci.

Myślę, że spełniam definicję „bliskiej" mamy. Ale ja bym się tak nie opisała. Zamiast tego powiedziałabym po prostu, że jestem zakochana. Jestem dziko, namiętnie i po uszy zakochana w trzymiesięcznym dziecku, które nazywa się Bridget Genevieve.

CO TO ZNACZY DOBRE DZIECKO?

Przez pierwsze kilka tygodni życia Isabel próbowałam odkładać ją na drzemki w ciągu dnia, a wieczorem – o ósmej – kłaść spać, w nadziei, że zyskam w ten sposób trochę czasu dla siebie: na to, żeby coś zjeść, wziąć prysznic, podziękować znajomym za życzenia. Czytałam o noszeniu dzieci w chustach i spaniu przy dziecku w jednym łóżku i byłam pod wrażeniem. Ale nie wiedziałam, jak nosić Isabel i bałam się z nią spać. Byłam otoczona krewnymi, którzy mieli dobre intencje, ale jedyny rodzaj rodzicielstwa, jaki znali, zakładał ciągłe próby odkładania dziecka. Moja matka stale chciała zabierać Isabel na spacery w wózku, a moja teściowa ciągle próbowała odkładać ją na kanapę albo wystawiać w wózku na zewnątrz. Któregoś dnia powiedziała mi, że Isabel „może być zmęczona tym ciągłym trzymaniem na rękach".

Podczas wizyty kontrolnej u doktora Searsa, gdy Isabel miała miesiąc, powiedziałam mu, że moja córka nie chce leżeć nigdzie beze mnie. Zaśmiał się i powiedział: „Oczywiście, że nie. Wie, co dla niej dobre". Wtedy mnie olśniło. Uświadomiłam sobie, że ten lekarz naprawdę w to wierzy – że dziecko powinno być tak blisko rodzica, jak to tylko możliwe. Ponieważ narzekałam, że nic nie mogę przez nią zrobić i jestem wykończona, zasugerował, żebym dwa razy dziennie położyła się na drzemkę razem z Isabel. Dodał też, że z czasem nauczę się robić różne rzeczy z córką w chuście.

Nasz nowy rozkład dnia, uwzględniający wspólne drzemki, spacery w chuście i spanie razem w nocy, zmieniły Isabel w znacznie spokojniejsze dziecko. Z tygodnia na tydzień była bardziej zrelaksowana, a jednocześnie uważna i szczęśliwa. Mając dwa miesiące, nadal przez większość czasu chciała być noszona, ale rzadko marudziła. Teraz zdarza jej się płakać już tylko wieczorami, gdy chce spać. Gdy kładę ją na łóżku, a później kładę się obok niej i zaczynam rozpinać ubranie, żeby ją nakarmić, uśmiecha się do mnie szeroko i ciepło. Jest radosna, a ja wiem, że wszystko jest tak, jak powinno być.

Jeśli próbuję w jakiś sposób ograniczać to, co daję Isabel, bo na przykład jestem rozkojarzona albo zmęczona, albo dlatego, że dalej pokutuje we mnie czasem to przekonanie, że może takie „rozpieszczanie" to nie jest dobry pomysł – Isabel wydaje się robić „trudniejsza". Ona jest nieszczęśliwa, a ja czuję się przemęczona. Gdy pozwalam jej być blisko mnie fizycznie i pozwalam, aby moje ciało dawało jej ukojenie, ona się uspokaja i łatwiej się nią opiekować. Wydaje się być wtedy bardziej ze mną związana i ja również bardziej odczuwam naszą bliskość.

Ludzie na ulicy pytają mnie: „Czy ona jest grzeczna?". Nie wiem, co na to odpowiadać. Oni mają na myśli: „Czy przesypia noce?", „Czy daje się odkładać do łóżeczka?". Gdyby Isabel miała spać osobno albo gdyby często była pozostawiana sama sobie, to jestem pewna, że wcale nie byłaby „grzeczna". Jej świat byłby chaotyczny i pełen bólu, a ona płakałaby, jakby ktoś robił jej jakąś straszną krzywdę. Nie byłaby tym radosnym i zadowolonym z życia dzieckiem, którym jest teraz. Muszę więc jeszcze przemyśleć, jak powinna brzmieć odpowiedź na to pytanie.

PREZENT DLA TATY

Moja żona i ja od początku stosowaliśmy rodzicielstwo bliskości w relacji z naszym prawie czteroletnim dziś synem. Chociaż tak naprawdę – czas się do tego przyznać – od narodzin Conora do momentu, kiedy skończył trzy miesiące, ja byłem w tej relacji raczej odległym ojcem. Odpowiedzialność związana z byciem ojcem przygniotła mnie początkowo jak tona mokrych pieluszek. Conor był piękny, ale miał kolki, uspokajał się tylko przy mamie (tak to sobie tłumaczyłem), ciągle trzeba było go nosić, nie chciał spać sam, w ogóle nie chciał za dużo spać i wydawał się stale kogoś potrzebować – w każdej chwili, we dnie i w nocy. Był klasycznym „dzieckiem o dużych potrzebach". Więc zrobiłem to, co mężczyźni często robią w takich sytuacjach – wycofałem się. Tłumaczyłem sobie, że „trzeba spojrzeć prawdzie w oczy" i pogodzić się z tym, że „najlepiej zajmie się nim jego matka".

Dobrze pamiętam jeden dzień, kiedy Conor miał około trzech miesięcy. Ten dzień stał się dla mnie punktem zwrotnym, momentem, od którego stałem się naprawdę „bliskim" rodzicem. Moja żona musiała wrócić do pracy, więc była to moja kolej, żeby zająć się naszym synem. (Tak zorganizowaliśmy nasze życie zawodowe, żeby uniknąć oddawania Conora komuś pod opiekę.) Conor marudził i nie dawał się uspokoić. Płakał non stop przez piętnaście minut, cały się trząsł od tego płaczu, a policzki miał mokre od łez. Myślałem, że zaraz doznam załamania nerwowego. Aż w końcu położyłem go na dziecięcym leżaczku, uśmiechnąłem się do niego i zacząłem go kołysać. Z jakiegoś powodu to zadziałało. Nagle przestał płakać, a na jego mokrej od łez twarzyczce pojawił się najpiękniejszy uśmiech, jaki kiedykolwiek widziałem. I to był uśmiech przeznaczony tylko dla mnie. Conor zdecydował się dać mi prezent – jedyny, jaki niemowlę może dać. Lata, które nastąpiły po tej chwili, wypełniało już wiele takich prezentów dla mnie. Czasem były to prezenty bardzo trudne do odpakowania, ale czasem mogłem się do nich dostać bez żadnego wysiłku. Zdarza się też, że próbuję odpakować ten prezent zupełnie niezgrabnie. Ale za każdym razem jest on wart każdego wysiłku.

JAK PRACOWAĆ I POZOSTAĆ BLISKO

Jestem profesorem uniwersyteckim. Ciężko pracowałam na mój tytuł, mając nadzieję, że uda mi się uzyskać go na tyle wcześnie, że nadal będę dostatecznie młoda, by założyć rodzinę. Nie zdawałam sobie wówczas sprawy, jak bardzo przekonam się do rodzicielstwa bliskości i do korzyści, które zarówno ja, jak i moje dziecko czerpiemy z możliwości bycia razem większość czasu w ciągu pierwszych lat jego życia.

Mój uniwersytet daje trzy tygodnie urlopu macierzyńskiego. Jeszcze przed narodzinami syna wiedziałam, że to za mało. Na szczęście mój mąż, który również jest nauczycielem uniwersyteckim i zajmuje się tą samą dziedziną, zgodził się przejąć moje kursy na okres około sześciu tygodni po narodzinach naszego syna. Przez cały ten czas ja również pracowałam – przygotowywałam zajęcia, poprawiałam prace, kończyłam artykuły do publikacji – wszystko to, karmiąc jednocześnie syna, przytulając go, nosząc go w chuście.

Po sześciu tygodniach w domu musiałam wrócić do nauczania. Bałam się, że przytłoczona obowiązkami zawodowymi stracę cenne chwile, które mogłabym spędzać z synem; bałam się, że trudno mi będzie wszystko poukładać, w tym odciąganie dla niego pokarmu. Ponieważ nie mogłam zostać z synem w domu, postanowiłam zamiast tego zabrać go ze sobą do pracy.

Ku mojemu zdumieniu, wszyscy na moim wydziale okazali się bardzo pomocni. Przeniosłam się do większego biura. Moja mama zgodziła się przychodzić tam ze mną i z moim synem, i zajmować się nim podczas moich zajęć ze studentami.

Moja mama i mój syn cudownie spędzali razem czas. Często jej przypominałam, że jej główną rolą jest umożliwić mojemu synowi kontakt z jego mamą, kiedykolwiek będzie tego potrzebował. W ten sposób ja i mój syn mogliśmy być razem, gdy tylko któreś z nas czuło taką potrzebę i mogliśmy obyć się bez smoczków czy innych „uspokajaczy". Kiedy chciał jeść, moja mama przynosiła go do mnie do klasy i karmiłam go w chuście podczas prowadzenia zajęć. Pamiętam, jak po spotkaniu z kierownikiem naszego wydziału sekretarka podeszła do mnie, żeby przyjrzeć się mojemu dziecku. Zajrzała mi przez ramię i nagle cicho zapytała: „Czy on je?". Potwierdziłam, a ona wyszła z pokoju. Gdy mnie później zobaczyła, okazując wielkie zainteresowanie, zapytała: „Jak ty to zrobiłaś? Myślałam, że on śpi!". Powiedziałam jej, że odzież dla karmiących jest teraz znacznie lepsza niż w czasach, gdy ona karmiła swoje dziecko.

Zabierałam syna do pracy przez pierwsze osiemnaście miesięcy jego życia. Ostatnie sześć z tych miesięcy zmusiło mojego męża do wprowadzenia takich zmian w jego planie, żeby mógł

pracować z nami, gdyż nasz syn zaczynał chodzić i mojej matce trudno było sobie z nim poradzić. W ciągu ostatnich kilku miesięcy znaleźli wspaniałe wspólne zabawy, którym oddają się w domu, gdy ja uczę. Pracuję teraz jak najwięcej z domu. Korzystam z nowoczesnych technologii – internet stał się przedłużeniem mojej sali wykładowej, więc pozostaję w kontakcie ze studentami i mogę reagować na ich potrzeby przez cały semestr. Jeśli nie uda mi się pracować w ten sposób na tradycyjnym uniwersytecie przez następne kilka lat, zdecyduję się na uniwersytet wirtualny, aż mój syn jeszcze nieco nie podrośnie.

POWOLNE REZYGNOWANIE Z NOCNEGO KARMIENIA

Mimo że rodzicem jestem dopiero od dwudziestu jeden miesięcy, przez większość życia pracowałam z dziećmi i byłam pewna tego, że będę potrafiła wychować dziecko z dużą dozą delikatności i szacunku dla niego. Nasza córka, Amae, od narodzin była traktowana jak pełnoprawny członek rodziny. Zawsze mówiliśmy do niej tak, jakby wszystko rozumiała i uprzedzaliśmy, co za chwilę się wydarzy. Oboje z mężem godzinami nosiliśmy ją w chuście, była karmiona na żądanie za dnia i w nocy, i zawsze spała z jednym z nas lub z obojgiem. Czuliśmy, że wszystko robimy dobrze.

Nie przewidzieliśmy tylko i nie byliśmy przygotowani na to, jak odbije się na nas niedostatek snu. Amae jest bardzo świadomym, mądrym i przywiązanym do nas dzieckiem. Od urodzenia budziła się na karmienie co dwie godziny. Na palcach jednej ręki mogłam policzyć noce, w czasie których udało mi się spać dłużej niż cztery godziny z rzędu, a noce, kiedy mu-

siałam budzić się znacznie częściej – nawet co dwadzieścia minut – były znacznie częstsze. To niesamowite, kochane stworzenie potrafiło obudzić się z głębokiego snu krzycząc lub płacząc, co natychmiast stawiało nas na baczność. Po jakimś czasie Amae „dorobiła się" marudnych, a czasem bardzo smutnych rodziców.

Wypróbowaliśmy wszystko, co przyszło nam do głowy: spokojny, przewidywalny rytuał przed snem; konsultacje u różnych lekarzy; czytanie wszystkiego, co nam wpadło w ręce na ten temat. Nic jednak nie mogło zmusić Amae do snu. Odpowiedź na nasz problem była jednak zawsze taka sama: Amae jest zdrowa, po prostu musi się czasem wypłakać. Nie chcieliśmy zmian, które nastąpiły, ale musieliśmy się na nie zdecydować, bo nasze życie rodzinne zaczęło się rozsypywać.

Nie obyło się bez łez, ale w końcu (z inicjatywy męża) ustaliliśmy, że spróbujemy oduczyć Amae budzenia się na karmienie w nocy. On miał spać z naszą córką, a ja w innym pokoju. Było mi bardzo przykro. Bałam się, że ta zmiana będzie miała jakiś zły wpływ na Amae. Przede wszystkim jednak źle znosiłam myśl, że oto odwracamy się od stylu rodzicielstwa, w który głęboko wierzyliśmy.

Przez kilka dni po tej rozmowie myślałam o całej sytuacji i zdałam sobie sprawę, że musi być jakiś sposób na odstawienie Amae od nocnych karmień, który nie byłby sprzeczny z zasadami rodzicielstwa bliskości, w które wciąż wierzyliśmy. Ułożyliśmy następujący plan:

Napiszemy dla Amae książeczkę, która pomoże jej przygotować się na tę zmianę.

Będziemy ją jej czytać codziennie, kilka dni pod rząd, zanim zaczniemy wprowadzać zmianę.

Jeśli po tygodniu Amae będzie wykazywać ja-

kiekolwiek niepokojące zmiany w swoim zachowaniu w ciągu dnia, zrezygnujemy z całego planu i spróbujemy poradzić sobie z problemem jakoś inaczej.

Mój mąż będzie starał się uspokoić Amae, gdy
ta obudzi się w nocy, powtarzając kojące słowa
oferując alternatywy.

Gdy rano zadzwoni budzik, będzie to dla
mnie sygnał, że czas na pierwsze karmienie
Amae.

Napisaliśmy tę książeczkę, a ja zrobiłam do
niej ilustracje. Czytałam ją Amae w ciągu dnia,
nie w porze szykowania się do snu, żeby to
ostatnie nie kojarzyło jej się ze stresem. Amae
płakała, gdy czytaliśmy jej książeczkę, ale miała wtedy przy sobie oboje rodziców, gotowych
przyjąć jej uczucia, które mogła wyrazić w spokojnej atmosferze i bez żadnej presji. Wierzyliśmy, że to pomoże jej przygotować się emocjonalnie na zmianę, która ma nastąpić. Jesteśmy
przekonani, że większość łez związanych z tą
zmianą Amae wylała przy nas, gdy czytaliśmy
jej książeczkę.

Kiedy nadszedł czas na pierwszą noc bez karmienia, Amae popłakiwała przez piętnaście minut, podczas gdy jej tata czule ją uspokajał. Potem wtuliła się w niego i zasnęła. Szybko zaczęła spać więcej godzin pod rząd – sześć do
ośmiu, bez pobudek. Dziś śpi do ósmej rano,
podczas gdy wcześniej budziła się o 5.30 lub
6.00. Budzi się raz, może dwa razy w nocy
i jest wówczas spokojna. Amae śmieje się, słysząc dźwięk budzika, mówi „Mleczko!" gdy
mnie widzi, potem ją karmię i z powrotem za-
pada w sen.

ROZUMIENIE RÓŻNYCH RODZAJÓW PŁACZU

Teraz, gdy Michael ma prawie trzy i pół roku,
widzimy efekty wychowywania go od małego
w duchu rodzicielstwa bliskości – w tym, jak łatwo nam dojść z nim do porozumienia. Od samego początku wiedzieliśmy, że sposób, w jaki
się nim zajmujemy, zaowocuje w przyszłości, ale
nie zdawaliśmy sobie sprawy z tego, jak dobre
będą to owoce.

Byliśmy zachwyceni, gdy okazało się, że „jesteśmy" w ciąży. Ponieważ moja matka była le-
czona za pomocą wycofanego już z użycia środ-
ka o nazwie DES, gdy była ze mną w ciąży, ist-
niało wysokie ryzyko, że mogę być bezpłodna,
mieć poronienia, przedwczesne porody i inne
problemy. Więc gdy dowiedzieliśmy się, że będziemy mieli dziecko – to było jak cud. Czułam, jak przywiązuję się do Michaela już w ciąży. Mój mąż nocami rozmawiał z rosnącym
brzuchem, jakby znajdujące się w nim dziecko
było już w jego ramionach. Często gdy mówi-
łam, że dziecko uciska mi jakiś nerw, on karcił
je żartobliwie: „Dziecko, przesuń się, działasz
mamie na nerwy". Za każdym razem, gdy do
niego mówił, ono odpowiadało, poruszając się.
Było to dla nas zaskakujące, że Michael jeszcze
w brzuchu jest tak świadomy obecności swojego ojca. Poruszał się także, gdy słyszał muzykę,
zwłaszcza *Mesjasza* Haendla. (Nadal kocha muzykę i nawet gra na gitarze.)

Michael urodził się kilka tygodni przed terminem. Poród zaczął się przedwcześnie, a że
dziecko było ułożone miednicowo, lekarze zde-
cydowali się przeprowadzić cesarskie cięcie. Ponieważ początkowo nie mogłam go sama trzymać, mój mąż układał jego głowę na moim ra-

mieniu, całował go i przytulał, mówiąc do niego tak, jak wtedy, gdy był jeszcze w brzuchu. Gdy wróciliśmy do domu, powiedział mi: „Ty zajmij się dzieckiem, a ja zajmę się tobą". Ale ponieważ był już z Michaelem bardzo związany, skończyło się tak, że zajmował się właściwie nami obojgiem. Zmieniał mu pieluszki i nosił go po domu. (Musiałam niemal wypchnąć go za drzwi, żeby wrócił do pracy.)

Ponieważ Michael był bardzo niedojrzały i dużo spał, trudno było go nakarmić piersią. Wiele osób sugerowało nam, żebyśmy się poddali, pocieszając, że „wszyscy to zrozumieją". Ale my nie chcieliśmy się poddać. Dzięki pomocy profesjonalnego doradcy laktacyjnego i bezwarunkowemu wsparciu, jakie otrzymałam od męża – udało się. (Wygraliśmy nawet konkurs na opowiadanie o pokonywaniu trudności związanych z karmieniem.)

To mój mąż nalegał, żebyśmy reagowali na nocne płacze Michaela. Zawsze do niego szliśmy, gdy wołał, ale serce mi się krajało, bo gdy próbowałam go odłożyć, on znowu płakał. Wydawało mi się, że coś jest nie tak, jak być powinno, ale nie wiedziałam, co robić. W collegu uczyłam się nieco o dziecięcej psychologii i z tych kursów oraz z różnych innych źródeł, po które sięgałam, dowiedziałam się, że dziecko powinno się uczyć niezależności i umiejętności uspokojenia się samemu. Mój mąż patrzył na to trzeźwiej niż ja i powiedział wprost, że to bez sensu. To on zaproponował, żeby Michael spał z nami w naszym łóżku. Zdecydowaliśmy się na to także dzięki wskazówkom z książek doktora Searsa.

Gdy teraz o tym myślę, przypominam sobie, że nawet gdy Michael spał w kołysce stojącej zaraz przy naszym łóżku, tęskniłam za nim.

To było absurdalne: spałam, obejmując ręką tę kołyskę (co było bardzo niewygodne) całą noc, chcąc jakoś dać mu odczuć, że jestem blisko, ale jakoś nie przyszło mi do głowy, żeby po prostu wziąć go do siebie.

Ludzie dziwili się, że wszyscy jesteśmy tacy wyspani. Zadziwiające było też to, że moi rodzice, którym powiedzieliśmy o tym, że śpimy z Michaelem, w ogóle nas za to nie skrytykowali. Może dlatego, że nigdy nie czytali nic na ten temat, widzieli tylko, jak spokojny jest ich wnuk.

Pierwszy rok życia naszego syna to było opanowywanie podstaw. Tak jak trzeba się nauczyć trochę matematyki, zanim się przejdzie do fizyki, odczuliśmy wyraźnie, że praktykowanie rodzicielstwa bliskości w okresie niemowlęcym przygotowało nas na drugi i trzeci rok życia naszego syna. Gdybyśmy nie poznali go tak dobrze, gdy był jeszcze niemowlęciem, nigdy by nam się nie udało. Wraz z wiekiem pojawiają się przecież nowe powody dziecięcej frustracji, nowe płacze, na które trzeba reagować.

Oto przykład: któregoś dnia mój mąż wrócił późno z pracy; wracał tak przez cały tydzień. Włączyliśmy jeden z ulubionych filmów Michaela – *Dźwięki muzyki* – i usiedliśmy, żeby go razem obejrzeć. Michael jest niezwykle komunikatywny jak na trzylatka i ma bogate słownictwo. Jednak czasem trudno mu wyrazić, co czuje i czego potrzebuje.

Po kilku minutach filmu Michael powiedział ze złością, że chce go wyłączyć. Zdziwieni zapytaliśmy, co się stało, przecież uwielbia ten film. „Wyłącz to!"– powiedział znowu i zaczął rozrzucać wokół swoje zabawki. „Chodź do nas na kanapę i poogłądamy sobie razem – ty, ja i tatuś", zaproponowałam. „Nie chcę tatusia!" – odparł.

Mój mąż i ja spojrzeliśmy zmieszani na siebie. Było dla nas jasne, że musimy się dowiedzieć, co się kryje za tym irracjonalnym, ale znaczącym zachowaniem. Gdybyśmy dalej oglądali film, egoistycznie zignorowalibyśmy to, co Michael próbował nam powiedzieć. A ponieważ go znamy, wiedzieliśmy, że za jego zachowaniem kryje się coś więcej niż tylko upór. Musieliśmy znaleźć właściwą odpowiedź – nie na jego słowa, ale na zachowanie. Ale nic nie przychodziło nam do głowy. Nagle oboje zauważyliśmy, że Michael jest na granicy ataku prawdziwej dziecięcej złości. Leżał na podłodze obok mojego męża i kopał kanapę, na której on siedział, jakby chciał, żeby tata kazał mu przestać (wszystko, byleby ten zwrócił na niego uwagę). Więc mój mąż zaproponował: „A może chciałbyś pomóc tacie ustawić poziomicę?" (mój mąż jest tzw. „złotą rączką"). Michael wyraźnie się rozpogodził. „Myślałam, że nie chcesz tatusia", powiedziałam. „Chcę", ożywił się, „chcę się pobawić z tatusiem!". Mój mąż pracował do późna przez cały ten tydzień i to był pierwszy wieczór, kiedy wrócił do domu na tyle wcześnie, że Michael jeszcze nie spał. Michael nie umiał mu przecież powiedzieć: „Tatusiu, może obejrzymy ten film kiedy indziej? Nie widziałem cię przez cały tydzień i naprawdę z przyjemnością spędziłbym trochę czasu tylko z tobą". Michael wiedział, że samo siedzenie na kanapie obok taty, za którym tak tęsknił, nie da mu tego samego, co wieczór spędzony na zabawie tylko z nim.

Sami byliśmy zaskoczeni, jak bardzo zmieniła się cała atmosfera tego wieczoru tylko dlatego, że poświęciliśmy trochę czasu na zrozumienie, czego naprawdę potrzebuje nasz syn. Gdybyśmy pozostali na powierzchownym poziomie reakcji na „złe" zachowanie Michaela w tym przypadku (i przy wielu innych okazjach), ponieślibyśmy porażkę wychowawczą – nie dalibyśmy naszemu synowi odczuć, jak bardzo jest dla nas ważny.

WSPÓŁCZUCIE DLA INNYCH

Wraz z moim dziesięcioletnim synem wzięliśmy udział w specjalnym programie realizowanym w naszej społeczności, w ramach którego dzieci składały wizyty w domach opieki dla starszych osób. Zrobiliśmy walentynkowe kartki dla mieszkańców jednego z takich domów. Podczas wizyty zauważyłam, że John zdaje się lepiej radzić sobie w relacjach z tymi ludźmi niż inne dzieci. Większość z nich wyraźnie odrzucała niesprawność i słabość starszych ludzi, przez co nie potrafili dostrzec w nich nic innego. Natomiast John miał dla nich dużo współczucia. Bardzo się starał im pomóc, na przykład przemieścić się z miejsca na miejsce. Interesował się też tym, z jakimi ludźmi ma faktycznie do czynienia. Później opowiadał o tym, że jeden z tych pacjentów miał bardzo dobre serce, a inny był bardzo miły, a jeszcze inny miał fantastyczne poczucie humoru. Fizyczna niepełnosprawność tych ludzi zdawała się nie przeszkadzać mu w ogóle; nie przykuwała też nadmiernie jego uwagi, podczas gdy większość innych dzieci potrafiła mówić wyłącznie o tym. Większość innych dzieci była tak skoncentrowana na zewnętrznych cechach tych ludzi, że nie potrafiła zajrzeć głębiej i docenić ich wnętrza.

Uważam, że to, że John zdolny jest do takiego współczucia, jest konsekwencją stosowania przeze mnie zasad rodzicielstwa bliskości. Jest mi bardzo miło, że potrafiłam pokierować nim tak, że wykształcił w sobie wartości i współczucie dla innych.

KIEDY DZIECI Z ZĘBAMI NADAL SĄ KARMIONE PIERSIĄ A SZESNASTOLATKI JEŻDŻĄ SAMOCHODEM

Wyobraźcie sobie moje zdumienie, gdy zorientowałam się, że nagle jestem najniższym członkiem mojej rodziny! Moje trzy wykarmione piersią dzieci zniknęły, a w ich miejsce pojawiły się trzy niezależne, dorosłe osoby (no, prawie dorosłe: jedno właśnie ukończyło college, drugie nadal studiuje, a jedno nadal mieszka z nami, bo jest dopiero w szkole średniej). Mój najstarszy syn jest artystą i nauczycielem. Mieszka wiele mil od rodzinnego domu. Doskonale radzi sobie z łączeniem różnych prac, które pozwalają mu utrzymać się, nie rezygnując jednocześnie z kreatywnych pasji, które wiele osób z mojego pokolenia odwiesiło na kołku, osiągnąwszy wiek dorosły, który – jak sądziliśmy – wymagał zajęć bardziej „odpowiedzialnych". Moja jedyna córka kończy właśnie semestr w Londynie, gdzie zorientowała się, że potrafi się nie gubić, jeżdżąc metrem, zrobić zakupy na trzydaniowy obiad dla czterech osób i sam obiad oczywiście też, zaplanować spontaniczny weekend w Paryżu – wszystko sama, bez mamy prowadzącej ją za rękę. Ale to o moim najmłodszym dziecku, Davidzie, chciałam opowiedzieć – o moim piętnastoletnim, wysokim na ponad 180 cm uczniu szkoły średniej. Być może i muszę teraz wspinać się na palce, żeby go pocałować, ale zawsze będzie moim małym chłopcem, który spał w moim łóżku, pił mleko z piersi przez ponad trzy lata i skorzystał na

wszystkich moich mniej lub bardziej udanych doświadczeniach z jego starszym rodzeństwem. Ostatnie z moich dzieci, które uśmiechało się do mnie podczas karmienia, trzymając delikatnie mój sutek zębami.

Ostatnio jego szkoła realizuje program dla uczniów klas drugich i ich rodziców, który ma nas przygotować na ten szybko zbliżający się moment, kiedy nasze dzieci będą mogły prowadzić samochód (co w naszym stanie jest możliwe od szesnastego roku życia). Udział w programie jest obowiązkowy. David nie chciał iść na to spotkanie i, szczerze mówiąc, ja też nie, bo już dwa razy przechodziłam to z jego rodzeństwem. Ale wierzę, że reguł należy przestrzegać i dlatego ostatecznie znalazłam się pewnej środy w szkolnej auli wraz z wiercącym się Davidem, słuchając słów „pedagoga rodzinnego", młodej kobiety, która z pewnością sama nie była jeszcze matką, ale bardzo starała się dobrze wykonywać swoją pracę. Zaczęła od tego, że zebrała nas w tej sali, by porozmawiać z nami o naszych lękach związanych z faktem, że nasze dzieci wkrótce będą kierowcami.

Tylko, że czułam się tam nie na miejscu. Nie odczuwam bowiem żadnych tego typu lęków. Naprawdę. Ufam, że David będzie jeździł tak ostrożnie, jak tylko ostrożnie jeździć może szesnastolatek. Ufam, że nie będzie wsiadał za kierownicę po alkoholu. Ufam, że będzie przestrzegał prawa. Podobnie zaufałam wcześniej jego starszemu bratu i siostrze, i moje zaufanie nigdy nie zostało zachwiane – oboje jeżdżą ostrożnie i odpowiedzialnie, przestrzegając przepisów. Teraz zamierzam zaufać Davidowi. Ale najpierw muszę zaufać sobie – że znam moje dziecko i potrafię ocenić, jakie sytuacje są dla niego bezpieczne i odpowiednie, tak jak już kiedyś musiałam sobie zaufać, że wiem, kiedy jest gotowy na odstawienie od piersi, na trening czystości, na przedszkole, na naukę jazdy na rowerze. Uważam, że nie jest gotowy na odpowiedzialność związaną z jazdą samochodem – nie pozwolę mu zdawać egzaminu. Kiedy zdecyduję, że jest gotowy, a on zda egzamin, chętnie oddam mu kluczyki, wierząc, że mnie nie zawiedzie.

I wtedy pomyślałam o karmieniu piersią. Dokładnie wtedy – w szkolnej auli, otoczona odzianymi w dżinsy nastolatkami, które nie mogły w spokoju usiedzieć na krzesłach, stukającymi w podłogę za dużymi trampkami, dziewczętami odrzucającymi zalotnie włosy do tyłu, chłopcami, których palce co rusz dotykały twarzy w nadziei znalezienia tam śladów zarostu. Wiedziałam, że to właśnie karmienie piersią – z pomocą La Leche League – przygotowało mnie na ten moment. Gdy David był mały, zaufałam mu, że wie, czego potrzebuje i zaufałam sobie, że potrafię mu to dać. Wówczas chodziło o te najbardziej podstawowe potrzeby związane z odżywianiem i życiem. Spełniając je, przygotowywałam się do tego momentu, kiedy będę musiała zaufać jemu, że już dorósł i zaufać sobie, żeby mu na to pozwolić.

Mądre książki dla mądrych rodziców

Szukaj więcej na:
www.mamania.pl

Rozmawiamy o rodzicielstwie:
facebook.com/wydawnictwo.mamania